# DIDEROT

OBRAS IV
JACQUES, O FATALISTA,
E SEU AMO

Coleção Textos

Dirigida por:

João Alexandre Barbosa (1937-2006)
Roberto Romano
Trajano Vieira
João Roberto Faria
J. Guinsburg

Equipe de realização – Preparação de texto: Adriano Carvalho Araújo e Sousa; Revisão: Marcio Honorio de Godoy; Ilustrações: Rita Rosenmayer; Projeto de capa: Adriana Garcia; Produção: Ricardo W. Neves, Sergio Kon e Raquel Fernandes Abranches.

# DIDEROT
## OBRAS IV
## JACQUES, O FATALISTA, E SEU AMO

J. GUINSBURG
Organização, Tradução e Notas

ROBERTO ROMANO
Introdução

Dados Internacionais de Catalogação na Publicação (CIP)
(Câmara Brasileira do Livro, SP, Brasil)

---

Diderot, Denis, 1713-1784.
    Diderot : obras IV : Jacques, o fatalista, e seu amo /
Denis Diderot; organização, tradução e notas J. Guinsburg;
introdução Roberto Romano. – São Paulo: Perspectiva,
2006. – (Coleção textos; 12)

    Título original: Jacques le fataliste et son maître
    Bibliografia
    ISBN 85-273-0774-X

    1. Diderot, Denis, 1713-1784. Jacques, o fatalista, e
seu amo – Crítica e interpretação 2. Ficção francesa 3.
Filosofia francesa I. Guinsburg, J. II. Romano, Roberto.
III. Título. IV. Série.

06-8883                                                                                     CDD-843.5

    Índices para catálogo sistemático:
    1. Ficção : Período do Iluminismo : Literatura francesa
                                843.5

Direitos reservados em língua portuguesa
EDITORA PERSPECTIVA S.A.

Av. Brigadeiro Luís Antônio, 3025
01401-000 São Paulo SP Brasil
Telefax: (11) 3885-8388
www.editoraperspectiva.com.br
2006

# SUMÁRIO

Cronologia ............................................................. 11

Introdução – *Roberto Romano* ............................. 15

Jacques, um Voluntarioso Fatalista –
*J. Guinsburg* ........................................................ 87

Jacques, o Fatalista, e seu Amo ............................ 91

Página anterior: *Figure de fantaisie* [Figura de Imaginação], de Jean Honoré Fragonard. Óleo sobre tela. Retrato de Diderot, 1769. Museu do Louvre.

# CRONOLOGIA

**1713** Nasceu em Langres, em uma família de artesãos abastados (o pai é mestre cuteleiro).
**1726** Destinado pela família à carreira eclesiástica, estudou com os jesuítas, em Langres e foi tonsurado.
**1726** Prossegue os estudos em Paris, no colégio de Harcourt.
**1732** Recebe o grau de bacharel em Artes pela Universidade de Paris.
**1742** Trava amizade com Jean-Jacques Rousseau e Grimm.
**1743** Casa-se com Anne-Toinette Champion, contra a vontade do pai.
**1746** O editor Lebreton contrata-o para traduzir a *Cyclopaedia* de Chambers.
**1747** É encarregado, com d'Alembert, de dirigir a redação da *Encyclopédie* (Enciclopédia).
**1749** É detido e encarcerado em Vincennes por causa da publicação de *Lettre sur les aveugles* (Carta Sobre os Cegos).
**1751** Sai o primeiro volume da *Enciclopédia*. Entre os seus verbetes mais célebres e de grande repercussão pública, figura o artigo sobre a "Autoridade Política". Publica *Lettre*

*sur les sourds et muets* (Carta Sobre Surdos e Mudos) e suas *Additions* (Adições).

**1753** Nascimento da filha, Marie-Angélique.

**1756** Liga-se a Sophie Volland.

**1757** Aparece o tomo VII da *Enciclopédia*. O artigo "Genebra", provoca vivos protestos do partido devoto e o rompimento com Rousseau.

**1758** Aparece *De la poésie dramatique* (Da Poesia Dramática), cujo capítulo final discorre sobre "Autores e Críticos".

**1759** A *Enciclopédia* é condenada como subversiva pelo Parlamento. O rei revoga a licença de impressão e ordena a queima dos sete volumes publicados. O Papa coloca a obra no *Index*. Os manuscritos em poder do Enciclopedista são apreendidos, mas seu amigo Malesherbes, chefe da polícia, os esconde em sua casa. Diderot lança-se à crítica de Arte, iniciando *Les Salons* (Os Salões), série de nove ensaios publicados até 1781.

**1760** Possível início da composição de *Jacques le fataliste* (Jacques, o Fatalista), cuja redação parece ter se estendido, intermitentemente, até 1780.

**1761** Julga-se que neste ano ou em 1762, Diderot começou a redigir *Le neveau de Rameau* (O Sobrinho de Rameau), obra cujo término é situado entre 1775 e 1776.

**1762** Edição de *Éloge de Richardson* (Elogio a Richardson).

**1765** Os dez últimos tomos da *Enciclopédia*, impressos secretamente na Holanda, aparecem com endereço falso. Catarina II compra a biblioteca de Diderot, para que ele possa prover o dote de casamento da filha.

**1766** Término do *Salão de* 1765, que inclui o escrito intitulado "Fragonard" e os "Essais sur la peinture" (Ensaios Sobre a Pintura), editados separadamente em 1795.

**1769** Composição do *Entretien entre d'Alembert et Diderot* (Diálogo entre d'Alembert e Diderot), do *Rêve de d'Alembert* (O Sonho de d'Alembert) e dos *Principes philosophiques sur la matière et le mouvement* (Princípios Filosóficos Sobre a Matéria e o Movimento). "Regrets sur ma vieille robe de chambre" (Lamentações Sobre Meu Velho Robe), fragmento do *Salão de* 1767, é divulgado pela *Correspondance littéraire*.

**1771** A *Correspondance littéraire* difunde o *Entretien d'un père avec ses enfants* (Colóquio de um Pai com Seus Filhos).

**1772** Aparece *Sur les femmes* (Sobre as Mulheres). Conclusão de *Ceci n'est pas un conte* (Isto não é um Conto) e *Mme de La Carlière*. Primeira versão do *Supplément au Voyage de Bougainville* (Suplemento à Viagem de Bougainville). Edição de *Traité du beau* (Tratado Sobre o Belo).

**1773** Esboça o *Paradoxe sur le comédien* (Paradoxo Sobre o Comediante), viaja para a Rússia e para a Holanda.

**1774** Delineia o *Entretien d'un philosophe avec Mme la maréchale* (Colóquio com a Marechala).

**1784** Diderot morre em Paris, no dia 30 de julho.

# INTRODUÇÃO

*Roberto Romano*[*]

*Toute Pensée émet un Coup de Dés*

MALLARMÉ

*Jacques, o Fatalista* foi escrito por volta de 1771[1] e seus últimos retoques talvez tenham sido aplicados em 1782. As primeiras notícias sobre ele apareceram na *Correspondance littéraire* e, neste veículo, boa parte de seus manuscritos foi publicada[2].

[*]. Professor de Filosofia na Unicamp. Autor de *Conservadorismo Romântico. Origem do Totalitarismo*. 2ª ed. São Paulo: Editora da Unesp, 1997; *Silêncio e Ruído*: A Sátira em Denis Diderot. Campinas: Editora da Unicamp; São Paulo: Perspectiva, 2001 e *O Desafio do Islã*, São Paulo, Perspectiva, 2004.

1. Cf. Arthur Wilson, *Diderot*, New York: Oxford University Press, 1972, p. 667-673.

2. A referida correspondência consistiu, desde 1753, no envio de textos literários, relativos às artes e outros aspectos aos soberanos europeus que não podiam estar presentes nos grandes eventos culturais parisienses, como é o caso dos Salões. Grimm, com auxílio de Diderot (na verdade, com o sacrifício de Diderot) enviava aos assinantes dois exemplares por mês (duas "cartas") até 1773. Entre os que recebiam aquela espécie de revista estavam Catarina II, o rei da Polônia e vários soberanos de pequenos Estados alemães e europeus. Os *Salões* noticiados por Diderot – os quais reúnem parte essencial de sua reflexão estética – foram assim "publicados" na intenção do *happy few* real ou supostamente esclarecido.

O poeta Schiller traduziu, em 1785, um fragmento importante do trabalho diderotiano, o qual foi inspirado, por sua vez, na história de Frans e Silvie, sexta mulher descrita nas *Ilustres Francesas* de Robert Challe[3]. O episódio talvez tenha sido um dos mais influentes no romance do século XVIII. Com ele foram gerados escritos como *As Ligações Perigosas,* cujo tema principal – a vingança amorosa – inspira-se certamente na mesma fonte haurida por Diderot. A primeira edição francesa de *Jacques* data de 1796 e só foi cotejada verdadeiramente com o manuscrito diderotiano em 1970. O texto fora vendido, com a biblioteca do filósofo, para a imperatriz Catarina II, permanecendo em São Petersburgo. No longo intervalo entre as duas datas (1796 e 1970) muita tinta e bílis correu contra o livro e seu autor. A partir de exames minuciosos surgiram as edições de Jacques Proust (1972), Simone le Cointre e Jean Le Galliot (1976), Paul Vernière (1978) e Laurent Versini. O tradutor brasileiro também usou esta última edição como base literária[4].

1796 é data estratégica na memória do leitor cultivado em filosofia e política. Naquele ano, após alternâncias dramáticas na luta de elites e de massas ocorridas em datas imediatamente anteriores, a Revolução se esgota rápida e seguramente, dando início às radicalizações que se assemelham aos estentores do desenlace. O Clube dos Jacobinos, fechado depois da morte de Robespierre (9 Termidor, 1794) tem alguns de seus membros conduzidos à condenação capital. Em 25 de fevereiro (Ventôse) de 1796, ocorre o fechamento do Clube do Panthéon, o último suspiro dos Jacobinos postos na quase clandestinidade. O Clube, fundado em 25 de novembro de 1795, é visto como próximo à desordem política. No mesmo tempo em que a Marselhesa

---

3. Robert Challe, *Les Illustres françaises*, F. Deloffre et J. Cormier (eds.), Genève: Droz, 1991.
4. Cf. David Coward, *Jacques the Fatalist and his Master*, intróito à tradução inglesa do escrito diderotiano, Oxford University Press, 1999. Todo o trabalho de Coward, sobretudo a anotação crítica, é de leitura obrigatória para os interessados no assunto.

transforma-se em hino oficial do país, os dirigentes mais aproximados das decisões nacionais reagem contra o radicalismo democrático. Os perigos, imaginam eles, não vinham apenas da chamada "esquerda", mas também de rebeliões monarquistas em pleno centro de Paris. A Ordem balança e torna-se preciso fixá-la de vez. Dos Direitos do Homem, o mais importante – o de insurreição – é abolido em 1795[5]. Surge em definitivo o Grande Homem na cena ampla da história. Napoleão, Espírito do Mundo que suscita o entusiasmo de Hegel, é nomeado chefe do exército na Itália. Neste momento, quando tudo reflui para a desigualdade econômica[6] e para a repressão do ímpeto rebelde, Babeuf funda o Diretório Secreto de Salvação Pública (30 de março, 10 Germinal ano IV). Carnot denuncia o perigo e logo exige a prisão dos que integram a Conjuração dos Iguais (10 de maio, 21 Floréal). E termina a fábula do radicalismo com Babeuf e Darthé jogados na guilhotina. Fora os espasmos dos grupos radicais ou monarquistas, o jogo político segue para a Ordem. O ponto máximo desse processo ocorre no 18 Brumário do ano VIII, quando é denunciada uma suposta (ou real) conspiração ja-

---

5. "No 5 Messidor ano III (23 junho de 1795), Boissy d'Anglas lê o relatório que introduz o projeto de Declaração e de Constituição estabelecido pela Comissão dos Onze. Ele expõe dois aspectos essenciais da Declaração: o alvo do texto e a justificação de sua escrita". D'Anglas afirma que se trata apenas de uma coletânea "de todos os princípios sobre os quais repousa" a organização política. Ela não é uma lei e dela, diz o mesmo homem, "banimos cuidadosamente todos os axiomas recolhidos pela tirania que desejava tudo revolucionar, afim de tudo escravizar". Tal "axioma anárquico" é o direito de insurreição. "Suprimimos", diz D'Anglas, o artigo 35, obra de Robespierre e que, em mais de uma circunstância, foi o grito de reunião dos bandidos armados contra vós". Cf. Yannick Bosc, Un arsenal pour les séditieux: la Déclaration des droits comme pratique politique, em: *Révolution Française*, disponível em: <http://revolutionfrancaise.net/?q=yannick+bosc>, acesso em: 10 jul. 2006, 11:20.

6. Para o debate político e constitucional de 1795, cf. Andrew Jainchill, The Constitution of the Year III and the Persistence of Classical Republicanism, *French Historical Studies*, Duke University Press, – v. 26, n. 3, 2003, p. 399-435.

cobina e Bonaparte assume plenos poderes "para garantir a segurança da representação nacional". A Revolução gelou, segundo o enunciado de Saint-Just[7], a morte atingira o entusiasmo popular, agora sedento de outras bebidas de aparência mais suave. Porém, para que surja a paz, é preciso antes inocular o povo contra as epidemias da paixão que levaram ao Terror. Um dos transmissores mais virulentos daquela "doença" política é o filósofo. No debate que antecede 1796, versando sobre as leis e os direitos políticos, os princípios de 1789 são vistos com desconfiança, pois constituem pura metafísica. Se esta última ficasse isolada nos cérebros dos teóricos, seria tolerável. Unida à massa dos cidadãos ignorantes e selvagens, os bandidos na expressão de D'Anglas, deveria ser posta em cordão sanitário.

Como diz o político convertido ao conservadorismo, Rouzet:

> Que todas as nossas leis sejam baseadas sobre os melhores princípios; mas nos acautelemos de fornecer o caráter de leis a estes mesmos princípios dos quais a ignorância, a ambição, o interesse e os ódios com demasiada freqüência extraíram ilações fatais.

Sobre o artigo da Declaração onde se lia que "os homens nascem e permanecem livres e iguais em direitos", diz outro político, Lanjuinais:

> deixemos aos filósofos o cuidado de tratar de matéria tão delicada, discorrer sobre tal máxima que apresenta perigos aos olhos dos metafísicos verdadeiros, aos olhos dos que não se deixam perder pelos sofismas, mas cujas meditações e cálculos têm por objeto constante a felicidade geral da espécie humana. Ocupemo-nos em dar ao nosso país uma Constituição sólida e durável[8].

---

7. Cf. Laurent Dispot, *Thermodynamique de la Politique*, em *La machine à Terreur. Révolution Française et Terrorismes*, Paris: Grasset et Frasquelle, 1978, p. 72 e ss.

8. Cf. Y. Bosc, op. cit. Com segurança, pode-se dizer que "os verdadeiros metafísicos" desejados pelo político francês, cauteloso diante da igualdade,

Segundo Yannick Bosc, nessa concepção, o povo, o legislador e o filósofo são separados em três esferas definidas por funções, a fim de garantir a ordem social. O filósofo é tolerado se e apenas se, num enunciado que se aproxima em demasia do pensamento exposto por I. Kant,

> esclarece o povo e lhe ensina publicamente os seus deveres face ao Estado do qual é parte, só referidos aos direitos naturais, derivando do bom senso comum. Os seus anunciadores e comentadores naturais, diante do povo, não são os professores oficiais do direito, estabelecidos pelo Estado, mas os professores livres (de direitos), os filósofos[9].

Os políticos do Termidor estavam interessados em dizimar filosofias opostas à Ordem, doutrinas caóticas e democráticas que negavam a hierarquia dos seres e desqualificavam o sistema da "metafísica verdadeira". Esta retorna, portanto à cena, após seu banimento sob as caçoadas de Voltaire, as desconfianças de Rousseau, as ironias de Hume e o riso do próprio Kant. Mas não é possível esquecer que Diderot, sobretudo a partir da *Carta sobre os Cegos*, retirou da metafísica os direitos de cidadania no mundo científico[10].

---

inserem-se na tese de Santo Agostinho, segundo a qual "non essent omnia, si essent aequalia" (se todas as coisas fossem iguais, nada seriam). Analiso extensamente esse problema no artigo "A Igualdade. Considerações Críticas", publicado originalmente na *Revista Brasileira de Direito Constitucional*, São Paulo, Escola Superior de Direito Constitucional, 2003, p. 29-50. E depois, no site *Foglio Spinoziano* (Itália). Cf. <http://www.fogliospinoziano.it/Roberto%20Romano.pdf>, acesso em: 08/08/2006.

9. Immanuel Kant. *O Conflito das Faculdades*, ed. franc. Gibelin, Paris: Vrin, 1973, p.106. Citado por Y. Bosc, op. cit.

10. Cf. Eric-Emmanuel Schmitt, *Diderot, ou la Philosophie de la Séduction,* Paris: Albin-Michel, 1997, sobretudo o capítulo I: Le Fossoyeur de la Métaphysique, p. 19 e ss. Cf. também Gerhardt Stenger, *Nature et liberté chez Diderot après l'Encyclopédie*, Paris: Universitas, 1994. E sobretudo, Franck Salaün, *L'Ordre des Moeurs. Essai sur la place du materialisme dans la société française du XVIIIe siècle (1734-1784),* Paris: Kimé, 1996.

Não surpreende, pois, que um livro contrário à ordem e aos sistemas seja hostilizado quase por unanimidade na sua primeira edição de 1796. Consultemos as resenhas e os pareceres sobre o escrito de Diderot naquele mesmo ano. Neles vemos se delinear o "espírito do tempo", nitidamente contrário ao radicalismo jacobino, atribuído ao gênio que produziu o provocante Jacques. Aliás, os resenhistas de sempre e os que fornecem pareceres sobre autores, usam e abusam das supostas filiações, desde que os textos ameacem as seitas a que eles se integram. O anonimato covarde cobre as piores calúnias emitidas contra os desprotegidos. E Diderot era duplamente indefeso, pois já estava imerso na sua amada matéria viva e sensível. Façamos o retrospecto sobre o que dizem os amigos da Ordem e inimigos da indesejada democracia na França de 1796. Podemos contar, nesta tarefa, com a ajuda do excelente Raymond Trousson, que teve a paciência de coletar e reunir em livro a memória jornalística e acadêmica sobre o trabalho inteiro de Diderot, em especial sobre *Jacques, o Fatalista*[11].

Simon-Jérôme Bourlet de Vauxcelles[12], depois das páginas do *Suplemento à Viagem de Bougainville*, por ele editado em 1796, escreve uma nota significativa. Nela, temos a sua opinião sobre o filósofo. Diderot seria a pessoa

mais imoral nos seus enunciados, o raciocinador mais sem freios [...] dentre os criados por Deus, quando deseja ridicularizar a filosofia hu-

---

11. Cf. Raymond Trousson, *Denis Diderot. Mémoire et Critique,: Textes réunis et présentés para Raymond Trousson*, Paris: Presses de l'Université-Sorbonne, 2005.
12. Bourlet de Vauxcelles (Abbé Simon-Jérôme) (1733-1802). Autor de um *Éloge de Henri-François Daguesseau, chancelier de France*, Paris: Veuve Brunet, 1760. Editou o *Supplément au voyage de Bougainville ou dialogue entre A. et B. sur l'inconvénient d'attacher des idées morales à certaines actions physiques qui n'en comportent pas,* Paris, 1796. Cf. *Opuscules philosophiques et littéraires*. Na Coleção *on-line* Gallica (Bibliothèque Nationale de France), cf. http://gallica.bnf.fr/ark:/12148/bpt6k101933d, acesso em 15/08/2006.

mana. Ele mostra grande talento, sempre que perde a cabeça; e mesmo quando a perde completamente, ele brilha, é eloqüente, variado, cheio de imagens; e tudo o que se pode ver na *Carta sobre os Cegos* e no *Elogio de Richardson*.

Aqui, Trousson faz um corte em sua edição. Cito o trecho original: "Nos dois diálogos que ele ousou misturar aos Idílios de Gesner, e que se parecem a dois sátiros que ladeiam Ninfas". E vem a parte interessante, a que serve para a caça às bruxas jacobinas de 1796:

> Vós me perguntais sobre a impressão desta *sans-culotterie*? Sim, verdadeiramente, eu respondi; que ela seja impressa, porque a vossa edição destina-se apenas a um número pequeno de leitores curiosos. E quando o grande público lesse esta brincadeira do filósofo, é bom que o público saiba que ele foi o verdadeiro instaurador da *sans-culotterie*; que seu nome, digno da coisa, só foi descoberto depois dela; que Diderot ensinou aos Chaumette e aos Hébert a declamar contra os três senhores do gênero humano, o Grande Demiurgo, os magistrados e os padres; e que a sabedoria de Diderot está para a de Sócrates e dos verdadeiros filósofos, como o talento de Hébert e dos Chaumette está para o de Diderot.

Surge o apelido mágico: "verdadeiro filósofo". Desde então, os pequenos professores de filosofia arrogam-se aquele galardão, contra os que sujam suas mãos com a política, na esperança de um Estado democrático. Que o adjetivo ("verdadeiro") tenha surgido no Termidor em proveito do conservadorismo mais estrito, e que ainda impere nas seitas universitárias, não é acidente. Menos acidental, ainda, é que os discípulos ou comparsas dos referidos professores acrescentem ao "verdadeiro", o qualificativo de "maior" (*Vanitas, vanitatu*). O fato mais relevante, encontra-se no vínculo entre Diderot e o jacobinismo. Que tal elo seja fraco ou falso, isto não incomoda os resenhistas e redatores de pareceres ou editoriais. Importa calar uma filosofia que se ergue contra os sistemas e subverte a Ordem.

No *Censor dos Jornais*[13], um resenhista anônimo ergue-se contra a publicação de *Jacques*. Ele vai direto ao ponto desejado pelos políticos do Termidor, os quais esperavam dos filósofos a pregação de princípios obedientes à "verdadeira metafísica":

> muitos escritores, antes de Diderot, tentaram arrancar dos homens esta última e consoladora idéia de outra vida, da providência amiga, de um deus [sic] conservador dos seus dias e remunerador de suas virtudes.

Enquanto as críticas à Ordem providencial não alcançam a multidão ignara, tudo bem:

> Nem todo mundo pode entrar nas discussões eruditas e metafísicas sobre a ordem, a desordem, a inteligência e o acaso, sobre a origem do homem, sobre o sistema de sua liberdade, sobre o fatalismo...

O veneno diderotiano consiste em "colocar esta metafísica ao alcance do grande número. É o que faz Voltaire no *Zadig* e o que deseja Diderot em *Jacques, o Fatalista*". Segue-se certa crítica "literária" para justificar a diatribe conservadora: o livro, na sua totalidade, mostra o autor numa "incoerência" que não se embaraça com as ligações, as verossimilhanças, os leitores. Ao caos das idéias contrárias à boa ordem metafísica, responde uma escrita desordenada e sem elos. *Jacques, le Fataliste*, decididamente, é um livro ruim...

Outro resenhista anônimo, nas *Tablettes ou notes politiques, commerciales et littéraires* (13/10/1796), declara célebres tanto *A Religiosa* quanto *Jacques*. E, apesar da edição recente, "defende" Diderot contra a acusação de protojacobinismo. Assim, "amigo prático da ordem social", o filósofo teria certamente combatido

---

13. *Le Censeur des journaux*, n. 17, 08 out. 1796, R. Trousson, op. cit., p. 203-204.

os que tomariam muito ao pé da letra seus argumentos ou conjecturas sobre o fatalismo e materialismo. Sobre o perigo das confusões políticas ele teria escrito, como Jean-Jacques aos poloneses, ou como Raynal à Assembléia Constituinte.

Além disso, o bom Diderot teria horror do "exercício mais do que inquisitorial das delações e perseguições jacobinas" e

jamais reconheceria como seus discípulos os que ultrajaram tão barbaramente as artes e as letras, os costumes e as leis, os talentos e os conhecimentos, as virtudes e os princípios, em nome das tão profanadas filosofia e liberdade.

Se enxergasse os frutos da falsa filosofia, Diderot teria retornado "ao cristianismo e sua cabeça teria sido jogada na guilhotina. Temos fortes razões para dizer o mesmo do teísta Voltaire, do semicristão Jean-Jacques e mesmo do materialista Helvécio". Assim, se testemunhasse o Terror, Diderot teria posto na fogueira, além da *Carta sobre os Cegos*, o monstruoso *Jacques, o Fatalista*. Ele teria renegado a sua filosofia. Como se nota, a "defesa" do filósofo pelo resenhista é, na verdade, um ataque insidioso.

Na *Feuille du jour* (15/10/1796), mais um anônimo se apresenta, agora não mais para "desculpar" Diderot, mas para colocá-lo no pelourinho pelos resultados de sua filosofia nefasta:

As obras de Diderot foram ditadas pelo gênio fatal que produziu tantos desastres entre nós. Elas são hoje publicadas e acolhidas, como teriam sido antes da revolução. E são publicadas por quem? Por um príncipe[14]. Se a indiferença sobre as revoluções ganha até mesmo os que têm mais interesse em se opor às suas desordens, que esperança

---

14. O visado é o príncipe Henrique da Prússia, que não editou o livro. Correu a história de que ele possuía o manuscrito de *Jacques, o Fatalista* e o teria cedido ao Instituto Nacional, para a publicação. O manuscrito em posse do príncipe que prosperou foi o do *Sobrinho de Rameau*, emprestado para Goethe para sua tradução editada em 1805, em Leipzig.

nos resta ainda contra a funesta epidemia que já colheu tanta gente em nossa pobre Europa.

E outro (o leitor não se impressione, não citarei todos os anônimos na época ou anônimos por esquecimento cultural em nossos dias) ataca o centro mesmo da trama que recolhe *Jacques, o Fatalista*:

> Pai de família, entregareis esta obra à vossa filha; e vosso genro julgará engraçada a aplicação do conto da luva e do cutelo ? Com um corruptor tal, vossos filhos, em vez de vos conceder o doce nome de pai, que ressoa em vossa alma tempos depois de pronunciado, veriam em vós apenas o operário sensual e fortuito de sua existência. E a mãe seria apenas um molde onde...Ah! A expressão revolta, como o sentimento indigna [...] Ah! Se tais produções devem ser acolhidas em nossa pátria, corramos para os selvagens para sentir e adorar com eles a Providência. (*L'Historien*, 18/10/1796)

O anônimo seguinte (desculpe leitor, mas eles existem ainda em nossos dias, e fazem estragos na cultura) inicia a técnica de selecionar os trechos elevados e sublimes nos escritos literários e filosóficos, "recomendando" que o resto seja jogado para as traças ou para as mãos dos censores. Citemos o nosso resenhista obtuso (perdão pela tautologia):

> Está escrito em Aulo Gelio [na verdade, em Diógenes Laércio, RR] que Platão, nomeado o divino, escreveu versos licenciosos que lhe foram reprovados pela Antiguidade, e que, no entanto, ela conservou e traduziu. Permanecerá escrito que Diderot, que tinha na composição de sua cabeça muitas partes similares à de Platão, jogou-se em longos e repetitivos deboches de espírito, onde com freqüência os costumes foram ofendidos [...] A Denise que prende o coração de Jacques ao cuidar de seu joelho é a mais ingênua e a mais inocente das criaturas, amorosa sem disto ter consciência. Ela inspira o verdadeiro amor em Jacques, que seguramente, segundo suas primeiras aventuras, é pouco digno de conhecer o amor.

E vem a apóstrofe ao filósofo:

por que não desenhais Denises com maior freqüência? Por que nos representar tão repetidamente a corrupção humana no que ela tem de mais abjeto e mais raro, no vosso monge Hudson, na vossa celerada Senhora de Pommeraye para concluir, pela boca de um serviçal, que ouve seu capitão, que tudo está escrito lá em cima, sendo o homem arrastado ao vício por uma fatalidade inevitável?

Nesse último resenhista (*Nouvelles politiques, nationales et étrangères*, 22/10/1796), o ataque é direto contra a subjetividade diderotiana. Ao usar os poemas de amor dedicados por Platão ao seu amante Astro, ele visa tanto o conteúdo dos contos em *Jacques, o Fatalista* quanto a sua forma. Diderot vem de cambulhada, pois escreveu obscenidades e deu-lhes estatuto de acontecimentos fatais. Assim, é preciso muita seleção nos textos do filósofo, restando apenas a ingenuidade de Denise como fio tênue entre o escritor e o leitor cansado das violências mundanas, incluindo-se aí o Terror. Este último, a se acreditar em Jacques, seria inevitável. Mas o contrário é verdadeiro: ele pode ser eludido desde que as sementes do materialismo sejam extirpadas da escrita diderotiana, numa rigorosa seleção e censura.

Os ataques contra a forma de livro aumentam na resenha de Jean-Marie-Bernard Clément:

> É fácil notar que *Jacques, o Fatalista* constitui apenas macaqueação do *Cândido, ou sobre o Otimismo*. O refrão eterno, está escrito lá em cima, anuncia o mesmo gênero de brincadeira que 'o melhor dos mundos possíveis'; mas se a sátira feita por Voltaire sobre o 'Tudo está bem' de Leibniz é com freqüência exagerada e louca, ela pelo menos é leve, engenhosa e picante; o pequeno romance chamado *Cândido* oferece quadros que mostram alguma novidade [...] e não se arrasta como o *Fatalista*, sobre um monte de contos aborrecidos comuns e anedotas triviais, conduzidas não se sabe como e sem destreza costuradas umas à fim das outras, para encher um volume in 8°. Parece que Diderot compilou o romance de memórias contadas pelo seu barbeiro, ou em conversas nos cafés. Ele usou tudo o que lhe caiu nas mãos, mesmo os contos de Rétif de la Bretonne.

A usual acusação de plágio, comum nos séculos 18 e 19, persegue Diderot. Plágio de Francis Bacon, Rabelais, Cervantes, Goldoni, Voltaire, Sterne e tantos mais são atribuídos ao enciclopedista. No *Bulletin de littérature, des sciences et des arts* (20/11/1796), outro anônimo (ah, as benesses do anonimato que rege o mundo acadêmico até os nossos dias!) afirma com determinação:

Sterne encontra os recursos mais variados e mais encantadores em seu coração, em sua filosofia, em sua imaginação, para conduzir suas digressões contínuas. Diderot teria feito melhor se com ele rivalizasse neste ponto, em vez de se permitir, seguindo seu exemplo, obscenidades que depõem contra a pureza de seu gosto e contra a honestidade de seus princípios.

Outros exemplos, em bom número, poderiam ser trazidos à colação. Recomendo a leitura atenta da coletânea publicada por Trousson, de onde retiro os comentários citados sobre *Jacques, o Fatalista*. A recusa de 1789 – nos seus aspectos mais democráticos – durante o Termidor, segue uma tentativa de desqualificar o pensamento diderotiano e ataca, no mesmo ato, a sua forma literária. A escrita de Diderot, sobretudo em *Jacques*, seria tão sem lógica e rapsódica quanto as suas idéias. Nele, não existia, em definitivo, sistema. O escritor que defende uma filosofia disforme é digno pai da obscenidade que desgraça a sociedade francesa. O período termidoriano e o imperial não consistem apenas numa torsão política rumo ao autoritarismo centralizado no governante – cujo ápice é Bonaparte – mas na censura das formas e conteúdos filosóficos e da atividade literária. As produções significativas daquele período surgem dos adversários ou críticos de Napoleão, como Madame Staël e Stendhal. *Jacques o Fatalista*, romance sem princípio e meio e fim, obra aberta diria Umberto Eco, choca os que tentam estabelecer a Ordem, com a sua base metafísica.

Deixemos as críticas de plágio nos livros filosóficos e peças teatrais. Tomo o caso de Sterne e sua presença em *Jacques*, pois ele reúne resenhistas desde 1796 aos nossos dias[15]. Alice Green Fredman[16] resume as catilinárias que denunciam o plágio, suposto ou efetivo, de Sterne por Diderot:

> do século XVIII ao século XX, a tendência geral da crítica é considerar Jacques como fraca imitação do Tristram. Para provar que a influência de Sterne não foi em proveito de Diderot, os resenhistas sugerem várias razões: a falta de idéias do francês, sua falta de graça – ele nem sabe copiar Sterne, sendo mais obsceno do que ele, seu estilo é pesado. Diderot não consegue gerar caracteres, falta-lhe a humanidade de Sterne e não possui senso de humor. Isto, para anotar só algumas críticas.

A autora indica o acordo tácito, em voga no Termidor e imperante no romantismo: Jacques seria inferior, porque Tristram surge antes, logo... A autora indica o esforço, no século XX, para corrigir a tolice dos críticos (novamente, rogo perdão ao leitor pela tautologia). Alguns comentaristas diminuem o peso de Sterne no livro diderotiano, outros desprezam Sterne em proveito de Diderot. Enfim, uma bela e vulgar *vexata quaestio* jornalístico-acadêmica.

O relevante no argumento de Alice Green Fredman surge quando ela discute o plágio no século XX, terreno fértil das caricaturas sobre *Jacques*:

> Na verdade, nem a prática do plágio nem a sua parente, a página devida ao exercício conhecido como *ghost-writing*, eram totalmente desacreditados no século XVIII. Um crítico recente de Sterne mostrou que pilhagem e cópia eram comuns entre os membros do clero

---

15. O texto mais compreensivo e amplo sobre o assunto foi editado por J. Robert Loy, *Diderot's Determined Fatalist,* New York: King's Crown Press, 1950.

16. *Diderot and Sterne,* Columbia University Press, 1955.

inglês[17] [...] e Pope opinava: "em assuntos literários os escritores deveriam pagar com algo seu, o que emprestaram de outros". Diderot ou Sterne, nenhum deles considerou crime usar os trabalhos alheios. Diderot afirma no *Salão de 1765*: "Quero um pintor, um poeta, que melhore a si mesmo, cresça e extraia a sua inspiração de outro; este empréstimo de luz e inspiração não é plágio".

Os dois homens eram adeptos de emprestar dos escritos alheios alguma coisa como um começo e criar então algo inteiramente seu. "Na transposição e improviso que integra o seu uso do material de outros escritores, Diderot e Sterne sempre pagaram seus credores mais do que adequadamente".

Um detalhe: Sterne em Paris, no convívio com Diderot, leu, a pedido deste último, o *Filho Natural*, que o autor pretendia remeter para Garrick, o herói do *Paradoxo sobre o Comediante*. Sterne escreveu uma carta ao ator, onde opina que a peça era sentimental, palavrosa, didática em demasia[18]. Mas isto não o impediu de indicá-la a Thomas Becket, o editor de *Tristram*. Fredman mostra exemplos do bom relacionamento entre Diderot (integrado na "côterie d'Holbach") e Sterne, tanto na crítica dos costumes quanto nas apreciações

---

17. Na verdade, no clero europeu, católico ou protestante. Um exemplo célebre é o livro editado pelo Padre Dinouart, em 1771: trata-se de um plágio de vários plágios. E o autor pretendia escrever contra o plágio que imperava na cultura de seu temp, Cf. Abbé Dinouart, *L'Art de se taire*, Paris: Jerome-Millon, 1897, com estudo crítico de Jean-Jacques Courtine e Claudine Haroche.

18. "Estive lendo, nesses dois dias, uma tragédia, que me foi dada por uma senhora dotada de talentos para ler e fico a conjecturar se ela serviria para você – é extraída do plano de Diderot e possivelmente, uma meia tradução deste – *O Filho Natural, ou o Triunfo da Virtude, em Cinco Atos* – Há muito sentimento nela (ao menos para mim) as falas são demasiadamente longas, e sabe muito à pregação – esta pode ser a segunda razão, por quê ela não me aprouve. É tudo amor, amor, amor, de ponta a ponta, sem muita separação no caráter; assim receio que ela não serviria para seu palco, e talvez pela própria razão que a recomenda pelo palco francês"(16 abril, 1762). Citado por Loyalt Cru, *Diderot as a Disciple of English Thought*, Columbia: University Press, 1913, p. 96.

políticas e, principalmente, na ojeriza contra os "sçavans" que não eram assim tão sábios. Muitos resenhistas partilhavam esta condição, na mente de Sterne e de Diderot.

Algo irrita os filhos do romantismo. Nestes últimos, o culto da originalidade absoluta vem com a pretensão do escritor como réplica da divindade. O literato, como o Deus cristão, cria a partir do nada. Ao comentar um poeta que não cabe na forma romântica de agir e pensar[19], Pierre Bertaux indica a visão de Hoelderlin sobre a tarefa poética.

> Para Hoelderlin, o poema (no sentido mais amplo do termo) é ato. [...] Ele nunca acreditou na originalidade, algo que em nossos dias tornou-se *slogan* vazio. Ele fala de experiência e sabe como procede, pois nunca pretendeu a originalidade. Ele nem mesmo sabe o que isto significa.

O trabalho artesanal da poesia, técnica aprendida com os gregos, ignora os tormentos do gênio romântico, chavão que justifica a falta de disciplina e de rigor técnico. Para Hoelderlin, a poesia é ofício "que deve ser visto como tal [...]. Ele teria se reconhecido inteiramente na frase de La Bruyère: 'fazer um livro é ofício, como fazer um relógio'. A exemplo de todo artesanato, o ofício do poeta deve ser um modo de existência e meio de existência".

Hoelderlin, após recolher o tema, põe no papel certas palavras que servem como base do trabalho posterior. Esses vocábulos indicam o tom do escrito. A partir daí, os materiais são agregados na busca do termo

> que ressoa ao mesmo tempo pela sua exatidão semântica, seu ajustamento à imagem e sua tonalidade, enfim, pelo espaço que ocupa no duplo movimento, superposto, da cadeia semântica e do encadeamento rítmico. Nada é improvisado, mas, ao contrário, tem-se um imenso, sutil e paciente trabalho, uma pesquisa nunca realmente satisfeita con-

---

19. Mas sobre o qual a mitologia romântica tombou totalmente, distorcendo sua figura até os nossos dias.

sigo mesma, nunca acabada. Recordamos Saint-John Perse: "a poesia é exigência; o resto é palavrório". [...] O escultor no trabalho [...] vai de uma estátua a outra, com seu instrumento na mão, raspa aqui, raspa ali. Também Hoelderlin trabalha seu esboço e lima, raspa, retira ou coloca matéria. Isto tem uma relação muito distante com o que se entende vulgarmente como "escrita"[20].

Com o refluxo para a subjetividade, a atividade literária se enquadra no ambiente filistino criticado por Madame de Stäel ou por Stendhal[21] e seus pares. Atenua-se a noção de escrita literária como ofício e técnica, surge o elogio da "inspiração" divina, apanágio de alguns entes sobre-humanos que não precisam da exigente disciplina. É o clima satirizado por Hegel, no qual o sujeito genial não mostra seus trabalhos. Tudo naquele romantismo, afirma Hegel, "é cifrado pela subjetividade particular". Como "o pior dos quadros é aquele em que o artista mostra a si mesmo", o narcisismo subjetivo só leva, em vez da produção nova, à paradoxal "arte sem obra de arte"[22].

O conservadorismo liga-se a semelhante reflexão do trabalho artístico. Em vez de seguir as formas e técnicas anteriores (que remontam aos milênios), para modificá-las e alterá-las, o artista da pena ou das paletas mergulha na idiossincrasia da *Sinnlichkeit*, do sensível. Enquanto se proclama, acima do mundo, mecanizado e secamente racional e se levanta contra a vida onde apodrecem as pessoas comuns, o literato não se compromete em lutas políticas como as empreendidas pelos escri-

20. Cf. Pierre Bertaux, *Hölderlin, ou le temps d' un poète*, Paris: Gallimard, 1983, p. 54, 223.
21. Cf. Erich Auerbach, Na Mansão de la Mole, *Mimesis*: a representação da realidade na literatura ocidental, São Paulo: Perspectiva, 1971, p. 395 e ss.
22. Georg Wilhelm Friedrich Hegel, *Glauben und Wissen*, em *Werke in zwänzig Bänden*. Frankfurt-am-Main: Suhrkamp Verlag, 1977, v. 2, p. 392. E também, no Hegel maduro: "Na subjetividade, individualidade da própria intuição do mundo, encontra o eu seu vazio supremo", *Geschichte der Philosophie,* em op. cit., v. 20, p. 416.

tores das Luzes. Na frase paradigmática de Schleiermacher: "Devo assegurar minha individualidade, meu caráter, e devo aceitar o caráter da sociedade, as duas coisas devem produzir-se no mesmo instante e serem reunidas num só modo de agir". Assim, "ato livre" é sinônimo de "ato interior"[23].

O Termidor explica essa torsão da técnica artesanal e mimética rumo ao culto da originalidade romântica[24]. Como vimos nas críticas endereçadas a *Jacques, o Fatalista*, as molas da censura moral, o enquadramento da Ordem, tudo disfarçado de crítica estilística, mostra o seu trabalho em 1796. As acusações de plágio começam no século XVIII, com a guerra das Luzes contra seus inimigos. Este instrumento de luta vigorou entretanto, com toda a sua força, a partir do Termidor. E recrudesceu no início do século XIX, quando o romantismo tornou-se a força hegemônica, com a Sagração do Escritor e dos profetas românticos[25].

A literatura artesanal ignora o delírio romântico da originalidade e usa modelos anteriores como base de seu labor. Hoelderlin, o nosso exemplo, copia genialmente os gregos, os autores franceses das Luzes etc. Deste modo, a escrita assume todas as marcas da tecnologia que define o ser humano desde a pré-história. André Leroi-Gourhan, etnólogo eminente do século XX, ao interpretar a passagem ou aquisição das técnicas, usa a figura do empréstimo e da invenção.

Segundo aquele cientista, o passado biológico da espécie humana nunca é suprimido, mas sempre complicado. "Do gesto mais elementar (comer, deslocar-se, talhar um sólido)

---

23. Cf. Roger Ayrault, *La genèse du romantisme allemand*, Paris: Aubier, 1976, p. 201 e ss. Cf. R. Romano, *Corpo e Cristal, Marx Romântico*, Rio de Janeiro: Guanabara, 1985, p. 176 e ss.

24. "O romantismo implica uma conversão da cultura, cujo centro de gravidade se desloca do exterior ao interior [...] O movimento romântico é contemporâneo da ruína da esperança revolucionária". Esta análise é de Georges Gusdorf, *Fondements du savoir romantique,* Paris: Payot, 1982, p. 64-65.

25. Cf. Paul Benichou, Le sacre de l'ecrivain 1750-1830, em *Essai sur l'avenir d'un espoir*, Paris: Gallimard, 1996. E também, Les Temps des prophètes, *Doctrinnes de l'âge romantique*, em Paris: Gallimard, 1977.

engendram-se complexos múltiplos de símbolos". Assim, "nunca se encontrou um só instrumento criado do nada para um uso ainda a encontrar, em matérias a serem descobertas"[26]. Michel Guérin, em artigo sobre Leroi-Gourhan[27], analisa a dialética do empréstimo e da invenção. Como explicar que o meio técnico, produzido pelo homem para atenuar os desafios naturais, seja contínuo? Se a exegese da técnica operasse apenas com a invenção, respeitar-se-ia a continuidade tecnológica, mas perder-se-ia o progresso na repetição. Ou seja: como explicar o modo pelo qual o Mesmo produz o Outro? Se for assumida a tese do empréstimo (exterior ao meio) sem mediações, justifica-se o inédito, mas perde-se a continuidade. Os dois aspectos no entanto, pensa Gourhan, não são contraditórios.

O fim da aporia encontra-se no fato de que nenhuma técnica existe isolada e toda sociedade é politécnica. O instrumento ou processo ausente num coletivo humano, encontra-se em outro premido à sua invenção pelos desafios naturais. Não existem em estado puro nem o empréstimo, nem a milagrosa invenção.

Privilegiar a invenção em detrimento do empréstimo seria o mesmo que suprimir a História e a Contingência que dela advém; num só golpe o grupo seria dotado de uma racionalidade técnica absoluta e sussurrante: estaríamos imersos na sua lógica, não na sua realidade. Semelhante idealismo é inadmissível: o técnico não é um sábio. O real não se resolve apenas nos princípios da física. De outro lado, o mecanismo linear dos empréstimos, jogado a si mesmo, assinalaria um

26. André Leroi-Gourhan, *Milieu et techniques*, Paris: Albin Michel, 1945, p. 370.
27. Cf. Michel Guérin, Leroi-Gourhan, notre Buffon, *Révue de Métaphysique et de Morale*, n. 2, 1977, p. 165-214. Uma nota curiosa: o trabalho inteiro de Gourhan assume a perspectiva do determinismo, em plano não muito distante ao de Diderot. O acaso não é inelutável, pois ele é vencido (sempre provisoriamente) pelos saberes técnicos que ajuda o ser humano a atenuar o peso das circunstâncias definidas pela natureza (o meio) ao engendrar uma segunda natureza, a tecnosfera.

materialismo vulgar. Ele recuaria indefinidamente a iluminação criadora e afetaria o grupo com uma passividade total –a permeabilidade absoluta– ruinosa para a sua continuidade.

O caminho para resolver a aporia entre invenção e empréstimo encontra-se no conceito de fixação. "O importante", diz Gourhan, "no empréstimo, não é o objeto que entra num grupo técnico novo, mas a sorte que lhe é dada pelo meio interior"[28]. Comenta Guérin: "quem empresta pode, no limite, usar e inventar". Deste modo, "só é possível conceber o empréstimo de um instrumento ou de um procedimento, por um grupo, na estreita medida em que o meio técnico desse grupo está pronto para recebê-lo". São fatos diferentes "ter" um instrumento e "fixar" o mesmo instrumento. Só na segunda via o objeto é "digerido" pelo meio, "integrado ao seu capital, porque é harmônico à politécnica preexistente ao grupo" (Guérin).

Georges Canguilhem recorda a imagem da ameba, figura usada por Gourhan para descrever a técnica.

É pela assimilação ao movimento da ameba – esta empurra para fora de sua massa uma expansão que colhe e capta, para digeri-lo, o objeto exterior de sua gula – que Leroi-Gourhan busca entender o fenômeno da construção do instrumento. 'Se a percussão', diz ele, foi proposta como ato técnico fundamental, é que existe, na quase totalidade dos atos técnicos, a busca do contato, do toque. Enquanto a expansão da ameba sempre conduz a sua presa para o mesmo processo digestivo, entre a matéria a tratar e o pensamento técnico que a envolve se produzem, para cada circunstância, órgãos de percussão particulares[29].

Sendo a figura da ameba insuficiente, a percussão ajuda a pensar o fato técnico. Com a força de agarrar e de bater, segue-se uma infinidade de procedimentos que permitem ao homem

---

28. *Milieu et techniques*, ed. cit., p. 356-357.
29. Georges Canguilhem, *La connaissance de la vie*, Paris: Vrin, 1980, p. 124. Canguilhem cita o livro *Milieu et techniques* de Leroi-Gourhan.

diminuir o acaso natural, ameaçador para a sua existência. Entre a vida e a morte, o instrumento técnico possibilita uma tripla seqüência comportamental (agressão, aquisição, alimentação), de preensão (lábio-dental, digito-palmar, interdigital e projeção), de percussão (dentária, manual, unguear)[30]. À imagem da ameba que ajuda a pensar o Mesmo conservado, unem-se as formas tríplices que permitem perceber o Outro. Os sons, resultado da percussão, como o tempo, definem-se pela alteridade, mas a partir de um corpo que se relaciona com a natureza e consigo mesmo, produzindo-se como instrumento.

Dir-se-á do homem que ele é menos o instrumento, do que o efeito do instrumento. O próprio do humano é menos o instrumento do que o acúmulo e a junção dos efeitos do instrumento e dos efeitos da linguagem [...] o homem é o único animal que constituiu um meio técnico. Esta 'humanização' do instrumento depende da linguagem. A fabricação de instrumentos liga-se à língua e à memória, formando capacidades simbólicas (programação). Instrumento e linguagem fabricam a memória; sua convergência dota a humanidade de um capital técnico-simbólico que situa o devir da espécie fora dela mesma. 'O fato material mais espantoso é certamente a 'liberação' do instrumento, mas na realidade o mais fundamental é a liberação do verbo e esta propriedade única possuída pelo homem de colocar sua memória fora dele mesmo, no organismo social'[31].

Os românticos que valorizam a originalidade absoluta do gênio, desprezam a cópia – base utilizada desde a era mais remota nos aperfeiçoamentos técnicos –, assumiram uma atitude doutrinária abstrata e frágil no campo literário e nos demais setores da produção cultural. Digamos que eles desejaram a diferença da percussão, sem o sólido corpo da ameba que representa o mesmo, o acúmulo milenar tecnológico. Enquanto proclamam a originalidade na arte e nas letras, eles mantêm o desejo de Ordem e regularidade sociais e políticas. Para atingir tais fins

---

30. M. Guérin, op. cit., p. 186-187.
31. Idem, p. 188. Guérin cita o livro *Le geste et la parole*, de Gourhan.

opostos, assumem sem demasiadas cautelas a metáfora orgânica do universo e da sociedade, contra os indivíduos[32].

Diderot, não por acaso, recebeu o apelido de *Tonpla*, o inverso de Platão. Inverso por muitos motivos, sobretudo porque, sendo materialista, ele foi um entusiasta do grego. Com certeza o enciclopedista leu, e não pouco, o *Timeu*. Naquele texto o demiurgo, o fabricante do cosmos (a partir das idéias que ele contempla, e da matéria preexistente), recorre a várias formas de trabalho técnico e artístico. Ele é um modelador de cera, um

---

32. Esta formulação romântica, dirigida contra o liberalismo das Luzes e mesmo contra o seu crítico, Rousseau (mesmo ele seria "individualista" para os que vieram depois e contra a Revolução Francesa), encontra-se em estado puro – com o veneno que produziu frutos malditos no século XX (na direita nazista e na esquerda stalinista), o Estado totalitário – em Hegel. "O Estado, enquanto efetividade da vontade substancial, efetividade que ele possui na autoconsciência particular de si conduzida à sua universalidade, é o racional em-si e para-si. Esta unidade substancial é o absoluto e imóvel fim de si mesmo, no qual a liberdade atinge seu direito supremo contra os indivíduos, cujo dever supremo é o de ser membros do Estado". E a Nota acrescida a esta barbaridade: "Se o Estado é confundido com a sociedade civil e se lhe é dado como destinação a tarefa de velar pela segurança, proteger a propriedade privada e a liberdade pessoal, é o interesse dos indivíduos como tais que se torna o fim último, em vista do que eles se uniram e segue-se que ele é deixado ao bem querer de cada um tornar-se membro do Estado. Mas ele tem com o indivíduo uma relação toda diferente; sendo o Estado o Espírito objetivo, o próprio indivíduo não pode ter nenhuma objetividade, verdade ou eticidade se não for membro do Estado". Cf. G. W. F. Hegel, *Grundlinien der Philosophie des Rechts* §§ 257-258, em op. cit., v. 7, p. 398-399. Sirvo-me também da tradução crítica de Robert Derathé, *Principes de la Philosophie du Droit*, Paris: Vrin, 1975, p. 258-259. Um trabalho que ainda agora merece leitura, é o de Francis William Coker, *Organismic Theories of the State. Nineteenth Century Interpretations of the State as Organism or as Person*, New York: Columbia University/Longmans, Green & co., 1910. Para as tentativas de aprofundar o pensamento hegeliano rumo ao socialismo e ao marxismo, radicalizando sua crítica ao liberalismo, cf. Domenico Losurdo, *Hegel, questione nazionale, restaurazione, sviluppi di una battaglia politica,* Univ. di Urbino, 1983; Idem, *Hegel e la libertà dei moderni*, Roma: Ed. Riuniti, 1999. Para o uso stalinista de Hegel, cf. György Lukács, Der junge Hegel, *Ueber die Beziehungen von Dialektik und Oekonomie*, Zürich/Wien: Europa Verlag, 1948 e o delirante *Die Zerstörung der Vernunft*.

operário que recorta a madeira, um construtor que sintetiza os elementos, um fabricante (*poietés*)[33]. Nem é preciso recordar a polissemia de *poietés*. São gastos os lugares comuns sobre Platão, "inimigo das artes". Diz-se ter ele esquecido que a arte não copia algo anterior, mas cria uma nova realidade, cuja existência brota da fantasia própria ao artista. O gênio deste último garante o valor das suas produções estéticas.

Importa notar o termo "criação". Hans-Georg Gadamer analisa o *Timeu* e retoma a idéia de Platão de que o paradigma deve ser único, porque ele serve ao demiurgo para moldar o universo, o qual tudo inclui em si mesmo. Entre o paradigma e as suas cópias – múltiplas – haveria uma diferença importante. Após a hegemonia romântica, que reinterpreta o cristianismo, para o qual o universo é criado por Deus a partir do nada[34], desvaloriza-se o difícil trabalho do "poeta" demiurgo que luta com a matéria rebelde e fluente, para construir um artefato. O mundo da arte, como o da religião cristã, invoca um Deus onipotente, o criador *ex nihilo* do universo. Essa idéia, quando aplicada ao artista, proíbe noções como a de "modelo", "imitação" e outras, essenciais no argumento platônico. Para a sensibilidade romântica, que recusa padrões mecânicos e racionais, é blasfêmia aproximar do poeta o produtor e o técnico. O poema, que parte de

---

33. Luc Brisson, *Le même et l'autre dans la structure ontologique du Timée de Platon*, Paris: Klincksieck, 1974, p. 31 e ss.

34. A operação mental cristã, baseada no platonismo médio (inaugurado no primeiro século antes de Cristo por Antíoco, e desenvolvido em sentido místico por Numenius), extrai certos elementos do texto platônico, deixando outros na sombra. No caso do *Timeu*, sobretudo de 28c, trecho que estamos apreciando, há um deslizamento semântico, quando se vai do texto platônico aos padres da Igreja. "Em Platão, o texto designa o Demiurgo, distinto do Bem. Ora, o médio platonismo identifica um e outro: o Deus criador é o Deus supremo". Clemente de Alexandria, padre apologeta, atribui ao filósofo grego a crença "na criação do mundo *ex nihilo*". Cito Jean Daniélou, *Message évangélique et culture hellénistique*, Tournai: Desclée & Co., 1961, p. 104 e ss.

um paradigma, torna-se desprezível para o poeta, cuja fonte criadora encontra-se na subjetividade absoluta. A inspiração torna-se *leitmotiv* em detrimento do mimetismo. Dentre os modelos recusados com vigor, encontra-se o da técnica e o da ciência, especialmente na sua definição mecânica, que vem desde o *Timeu* até as concepções newtonianas de um universo perceptível pelo intelecto e que pode ser exposto segundo formas geométricas[35].

Passei pelas teorias de Leroi-Gourhan sobre a invenção técnica e a aproximei do culto à originalidade por vários motivos. Em primeiro, para recordar que as acusações de plágio endereçadas ao trabalho diderotiano, não possuem base efetiva na cultura. Esta última desconhece a "originalidade" que passa a vigorar a partir do século XVIII. Um século antes de Diderot e de Sterne, o inovador da língua e do estilo franceses[36], o mais original escritor em moralidade e ciência, critica os pretensos autores de livros[37]:

---

35. Ainda D. H. Lawrence retoma o hino, erguido por Schiller, Novalis e mesmo pelo jovem Hegel contra a ciência e a técnica modernas, cujo padrão é posto em Newton. "O saber", diz Lawrence, "assassinou o Sol, reduzindo-o a uma bola de gás...o conhecimento assassinou a Lua...O que podemos fazer para restaurar Apolo e Atis, Deméter, Persefone...?". *A propos of Lady Chatterley's lover (1931),* citado por Meyer Howard a Abrams, *The Mirror and the Lamp. Romantic Theory and Critical Traditions*, Oxford: University Press, 1971, p. 312.

36. "Pascal encontrou um estilo ao mesmo tempo individual, de um gênio, que tem sua marca e ninguém pode lhe retirar, e um estilo também, de forma geral, lógico e regular, que define uma lei, e ao qual todos podem e devem se relacionar segundo maior ou menor grau de proximidade: ele estabeleceu a prosa francesa". Cf. Sainte-Beuve, *Port-Royal*, Paris: Gallimard/ Pléiade, 1953, tomo I, p. 135.

37. "É a ele que os jansenistas devem o uso de só falar de si na terceira pessoa, e sempre trocar o 'se'(on)ao 'eu'; [...] Era sobretudo à vaidade dos autores que Pascal impunha esta lei; ele não podia suportar que se dissesse *meu* discurso, *meu* livro; e dizia muito zombeteiramente sobre este assunto: 'por que eles não dizem *nosso* discurso, *nosso* livro, visto que normalmente há mais neles do bem alheio do que do seu?'. Marie Jean Antoine Nicolas De Caritat, Marquis de Condorcet, *Éloge de Blaise Pascal, Oeuvres de Condorcet,* Ed. O'Connor et F. Arago, Paris: Firmin Didot, 1847, tomo III, p. 626.

Alguns autores, ao falar de suas obras, dizem: *Meu* livro, *meu* comentário, *minha* história, etc. Eles exalam o cheiro dos burgueses que mostram no frontão de suas moradias o sinal de propriedade privada, e sempre têm um "minha casa" na boca. Fariam eles melhor se dissessem: *Nosso* livro, *nosso* comentário, *nossa* história, etc., porque no que fazem, em geral, existem mais bens alheios do que seus[38].

Para alguém que escreveu depois do *Cogito* cartesiano é singular a denúncia da pretensa originalidade. É certo que se trata do mesmo autor que proclamou todo seu desprezo pelo Eu moderno[39].

O século XX – embora fortemente romântico – recusa a originalidade e a própria noção de autor. Michel Foucault se pergunta o que é um livro. Este último, no seu entender, não se define como propriedade de um autor, "monarca das coisas que disse e mantenho sobre elas uma soberania eminente: a de minha intenção e do sentido que lhes quis atribuir". O livro "é evento minúsculo, pequeno objeto manejável"[40].

---

38. Pascal, *Pensées*, edição eletrônica do *Centre de Ressources Bibliques*, disponível em: http://www.croixsens.net/pascal/index.php, acesso em: 26/07/2006.
39. "O eu é detestável. Assim, aqueles que não o retiram, e que se contentam em somente cobri-lo, são sempre detestáveis. De modo algum, direi vós; pois em se tratando como nós fazemos obsequiosamente para todo mundo, não se tem motivo para nos detestar. Isto é verdade se a gente detestasse no eu apenas o desprazer que nos tem disso. Mas se eu o detesto, porque ele é injusto em si, na medida em que ele faz a si mesmo o centro de tudo, eu o detestaria sempre. Em uma palavra, o eu tem duas qualidades; ele é injusto em si, na medida em que ele faz a si mesmo o centro de tudo; ele é incômodo aos outros, na media em que ele quer subjugá-los; pois cada eu é o inimigo, e gostaria de ser o tirano de todos os outros. Vós retirais o incômodo mas não a injustiça; e assim vós não o tornais amável àqueles que odeiam nele a injustiça: Vós o tornai amável apenas para os injustos, que não mais encontram aí o inimigo deles; e assim vós permaneceis injusto, e não podeis agradar senão aos injustos", *Pensées*, *L'Oeuvre de Pascal*, Paris: Gallimard/Pléiade, 1950, p. 862-863.
40. Cf. Michel Foucault, *História da Loucura*, São Paulo: Perspectiva, 1976, p. VII e VIII.

A minha segunda razão encontra-se no fato de que ambos, Diderot e Leroi-Gourhan, dedicaram-se à técnica e às artes, buscando o caminho para que elas se estabelecessem enquanto tendências para melhorar a vida humana. Se o etnólogo do século XX descreve e teoriza o engendramento da técnica, o filósofo do XVIII a descreve com minúcia, tanto na manipulação dos instrumentos quanto na ordem histórica. Ambos captam a ruptura e a continuidade na ordem técnica e artística, dando conta das invenções e dos empréstimos efetuados nas trocas culturais. Acostumado ao processo do empréstimo no campo instrumental, Diderot também a ele se apega no plano literário. Ele não pretende, como é possível constatar em inúmeras passagens de seus escritos, apresentar textos originais. Se Foucault imagina o livro como objeto manejável, sem um autor soberano, Diderot o pensa como algo recebido e ampliado, segundo os preceitos da retórica. Vejamos o que diz o verbete "Invenção" da *Enciclopédia*. "Devemos as invenções ao tempo, ao puro acaso, a conjunturas felizes e imprevistas, a um instinto mecânico, à paciência do trabalho e aos recursos". Trata-se da mesma certeza exposta, em forma de contos reunidos, em *Jacques o Fatalista*, um livro cujo personagem central é o Acaso.

Segundo Gourhan, o Acaso reúne e determina a origem das técnicas e das artes e se atenua com a paciência do trabalho. Alguns exemplos dados por Diderot, bem antes de Gourhan, são eloqüentes:

não devemos aos filósofos especulativos as invenções úteis dos séculos XIII e XIV. Elas são o fruto do instinto mecânico que a natureza fornece a alguns homens, independente da filosofia. A invenção que socorreu a vista fraca dos anciãos, por lunetas que se chamavam besicles, é do final do século XIII. [...] As primícias das artes foram felizmente descobertas e com freqüência ignoradas. [...] Todas aquelas coisas foram descobertas grosseiramente ou em partes, e conduzidas insensivelmente à uma perfeição maior.

Recordando uma sugestão de Francis Bacon, Diderot afirma que "o tempo faz nascer os presentes que nos oferece, mas a indústria apressa, se ouso dizer, o seu parto". Um invento permite melhor entender o anterior, e vice-versa. Não existe invenção a partir do nada.

No verbete da *Enciclopédia*, que trata de invenção literária e retórica, surge a mesma tese contrária à originalidade, supostamente instaurada por um sujeito isolado:

> Os mestres da arte concordam: a invenção não consiste em encontrar facilmente os pensamentos que podem entrar no discurso [...] mas consiste em escolher entre os pensamentos que se apresentam, os mais convenientes ao assunto tratado, os mais nobres e os mais sólidos, a extrair os falsos ou frívolos, ou triviais; em considerar o tempo, o lugar onde se fala; o que devemos a nós mesmos e o que devemos aos que nos escutam.

Na poesia e nas belas artes, diz Diderot, inventar significa

> apoderar-se das causas segundas; fazê-las agir no pensamento, segundo a lei da sua harmonia; realizar assim os possíveis; reunir os detritos do *passado* [grifo meu], apressar a fecundidade do futuro; dar uma existência aparente e sensível ao que ainda não é, que sempre será apenas na essência ideal das coisas; é isto o que se chama inventar.

O campo da ficção deve ser vasto pois "o inventor que se joga na carreira dos possíveis deixa longe de si o imitador fiel e tímido, o pintor do que aparece diante dos olhos". É a mão de obra, diz Diderot, que faz o artista. Mas a própria mão é instrumento primordial, como afirma Aristóteles e, em nossos dias, Heidegger[41].

---

41. Para uma análise correta da noção diderotiana do "artesão", cf. o verbete "Artista", redigido por Hubert Damisch para a *Enciclopédia Einaudi*, Lisboa: Casa da Moeda, 1984, v. 3, sobretudo nas páginas 86-87. Para o caso de Heidegger, as mãos e a técnica, veja-se *Qu'appele-t-on penser?*, tradução de A. Becker e G. Grânel, Paris: PUF, 1959, p. 177. "O pensamento guia e carrega cada comportamento da mão", semelhante tese de Heidegger

Para vencer o Acaso, pelo menos por alguns átimos, primeiro é preciso reconhecer o seu poderio. *Jacques, o Fatalista* e a *Enciclopédia* constatam o que, na língua maquiavélica, chama-se Fortuna. Para vencê-la, mobilizam a força astuciosa unida aos saberes técnicos. O mundo não é sistemático[42], nem todos os seus desafios são inelutáveis. A liberdade se conquista contra o caos da matéria, com o sistema sempre modificável das ciências e contra a metafísica, que sonha unir livre arbítrio e necessidade imanente do real.

Outro motivo para analisar as acusações de plágio endereçadas contra *Jacques, o Fatalista* é o método a que se acostumou Diderot em longos anos de trabalho na *Enciclopédia*. Um autor relevante, neste sentido, é Jacques Proust[43]. O comentarista afasta alguns mitos sobre o intento de Diderot, como o suposto desejo de fornecer instrução sobre as técnicas ao "povo" desprovido de conhecimento anterior. E também recusa a idéia, vendida inclusive na *Enciclopédia*, de que Diderot redige os verbetes técnicos e prepara as pranchas daquela

evoca o pensamento de Aristóteles, retomado pela grande maioria dos estudiosos que se interessaram pela técnica na cultura ocidental.

42. "O grande defeito dos sistemas abstratos é girar em torno de noções vagas [...] palavras vazias de sentido, equívocos perpétuos. Locke compara tais fabricantes de sistemas a pessoas que, sem dinheiro e sem conhecer as espécies correntes, contariam grandes somas com fichas, que eles chamariam luís, libra, escudo. Por mais que calculassem, suas somas dariam apenas fichas [...] estes sistemas, longe de dissipar o caos metafísico, só maravilham a imaginação [...] Existem sistemas que se parecem aos palácios onde o gosto, a comodidade, a grandeza concorreriam para fazer uma obra-prima; mas cujos fundamentos seriam pouco sólidos, sustentando-se apenas pelo encanto [...] Os verdadeiros sistemas estão fundamentados nos fatos, exigem um grande número de observações, para se captar o encadeamento dos fenômenos". Système, *Encyclopédie*, Edição Eletrônica da Encyclopédie em Cd Rom. Notamos aqui as metáforas na crítica da metafísica: a moeda real e a imaginária, assumida por Kant, e o palácio sistemático das idéias metafísicas, emprestado por Kierkegaard contra Hegel. Também na história da filosofia nada se cria, nada se perde, tudo se transforma.

43. Cf. *Diderot et l'Encyclopédie*, Paris: Armand Colin, 1962. Sobretudo o capítulo "La Description des Arts".

obra, "sob o ditado dos artesãos". Proust mostra que o mais duro trabalho do editor foi o de pedir textos de especialistas nas múltiplas áreas, incluindo aí artesãos, manuscritos que precisavam ser revistos, corrigidos e passados à condição literária requerida pelo refinado editor.

"O essencial no trabalho de Diderot", afiança Jacques Proust,

foi encontrar colaboradores qualificados, indicar a eles em grandes linhas, o que deles esperava, depois rever com eles o seu trabalho para colocá-lo ao ponto. Isto supõe muitas cartas trocadas, muitas iniciativas e conversas, mas este gênero de atividade convém melhor ao nosso filósofo do que o papel de "manobrista da experiência". [...] Destruídos os manuscritos da *Enciclopédia*, não podemos apreciar, em seu justo valor, o trabalho de revisão de Diderot nos textos dos colaboradores[44].

Diderot não se documenta pessoalmente sobre a arte do tapeceiro. "Ele o situa no meio dos outros, ao conduzir sua descrição às justas proporções. Foi preciso, ao mesmo tempo, simplificar e clarificar: questão de princípio, assunto de expressão, problema filosófico e literário, mas não propriamente técnico".

Dos desafios técnico/artesanais passamos aos literários. Proust evidencia que Diderot,

ao contrário dos letrados que o precedem, não considera as línguas técnicas como províncias separadas da francesa, que se estuda à maneira de uma gíria (*jargon*) ou dialeto, por gosto do folclore ou do

---

44. Proust cita um trecho de Diderot que elucida bem o ponto: "Lembro-me de um artista, a quem acreditava ter exposto muito exatamente o que deveria ser feito de sua parte, que me trouxe [...] uma folha manuscrita e meia prancha de desenho, dez a doze pranchas enormemente carregadas de figuras e três cadernos espessos, in-fólio, com uma letra miudinha, que encheriam dois volumes in-12 [...] Outro, pelo contrário, a quem eu havia prescrito exatamente as mesmas regras [...] trouxe-me, sobre uma das manufaturas mais amplas pela diversidade das máquinas com as quais é servida [...] um pequeno catálogo de palavras sem definição, sem explicação, sem figuras". J. Proust, op. cit., p.194.

exotismo. Para ele, as línguas técnicas são o domínio real e integram a "língua" que todo letrado deve conhecer e praticar [...] O vocabulário técnico não é um repertório inerte de palavras e locuções.

Assim, segundo Proust, o filósofo pensa cada termo técnico enquanto neologismo a ser bem interpretado, exposto e compreendido pelos leitores e, sobretudo, pelos autores.

Diderot, na grande tradição da Renascença é um conquistador, não um conservador. A língua é para ele um ser vivo que se nutre e se desenvolve. Ele pensa portanto que é preciso acolher todos os neologismos, e deixar depois ao uso e ao tempo o cuidado de eliminar de modo natural os que não são "claros, enérgicos e necessários"[45].

Como os artigos vários, encomendados aos "especialistas", tinham um jargão próprio ao ofício que "seria incompreensível aos leitores não iniciados e, como assim o fim querido pelo escritor não seria atingido, Diderot examinou ,de modo crítico, as diversas línguas técnicas ao seu dispor".
Desse modo, conclui Proust, as preocupações do letrado são inseparáveis, na redação dos verbetes, das mantidas pelo filósofo sensualista.

Ao fazer a triagem, em cada língua técnica, dos termos justos, o letrado satisfaz seu gosto artístico da palavra certa, o filósofo contribui para a elaboração de um sistema exato de correspondência entre as palavras, as idéias e as coisas, o "politécnico" favorece a comunicação entre todas as especialidades. Trata-se praticamente de definir o sentido de todas as palavras técnicas não por relação de umas às outras, como o tinham feito Thomas Corneille e Fontenelle, mas em relação aos próprios objetos[46].

A tarefa editorial, à que se acostumou durante longos e tormentosos anos, unida à condição de filósofo materialista e de escritor exigente, fizeram o artista Diderot experimentar um

---

45. Verbete Encyclopédie citado por J. Proust, p. 213.
46. Idem, ibidem.

modo revolucionário de escrita. Ao reunir a diversidade dos textos, cada um redigido segundo determinado jargão e seguindo um "estilo" diferente (se for possível falar-se em estilo para muitos dos escritos encomendados para a *Enciclopédia*), o homem de estilo vivo deles se apropriou, dando-lhes significação e forma diferentes das que ostentavam quando isolados. O elo entre eles, fornecido pelo filósofo, não poderia abafar a novidade trazida pelo seu lado particular, mas deveria ser frouxo o bastante para que os conteúdos e as formas dos objetos tratados surgissem aos olhos do leitor. Mas o mesmo elo, embora frouxo, mostra a genialidade do sintetizador genial, que apresenta um texto multifacetado e inteligível para a maioria dos leitores cultos, um trabalho novo a partir do empréstimo das contribuições particulares. Aqui, mostram-se com toda a sua potência heurística, inclusive e sobretudo no campo da língua literária, as análises de Gourhan sobre o empréstimo e a invenção. Além de recolher textos especializados e deles fazer um hiper-texto, Diderot acentua a passagem das técnicas pretéritas às presentes, salientando, com firmeza, a luta contra o Acaso que as marca.

Diderot inventa novos textos e sentidos a partir do empréstimo aos textos e técnicas existentes. Ele opera como artesão da escrita, não como o suposto gênio criador, mito por excelência do romantismo. Nele, se realiza o enunciado de Gourhan: "Nunca foi encontrado um instrumento criado totalmente (*de toutes pièces*) para um uso a ser encontrado, em matérias a descobrir"[47]. O que se passa no mundo dos instrumentos, também ocorre no universo da produção literária diderotiana: ele não inventa *de toutes pièces*, como aliás nenhum escritor o faz, mas reúne pedaços de espírito, de língua, de procedimentos e, com eles, fabrica seu texto, colocando a sua marca no trabalho "final", que ele sabe perfeitamente

---

47. A. Leroi-Gourhan, *Milieu et techniques* citado por M. Guérin, op. cit, p. 192.

provisório, constituindo uma interpretação nova, nunca uma criação *ex nihilo*[48].

Devo insistir no fato, gritante em Diderot (e bem reconhecido nos seus críticos termidorianos), do materialismo. A base daquela perspectiva teórica é a eternidade da matéria. Nela, não tem sentido o ato sobrenatural de um Ser que tudo cria a partir do nada. O que é possível dizer, portanto, no plano da natureza, encontra-se no plano da renovação, da alteração do que existe, nunca de uma vontade divina que, a partir do nada, produz o universo. Bem de acordo com o materialismo, nada é fruto de uma criação cujo fim está posto no pensamento de um ser divino. O artesanato do mundo supõe a matéria pré-existente que será trabalhada pelo artesão humano. Diderot insere-se numa longa tradição de pensamento que se ergue contra o idealismo e contra o finalismo, sobretudo quando estes últimos são apropriados pela teologia ou pela metafísica que a serve.

O materialismo diderotiano tem sido causa de muitas afirmações que passam ao largo do problema essencial, quando se trata de analisar a dupla invenção/empréstimo técnico, contra o conceito de criação. Se materialista, Diderot necessariamente teria do mundo e do ser humano a noção de um fatalismo absoluto, o qual excluiria toda verdadeira produção artística e toda verdadeira liberdade moral. Gerhardt Stenger[49] reco-

---

48. Para este ponto, conferir as hipóteses de trabalho fornecidas genialmente por Haroldo de Campos, sobre o plagiotropismo na literatura e na tradução. Cf. do autor *Deus e o Diabo no Fausto de Goethe*, São Paulo: Perspectiva, 1981. E também, o seguinte enunciado: "Transformar, por um átimo, o original na tradução de sua tradução; reencenar a origem e a originalidade através da plagiotropia, como movimento incessante da 'diferença'; fazer com que a *mímesis* venha a ser a produção mesma dessa 'diferença'". Haroldo de Campos, O Que é Mais Importante: A Escrita ou o Escrito?: Teoria da linguagem em Walter Benjamin, *Revista USP*, disponível em: <www.usp.br/revistausp/n15/fharoltexto.html>, acesso em: 26/07/2006. Cf. também Maria dos Prazeres Gomes, *Outrora Agora, Relações Dialógicas na Poesia Portuguesa da Invenção*, São Paulo: EDUC, 1993.

49. Op. cit., p. 201 e ss.

lhe e critica esse modo de perceber o pensamento do filósofo. Desde Karl Rosenkranz, na biografia de Diderot que marcou época, afirma-se que, ao ser materialista e aceitar o determinismo universal, o enciclopedista teria obrigatoriamente de entrar em choque consigo mesmo. Afinal, quem é materialista é ateu e quem é ateu não possui moral e não partilha nenhum sentimento necessário para a vida coletiva. A lição de Bayle foi esquecida estrategicamente, embora o próprio Diderot insista, em muitas passagens suas, na tese do mesmo Bayle sobre a condição plenamente moral do ateu.

Materialista, Diderot não poderia, pensam alguns estudiosos, enunciar algo com sentido sobre a liberdade e a produção artística e cultural mais "elevada". Haveria um conflito entre a inteligência e o coração do filósofo. Assim, "como seus outros contos, *Jacques, o Fatalista* é uma reivindicação do princípio de liberdade, mas, desta vez, em sua dimensão metafísica, e por oposição à doutrina da necessidade universal"[50]. Em qual gênero entra *Jacques*? Sátira ou apologia do fatalismo? Jean Ehrard opta pelo segundo: "não é possível duvidar que o autor faça suas as idéias que empresta ao seu personagem. O resumo que nos é dado, bem tardiamente, da filosofia de Jacques, lembra a profissão de fé determinista da *Carta a Landois* de 1756". Este trecho, também citado por Stenger, é elucidativo: entre o pensamento teórico de Diderot e as representações de seu personagem, não existe diferença. Se tal perspectiva analítica é um desastre no labor teórico, no literário chega a ser lastimável.

Outros comentadores aventam a hipótese de uma paródia do fatalismo, por Diderot. Diz F. Pruner, também citado por Stenger, que a banalização do tema (do fatalismo, RR) já é algo conhecido por volta de 1770. O método observado por Diderot para conduzir o público a um olhar novo sobre esta idéia feita, "transformada pelo hábito e pela preguiça intelectual em artigo de fé, é simplesmente empurrá-la ao

---

50. Aram Vartanian citado por G. Stenger, op.cit., p. 201.

absurdo, segundo a fórmula consagrada da paródia". Desse modo, atormentado pela divisão de sua alma e de sua filosofia, Diderot escreve um livro no qual a referida dificuldade se resolve. A suspeita de que Diderot usa seus escritos e personagens para acertar contas consigo mesmo é comum. Muito se disse sobre este aspecto ao dissertar sobre o *Sobrinho de Rameau*. Agora, é *Jacques* o salvador providencial (e também existencial) do filósofo pouco rigoroso, que não conseguiria deduzir corretamente as conseqüências de suas premissas.

Quanto ao livro mesmo, o múltiplo *Jacques*, os críticos o interpretam segundo um esquema psicológico vulgar.

Dando vida a conceitos, encarnando-os em personagens semi-reais ou semi-imaginários, Diderot teria dissolvido o que, no plano das idéias puras, lhe parecia uma contradição insolúvel. Outros comentadores descobrem no romance, assim, a vingança da arte sobre a filosofia, do criador livre sobre o doutrinário [...]. O postulado fatalista é submetido à prova da vivência, o que conduz à uma restauração pragmática da liberdade[51].

Mas o diagnóstico não vai longe. Francis Pruner, por exemplo, recusa a bipartição entre o "libertário" Diderot e o doutrinador que defenderia o fatalismo. Mas também ele não vai longe com a sua recusa, visto que, no seu entender, *Jacques, o Fatalista* seria uma espécie de máscara literária que permitiria ao autor dizer coisas inadmissíveis na *Enciclopédia*, devido à censura. Assim, ao defender o fatalismo/determinismo, *Jacques* seria, pensa Pruner, "um dos livros mais audaciosos do século [...] livro republicano, materialista e ateu".

Stenger, que cita semelhante "tese", afirma que ela não se afasta muito da crítica marxista que, apenas ela, "é a única que propõe uma solução propriamente filosófica ao dile-

---

51. G. Stenger, op. cit., p. 203-204.

ma". O procedimento marxista, quando se trata de entender *Jacques, o Fatalista*, o coloca no campo fronteiriço entre o materialismo dialético e histórico. O fatalismo de Jacques teria duas faces: ele se resigna ao fixismo do Antigo Regime (estática), mas sabe que tal situação mudará no futuro (dinâmica). A ordem tradicional é aceita provisoriamente, "porque as relações de força" a isto obriga. Mas ele nega tal situação, porque ela se baseia na contingência absoluta. O que permite uma forma final otimista, apesar do fatalismo. O mundo, de qualquer modo, será transformado[52]. *Jacques, o Fatalista*, num paradoxo, seria o romance da liberdade. Segundo determinados setores marxistas, a liberdade é conhecimento das leis objetivas da natureza, cujo domínio se conquista graças ao uso prático daquelas mesmas leis. Trata-se de aceitar o que é necessário, com a certeza de que, seguindo-se o saber científico, a sociedade pode ser transformada. A ciência é a arte de interpretar corretamente os sinais da natureza e dos homens[53].

Uma submissão assim, só poderia mesmo ser gerada no ambiente dominado por uma burocracia partidária com tendências ao totalitarismo. O texto literário diderotiano, pensam os que se acostumaram a ludibriar a polícia do poderoso Comitê Central, serve apenas para mascarar os verdadeiros intentos teóricos do filósofo. É certo que os escritos de Diderot foram manipulados de muitos modos sob o poder "do proletariado", no universo concentracionário da URSS e países satélites. Assim, nos anos vinte do século passado o

---

52. As teses indicadas são de E. Köhler, Est-ce que l'on sait où on va? Zur strutrukturellen Einheit von Diderots *Jacques le Fataliste et son Maître*, *Romisches Jahrbuch*, n. 16, 1965, p. 140. Citado longamente por G. Stenger, op. cit., p. 128-148.

53. Segundo Jacques Proust, a liberdade, em *Jacques o Fatalista*, consiste no fato de que ele "pode compreender a necessidade, e sabe decifrar os sinais". Cf. J. Proust, Postface à *Jacques le Fataliste*, Paris: Librairie Générale Française, 1972, p. 322. G. Stenger, op. cit., p. 205.

materialismo diderotiano foi tido apenas como um estágio da DIAMAT (esta sigla bárbara, na perfeita frase de Theodor Adorno). Diderot, no entanto, teria alguns laivos dialéticos, especialmente nas suas conjecturas sobre a evolução do universo[54]. No período posterior a 1940, Diderot foi considerado um mecanicista ao modo de d'Holbach. Insatisfeito com aquela espécie estreita de materialismo, ele cai no pensamento cético, negando a possibilidade do conhecimento científico. A ladainha do escritor mascarado encontra-se nas análises dos escritores que viviam sob o guante do socialismo real. Diderot, depois da prisão em Vincennes, tornou-se cauteloso e deixou na gaveta vários escritos, entre eles *Jacques, o Fatalista*. Temendo a censura e a polícia do Antigo Regime, ele guardou suas obras-primas materialistas para a época em que os cérebros tivessem sido libertados pelo Partido[55]. Resolve-se também, em outro registro, o problema da dualidade entre o mundo livre e o determinismo, dito fatalista, jogando-se no texto literário (posto na gaveta por Diderot) a afirmação da liberdade, contra o materialismo e a idéia de determinação. Vejamos o caso no próprio pensamento marxista, sem as peias escolásticas da Academia de Moscou e de seus dicionários de "filosofia", cujos mais profundos exames do campo finalizavam na introdução canônica: "Diderot, filósofo burguês do século XVIII".

O materialismo parte da antecedência do mundo físico e social sobre o sujeito presente. Este último, a partir dos feitos e fatos pretéritos, transforma o mundo natural e societário, dando-lhes novas figuras. Ele não os cria, à semelhança do Ser divino cristão. No século XIX, Karl Marx é o melhor exemplo de pensador materialista, incluindo-se aí todos os mal-enten-

54. Cf. Arnold Miller, The Annexation of a Philosophe: Diderot in Soviet Criticism. 1917-1960, em: *Diderot Studies*, Syracuse, New York, Genève: Oxford University Press, 1971, p. 125.
55. Idem, p. 424.

didos que a sua exposição sofreu nos intelectos endurecidos pelo doutrinarismo. Segundo Marx, o instrumento é paradigma que permite chegar ao seu produtor, o artífice. "O instrumento é uma coisa (*Ding*) ou complexo de coisas que o trabalhador interpõe entre ele mesmo e o objeto (*Gegenstand*) do seu trabalho, e que serve como um condutor (*Leiter*) de sua atividade (*Tätigkeit*) sobre esses objetos". Esta passagem vai do registro natural ao sujeito e marca a diferença ontológica entre os dois. O instrumento é modificação de algo natural, por isso recebe o nome de coisa física (*Ding*) ou de um complexo de coisas. O modo filosófico mais apropriado para nos referir à 'coisa' no sentido do sujeito é, como sabemos, *Sache*. Entre o sujeito e a natureza, os "objetos" (Marx não usa o termo científico, *Objekt*, o qual implicaria uma universalidade abstrata), o instrumento é um "condutor". Esta é uma chave para se entender de maneira diferente a célebre imagem da Infra e da Super estrutura. Um "edifício", seja ele espiritual, científico, social, não é construído sem instrumentos. O homem, atividade permanente, "utiliza as propriedades mecânicas, físicas ou químicas das coisas, como instrumentos de seu poder (*Machtmittel*) e de acordo com seus fins". O instrumento não apenas aumenta a força física do homem, mas amplia o seu poder[56].

Tanto em Marx quanto em Hegel, por ele citado nesse raciocínio, a "razão", ou seja, o pensamento humano ativo, mos-

---

56. Para todos estes enunciados, cf. *Das Kapital*, em *Marx/Engels Gesamtausgabe*, (MEGA), Berlin: Dietz Verlag, 1987, Band 6, p. 112. Ver também:. *Capital, vol.1*, tradução de B. Fowkes, New Left Review. Pelican, , 1976, v. 1, p. 175. E também MEGA, p. 194 e ss; Fowkes, p. 285. O trecho de Hegel, citado por Marx neste passo, trata da teleologia, e da idéia de mediação, de instrumento, de quimismo etc. Fundamental é que Hegel une a astúcia (a produção de meios para se apropriar dos objetos) ao poder da razão. O sentido político, inclusive do ponto de vista religioso, fica claro na nota da *Enciclopédia* citada por Marx. Cf. G. W. F. Hegel, *Enzyklopädie der Philosophischen Wissenschaften* 1, § 209 e nota, em *Werke in Zwanzig Bänden*, Frankfurt am Main: Suhrkamp, 1970, p. 365.

tra seu "poder" (*Macht*), ao produzir instrumentos, meios entre o sujeito e a natureza física, o que mostra o homem como diferente da pura *physis*. Contra o mimetismo em arte, Hegel afirmara a superior alegria do homem que "inventou instrumentos técnicos como o martelo e a chave"[57].

Voltemos um pouco antes dessa descrição fenomenológica da consciência produtora de instrumentos. Reencontramos o símile do edifício, sim, mas não posto na sua exterioridade, como algo fatal a ser aceito pelos homens. O edifício, agora, é pensado com o demiurgo, sem que Marx deixe de movimentar as figuras dos instrumentos mecânicos e as propriedades físicas, químicas etc. O conceito fundamental encontra-se na passagem entre homem e natureza (por isso, o instrumento é definido como um "condutor"). O "edifício", nesse passo, é o próprio corpo humano modificado em relação ao animal pela arte e pela técnica. A forma arquitetônica adquire movimento com o ato racional. Lugar-comum do marxismo é o símile da abelha, da aranha, dos homens. Tal paradigma vem dos présocráticos, e foi elaborado por Platão, sendo fundamental no Renascimento. Trata-se da "astúcia dos animais":

> Talvez sejamos ridículos quando nos vangloriamos de ensinar os animais. Deles, prova Demócrito, somos discípulos nas coisas mais importantes: da aranha no tecer e remendar, da andorinha no construir casas, das aves canoras, cisne e rouxinol no cantar, por meio da imitação.

Isso é o que diz Plutarco[58]. No Renascimento, Francis Bacon, Montaigne e um pouco mais tarde Cervantes, usam, discutem ou refutam tal símile. Não é preciso insistir nas

57. *Vorlesungen über die Asthetik*, op. cit., 13, I, p. 67.
58. Cf. Democrite, em: *Les écoles présocratiques*, édition établie par Jean-Paul Dumont, Paris: Gallimard (Folio), 1991, p. 537. O próprio Plutarco tem um pequeno texto satírico, sobre a superioridade ética e racional dos animais sobre os homens. Cf. Animais são racionais, *Moralia*, em *Loeb Classical Library*, trad. de H. Chernisss e W. Hembold, Harvard: Universtity Press, 1970, v. 12, p. 481 e ss.

ressonâncias éticas e morais extraídas desse trato mimético entre homens e bichos, em Esopo e no amigo dos jansenistas, La Fontaine[59]. Gregory Vlastos, num ensaio fundamental sobre Demócrito, sublinha a originalidade do pensador arcaico, especialmente na idéia de que o homem constrói a si mesmo, tanto no plano ético quanto no seu relacionamento com o cosmos[60].

*O Capital* usa a consciência para realçar a diferença entre homens e animais. Uma aranha efetiva operações parecidas com as do tecelão, e a abelha poderia envergonhar muito arquiteto humano (*Baumeister*), pela construção de suas celas. Mas o que distingue o pior arquiteto da melhor abelha é que o arquiteto constrói (*Gebaut*) a cela na sua cabeça antes de construí-la na cera. No final de todo processo de trabalho, emerge um resultado que já tinha sido concebido na representação (*Vorstellung*) no início, logo, já existia de modo ideal (*Ideell*). Esse campo imagético amplia a metáfora arquitetônica, mas sem a carga da exterioridade "objetiva", suposta numa leitura isolada do trecho sobre a superestrutura. Nesse item, Marx copia (ou plagia?) Hegel[61].

A partir dos conceitos filosóficos utilizados por Marx, notemos o termo *Ideell*. Não temos em nossa língua o equivalente do matiz, encontrável no alemão e no francês, entre *Ideal*

---

59. Estratégicos neste sentido, os versos de La Fontaine contra Descartes, e a suposta falta de pensamento nos animais, e seu "puro mecanismo" sem alma. "Discours à Madame de La Sablière". "Cada castor age: comum é a tarefa. O velho faz andar o jovem sem descanso. Muito mestre de obras para ali corre (...) a *República* de Platão, seria apenas aprendiz desta família anfíbia". Cf. Jean de La Fontaine, *Fables*, Paris: Garnier, 1923, v. 2, p. 150 e ss.

60. Cf. Ethic and Physics in Democritus, em Reginald E. Allen; David J. Furley (orgs.), *Studies in Presocratic Philosophy,* Londres: Routledge & Kegan Paul, 1975, p. 381 e ss.

61. "a pior idéia que venha à cabeça do homem é mais elevada do que qualquer produto da natureza, porque em tais idéias sempre se apresentam a espiritualidade e a liberdade". G. W. F. Hegel, *Vorlesungen über die Ästhetik,* op. cit., v. 13, tomo I, p. 14.

(modelo, protótipo), e *Ideell*, o que está no pensamento, na representação – *Vorstellung* – de quem concebe. Muitas hermenêuticas do texto marxista perderam esse elemento ativo, o qual supõe o ato subjetivo de imaginar e de refletir. Ainda um trecho supostamente "conhecido", mas necessário para definir a consistência do paradigma da arquitetura e do demiurgo arquiteto, no momento em que Marx rompe com o mestre Hegel. "Meu método dialético, nas suas fundações, é não só diverso perante o de Hegel, mas o seu oposto direto. Para Hegel, é o processo de pensamento, o qual ele transforma, sob o nome de Idéia (*Idee*) num sujeito independente, o demiurgo do efetivo (*der Demiurg des Wirklichen*), o qual seria apenas a sua aparência externa figurada. Para mim, pelo contrário, o ideal (*das Ideelle*) nada mais é do que o material invertido e traduzido (*überzetzte*) na cabeça do homem[62].

Na tradução de Fowkes, "demiurgo" é posto como "criador"[63], o que impõe ao pensamento de Marx a forma cristã e romântica, retirando-lhe as ressonâncias filosóficas originais. É possível captar a diferença entre os dois pensadores, nesse ponto, se nos dirigirmos às *Lições sobre a História da Filosofia*, no instante em que Hegel discute o nexo entre matéria e demiurgo no *Timeu*.

62. Cf. K. Marx; F. Engels, Prefácio à 2ª edição, op. cit., p. 27. Conferir também na tradução de Fowkes, p. 102. Boas razões tem Marx para indicar, em Hegel, o "Espírito" como demiurgo, e arquiteto do efetivo, da cultura. Basta abrir as "Lições sobre a estética" para encontrar, muitas e muitas vezes, afirmações como as seguintes: "As artes particulares, segundo o conceito, são apenas as formas universais da Idéia da beleza no seu desdobramento. Como sua efetivação externa, ergue-se o amplo Panteão da arte, cujo construtor (*Bauherr*) e arquiteto (*Werkmeister*) é o Espírito da beleza, o qual constrói a si mesmo, mas que será completado apenas no desenvolvimento da História do Mundo, em milhares de anos". G. W. F. Hegel, op. cit., 13, I, p. 123.

63. A tradução de W. Roces traz, corretamente, "demiurgo". Cf.: *El Capital*. México: Fondo de Cultura Económica, I, p. XXIII. A edição da Pléiade, (*Oeuvres de Karl Marx*, t. 1, Economie, p. 558), traz, também, "demiurgo".

Parece que Platão admite que Deus seria apenas o demiurgo, isto é, o ordenador da matéria, esta sendo eterna e dele independente, na forma do caos. Mas isso é falso. Estes não são dogmas, filosofemas de Platão que ele tomasse a sério, mas simples representação (*Vorstellung*); tais expressões não possuem nenhum conteúdo filosófico[64].

O nó górdio, pois, encontra-se no estatuto da matéria. Marx, conhecedor das *Lições* hegelianas, e da inversão antropológica de Feuerbach, aponta o homem como demiurgo efetivo, e considera a anterioridade da matéria como algo sério, um verdadeiro filosofema. O termo usado para recusar Hegel, "Idéia", traz o caráter de modelo e modelador do mundo, fora deste último.

Para Marx, o paradigma está no interior do universo, ele é o material (já enfrentado pelo demiurgo platônico como preexistindo ao cosmos), "traduzido" no pensamento. Essa idéia ativa de "tradução" retorna sempre na sua pena. Nela, se recusa a "criação" do mundo e da cultura, contra o idealismo e o romantismo. Quem traduz possui um texto anterior diante de si. Mas, como diz *O 18 Brumário de Luis Bonaparte*, há variações de maestria na arte de traduzir. O tradutor noviço ignora as sutilezas da língua estrangeira, aplica a sua própria forma sintática e semântica ao material alheio. Pouco a pouco, ativamente, de forma poética (como acentua ainda *O 18 Brumário*), ele "assimila o espírito da nova língua", só usando-a livremente quando esquece o idioma pátrio. Mas não basta conhecer o já escrito, o modelo anterior. Dominando-o, com os instrumentos apropriados, urge produzir novas formas para captar objetos hostis. A revolução social, diz Marx contra os românticos conservadores, "só pode extrair sua poesia do futuro"[65]. Esta leitura, penso, ajuda a deslindar um enunciado filosófico materialista de Marx, que se transformou em sim-

---

64. Vorlesungen über die Geschichte der Philosophie, em: G.W.F. Hegel, op. cit., v. 19, tomo II, p. 88.
65. Cf. *Le 18-Brumaire de Louis Bonaparte*, Paris: Sociales, 1948, p. 173-175.

ples *slogan* desprovido de significação. Refiro-me à *11ª Tese contra Feuerbach*, onde se afirma que "os filósofos até hoje apenas interpretaram o mundo de formas diversas, trata-se de transformá-lo"[66]. Se houve erro histórico na leitura do verbo "interpretar"[67], também houve equívoco no caso do verbo "transformar" inserido na tese. *Veränderung* remete para a sua raiz, que marca o conceito de alteridade, a partir de uma identidade anterior.

As premissas de que parte o pensamento de Marx são as bases efetivas (*wirklichen*) das quais não é possível abstrair, a não ser no imaginário. Trata-se dos indivíduos efetivos, de sua ação nas condições materiais de existência,

tanto as que eles já encontraram prontas, quanto as que produziram por sua própria ação. [...] O primeiro ato histórico desses indivíduos, pelo qual eles se distinguem dos animais, não é que eles pensam, mas se põem a produzir seus próprios meios de existência.

É de semelhante pressuposto que deve ser entendida toda a História, de suas "bases naturais e de sua mudança pela ação dos homens [...] o que os homens são coincide com a sua produção, tanto com o que produzem quanto pelo modo como produzem. O que são os indivíduos, depende das condições materiais de sua produção"[68].

Não é no sistema da DIAMAT, com segurança, que se torna possível entender o vínculo entre o pensamento marxista e o século XVIII, em especial a escrita de Diderot. Ambos, o escritor dialético e o enciclopedista, percebem o instrumento técnico

---

66. Die Philosophen haben die Welt nur verschieden interpretiert; es kommt aber darauf an, si zu verändern, em: Thesen über Feurbach, *Die Deutsche Ideologie*, Berlin: Dietz Verlag, 1975, p. 535.
67. Cf. R. Romano, Interpretação e Mundo na 11ª Tese de Marx contra Feuerbach, em *Corpo e Cristal, Marx Romântico*, Rio de Janeiro: Guanabara Koogan, 1985, p. 167 e ss.
68. K. Marx, *Deutsche Ideologie*, Berlin: Dietz Verlag, 1975, p. 20-21.

como resultado da ação humana sobre a matéria, uma espécie de simbiose entre o sujeito e o mundo natural. Mas a idéia de tradução afasta o pensamento do cristianismo, mesmo o romantizado pelo século XIX. Para vencer a natureza (e o que citei de Leroi-Gourhan acima ajuda bastante a perceber esta lógica) e atenuar o Acaso e a Necessidade, o instrumento técnico e as várias tecnologias, que se tornam a cada hora mais complexas, entram como elemento estratégico.

Assim como os instrumentos mecânicos "traduzem" o mundo físico para o interior do ser humano (por um ato deste último) e vertem o mundo dos desejos e representações dos homens para a alteração da natureza, os escritos são perenes traduções efetivadas pelos letrados, desde a "invenção" da letra. Só uma concepção mesquinha do trabalho tradutor pode imaginar que, ao seguir esta maneira de agir e de pensar, o texto (ou pintura, estátua etc) perde valor. A tradução que não inventa um novo universo de palavras, de frases, de sentidos múltiplos, é cópia vulgar. Traduzir é tarefa que supõe refinamento do intelecto e das paixões, fantasia envolvente e, ao mesmo tempo, força para captar a essência do que está sendo traduzido. Semelhante ofício instala o erudito no campo poético no qual se cruzam o Mesmo e o Outro.

Quando Diderot se apropria (confessadamente, sem nenhum dolo) de Bacon ou de Sterne, ele empresta, na verdade, o que foi escrito antes, mas inventa a partir do paradigma assumido. Seria contrário ao seu materialismo supor que antes dele nada existiria, e que o bom trabalho estilístico exige algo feito "de toutes pièces". *Jacques, o Fatalista*, ele mesmo, é um instrumento técnico, pois sua narrativa ao mesmo tempo informa, critica, ironiza, polemiza, diverte e permite a comunicação de muitas idéias e valores. O Acaso e a Fatalidade são exorcizados não do exterior, em lugar que não é o texto, mas justamente pelo trabalho do texto, uma tecelagem que mostra ser possível alterar crenças, costumes, políticas, ciências. A escrita mesma em *Jacques* é corrosão contínua e segura dos sistemas religiosos e metafísicos.

Mas o golpe diderotiano, o que joga ácido sobre os sistemas filosóficos do cristianismo e nos seus fragmentos, as argumentações deístas, encontra-se na sua antropologia e determinação epistemológica. A tradução entra neste momento como algo essencial. Não existe reflexo, pensa Diderot (e com isto se ergue uma barreira entre ele e os herdeiros franceses de Locke) entre o pensamento e os sentidos. Eric-Emmanuel Schmitt[69] mostra que a partir da *Carta sobre os Cegos*, não existe para Diderot nenhum espaço único que permita enunciar a continuidade entre os choques ocorridos na sensação e os diversos elementos do corpo humano. Em sua perspectiva, ao contrário, surgem cinco espaços: o óptico, o tátil, o sonoro, o cinésico, o olfativo. Cada um deles são diferentes, possuindo estrutura própria. Na *Carta sobre os Surdos e os Mudos*, por exemplo, é feita a dissociação dos cinco sentidos, embora eles produzam um sentido apenas, segundo o qual "tudo julgamos".

Paolo Quintilli[70] avança uma hipótese sedutora, mas anacrônica, para explicar este ponto. Trata-se de enunciar, com alguma razão é verdade, que Diderot seria um precursor ainda materialista da proposta kantiana, a do transcendental. O espaço, aí, seria uma forma a priori da sensibilidade. Apesar das finas análises de Quintilli, no entanto, a opção diderotiana é diferente. Como corretamente enuncia Schmitt, "o mundo é matéria espacial [...] eu agarro este espaço único segundo os diversos pontos de vista que os sentidos me fornecem, mas esta diversidade é minha, segunda; as diferenças qualitativas vêm da estrutura do sujeito, não do objeto. Tenho muitas janelas abertas sobre o mundo, mas só existe um mundo"[71]. Se

---

69. Cf. E.-E. Schmitt, La question du sensualisme, *Révue Philosophique*, 3, 1984, p. 375 e ss.

70. Cf. Paolo Quintilli, *La Pensée critique de Diderot*: Matérialisme, science et poésie à l âge de l'Encyclopédie. 1742-1782, Paris: Honoré Champion, 2001.

71. E.-E. Schmitt, La Question du sensualisme, op. cit., p. 375.

os sentidos operam de modos diversos, eles são descontínuos. E torna-se difícil defender a teoria do "reflexo" materialista, pois ela supõe exatamente a continuidade espacial e sensória. Apenas a *tradução* de um sentido ao outro permite captar a precária simultaneidade entre nós e nós mesmos, entre nós e o mundo. Simultaneidade e tradução entram no campo do que é fluido e incerto. Ela permite captar, de algum jeito, o "mundo", mas sem as certezas da metafísica, seja ela espiritualista ou na sua versão materialista.

Citando o trecho mais do que batido de Diderot, agora visto em novo registro:

> Uma coisa é o estado de nossa alma; outra coisa a consciência que dela temos, seja para nós mesmos, seja para os outros; uma outra coisa é a sensação total e instantânea deste estado; outra, é a atenção sucessiva e detalhada a que somos forçados para analisá-la, manifestá-la, e nos tornar compreendidos. Nossa alma é um quadro movente...

Na *Carta sobre os Surdos e Mudos*, o diagnóstico é retomado de outra maneira:

> Eu acreditava, como todo mundo, que um poeta podia ser traduzido por outro: é um erro[...]o pensamento poderá ser expresso; ter-se-á, talvez, a felicidade de encontrar o equivalente de uma expressão [...] mas, resolvido o emblema, o hieróglifo sutil que reina numa descrição inteira, e que depende da distribuição das longas e das breves nas línguas com quantidade marcada, e a distribuição das vogais e das consoantes nas palavras de toda língua: tudo isto desaparece necessariamente, mesmo numa tradução maravilhosa.

No pensamento materialista anterior a Diderot, a passagem da *res extensa* ao pensamento dá-se *por reflexo*. E o sistema das necessidades naturais seria o imperativo que arranca a escolha dos sujeitos humanos. Ao seguir a via da metáfora da tradução, em vez da que se refere ao reflexo, Diderot evidencia algo presente na própria forma de seus textos, em especial em *Jacques, o Fatalista*: contra a certeza dos crentes na transcendência divina, a Providência, e contra a certeza dos crentes do materialismo, a necessidade inexorável das leis naturais, a passagem entre a natureza e o mundo humano não é contínua, ela supõe a tradução, com todas as incertezas e oportunidades que o procedimento proporciona ao tradutor. Se existe um texto original (escrito por Deus ou pelos átomos, pouco importa) e se a tarefa do pensamento filosófico é copiá-lo *ipsis litteris*, segue-se o fatalismo. "Está escrito assim, lá em cima"[72]. De outro lado, a via das matemáticas pode levar ao fatalismo, porque a sua lógica inexorável não coincide com o caos originário do universo. Diderot recusa dar preeminência à matemática porque a considera

72. Não seria preciso recordar a banal metáfora do livro onde se buscou, durante os séculos, expor a estrutura e a ordem da natureza e das sociedades humanas, no mesmo passo em que se procurou pensar a necessidade imposta pelos seres divinos ao universo. A figura adquirida pelo materialismo do século XVIII, não o diderotiano, amplia a produzida por Galileu: para ler o universo, é preciso o conhecimento da língua matemática, "cujos caracteres são os triângulos, os círculos e outras figuras geométricas". Francis Bacon e seu "plagiador" Diderot desconfiam desta língua pura, o que lhes valeu muita caçoada (desprovida de sentido) por parte dos críticos conservadores. Enquanto o primeiro atenua o papel das matemáticas na ciência, sem as dispensar no entanto, e chega à idéia de uma "interpretação da natureza", o segundo faz o mesmo em relação às matemáticas e chega à idéia da "tradução". Não existe algo assim como um livro, ou dicionário, que permitiria traduzir sem equívocos e ruídos o que está "escrito" na página da natureza para o mundo humano, e vice-versa. A matemática não ajuda nesta tarefa, apenas traz um fatalismo sem base real, ao imaginar que na língua dos círculos, triângulos etc, sumiriam as descontinuidades entre o universo e o *complexio oppositorum* constituído pelo ser humano. Se existisse um dicionário absolutamente sem equívocos, a tarefa da tradução seria abolida. E reinaria a necessidade lógica, o *fatum*. Mas, felizmente, para a liberdade humana, "este dicionário", diz Diderot, "acabaria com muitas disputas, mas não com todas. Os geômetras as mantêm entre si, elas subsistem desde longa data, e não sei quando terminarão". Diderot citado por R. Romano, *Silêncio e Ruído*: A sátira em Denis Diderot, Campinas: Unicamp, 1997, p. 164. Para o simbolismo do livro, o levantamento mais completo ainda é o feito por E. Curtius, *A Literatura Européia e a Idade Média Latina*. Uso a tradução de Jean Bréjoux: *La littérature européenne et le Moyen-Âge Latin*, Paris: PUF, 1956, p. 368 e ss.

sem relação necessária com a realidade física. Ela representa uma ordem intelectual, autocontida, peculiar à mente humana. A ordem natural (se ela pode ser chamada de ordem ou desordem permanece indeterminado), pode ser deduzida apenas da evidência experimental[73].

Se o caminho que vai do coração e da mente à natureza é descontínuo, se precisamos inventar e traduzir os fragmentos que surgem diante de nossos sentidos, não existe um escrito eterno, ou existem vários escritos cujo sentido é desconexo de início, como os caleidoscópios, os quais ganham significação com o nosso ato de olhar que corrige as formas iniciais. Temos aí a tese dos hieróglifos, tão acarinhada por Diderot.

Avancei acima a idéia de que em *Jacques, o Fatalista* o personagem principal é o Acaso. E o que seria, na filosofia diderotiana, aquela efetividade? Trata-se de um conceito em primeiro plano, mas contrário ao finalismo. Como enuncia com pleno direito Eric-Emmanuel Schmitt[74], o ocasional é o não deliberado, o que não brota de um plano preconcebido. Existe em Diderot uma retomada do pensamento epicurista, sendo este último bem delineado no verbete "Epicurismo" da *Enciclopédia*. O mundo, diz o verbete,

é o efeito do Acaso, e não a execução de um plano. Os átomos se movem desde toda a eternidade. Considerados na agitação geral de onde os seres deviam aflorar no tempo, é o que chamamos caos; considerados após que as naturezas afloraram, e a ordem foi introduzida numa porção de espaço, tal como os vemos, é o que chamamos "mundo"[75].

73. Cf. Lester G. Crocker, *Diderot's Chaotic Order*, Princeton: University Press, 1974, p. 14. Cf. também do mesmo autor, *Jacques le fataliste*, an "expérience morale", *Diderot Studies* III, Genève: Droz, 1961, p. 73-99.
74. Cf. E.-E. Schmitt, *Diderot ou la philosophie de la séduction*, p. 74 e ss. Béatrice Didier, *Jacques le Fataliste et son maître de Diderot*, Paris: Gallimard (Folio), 1998.
75. Também seria ocioso, caso o mundo acadêmico fosse diverso, lembrar que o jovem Marx, na tese doutoral sobre as diferenças entre os sistemas de Demócrito e de Epicuro, pensa encontrar no segundo a base da liber-

Na *Carta sobre os Cegos*, é negada a prova físico-teológica e a inteligência divina é substituída pelo Acaso. Este, no discurso de Saunderson, é "simetria passageira, ordem momentânea". O Acaso é ontologicamente original[76]. Mas se tal constatação é plausível, resta que o acaso pode ser dominado pelos homens, conforme será a dedução feita mais tarde por Marx, a partir de Epicuro. Diderot pensa que o Acaso tudo decide. Ele é um campo de liberdade no qual o ser humano decide. A disciplina, o trabalho, a cópia dos antepassados, o domínio e a maestria nas artes, nos saberes científicos, na moral, tudo isso entra na luta ingente dos indivíduos, da natureza, do Acaso. Schmitt cita a propósito o dito por Diderot sobre seu grande adversário: "Rousseau fez o que devia fazer porque ele era ele [...] Rousseau não é uma obra-prima do acaso, tanto quanto o acaso é uma obra-prima de Rousseau". O acaso e o trabalho, as técnicas enquanto artifício para submeter a necessidade, tudo leva para longe do materialismo rígido e dogmático.

Quando não existe ciência e técnica e os homens ignorantes submetem-se a supostos caprichos divinos, ou quando eles têm medo do aleatório e transformam o saber científico em

---

dade, contra o necessitarismo do primeiro. Assim, pode-se ler nos materiais recolhidos pelo jovem doutorando para a referida tese: E na própria tese: "Epicuro escreve: 'a necessidade, mencionada por alguns como a senhora absoluta, *não o é*; pelo contrário, certas coisas são fortuitas, outras dependem de nosso arbítrio. A necessidade é difícil de nos convencer, o acaso, no entanto, é instável. Seria melhor seguir o mito relativo aos deuses do que ser o joguete do destino predicado pelos físicos. Pois o primeiro nos deixa a esperança da misericórdia, se honramos os deuses, enquanto o segundo, o destino, só deixa a inflexível necessidade. Mas é o acaso que é preciso admitir, e não Deus, como a multidão acredita. É uma tristeza viver na infelicidade, mas viver nela, não é necessário. Estão abertas as vias que levam à liberdade, numerosas, curtas, fáceis. Agradeçamos pois à divindade, que ninguém possa ser retido na vida. Domar a própria necessidade é coisa permitida'". Uso a tradução francesa da tese: *Différence de la Philosophie de la Nature chez Démocrite et Épicure*, tradução Jacques Ponnier, Paris: Éditions Ducros, 1970, p. 229.

76. E.-E. Schmitt, *Diderot ou la philosophie de la séduction,* p. 75.

âncoras e bússolas que garantem segurança no caos da natureza e das paixões humanas, surge a fantasmagoria do *fatum*, do destino. Os sujeitos podem ser percebidos como as marionetes referidas pelo mesmo Diderot na *Carta ao Senhor Jean Devaines* (19/11/1770): "o senhor tem, como todas as demais marionetes desse mundo, um fio curvo no alto da cabeça e...o final do fio está nas mãos do velho Brioché que vos arrasta segundo a sua vontade"[77]. Brioché, segundo a *Carta a Sophie Volland* (17/09/1761) é "o primeiro jogador que existiu no mundo"[78]. A mais adequada conclusão, é que Diderot

77. Cf. Laurent Versini, *Correspondance*, em: Diderot, *Oeuvres*, Paris: Robert Laffont, 1997, tomo V, p. 1047-1048. A citação deste escrito é de E.-E. Schmitt, *Diderot ou la philosofie de la séduction*, p. 76. Cf. também em L. Versini, op. cit., p. 349. Leitor e imitador de Platão, dos poucos no século XVIII a admirar o filósofo grego, Diderot leu e releu as *Leis* (I, 644 d, e): "Figuremos cada um dos seres vivos que somos nós como marionetes fabricadas pelos deuses; seria para seu divertimento, ou para um fim sério? Isto, não podemos saber". As metáforas teatrais surgem em Platão em diálogos como o *Filebo* (50 b), *Critias* (45e), *Protágoras* (315b), *Fedro* (230 c e outras passagens), *Teeteto* (173b,c) e *Timeu* (40c). Também aqui, o observador atento percebe que o nexo entre a "peça" escrita e sua execução exigem o ato de traduzir, o de interpretar. Não se trata de um reflexo simples entre um texto "original" e uma retomada pelo interprete. Para um autor como Diderot, que desconfia dos atores "naturais", os que supostamente viveriam as emoções no palco, é interessante notar que a força da imaginação e a destreza técnica, não espontâneas, mas artificiais, entram com perfeição no campo do que não é inelutável, mas do que pode ser feito, ou não, segundo o indivíduo e suas potencialidades. Nada é "necessário" neste campo, tudo deve-se ao talento unido ao treino técnico, ao artifício. Para as metáforas teatrais platônicas, cf. Pierre Louis, *Les Métaphores de Platon*, Paris: Rennes Imprimeries Réunies, 1945, p. 209-210.

78. Cf. L. Versini, op. cit., p. 349. E.-E. Schmitt, *Diderot ou la philosofie de la séduction*, p. 76. A relevância do jogo nos escritos diderotianos dificilmente poderia ser ignorada. É banal dizer, mas o *Sobrinho de Rameau* é, ele mesmo, uma ampliação do xadrez, onde a cada instante os dois personagens são limitados pelos xeques-mate do adversário. Cf. Yoichi Sumi, *Autour de l'image du jeu d'échecs chez l'auteur du Neveu de Rameau*, em J. Proust, *Recherches nouvelles sur quelques écrivains des Lumières*, Genève: Droz, 1972, p. 341-363. O universo diderotiano é regido pela idéia do jogo e do cálculo que permite utilizá-lo em favor de quem sabe as técnicas e tem esperteza suficiente para transformar uma partida ruim, da natureza ou so-

mostra o absurdo da crença de quem ignora o Acaso e as leis do universo, a passagem permanente deste último do caos à ordem legal, e vice-versa, o que leva ao fatalismo e faz dos indivíduos marionetes sem impulso ou desejo próprio. Mas ele também arruína a crença "mais racional", de quem imagina o universo submetido a leis implacáveis, leis que retiram toda ação e liberdade dos seres humanos, ou seja, os reduz ao papel de marionetes de uma necessidade absoluta.

Consultemos na *Enciclopédia* o artigo "Necessário". Desde o início do verbete o conceito refere-se a algo cujo contrário é impossível, implica contradição. Em metafísica, o Ser por abstração é necessário, pois as essências não poderiam deixar de serem possíveis, e elas são imutáveis. Em matemática, tudo o que se demonstra dos números e das figuras convém aos mesmos números e figuras. Algo necessário, não pode ser

---

ciedade, em favorável. Assim, no verbete "Jogo" da *Enciclopédia*: "espécie de convenção muito em uso, na qual a habilidade, o acaso puro, ou o acaso misturado à habilidade, segundo os diversos jogos, decide a perda ou o ganho, estipulados por essa convenção, entre duas ou mais pessoas. Pode-se dizer que nos jogos, os quais passam por algo puramente espiritual, prontidão, habilidade, o próprio acaso entra, porque não se conhece sempre as forças do adversário contra o qual jogamos. Imprevistos ocorrem e, enfim, o espírito ou o corpo não se encontram sempre igualmente bem dispostos, e não realizam suas funções com o mesmo vigor. De qualquer modo, o amor do jogo é o fruto do amor do prazer, que varia ao infinito". Não apenas o homem joga, mas a própria natureza, e seus jogos geram monstros (no mesmo verbete "Jogo" da *Enciclopédia*, pode-se ler o imenso e complexo complemento sobre "jogo da natureza e monstros". Cf. R. Romano, *Moral e Ciência*: A monstruosidade no século XVIII, São Paulo: Ed. Senac, 2002. Para o tratamento dos jogos, leia-se a edição do Colóquio CAER-18: *Le jeu au XVIII e siècle, Colloque d'Aix-en-Provence*, Aix-en-Provence: Edisud, 1976. O volume traz contribuições relevantes para o tema do jogo, do aleatório. Leia-se, sobretudo, no mesmo volume: Jean Deprun, *Quand la nature lance des dés...* ed. cit., p. 49-60. E também, sempre no mesmo volume, Georges May, La philosophie de Diderot, une philosophie de joueur, ed. cit., p. 203-214. No caso específico de *Jacques, o Fatalista*, leia-se J. Starobinski, Chaque balle a son "billet": Destin et répétition dans *Jacques, le Fataliste*. *Nouvelle revue de psychanalyse*, n. 30, 1984, p. 17-38.

de maneira oposta ao que ele é: o triângulo retilíneo tem seus dois ângulos iguais a dois retos. Algo contingente, muda. Da necessidade, pode-se avançar duas características, a de ser absoluta ou hipotética. É absolutamente necessário que o paralelogramo tenha quatro lados e seja divisível pela diagonal em duas partes iguais. Se o paralelogramo é desenhado em papel, é hipoteticamente necessário que ele seja traçado, mas ele pode ser desenhado em pergaminho, ou mesmo não ser desenhado. A certeza, a infalibilidade do evento seguem a necessidade hipotética e a absoluta. São confundidas, diz o autor, necessidade e constrangimento. Mas (e o verbete cita La Rochefoucault) a necessidade difere do constrangimento porque ela é acompanhada do prazer e do pendor da vontade, o constrangimento é o oposto. Necessidade física é o defeito dos meios naturais necessário a um ato, seu nome é impotência natural. Necessidade moral é, por exemplo, a dificuldade de se livrar de um hábito. O que é moralmente necessário é algo cujo contrário define-se como moralmente impossível. Necessidade física: uma criança não pode levantar cem quilos. Necessidade moral: um homem escuta gemidos de um mendigo. Se o rico tem a idéia da boa ação de entregar a esmola, é moralmente impossível que a recuse, ou moralmente necessário que a pratique.

A necessidade simples confunde-se normalmente com o defeito físico. Um cego não percebe cores. A necessidade relativa coloca uma pessoa na incapacidade de agir ou não agir segundo certas circunstâncias ou situações, nas quais se encontra, embora fosse capaz de agir ou não, em situações diferentes. Os jansenistas enunciam esta necessidade: o homem, depois da queda, necessariamente faz o mal, quando existe uma Graça fraca para a ele resistir, ou a necessidade de fazer o bem, num homem que, tendo mais Graça a protegê-lo, tem menor grau de concupiscência. O verbete termina, propositalmente, com a lembrança da mitologia. Necessidade, nesta vertente, é o ser divino que impera sobre todo o universo, mesmo Júpiter a ele se curva. Os poetas dão-lhe o nome de Destino e, para eles, "as Parcas são filhas da fatal Necessidade". Não por acaso, neste final de verbete, Diderot une Necessidade e Fatalidade, na mitologia. Advertência mais do que estratégica, visto que o campo do Fatal, do Destino, é o mundo imaginário dos poetas que prolonga a imaginação supersticiosa dos primeiros tempos gregos.

Revisitado esse verbete, passemos a um outro, sobre a "Fatalidade", redigido por d'Holbach. O que define esta percepção imaginária? O fato de que nela ocorre uma causa escondida de eventos imprevistos, relativos ao bem ou ao mal de seres sensíveis. Eventos naturais escapam da fatalidade. O evento fatal tem causas ocultas e produzem bem e mal. Seus sinônimos são Destino e sorte mas "não se pode confundir, no uso, aqueles nomes com a palavra Acaso. Se numa batalha vemos um homem diante da boca de um canhão prestes a atirar, não dizemos que seria fatal sua morte. As causas e circunstâncias são conhecidas. Mas diremos que são fatais as infinidades de causas afastadas, escondidas e complicadas, que o fizeram estar numa parcela do espaço em determinado tempo.

O verbete se aventura na etimologia da palavra fatalidade. Esta vem, diz ele, de *fatum*, que por sua vez é palavra que vem de *fari*, e que significa, de início, o decreto pelo qual a causa primeira determinou a existência de eventos relativos ao bem e ao mal dos seres sensíveis. A tal decreto se acrescentou, mais tarde, uma significação mais geral de *fatum*: as causas escondidas de um evento. Como se pensou que tais causas eram encadeadas umas às outras, se entendeu por *fatum* a ligação e o encadeamento dessas causas. Após sucessivas mudanças no significado da palavra, chegou-se à fatalidade, para designar eventos desagradáveis. No início, o decreto era indiferentemente produtor de coisas boas e más, tristes ou felizes. Em filosofia, a palavra manteve o duplo significado. "Embora o abuso de termos gerais tenha gerado mil erros, eles sempre são preciosos, porque não podemos, sem eles, nos elevar às abstrações da Metafísica".

Voltemos ao Acaso e à Fatalidade. No uso que se faz da palavra Acaso, ocorre com freqüência, e mesmo em filosofia, que se pareça desejar excluir de um evento a ação de uma causa determinada. Quando se usa a palavra fatalidade, tem-se em vista aquelas causas, mesmo que tais causas sejam ocultas. Como não há evento sem causas determinadas, o Acaso é, com freqüência, usado em sentido falso, entendendo-se uma ação ocorrida sem desígnio formado, sendo tal ação diferente da que é fatal, pois o Acaso é cego enquanto a fatalidade conduz os seres que estão sob seu poder. E diz-se que os eventos ocasionais podiam ser de outro modo, ou não ser. Os eventos produzidos pela fatalidade seriam infalíveis, necessários. Já os antigos, distinguiam entre o Acaso e a Fatalidade: o *casus* latino é muito diferente do *fatum*, e respondia às mesmas idéias suscitadas pela palavra Acaso nos tempos modernos. Assim, entre nós a Fortuna é boa ou má, o Destino é favorável ou contrário, somos felizes ou infelizes. A fatalidade é a última razão que se alega sobre os favores ou rigores da fortuna, da infelicidade ou da felicidade.

Há uma causa do evento fatal e qual seria ela? Esta primeira pergunta é respondida com ajuda da razão suficiente. Mas a razão suficiente de um fato leva à pergunta sobre a razão suficiente da ação de sua causa sobre ele, e assim sucessivamente. O universo físico se continua no plano moral, onde a força de coesão das causas obedece ao movimento sempre mais complexo, mas sem deixar a determinação de causas e causas. A comunicação causal, o comércio entre o mundo sensível e o intelectual, é reconhecido pelos filósofos, menos por Leibniz. Este último admitia o encadeamento das causas físicas com as físicas e das inteligentes com as inteligentes, mas apenas em harmonia pré-estabelecida entre todos os movimentos que se executam em cada uma delas. Tal idéia, diz o verbete, é inteligente em demasia para ser verdadeira. Pelo contrário, pensa ele, o encadeamento das causas abarca não só os movimentos que se executam no mundo físico, mas ainda no inteligente. "Um avaro abala uma muralha querendo se enforcar, um tesouro cai, nosso homem o carrega, chega o dono do tesouro, e se enforca: não vemos que as causas físicas e as causas morais são misturadas aqui, e determinadas umas pelas outras?". D'Holbach indica mas, não discute o ocasionalismo de Malebranche:

não analiso o sistema das causas ocasionais como interceptando a comunicação das duas ordens, e como que rompendo o encadeamento das causas físicas com as morais, porque nesta opinião o poder de Deus liga essas duas espécies de causas, como o poderia fazer a influência física, e as ações dos seres inteligentes sempre conduzem os movimentos físicos e reciprocamente.

Inclusive no ocasionalismo importa que em cada ordem, física ou moral, as causas são ligadas, o que leva a um princípio geral: a força que liga as causas particulares umas às outras, encadeia todos os fatos, é a causa geral dos eventos, e portanto do evento fatal. É isto que filósofos e populacho conhecem como Fatalidade. Tanto no sistema ateu, quanto no espiritualista, o universo é obra de uma causa, seja ela um ser inteligente, seja ela da matéria. Mas as duas teses devem abandonar a progressão infinita das causas e olhar a Fatalidade como base de uma irresistível necessidade. Tal seria, segundo Diderot, o pensamento dos estóicos, de Cícero, e de grande maioria dos filósofos.

O cristão deve estabelecer, contra os incrédulos, a potência, a presciência, a providência e todos os atributos morais do Ser supremo. Para isto, ele deve recorrer ao mesmo princípio do encadeamento das causas. O decreto que produz o mundo determina a existência de todos os eventos que entram no sistema do mesmo mundo, desde o primeiro instante. E isto só é possível pelo encadeamento das causas. Deus conhece a ligação entre causas e efeitos, determina a existência de uns e outros. A Providência, por sua vez, como a criação, exige o encadeamento das causas. Apenas assim, de uma ordem das causas à uma ordem geral, pode-se justificar a providência pelos males particulares. Malebranche e Leibniz, "seguiram esta via; antes deles, os filósofos antigos, que se tornaram apologetas da Providência". A potência divina, sua providência etc., todos seus atributos morais, exigem que se reconheça entre as causas segundas a ligação e o encadeamento, que dizemos ser a causa dos eventos e ,por conseguinte, um evento fatal. Apenas duas filosofias negam este ponto: os defensores do Acaso, como Epicuro, e os filósofos que sustentam na vontade a indiferença de equilíbrio. Segundo os epicuristas, diz d'Holbach, existem efeitos sem causa, e eles apelam para a inclinação dos átomos, na qual fazem consistir a liberdade, tal declinação ocorreria por Acaso, *casus*, e que ela libera os atos da vontade da lei do *fatum*. Diderot cita o *de rerum natura* lucreciano no Livro II, versos 251 e seguintes. O verbete chama esta doutrina de quimérica. Os que defendem a indiferença de equilíbrio se aproximam dos epicuristas, porque pensam que não existem causas que determinem a vontade. Seguem-se micrologias sobre o conceito e o termo, sempre assumidas como se o autor fosse um inabalável cristão em defesa do livre-arbítrio.

Mas, no final do verbete, o que se lê é o seguinte:

> A filosofia, tanto antiga quanto moderna, nunca produziu tantos exercícios como no caso da Fatalidade. Um autor [...] contou até 160 e tantos escritores que trataram do assunto. A leitura de todos aqueles escritos não poderia dar idéias claras sobre ele, e serviria apenas para colocar muita confusão no espírito. Isto nos fornece uma reflexão que submetemos ao juízo dos leitores, é que não se lê a boa metafísica; é preciso fazê-la, é um alimento que precisamos digerir pessoalmente, se desejamos que ele traga saúde e vida. Parece-me que uma pesquisa Metafísica é problema ainda por resolver: é preciso ter os dados, mas não devemos emprestar a solução de ninguém. Esforço-me por seguir esta máxima: e acredito que é por falta de observar que a metafísica permaneceu tanto tempo sem realizar progressos. Quem observa a Natureza e quem a emprega, podem seguir os traços dos que os precederam. Na imensa estrada que eles devem percorrer, eles devem partir do ponto em que os homens foram conduzidos pelas experiências, e

cabe-lhes fazer novas experiências, supondo as antigas; mas infeliz Filosofia, se o metafísico copia o metafísico, porque então ele supõe uma opinião, e uma opinião não é um fato. Entrementes, os erros se perpetuam, e a verdade permanece escondida, até que enfim, com o socorro da experiência, os próprios princípios da Metafísica tornem-se fatos, possam ser olhados como partes da verdadeira Física, segundo a bela profecia do cavaleiro Bacon: *de Metaphysica ne sis sollicitus, nulla enim est post veram Physicam inventam*.

Embora escrito por d'Holbach, o verbete conduz o leitor para as mesmas teses expostas no famoso Capítulo 32 do romance *As Jóias Indiscretas*, o "Sonho de Mangogul ou Viagem na Região das Hipóteses". Trata-se de uma conversa com Platão, que lamenta o fato de o manto de Sócrates ter sido rasgado em mil pedaços, e seus lambões cobrirem os filósofos sistemáticos e doutrinários. "Sócrates morreu", diz Platão,

os belos instantes da filosofia passaram. Estes pedaços de pano, que os sistemáticos se gloriam de vestir, são lambões de sua roupa. Ele mal tinha fechado os olhos e os aspirantes ao título de filósofo jogaram-se sobre sua roupa e a estraçalharam. Entendo [...] tais peças lhes serviram como etiquetas, e também para a sua longa posteridade. Quem reuniu esses pedaços, continuou Platão, e nos devolverá o manto de Sócrates? Ele ainda fazia tal exclamação patética quanto entrevi ao longo um menino caminhando em nossa direção com passos lentos mas seguros. Ele tinha a cabeça pequena, o corpo miúdo, os braços frágeis e as pernas curtas; mas todos os seus membros aumentavam e se alongavam à medida em que ele avançava. No progresso de seus crescimentos sucessivos, ele me apareceu sob cem formas diversas; eu o vi dirigir rumo ao céu um comprido telescópio, estimar, com ajuda de um pêndulo, a queda dos corpos, constatar, com um tubo cheio de mercúrio, o peso do ar, e, com o prisma na mão, decompor a luz. Era então um enorme colosso; sua cabeça tocava os céus, seus pés perdiam-se no abismo e seus braços estendiam-se de pólo ao outro. Ele erguia na mão direita uma chama cuja luz se espalhava pelos ares, iluminava o fundo das águas e penetrava as entranhas da terra. Quem é, perguntei a Platão, esta figura gigantesca que vem em nosso rumo? Reconheça a experiência, ele respondeu; é ela mesma. Quando ainda me dava esta resposta, vi a Experiência aproximar-se e as colunas do pórtico das hipóteses ficarem abaladas [...] seu pavimento abrir-se sob nossos pés. Fujamos, disse-me ainda Platão; fujamos, este edifício não vai durar um instante mais. Com estas palavras ele parte, eu o sigo. O colosso chega, fere o pórtico, que se desmancha com um barulho espantoso, e desperto. Ah! Príncipe, gritou Mirzoza, é seu negócio sonhar[79].

Quem imagina que apenas I. Kant escreveu sobre os sonhos dos dogmáticos explicados pelo sonho da metafísica, além de esquecer Hume e Diderot, não percebe que os problemas metafísicos como o da Fatalidade versus livre arbítrio, tinha os seus dias contados no século XVIII, bem antes dos textos kantianos. Outro aspecto importante é a presença de Bacon na expulsão dos sonhos, a recusa das etiquetas filosóficas e a busca das experiências. Esta última, como bem diz o mesmo Bacon citado por Kant no pórtico da *razão pura*, exige que se fale das coisas e se cale sobre as subjetividades, ou seja, que se confie na experiência e não nas teses e antíteses da metafísica. A palavra experiência, ela mesma, significa ao mesmo tempo "prática" e "prova". É nela e com ela que as noções obscuras se clarificam, sem apelos à uma transcendência qualquer. A palavra latina *experientia* e o vocábulo alemão *Erfahrung* referem-se ao caminho, à estrada. Para se entender um fato, antes de se instalar no reino confortável das etiquetas (fatalismo, necessitarismo) e dos sistemas –como os engenhos figurados por Bacon como aranhas, que constroem um mundo rigorosamente lógico mas desprovido de realidade, telas operosíssimas e vazias – é preciso sair do intelecto e caminhar pelos sentidos, com uso de instrumentos ópticos, auditivos etc., as chamadas "próteses" indicadas pelo mesmo Bacon como auxiliares poderosos da ciência.

*Jacques, o Fatalista* é o relato de muitas experiências do personagem principal e de seu mestre. Mas também pode ser lido como a narrativa de viagens paradoxais que, à semelhança das

---

79. Cf. *Le Bijoux indiscrets*, em: André Billy (Ed.), *Oeuvres de Diderot*, Paris: Gallimard/Pléiade, 1951, p. 116-117.

empreendidas por Gulliver, conduzem à intolerável constatação dos nossos limites. Nem anões nem gigantes, somos apenas gente que enfrenta problemas políticos, éticos, estéticos e não pode saltar na escala natural para resolvê-los. Se o *Cândido* narra muitas viagens, *Jacques* mostra, nas suas andanças, que as crenças adquiridas e as certezas metafísicas são...hipóteses, sem maior valor para a vida humana. Quanto mais experiências, mais o rol das certezas se esvai nas linhas do romance, mais o mundo parece ambíguo e polifônico. Mais interessante ele fica. As mônadas diderotianas têm portas e janelas, elas deambulam pelo espaço e pelo tempo, ampliando a memória e a imaginação. Com isto, elas fabricam a si mesmas, sem auxílio de nenhum Demiurgo celeste que lhes daria um papel inelutável[80].

Essa maneira de filosofar é exposta por I. Prigogine e por I. Stenger, que partem da recusa diderotiana de todo dualismo e chegam a algumas considerações estratégicas sobre a experiência que abala as certezas teóricas. "É preciso", segundo Diderot,

---

80. Esta análise é negada por muitos, por exemplo por Sartre, que entende o homem diderotiano (e kantiano) como expressão de uma essência, quando concebemos um Deus criador, este Deus é assimilado na maior parte dos tempos a um artesão superior; e qualquer que seja a doutrina que consideremos, quer se trate de uma doutrina como a de Descartes, ou de Leibniz, admitimos sempre que a vontade segue aproximadamente o entendimento [...] Deus produz o homem segundo técnicas e uma concepção, exatamente como o artesão fabrica um cortador de papel, segundo uma definição e uma técnica. O homem individual realiza certo conceito que está no intelecto divino. No século XVIII [...] a noção de Deus é suprimida, mas não a idéia de que a essência precede a existência: a encontramos em Diderot, Voltaire, e mesmo em Kant. O homem possui uma natureza humana; esta natureza, o conceito de humano, encontra-se em todos os homens, cada homem é um exemplo particular de um conceito universal, o Homem. Em Kant, resulta dessa universalidade que o homem das florestas, da natureza, como o burguês, são adstritos à mesma definição e possuem as mesmas qualidades básicas. Assim, ainda alí, a essência precede esta existência histórica que encontra-se na natureza". Cf. Jean-Paul Sartre, *L'Existencialisme est un humanisme*. Paris: Gallimard, 1996.

que a natureza fundamentalmente material do homem seja descrita de modo tal a dar conta, sem absurdos, da sua existência. Sem isto, e é o que se passa com a mecânica racional, a descrição científica da natureza humana como autômata terá como correlato o autômato dotado de alma, estranho nisto à natureza. A dupla inspiração, química e médica, do naturalismo materialista que Diderot opõe à física de sua época é muito comum no século XVIII. Enquanto os biólogos especulam sobre o animal-máquina, a preexistência dos germes e sobre a grande cadeia dos seres vivos, problemáticas investidas pela teologia, são talvez os químicos-médicos, que enfrentam diretamente a complexidade dos processos reais, em sua diversidade, que se aproximam da singularidade dos comportamentos da matéria e da vida [...]. Medicina e química são, no século XVIII, ciências privilegiadas para os que lutam contra o espírito de sistema dos físicos, em prol de uma ciência respeitosa da diversidade dos processos naturais: um físico poderia ser um puro espírito; e poderia ser uma criança, sem experiência mas genial; um médico, um químico devem, no que lhes diz respeito, possuir experiência e perícia, devem decifrar os signos, reconhecer índices. Neste sentido, a química e a medicina são artes, supõem golpe de vista, assiduidade, observação imperiosa[81].

*Jacques, o Fatalista* expõe e critica simultaneamente o fatalismo. Como os críticos identificam o autor com o personagem, acreditam no suposto fatalismo do primeiro. Mas o que significaria mesmo para Diderot o chamado "fatalismo"? Seria ele idêntico ao determinismo? Este indica que tudo ocorre segundo o nexo entre causa e efeito, enquanto o fatalismo anuncia que um evento deve-se à providência, sem apelo à cadeia causal[82]. A mesma causa não produz o mesmo efeito, mas um efeito contrário, se o destino assim decide, conclui Schmitt sobre *Jacques*. Sejam quais forem as condições, o destino "está escrito". E o fatalista copia a letra, aceita o seu império no mundo fenomênico. Aqui, não existe tradução da letra e do sentido, apenas cópia sem in-

---

81. Cf. Ilya Prigogine; Isabelle Stenger, *La Nouvelle alliance (Métamorphose de la science)*, Paris: Gallimard, 1979, p. 94.
82. E.-E. Schmitt, *Diderot ou la philosophie de la séduction*, p. 78.

ventividade, sem ato livre. Ainda segundo Schmitt – e com ele concordo totalmente – trata-se, neste passo, de uma negação do determinismo, segundo o qual as mesmas causas produzem os mesmos efeitos. A letra eterna reflete a vontade eterna mas caprichosa do escritor divino. Ela cria o mundo a partir do nada. E pode conduzi-lo ao nada, dependendo do seu arbítrio. Cada sílaba do livro mundano é instável para nós. Apenas o seu criador a conhece sem mistério e a criatura só a conhece no Além[83]. No final dos tempos, encontra-se o verdadeiro que agora só aparece obscuramente. E o final dos tempos revela o arbítrio divino. O fatalismo exacerba a noção de finalidade, não a de causalidade.

A semelhante atitude deve-se à preguiça de Jacques. Não é preciso intervir na existência humana e no interior do tempo ou do espaço, porque o que deve ocorrer, ocorre.

Jacques retoma o argumento do preguiçoso, peça mestra do que Leibniz denuncia sob o nome de *fatum mahumetanum*, ou destino ao modo turco: quando a conservação da saúde, ou mesmo da vida, está em jogo, o preguiçoso responde que se os seus dias estão contados e, se nada vale lutar contra o que lhe é destinado, pouco importa chamar ou não um médico. É a resposta impertinente, mas cheia de coerência de Jacques ao seu mestre: 'O MESTRE: e se queres ganhar tempo, por que seguir em passos lentos, como fazes? JACQUES: é que, por não saber o que está escrito lá em cima, nunca sabemos o que desejamos ou o que fazemos'[84].

O fatalismo não se identifica com determinismo porque

---

83. Não posso deixar de referir o lugar clássico dessa noção, no cristianismo: *Videmus nunc per speculum in aenigmate: tunc autem facie ad faciem. Nunc cognosco ex parte: tunc autem cognoscam sicut et cognitus sum.* (Vemos agora num espelho, por enigmas, então veremos face a face. Agora conheço em parte: então conhecerei como sou conhecido (1, *Corintios*, 13, 12)). Cf. Gianfranco Nolli (Ed.), *Novum Testamentum Graece et Latine*, Vaticano: Libreria Editrice Vaticana, 1981, p. 907.
84. E.-E. Schmitt, *Diderot ou la philosophie de la séduction.*, p. 79-80.

ele nega a relação causal e seu corolário, a intervenção técnica. Assim, Jacques não é a exposição romanesca da filosofia diderotiana, mas a crítica do que ela não é. Temas como "o grande rolo" e suas formulações derivadas do estilo, como 'está escrito lá em cima' – variações ao redor do *fatum* –, que revêm no relato mais de setenta vezes, trazem um refrão constantemente desmentido pelos fatos [...] não é a filosofia o elemento parodiado por Diderot, em *Jacques, o Fatalista*, mas a sua perversão, sua caricatura[85].

A forma da narrativa, naquela obra, é compatível como o universo natural e histórico tal como pensados por Diderot. A própria matéria é heterogênea, pode-se ler na *Refutação de Hermsterhuis*, "nada no universo que seja composto de partes homogêneas e uniformes"[86]. As seqüências da narrativa, em *Jacques*, levam à semelhante constatação: as aventuras do personagem diferem totalmente de um passeio metódico, realizado ao modo de Imanuel Kant, sempre pelas sendas conhecidas e na hora certa. O tumulto e a descontinuidade dos eventos que movem o herói e seu mestre brotam da própria natureza, vista pela óptica diderotiana, decididamente não sistemática. No caso de *Jacques*, pode-se dizer que naquele texto encontra-se "um apólogo filosófico para estudar como a filosofia diderotiana se faz e se comunica pela imagem, em coisa dita e jogo discursivo"[87]. Com fortes razões enuncia Jean-Claude Bourdin que, em Diderot, "cada forma, cada ser, cada elemento é provisório e só adquire subsistência temporariamente, pela conformidade provisória em relação à ordem geral, ela mesma resultado precário das relações estabelecidas entre as coisas, ordem geral sempre incoativa, sendo a cada instante seu início e seu fim, ou seja, sem começo ou fim". Arremata Bourdin: os escritos diderotianos "prendem-se a um texto que os precede, insinua-se na multidão de vozes que já

---

85. Idem, Ibidem.
86. Citado e analisado por Robert Morin, *Diderot et l'imagination*, Paris: Les Belles Letrres, 1987, p. 118.
87. Cf. Jean-Pierre Seguin, *Diderot, le discours et les choses*, Paris: Klincksieck, 1978, p. 393.

falam antes dele"[88]. Esta constatação é verdadeira, em especial no caso de *Jacques, o Fatalista*. Retomado de Sterne, ou quem sabe de Cervantes, no romance apresenta-se a polifonia do Acaso, algo que espanta os acostumados ao esquema bem aristotélico que exige um início, meio e fim de tudo. "Amo as misturas", diz um personagem diderotiano nas *Leçons de clavecin*. Como indiquei acima, a crítica ficou indignada ou se irritou com semelhante marca, exibida pelo Diderot literato, em especial no caso de *Jacques*.

Como também mencionei, a maior parte dos resenhistas anônimos desse texto lhe recusam a unidade estilística essencial, segundo eles, ao "bom escritor". É o que diz o redator do *Bulletin de littérature, des sciences et des arts*, em análise também de 1796, sobre o estilo de *Jacques* que seria "saliente, pitoresco e patético no grau mais elevado, ora mesquinho, trivial ou precioso"[89]. Mesmo em nossos dias existem apreciações do estilo usado em *Jacques* como a seguinte: tratar-se-ia de certa mistura "inclassificável"[90]. A duplicidade posta no romance, de fato, torna difícil a tarefa aristotélica que insiste na taxinomia. O próprio Diderot adverte os incautos classificadores: "É bem claro que não escrevo um romance, pois esqueço o que um romancista não poderia deixar de incluir. Quem toma o que escrevo como verdade, estaria talvez menos enganado do que alguém que o tomaria como ficção"[91].

---

88. Cf. Jean-Claude Bourdin, Formes et écriture chez Diderot philosophe, em Annie Ibrahim (org.), *Diderot et la question de la forme*, Paris: PUF, 1999, p. 29 e 31.

89. Citado por Georges Daniel, *Le Style de Diderot*: Légende et structure, Paris/Genève: Droz, 1986, p. 25.

90. Vivienne Mylne, *The Eighteenth-century French Novel*: Techniques of illusion, Cambridge: University Press, 1981, p. 219-220. A mesma referência pode ser encontrada em G. Daniel, op. cit., p. 26.

91. *Jacques le Fataliste*, em *Oeuvres romanesques*, trecho citado por Thomas Dipiero, *Dangerous Truths & Criminal Passions*: The Evolution of the french novel, 1569-1791, Stanford: University Press, 1992, p. 318.

O romance diderotiano não se estabelece silogisticamente na coerência das premissas de um lado (determismo) contra o outro (a liberdade) e nos seus efeitos (escravidão volitiva/livre arbítrio). Ele se instaura na união dos opostos. A partícula "ou" afasta do filósofo e do romancista a exclusividade unilateral e abstrata. O seu texto constitui uma

complexa orquestração igualizante e ambigüizante (*ambiguïsante*) de *Jacques o Fatalista*, que nos permite optar pelo determinismo ou pelo arbítrio livre, pelo real ou pelo imaginário, por uma narração entrecortada e inacabada ou pelo relato contínuo e completo. Integrados na maquinaria da hierarquização do romance, as disputas e controvérsias do mestre e do empregado conduzem ao nivelamento[92].

Ambigüidade e nivelamento entram diretamente na ordem da impiedosa dessacralização do mundo e da escrita. Diderot é um soldado na batalha encetada contra as velhas instituições sociais como a Igreja. Nesta guerra é preciso, como em todos os conflitos bélicos, dominar o tempo. Voltaire, como nenhum outro, controla "a rápida e precisa concentração do desenvolvimento, as rápidas mudanças das imagens, a combinação surpreendentemente repentina de coisas que não é habitual ver juntas"[93]. Também Diderot usa a referida técnica das Luzes. A crítica repete *ad nauseam* que o filósofo une estilos e conteúdos heterogêneos (mesquinho/trivial/precioso/patético), mas não pode esconder que nesta operação descontínua instala-se a corrosão crítica ao mundo "tal como ele é", ou seja, tal como ele aparece na imaginação dos atores sociais.

Segundo Georges Daniel, talvez seja em Langres, quando ainda jovem, que Diderot teria intuído aquela técnica narrativa, exercitada sobretudo no entardecer de sua existência em *Jacques, o Fatalista*. Os espetáculos teatrais dados por "pes-

---

92. Cf. G. Daniel, op. cit., p. 282.
93. Cf. Erich Auerbach, A Ceia Interrompida, *Mimesis*, São Paulo: Perspectiva, 1971, p. 353.

soas que cantam nas ruas, montadas em escabelos, varinha na mão, ao lado de um grande cartaz preso a um bastão" teriam levado o quase menino Diderot a enxergar

naqueles gibis enormes da época a ação do personagem principal, cuja ação é descrita assim pelo filósofo: Ei-lo que vai. Eis o diabo que o empurra. Ei-lo no quarto de sua mulher. Eis sua mulher que sai [...] Eis o bom anjo. Eis o marido malvado com sua faca. Ei-lo com a faca erguida. Eis o bom anjo que lhe segura a mão[94].

A rápida encenação do teatro invade o sagrado (bem/mal, anjo/demônio) e dramatiza toda a seqüência, mas com fim de caçoada. A mesma hilaridade é desenvolvida, com idêntico recurso cênico, no *Sobrinho de Rameau*: "Eis a cidade onde ele nasceu; ei-lo a se despedir de seu pai, o boticário; ei-lo ao chegar à capital [...]; ei-lo aos joelhos do tio que o expulsa; ei-lo com um judeu, et caetera et caetera". Daniel, que recolhe tais encenações, não aponta o seu claro sentido anti-religioso. No mesmo trecho do *Sobrinho*, surge o ardil sacrílego.

Eu partia no dia seguinte para me lançar numa trupe da província, igualmente bom ou péssimo para o teatro ou para a orquestra; no dia seguinte, meu devaneio era me fazer pintar um desses quadros presos numa vara que se enfia numa esquina, e onde eu teria gritado: Eis a cidade onde ele nasceu...

É luminosa a referência, invertida, da via-crúcis. Em vez do Cristo, Rameau. Na encenação religiosa, a cada estação o observador enxerga, com ajuda do narrador – ali se emprega a técnica de apontar o quadro em voz alta, em cada esquina – surge um quadro onde são expostos os sucessivos sofrimentos do Homem Deus. Se em vez de Jesus, temos o sofredor Rameau, a rapidez da passagem engana os incautos. Mas, pouco a pouco, fica bem clara a corrosão do sagrado, a partir da encenação

94. G. Daniel, op. cit., p. 282 que se refere a um trecho do *Salão de 1767*, num instante em que Diderot comenta um péssimo quadro de Lépicié.

teatral e pictórica que substitui os sujeitos e guarda apenas um traço, o sofrimento do Cristo/Rameau. A mudança do âmbito sagrado ao profano e deste à virulenta caçoada, mostra aos leitores de ontem e de hoje que o narrador Diderot joga com o bem e o mal, dissolve a moralidade da metafísica que ordena o mundo em dois lados[95]. O texto filosófico, cujos conceitos são coerentes com suas premissas, sem a experiência empírica, passa ao largo da natureza e do homem tal como eles se revelam: caóticos e desordenados. Se existe ordem e necessidade, esta última só pode se justificar pela ação humana, jamais por uma providência ou lei inexorável.

Não existe um livro da natureza, escrito em língua divina ou matemática, e nem um código moral *a priori* que forneça receitas de vida ou de comportamento. Escrevemos e traduzimos a nossa peça, a nossa via-crúcis, divididos entre o ridículo e o trágico, sem nunca saber se existem deuses espectadores que riem ou choram de nós ou conosco. Diderot, insisto, leu e releu as *Leis*: "Figuremos cada um dos seres vivos que somos nós como marionetes fabricadas pelos deuses; seria para seu divertimento, ou para um fim sério? Isto, não podemos saber". Se não existe um "autor da natureza", cuja escrita revelaria sentidos ocultos e providenciais, o fatalismo é apenas figura de estilo tomada a sério por mentes incultas e supersticiosas. Entre a letra e o nosso destino, um ato técnico abole temporariamente o Acaso. Mas este renasce a cada átimo, o que exige

---

95. A exposição hegeliana é uma das mais argutas, quando se trata de seguir o caminho da técnica usada pelas Luzes, com o alvo de dissolver as antigas certezas metafísicas e a religião que as inspiram. A intelecção figurada no *Sobrinho de Rameau* é "espírito invisível e imperceptível, insinua-se em todas as partes nobres e as penetra, se apodera bem cedo de suas vísceras e de todos os membros do ídolo inconsciente e 'uma bela manhã, dá uma cotovelada no sujeito e *patratás*, o ídolo tombou', uma bela manhã, cujo meio dia não é rubro de sangue se a infecção penetrou todos os órgãos da vida espiritual". Cf. As Luzes, *Fenomenologia do Espírito*. Uso a tradução de J. Hyppolite: *La Phénoménologie de l'Esprit*, Paris: Aubier-Montaigne, 1941, t. II, p. 98-99.

de nossos sentidos a mais ingente luta para dar forma e sentido ao mundo externo e ao nosso íntimo, fluxos não coincidentes em absoluto, mas que devem ser unidos pela arte. Como dizem os *Elementos de Fisiologia*:

> Para explicar o mecanismo da memória, é preciso olhar a substância mole do cérebro como certa massa de cera sensível e viva, mas suscetível de todas as formas, não perdendo nenhuma das que recebeu, e recebendo sem cessar novas formas, que ela guarda. Eis o livro. Mas onde está o leitor? O leitor é o próprio livro. Pois este livro sente, é vivo, fala ou se comunica por meio de sons, pelos traços da ordem de suas sensações. E como ele lê a si mesmo? Sentindo que é, manifestando-se pelos sons. Ou a coisa encontra-se escrita, ou não se encontra escrita. Se ela não se encontra escrita, a ignoramos. No momento em que ela se escreve, a aprendemos. Segundo a maneira pela qual ela tinha sido escrita, nós a sabíamos novamente, ou desde longa data. Se a escrita se enfraquece, a esquecemos, se ela se apaga, é esquecida, se ela se revive, a recordamos [...] Sem a memória, em cada sensação o ser sensível passaria do sono ao despertar e do despertar ao sono. Dificilmente ele teria o tempo de confessar que existe. Ele apenas experimentaria uma surpresa momentânea, em cada sensação ele sairia do nada e nele recairia [...] Assim, a memória imensa é a ligação de tudo o que fomos num instante e de tudo o que fomos no momento seguinte, estados que unidos pelo ato recordarão a um homem o que ele sentiu durante sua vida[96].

Não é "lá em cima" que o livro de nossa vida é escrito, mas em nós e por nós. Se o redigimos, podemos traduzi-lo para nosso gáudio aos que partilham conosco a memória consciente, que também é nosso ato. Só existe o inelutável, o *fatum*, se assim o quisermos. Não existem leis férreas da natureza ou destino[97]. Com alguns senões, pode-se aceitar a tese de Italo Calvino, segundo a qual

---

96. D. Diderot, *Élements de Physiologie*, (Ed.), *Oeuvres*: *Philosophie*, edição de L. Versini, Paris: Robert Laffont, 1994, t. I, p. 1289-1290.
97. Novamente, Marx é um exemplo do pensamento materialista que, a semelhança de Diderot, não aceita que "leis eternas" tolham os atos humanos

Diderot intuiu que é próprio das concepções do mundo mais rigidamente deterministas que se pode extrair uma tarefa propulsiva para a liberdade individual, como se vontade e livre escolha pudessem ser eficazes apenas se abrem o seu caminho na dura pedra da necessidade [...] Os acasos da vida, na sua singularidade vária, são irredutíveis às normas e classificações, mesmo se todos respondem a uma lógica própria. A história dos dois oficiais inseparáveis, que não podem viver um longe do outro e que, no entanto, sentem a necessidade de duelar, é narrada por Diderot com lacônica objetividade que não esconde a ambivalência de um vínculo passional.

Além disso,

a escrita livre de Diderot se opõe tanto à 'filosofia' quanto à 'literatura', mas hoje o que reconhecemos como verdadeira escrita literária é a sua. Não é por acaso que *Jacques, o Fatalista* e o seu mestre tenha sido apresentado recentemente em forma teatral e moderna de um escritor inteligente como Milan Kundera. E que o romance *A Insustentável Leveza de Ser* o revele como o mais diderotiano dentre os escritores contemporâneos pela sua arte de misturar romance e sentimento, romance existencial, filosofia, ironia[98].

Boas razões tem Michel Delon, ao exibir as conseqüências dramáticas do excessivo rigor lógico e mesmo matemático, dos seres humanos, rigor denunciado por Diderot em textos "filosóficos" e nos "romances". Assim, a Senhora de La Carlière "deseja introduzir um rigor absoluto numa realidade demasiado complexa. Uma infidelidade de Desroches lhe parece

---

e impeçam alterações sociais. Ao criticar a concepção de Lassale sobre "as leis de bronze" dos salários, ele se levanta e ironiza: leis assim, não podem ser superadas, se tivessem fundamento na realidade natural. Ora, a natureza não é fixa e imóvel. Logo, é possível, contra Goethe e Lassale, alterá-la técnica e políticamente. Cf. *Crítica do Programa de Gotha*, uso a tradução de Maxilien Rubel, *Oeuvres de Karl Marx*, Paris: Gallimard/La Pléiade, 1963, t. I, p. 1425. Cf. a propósito: Gaston Robert, Le destin et les lois dans *Jacques le Fataliste*, *Information littéraire*, n. 3, 1951, p. 127 a 129.

98. Italo Calvino, Denis Diderot: Jacques le fataliste, em: *Perché leggere i classici*, Milano: Mondadori, 1991, p. 136-137.

como ruptura irremediável do contrato moral entre esposos. O idílio se transforma em pesadelo. A lógica dos sentimentos e dos desejos escapa a toda geometria"[99]. Delon, a propósito de *Jacques, o Fatalista*, afirma que naquele escrito "a questão da liberdade é trazida do céu para a terra, dos princípios abstratos rumo à realidade concreta".

O fanatismo lógico conduz aos monstros como Carlière – e, poderíamos dizer, como seus sucessores terroristas do século XVIII e de hoje – enquanto o empenho na luta pela liberdade define o sujeito que sabe distinguir entre a letra e o sentido de qualquer texto. Em vez de um rolo que desdobra destinos miseráveis e covardes, Diderot define perfeitamente o texto que deseja escrever, tanto nas páginas históricas em branco, quanto em novos registros da memória. O impulso político livre instala-se no seu amor pelas liberdade civis e sociais: "o livro que eu amo e que os reis e seus cortesãos detestam, é o livro que faz nascer os Brutus, que lhe indiquem o nome que bem desejarem". Delon, que cita estas frases da *Carta Apologética do Padre Raynal ao Senhor Grimm*[100], bem poderia citar o seu contexto. Acabamos de ver o quanto a memória é estratégica, para a liberdade humana, nos *Elementos de Fisiologia*. Memória e história são duas faces da mesma vida humana. No plano individual ou coletivo, é nela que se instala a auto-consciência, fruto das muitas técnicas corporais elaboradas pela humanidade ao longo dos milênios. Não tem sentido falar em realidade em si, como é desprovida de significado uma liberdade sem antecedentes naturais e históricos.

Mas a história é luta para reavivar a memória e a consciência, o sentimento da sublime dignidade do ser humano. É por tal motivo que o livro apreciado por Diderot recebe os ódios dos tiranos e de seus áulicos:

---

99. Cf. Michel Delon, *Album Diderot*: Iconographie choisie et commentée, Paris: Gallimard, 2004, p. 212.

100. Cf. Idem, p. 225.

Se a história tivesse, desde os primeiros tempos, tolhido e puxado pelos cabelos os tiranos civis e os tiranos religiosos, não creio que eles se tornassem melhores, mas eles teriam sido mais detestados, e seus súditos infelizes seriam menos pacientes. Pois bem! Apagai do frontispício de seu livro a palavra 'história' e calai. O livro que eu amo e que os reis e seus cortesãos detestam, é o livro que faz nascer os Brutus. Que lhe indiquem o nome que bem desejarem. [...] Quanto a mim, considerarei ainda mais o autor que se abandonou sem reserva aos impulsos violentos de seu coração, e detestarei os indignos sátrapas que escondem sob o véu de um gosto severo o motivo vergonhoso de sua crítica [...] Acreditais que, quando os reis são apostrofados, é por vaidade ou audácia que eles recebem o 'tu' por tratamento? Que visão! Esta forma discursiva emprestada da língua grega e romana, mostra mais gosto, mais nobreza, mais firmeza, mais verdade e, talvez, mesmo mais respeito. É que então não é um súdito, mas um deputado da Nação a falar; ele é o órgão da virtude, da razão, da equidade, da humanidade, da justiça, da clemência, da lei ou de qualquer outra dessas dessas sublimes *quakers* (Diderot usa o feminino, *quakeresses*), diante de quem todos os mortais se igualam[101].

*Jacques, o Fatalista*, já foi dito, é um apanhado de todas as maneiras e motivos para narrar uma história. Contra o "rolo" divino, as múltiplas possibilidades humanas. Se na imaginação supersticiosa tudo "está escrito lá em cima", aqui nada está escrito, tudo pode ser redigido ou modificado rumo às várias faces do tempo e do espaço. Adversário do fanatismo, Diderot lutou contra a mentira piedosa até os seus últimos instantes de vida. Quando o desenlace se aproximou, trouxe consigo o pároco de Saint-Sulpice. Narra a Senhora Vandeul o seguinte:

um dia em que eles concordaram sobre muitos pontos de moral relativos à humanidade e as boas obras, o pároco se aventurou a sugerir que se ele, Diderot, imprimisse tais máximas e uma pequena retratação de suas obras, causaria um belo efeito no mundo. –Acredito, se-

---

101. Cf. *Lettre Apologetique de l'Abbé Raynal a Monsieur Grimm*, *Oeuvres de Diderot*, edição de L. Versini, Paris: Robert Laffont, 1995, t. III, p. 772.

nhor cura, mas o senhor há de convir que cometeria uma impudente mentira[102].

*Jacques, o Fatalista*, um romance filosófico sobre o fanatismo? Um plágio descarado de Cervantes, Sterne, e outros? Trabalho de um revolucionário terrorista que antecipou a razão fria da guilhotina? Obra complexa que antecipa a literatura do século XX? Pornografia insuportável? Delírio de um materialista que não consegue expor filosoficamente teses aceitáveis? Crítica da imaginação religiosa e da metafísica, anterior e inferior à produzida por Imanuel Kant? Uma boa análise do escrito afirma que "em *Jacques, o Fatalista* se entrecruzam os paradoxos de uma desrazão fecunda e o esboço de uma nova lógica do relato que, para além de Richardson e de Rousseau, abre a estrada que leva a uma transformação do romance"[103].

Tradutor desde o início de sua carreira, Diderot esgota até os mínimos detalhes um ofício sempre acusado de trair a letra e o sentido do que já existe em forma de livro. Tradutor, traidor, mas sem ele não existiria cultura, política, verdade. Mas verdade e sistema de metafísica, mesmo que esta última se proclame "materialista", não coincidem. É o que pensa Diderot, "o homem feito para presidir a oficina filosófica, o chefe do campo indisciplinado dos pensadores, o que tinha poderes para organizá-los em voluntariato, uni-los em liberdade, exaltá-los, por seu entusiasmo caloroso, na conspiração contra a ordem então subsistente"[104].

Para terminar estas linhas, uma referência ao trabalho de J. Guinsburg, tradutor que já proporcionou muitos saberes aos leitores do Brasil. É espantosa a força criativa deste intelectual, especialista refinado do teatro, que enfrenta textos dificílimos para trazer aos nossos olhos os filosofemas profundos e árduos

---

102. Referido por M. Delon, op. cit., p. 236.
103. Eric Walter, *Jacques le Fataliste de Diderot*, Paris: Hachette, 1975, p. 4-5.
104. Sainte Beuve, Diderot, *Les grands écrivains français, études des Lundis et des Portraits*, Paris: Garbier Frères, 1932, t. I., p. 147.

do pensador Diderot, encaixados em sua prosa poética. Traduzir *O Sobrinho de Rameau* e *Jacques, o Fatalista*, é tarefa desafiadora que já fez muita gente cair no terreno escorregadio da mera cópia, do espírito travestido como se português fosse, mas na verdade sem os encantos do francês e desprovido de qualquer alma ou poder de invenção. Com o texto agora publicado pela editora Perspectiva, a cultura brasileira se enriquece no conteúdo e na forma. No conteúdo, porque a filosofia diderotiana torna-se mais conhecida. Na forma, porque Guinsburg soube vestir o romance com roupagens preciosas, mas confortáveis. O leitor sentir-se-á acolhido pelo escrito português como se este fosse um velho robe de chambre. Mas a mesma vestimenta será nova, cheia do viço que apenas Diderot exibiu no século XVIII. Porque o brilho e a plena alegria da existência, marcas das Luzes, especialmente ampliadas pelo ciclópico labor diderotiano, foi perfeitamente captado pelo nosso artista-tradutor. O texto proposto por Guinsburg é uma viagem ao inesperado, como no original: em seu trabalho, as formas serpentinas, sempre interrompidas e recomeçadas de *Jacques, o Fatalista*, retomam a experiência do saber, da prudência, da ignorância e da loucura humanas, não apenas nas "idéias" mas no corpo literário, no estilo. Traduzir Diderot, o tradutor universal, é muito perigoso. Guinsburg, com juventude espiritual ímpar, venceu o obstáculo. E nós ganhamos um presente da imaginação e da memória, inscrito no campo mais profundo da modernidade, o que nos fornece alento para inventar uma vida nova, livre de todo fatalismo terrorista. Receber um dom semelhante é coisa rara, e difícil...

*Pequena Bibliografia sobre* Jacques, O Fatalista

WERNER, Stephen. Diderot's Great Scroll: Narrative Art in Jacques le Fataliste. *Voltaire Studies*, n. 128, 1975. • SMIETANSKI, Jacques. *Le Réalisme dans Jacques le Fataliste*, Paris: AG Nizet, 1965. • FREDMAN, A. G. *Diderot and Sterne*. New York:

Columbia University Press, 1955. • DELON, Michel. Mme de la Pommeraye, Mme de Merteuil, même combat. *Europe*, n. 637, maio de 1982, p. 200 a 203. • GARAGNAN, Jean. Diderot et la génèse de Jacques le Fataliste. *Studi Francesi,* n. 27, 1983, p. 81-82. • O'DEA, Michael. Freedom, Illusion and Fate in Diderot's *Jacques le Fataliste. Symposium*, n. 39, 1985, p. 38-48. • CROCKER, Lester. *Jacques le Fataliste*, an expérience morale. *Diderot Studies*, n. 3, 1961, p. 73-99. • O livro de KEMPF, Roger. *Diderot et le roman*. Paris: Seuil, 1964 é indispensável. • Além destes escritos, os mencionados nas notas do presente texto.

*Jacques, o Fatalista, e seu Amo*. Gravura de Maurice Lenoir, 1884.

# JACQUES, UM VOLUNTARIOSO FATALISTA...

Sobre a data em que Diderot compôs esta obra, as divergências não são menores do que às relativas a outros textos do Enciclopedista que permaneceram inéditos ou quase. Pois, embora a *Correspondance litéraire*, em dezessete de seus fascículos, anexe cópias deste romance, entre 1778 e 1780, e os faça circular na Alemanha, a primeira edição francesa é de 1796, portanto quatorze anos após a morte do autor. Como se vê, *Jacques, o Fatalista* compartilha, com *O Sobrinho de Rameau,* de uma estréia na Alemanha, cuja repercussão pode ser de algum modo medida pelo fato de Schiller ter traduzido o episódio da Senhora de La Pommeraye e publicado numa revista, sob o título de "Vingança de uma Mulher", em 1785.

A época da composição do romance também se constituiu em objeto de cogitações e desacordos na pesquisa crítica, na medida em que análises internas indicam fatos ocorridos na década de 60 do século XVIII, mas exames acurados revelam acréscimos ao corpo do relato, que se estendem até os anos de 1780.

Este romance do romance encena ainda mais algumas peripécias com respeito ao que se deveria considerar como uma cópia fidedigna do original. A de São Petersburgo, proveniente do estreito laço de Diderot com a imperatriz Catarina II da Rússia, com correções manuscritas do autor, serviu de base para as versões críticas mais recentes e, segundo Laurent Versini[1] esta "É a melhor cópia, a mais correta e a mais completa...".

Dentre o rico universo que esta obra propõe à recepção e à reflexão de seus leitores, e cuja interpretação suscitou vasta literatura crítica, acrescida agora do instigante ensaio de Roberto Romano que abre esta tradução brasileira, uma questão que assoma imediatamente é a do título. Por que "o fatalista"? A primeira tentação é associar o qualificativo deste enovelado de histórias dentro de histórias à moldura de um romance filosófico exclusivamente. Neste caso, talvez fosse mais adequado falar em determinismo e não em fatalismo, remetendo seus principais indicadores de leitura ao temário do debate na época entre os chamados Filósofos e no pensamento europeu, como causalidade e livre-arbítrio, virtude e hedonismo, na perspectiva de Spinoza, Leibniz, Newton, dos empiristas ingleses e do sensualismo francês de Condillac, bem como, no plano religioso, do ocasionalismo de Malebrache e do jansenismo. Mas, sem enveredar aqui pelos meandros deste processo complexo de relações, que sem dúvida forma o substrato do jogo de idéias desenvolvido entre as personagens desta livre invenção ficcional e cuja pauta de problemas deve ser remetida no presente caso ao contexto estrutural e discursivo subjacente ao texto, cumpre considerar também que se trata, mais uma vez, ao nível da invenção ficcional, de um exame dialógico, tão ao gosto do estilo de seu criador, em que as posições assumidas pelo criado e seu amo defendem argumentos ao sabor do fluxo narrativo, segundo os seus ditames internos, ou das opções do eu narrador – como o autor obser-

---

1. Cf. Diderot, *Oeuvres*, Paris: Robert Laffont, t. II, p. 712

va argutamente nas suas intervenções metanarrativas – e não unicamente da exposição de teses de princípio. Daí, inclusive, as constantes contradições que surgem entre o que deveria ser um desenvolvimento necessariamente conseqüente dos filosofemas, explícitos ou implícitos, e o modo descompromissado como são expressos na fala do criado, Jacques, que, reafirmando em toda oportunidade o seu fatalismo, na verdade se mostra dono de uma livre vontade determinante na sua relação com o amo, o qual, por sua vez, defendendo o sensualismo e o livre arbítrio, fica quase inteiramente sujeito ao seu servidor, numa entrega da qual não consegue se desvincular. Tratar-se-ia de um jogo satírico de inversões com incisões cômico-parodísticas para fins críticos? Sim. De crítica de idéias, de crítica social, de crítica dos padrões éticos e morais, iluminadas por descrições de perfis tipológicos e por pinturas de situações e tensões coletivas no âmbito histórico da época. Mas o *meneur du jeu* não fica nisso. Envolve nas suas jogadas, que são as de um indeterminismo materialista sob a máscara probabilística do acaso, toda a arte da construção romanesca, calcada em parte em Sterne e com vários acenos de Rabelais, mas com um traçado peculiar que, ao enredá-lo e desenredá-lo no plano existencial e psicológico dos protagonistas, põe em xeque, em termos epistemológicos e ontológicos, o próprio determinismo. Mais uma vez, o *maître raisonneur* põe o seu saber e a sua dialética a serviço do artista criador, tanto maior neste caso quanto tem o gênio de Diderot.

*J. Guinsburg*

Cena de *Jacques, o Fatalista e seu Amo*. Gravura de Raoul Serres, 1928.

JACQUES, O FATALISTA, E SEU AMO

Página de rosto da edição original de *Jacques, o Fatalista, e seu Amo*.

# JACQUES, O FATALISTA, E SEU AMO

*Como foi que eles se encontraram? – Por acaso, como todo mundo. – Como se chamavam? – Que vos importa? – De onde vinham? – Do lugar mais próximo. – Aonde iam? – Será que a gente sabe para onde vai? – O que diziam? – O amo não dizia nada; e Jacques dizia que seu capitão dizia que tudo o que nos acontece de bom e de mal cá embaixo estava escrito lá em cima.*

O AMO: – «É uma grande frase essa[1].

JACQUES: – Meu capitão acrescentava que cada bala que partia de um fuzil tinha um bilhete com endereço certo[2].

O AMO: – E ele tinha razão».

1. Chamamos a atenção do leitor para o sistema de aspas usado em nossa tradução, que segue fielmente a forma apresentada nas edições críticas, o que por certo deve corresponder aos manuscritos de cópias de Diderot por elas utilizados.

2. Sabe-se que o romance inglês do século XVIII encontrou em Diderot um leitor interessado na proposta literária que este lhe fazia, em termos de seu foco temático e principalmente formal, o da mistura de gêneros na escritura herói-cômica e nos lances altamente sentimentais do embate entre a virtude e a torpeza, mesmo porque o Enciclopedista o lia na língua original, o que não era muito comum na França de então. Neste sentido, Richardson representa uma das vertentes, a mais emocional, desta relação, e Laurence Sterne, com sua inovadora escritura de *A Vida e as Opiniões do Cavalheiro Tristram Shandy*, a outra, a intelectual e crítica. Assim, não é de causar surpresa, nem deve ser lançada à conta das apropriações indébitas nas letras, o fato de Diderot imitá-lo particularmente em toda esta primeira parte e em outras passagens de *Jacques, o Fatalista, e seu Amo*, transcrevendo frases inteiras, como ocorre nesta fala.

Após uma curta pausa, Jacques bradou: «Que o diabo carregue o taberneiro e sua taberna!

O Amo: – Por que entregar ao diabo o nosso próximo? Isso não é cristão.

Jacques: – É que, enquanto eu me embriago com o mau vinho dele, esqueço-me de levar os nossos cavalos ao bebedouro. Meu pai se apercebe disso, zanga-se. Sacudo a cabeça: ele pega um bordão e me vai ao pelo, um tanto duramente. Um regimento passava por ali a caminho do campo diante de Fontenoy[3]: por despeito, alisto-me. Chegamos; trava-se a batalha...

O Amo: – E tu recebes a bala que te era destinada.

Jacques: – Adivinhastes; um tiro no joelho; e Deus sabe as boas e as más aventuras trazidas por esse tiro. Elas se encadeiam nem mais nem menos que os anéis de uma barbela. Sem esse tiro, por exemplo, não creio que jamais em minha vida eu me apaixonaria, nem ficaria coxo.

O Amo: – Estiveste, pois, apaixonado?

Jacques: – Se estive!

O Amo: – E isto por causa de um tiro?

Jacques: – Por causa de um tiro.

O Amo: – Nunca me disseste uma palavra sobre isso.

Jacques: – Creio que não, realmente.

O Amo: – E por que isso?

Jacques: – Porque isso não podia ser dito nem mais cedo nem mais tarde.

O Amo: – E o momento de ficar sabendo desses amores chegou?

Jacques: – Quem sabe?

O Amo: – Haja o que houver, ainda assim começa».

Jacques começou a contar a história de seus amores. Foi depois do jantar; o ar estava pesado; o amo adormeceu. A noite

---

3. Batalha travada em 11 de maio de 1745, na Guerra de Secessão da Áustria, na qual o Marechal de Saxe venceu os ingleses, os austríacos e os holandeses.

os surpreendeu no meio do campo; e ei-los extraviados. E eis o amo tomado de terrível cólera e caindo sobre o criado com fortes golpes de chicote, e o pobre diabo dizendo a cada chicotada: «Esta, ao que parece, também estava escrita lá em cima».

Vedes, leitor, que estou em bom caminho, e que só dependeria de mim para fazer-vos esperar um ano, dois anos, três anos pelo relato dos amores de Jacques, separando-o de seu amo e fazendo-os, cada um deles, correr todos os azares que me aprouvessem. O que me impediria de casar o amo e torná-lo um corno? De embarcar Jacques para as ilhas? De conduzir para lá o seu amo? De reconduzir todos os dois para a França no mesmo navio? Como é fácil inventar histórias! Mas um e outro terão apenas o inconveniente de uma noite mal dormida, e vós, dessa demora.

O albor da manhã rompeu. E ei-los montados novamente sobre suas alimárias e prosseguindo em seu caminho. – E para onde iam? – É a segunda vez que me dirigis essa pergunta e é a segunda vez que eu vos respondo: Que diferença vos faz isso? Se começo pelo tema da viagem deles, adeus aos amores de Jacques... Seguiram algum tempo em silêncio. Quando cada um deles se repôs um pouco do mau humor, o amo disse a seu criado: «Então, Jacques, onde estávamos com os teus amores?

Jacques: – Estávamos, creio eu, na derrota do exército inimigo. Fogem, são perseguidos, cada um pensa em si mesmo. Fico no campo de batalha, enterrado sob uma porção de mortos e feridos, que são em número prodigioso. No dia seguinte, jogam-me numa carroça, com uma dezena de outros, para ser levado a um de nossos hospitais. Ah!, senhor, não creio que haja ferimento mais cruel que o do joelho.

O Amo: – Ora vamos Jacques, estás zombando.

Jacques: – Não, por Deus, senhor, não estou. Há no joelho não sei quantos ossos, tendões e outras coisas que se chamam não sei como».

Um tipo com cara de camponês que os seguia em companhia de uma moça que vinha na garupa e que os havia escutado, tomou a palavra e disse: «O senhor tem razão». Não se sabia a quem este *senhor* era dirigido, mas o homem foi levado a mal por Jacques e por seu amo, e Jacques disse a esse interlocutor indiscreto: «Por que te metes?

– Eu me meto por meu ofício; sou cirurgião, para servi-los, e vou demonstrar-vos....»

A mulher que ele trazia na garupa lhe dizia: «Senhor doutor, sigamos o nosso caminho e deixemos esses senhores que não gostam que se lhes demonstre.

– Não, respondeu-lhes o cirurgião, quero demonstrar-lhes, e lhes demonstrarei».

E, ao voltar-se para demonstrar, empurra a sua companhia, a faz perder o equilíbrio e a joga ao chão, com um pé preso na aba do casaco e os saiotes de baixo revirados sobre a cabeça. Jacques desce, desprende o pé dessa pobre criatura e abaixa-lhe as saias. Não sei se começou por abaixar as saias ou por desprender o pé; mas a julgar pelo estado dessa mulher e por seus gritos, ela ferira-se gravemente. E o amo de Jacques dizia ao cirurgião: «Eis o que é demonstrar!». E o cirurgião: «Eis o que é não querer que se demonstre!». E Jacques, para a mulher caída ou soerguida: «Consolai-vos, minha querida, não é vossa culpa, nem culpa do senhor doutor, nem minha, nem de meu amo: é que estava escrito lá em cima que hoje, neste caminho, nesta hora, o senhor doutor seria um tagarela, que meu amo e eu seríamos dois malcriados, que vós sofreríeis uma contusão na cabeça e que veríamos o vosso cu».

O que não se tornaria essa aventura em minhas mãos, se me desse na fantasia vos desesperar! Eu daria importância a essa mulher: torná-la-ia sobrinha de um pároco da aldeia vizinha; amotinaria os camponeses deste lugarejo. Eu me aprontaria combates e amores, pois, afinal, aquela camponesa era bela sob a roupa debaixo. Jacques e seu amo se haviam apercebido disso; o amor nem sempre contou com uma ocasião tão sedutora. Por que não ficaria Jacques apaixonado uma segunda vez? Por que não seria ele, pela segunda vez, o rival e mesmo o rival preferido de seu amo? – Será que o caso já lhe acontecera? – Sempre perguntas! Vós não quereis, pois, que Jacques continue o relato de seus amores? De uma vez por todas, explicai-vos; isto vos dará ou isto não vos dará prazer? Se isto vos der prazer, recoloquemos a camponesa na garupa, atrás de seu condutor, deixemo-los ir embora e voltemos a nossos dois viajantes. Desta vez foi Jacques quem tomou a palavra e disse a seu amo:

«É assim que o mundo marcha; vós, que jamais na vida vos feristes e que não sabeis o que é um tiro no joelho, vós me sustentais, a mim que tive o joelho despedaçado e que coxeio há vinte anos...

O Amo: – Tu poderias ter razão. Mas esse cirurgião impertinente é a causa de que ainda estejas sobre uma carroça com teus camaradas, longe do hospital, longe de tua cura e longe de ficar apaixonado.

Jacques: – Pensai disso como quer que vos agrade, a verdade é que a dor de meu joelho era excessiva; ela aumentava ainda mais devido à dureza do veículo, à irregularidade dos caminhos, e a cada solavanco eu lançava um grito agudo...

O Amo: – Porque estava escrito lá em cima que tu gritarias.

Jacques: – Seguramente. Eu perdia todo o meu sangue e seria um homem morto, se a nossa carroça, a última da linha, não se detivesse diante de uma choupana. Lá, peço que me desçam, colocam-me no chão. Uma mulher jovem, que estava à porta da choupana, entrou na sua casa e saiu quase em seguida com um copo e uma garrafa de vinho. Bebi um ou dois copos às pressas. As carroças que precediam a nossa seguiram em fila. O pessoal já se dispunha a me jogar de novo entre os meus camaradas, quando, agarrando-me fortemente às vestes daquela mulher e a tudo que estava ao redor de mim, protestei que não subiria de novo e que, morrer por morrer, eu preferia antes que fosse no lugar onde me encontrava do que duas léguas adiante. Terminando essas palavras, caí desmaiado. Ao sair desse estado, vi que estava despido e deitado numa cama que ocupava um canto da choupana, tendo ao meu redor um camponês, o dono da casa, sua mulher, a mesma que me havia socorrido, e algumas crianças. A mulher embebera a ponta de seu avental no vinagre e me esfregava com ele o nariz e as têmporas.

O Amo: – Ah, desgraçado! Ah, patife! Infame, vejo aonde quer chegar!

Jacques: – Meu amo, creio que não vedes nada.

O Amo: – Não é por esta mulher que tu vais ficar apaixonado?

Jacques: – E se eu devesse ficar apaixonado por ela, o que haveria a dizer a respeito? Será que depende de nós a vontade ou não de ficar apaixonado? E quando se está, depende de nós agir como se não estivéssemos? Se isso estivesse escrito lá em cima, tudo o que vós vos dispondes a me dizer, eu me teria dito, eu me teria esbofeteado, eu teria batido minha cabeça na parede, eu me teria arrancado os cabelos, não teria sido diferente nem mais nem menos, e meu benfeitor teria sido corno.

O Amo: – Mas raciocinando à tua maneira, não há de modo algum crime que se cometa sem remorsos.

Jacques: – Isto que vós me objetais aí, mais de uma vez me remexeu a cachola, mas, com tudo isso, apesar de que eu o tenha em conta, volto sempre ao dito de meu capitão: "Tudo o que nos acontece de bom e de mal neste mundo está escrito lá em cima". Sabeis vós, senhor, de algum meio para apagar essa escritura? Posso eu não ser eu e, eu sendo eu, posso agir de outro modo do que eu ajo? Posso eu ser eu e um outro? E desde que estou no mundo, há um só momento em que isto não é verdade? Pregai tanto quanto vos aprouver, vossas razões serão talvez boas, mas se está escrito em mim ou lá em cima que eu hei de achá-las más, o que quereis vós que eu faça?

O Amo: – Estou pensando numa coisa: é se teu benfeitor veio a ser corno porque estava escrito lá em cima, ou se isto estava escrito lá em cima porque tu tornarias corno o teu benfeitor?

Jacques: – Ambos estavam escritos um ao lado do outro. Tudo foi escrito ao mesmo tempo. É como um grande rolo que se desenrola pouco a pouco».

Vós concebeis, leitor, até onde eu poderia levar esta conversa sobre um assunto de que tanto se falou, tanto se escreveu há dois mil anos, sem que se tenha avançado um passo a mais. Se estais um pouco insatisfeito com o que vos digo, estejais muito com aquilo que eu não vos digo.

Enquanto nossos dois teólogos discutiam sem se entender, como pode ocorrer em teologia, a noite se aproximava. Eles atravessavam uma região pouco segura desde sempre, e que o era ainda mais então quando a má administração e a miséria haviam multiplicado o número de malfeitores[4]. Detiveram-se na mais miserável das estalagens. Arrumaram-lhes duas camas de lona num quarto feito de tabiques entreabertos por todos os lados. Eles pediram o jantar. Trouxeram-lhes água choca, pão preto e vinho azedo. O hospedeiro, a hospedeira, as crianças, os criados, todos tinham um ar sinistro. Ouviam ao lado deles os risos imoderados e a alegria tumultuosa de uma dúzia de salteadores que os haviam precedido e que tinham se apoderado de todas as provisões. Jacques estava bastante tranqüilo, mas faltava muito para que seu amo também estivesse. Este passeava a sua preocupação de lá para cá e de cá para lá, enquanto seu criado devorava alguns pedaços de pão preto e engolia, careteando, alguns copos de mau vinho. Estavam nisso quando ouviram bater à porta. Era um criado que aqueles insolentes e perigosos vizinhos haviam obrigado a levar aos nossos viajantes, num de seus pratos, todos os ossos de uma galinha que eles haviam comido. Jacques, indignado, pegou as pistolas de seu amo.

«– Aonde vais?

– Deixai-me agir.

– Aonde vais?, estou dizendo.

– Chamar à razão esta canalha.

– Bem sabes que são uma dúzia.

---

4. Nesta descrição, o autor parece ter em vista a conjuntura francesa durante a escassez de alimentos de 1768 a 1770, que provocou um forte aumento no número de assaltantes e contrabandistas no país.

– Que fossem cem, o número nada muda, se está escrito lá em cima que eles não são o bastante.

– Que o diabo te carregue com teu impertinente ditado».

Jacques escapa das mãos de seu amo, entra no quarto daqueles bandidos, com uma pistola armada em cada mão. «Rápido, todos deitados, senão estouro os miolos do primeiro que se mexer». Jacques tinha o ar e a entonação tão convincentes que aqueles velhacos que prezavam tanto a vida quanto as pessoas de bem, levantam-se das mesas sem murmurar palavra, despem-se e deitam-se. O amo, incerto quanto à maneira que essa aventura iria terminar, o aguardava tremendo. Jacques voltou carregado dos despojos tomados àquela gente; apoderara-se deles para que os patifes não se sentissem tentados a levantar-se. Apagara a luz da candeia, fechara a porta com duas voltas na chave que ele segurava junto com uma das pistolas. «Agora, senhor, disse ele ao amo, não precisamos mais do que nos barricar empurrando nossas camas contra esta porta, e dormir sossegadamente»; e ele se pôs a empurrar as camas, relatando fria e sucintamente a seu amo os pormenores de sua expedição.

O Amo: – «Jacques, que diabo de homem és tu? Crês, pois...

Jacques: – Não creio nem descreio.

O Amo: – E se eles tivessem se recusado a deitar-se?

Jacques: – Isto era impossível.

O Amo: – Por quê?

Jacques: – Porque eles não o fizeram.

O Amo: – E se eles se levassem?

Jacques: – Tanto pior ou tanto melhor.

O Amo: – E se... se... se... e...

Jacques: – Se... se o mar fervesse, haveria, como se diz, peixes cozidos. Que diabo, há pouco, senhor, acreditáveis que eu corria um grande perigo, e nada era mais falso; agora, acreditais estar em grande perigo, e nada é talvez ainda mais falso. Todos nós, nesta casa, temos medo uns dos outros, o que prova que somos todos uns tolos»; e, enquanto discorria assim, ei-lo despido, deitado e adormecido. Seu amo, enquanto comia por seu turno um pedaço de pão preto e bebia um copo de mau vinho, prestava ouvidos ao redor de si, olhava Jacques, que roncava, e dizia: «Que diabo de homem é este aí?». A exemplo de seu criado, o amo estendeu-se também sobre o seu catre, mas não dormiu assim mesmo. Logo que despontou o dia, Jacques sentiu uma mão que o empurrava, era a de seu amo que o chamava em voz baixa.

O Amo: – «Jacques! Jacques!

Jacques: – Que é?

O Amo: – Já é dia.

Jacques: – É possível.

O Amo: – Levanta-te, pois.

Jacques: – Por quê?

O Amo: – Para sair daqui o mais depressa possível.

Jacques: – Por quê?

O Amo: – Porque estamos mal, aqui.

Jacques: – Quem o sabe, e será que estaremos melhor alhures?

O Amo: – Jacques?

Jacques: – Pois bem, Jacques! Jacques! Que diabo de homem sois vós?

O Amo: – Que diabo de homem és tu? Jacques, meu amigo, eu te peço, por favor».

Jacques esfregou os olhos, bocejou várias vezes, esticou os braços, ergueu-se, vestiu-se sem apressar-se, puxou de volta as camas, saiu do quarto, desceu, foi à estrebaria, selou e bridou os cavalos, acordou o hospedeiro que ainda dormia, pagou a despesa, guardou as chaves dos dois quartos; e lá se foram os nossos homens.

O amo queria se afastar a galope, Jacques queria ir ao passo, e sempre conforme o seu sistema. Quando já estavam a uma distância bastante grande de sua triste pousada, o amo, ouvindo alguma coisa que ressoava no bolso de Jacques, perguntou-lhe o que era. Jacques lhe disse que eram as duas chaves dos quartos.

O Amo: – «E por que não foram devolvidas?

Jacques: – É que será preciso arrombar duas portas, a dos nossos vizinhos para tirá-los da prisão, a nossa para devolver-lhes as roupas, e porque isto nos dará tempo.

O AMO: – Muito bem, Jacques, mas por que ganhar tempo?

JACQUES: – Por quê? Palavra, que não sei por que.

O AMO: – E se queres ganhar tempo, por que ir a passo pequeno como tu o fazes?

JACQUES: – É que, por não se saber o que está escrito lá em cima, não se sabe o que se quer, nem o que se faz, e cada um segue a sua fantasia a que chamam de razão, ou sua razão que não é muitas vezes senão uma perigosa fantasia que acaba ora bem ora mal. Meu capitão acreditava que a prudência é uma suposição em que a experiência nos autoriza a olhar as circunstâncias nas quais nos encontramos como causas de certos efeitos a esperar ou a temer para o futuro.

O AMO: – E tu entendias alguma coisa disso?

JACQUES: – Certamente, pouco a pouco me habituei à sua linguagem. Mas, dizia ele, quem pode se gabar de ter bastante experiência? Aquele que se vangloriou de ser o melhor provido desta, será que jamais foi enganado? Além disso, existe algum homem capaz de apreciar com exatidão as circunstâncias em que se encontra? O cálculo que se faz em nossas cabeças, e aquele que está determinado no registro lá de cima, são dois cálculos bem diferentes. Será que somos nós que conduzimos o destino, ou então é o destino que nos conduz? Quantos projetos sensatamente concertados falharam, e quantos haverão de falhar! Quantos projetos insensatos foram bem sucedidos, e quantos haverão de ser bem sucedidos! É o que o meu capitão me repetia após a tomada de Berg-op-Zoom e a de Port-Mahon[5]; e ele acrescentava que a prudência não assegurava de modo algum o bom êxito, mas que ela nos consolava e nos desculpava

---

5. Berg-op-Zoom, praça-forte batava conquistada em 19 de setembro de 1747 pelas tropas francesas, na Guerra de Secessão da Áustria. Port-Mahon, capital da ilha de Minorca, foi tomada, em 28 de junho de 1756, pelo Marechal de Richelieu, na Guerra dos Sete Anos. A crítica faz notar a incongruência desta afirmação da personagem, porquanto é dito anteriormente que Jacques havia desertado muito antes, em Fontenoy, e não poderia ter ouvido o comentário de seu capitão a respeito disso.

do mau. Por isso, na véspera de uma ação, ele dormia tão bem em sua barraca como em sua guarnição, e ia ao fogo como ia ao baile. É realmente a respeito dele que vós teríeis exclamado: "Que diabo de homem!".

O Amo: – Poderias me dizer o que é um louco e o que é um sábio?

Jacques: – Por que não?... Um louco... esperai... é um homem infeliz, e por conseqüência um homem feliz é um sábio.

O Amo: – E o que é um homem feliz ou infeliz?

Jacques: – Quanto a isto, é fácil. Um homem feliz é aquele cuja felicidade está escrita lá em cima e, por conseqüência, aquele cuja infelicidade está escrita lá em cima é um homem infeliz.

O Amo: – E quem é que escreveu lá em cima a felicidade e a infelicidade?

Jacques: – E quem é que fez o grande rolo em que tudo está escrito? Um capitão, amigo de meu capitão, teria dado de bom grado uma moedinha de um escudo para sabê-lo; quanto ao meu capitão, ele não teria dado sequer um óbolo, nem eu tampouco, pois para que me serviria isso? Evitaria eu, com isso, o buraco em que devo cair para quebrar meu pescoço?

O Amo: – Creio que sim.

Jacques: – Quanto a mim, creio que não, pois seria necessário que houvesse uma linha falsa no grande rolo que contém a verdade, que não contém senão a verdade e que contém toda a verdade. Estaria escrito no grande rolo: Jacques quebrará o pescoço tal dia, e Jacques não quebraria o pescoço? Concebeis vós que isto possa ser assim, qualquer que seja o autor do grande rolo?

O Amo: – Há muita coisa a dizer a respeito...».

Quando estavam nisso, ouviram, há alguma distância atrás deles, barulho e gritos; eles viraram a cabeça e viram um bando de homens armados de varas e forcados que avançava em direção deles a toda pressa. Vós ides crer que era o pessoal da estalagem, os criados e os bandidos de quem vos falamos. Vós ides crer que de manhã arrombaram as portas dos quartos, na falta das chaves, e que os bandidos tinham imaginado que os nossos dois viajantes haviam escapulido com seus despojos. Foi o que Jacques julgou, e dizia entre dentes: «Malditas sejam as chaves e a fantasia ou a razão que me fez levá-las embora! Maldita seja a prudência! etc., etc.». Vós ides crer que essa pequena tropa cairá sobre Jacques e seu amo, que haverá uma ação sangrenta, bordoadas desferidas, tiros de pistola desfechados, e que só dependeria de mim que ocorresse tudo isso, mas então adeus à verdade da história, adeus ao relato dos amores de Jacques. Nossos dois viajantes não estavam sendo seguidos de maneira alguma. Eu ignoro o que se passou na hospedaria após a partida dos dois. Eles continuaram seu caminho, indo sempre sem saber para onde iam, apesar de saberem mais ou menos para onde queriam ir; enganando o tédio e a fadiga pelo silêncio e pela tagarelice, como é o costume entre os que caminham, e algumas vezes entre os que estão sentados.

Está bem claro que não estou fazendo de modo algum um romance, uma vez que negligencio aquilo que um romancista não deixaria de empregar. Quem tomasse isso que escrevo como a verdade, incorreria talvez menos em erro do que aquele que o tomasse por uma fábula.

Desta vez foi o amo quem falou primeiro e que começou pelo refrão costumeiro: «E então, Jacques, e a história dos teus amores?

JACQUES: – Não sei onde eu estava. Fui tantas vezes interrompido que eu faria muito bem se recomeçasse.

O AMO: – Não, não. Refeito de teu desmaio à porta da choupana, tu te encontraste numa cama, rodeado por pessoas que lá habitavam.

JACQUES: – Muito bem. A coisa mais urgente era ter um cirurgião, e não havia nenhum a menos de uma légua em volta. O bom homem fez com que um de seus filhos montasse a cavalo, e o enviou ao lugar menos distante. Entrementes, a boa mulher havia aquecido um vinho encorpado, tinha rasgado uma camisa velha do marido; e meu joelho foi lavado, coberto de compressas e envolvido em panos. Puseram alguns pedaços de açúcar, subtraído às formigas, em uma porção do vinho que servira para o meu curativo, e eu o engoli; em seguida me exortaram a ter paciência. Era tarde; as pessoas puseram-se à mesa e cearam. Depois, eis a ceia finda. Entretanto, o menino não voltava, e nada de cirurgião. O pai ficou de mau humor. Era um homem naturalmente azedo; aborrecia a mulher, não achava nada a seu gosto. Mandou, em voz dura, os outros filhos dormirem. A mulher sentou-se num banco e pegou sua roca. Ele, ele ia e vinha, e indo e vindo, procurava briga com ela a pretexto de tudo. "Se tu estivesses no moinho, como eu havia dito...". E concluiu a frase acenando com a cabeça para o lado de minha cama.

«"Irei lá amanhã.

«– Era hoje que devias ter ido como eu te disse... E aqueles restos de palha que ainda estão na granja, o que esperas para tirá-los?

«– Serão tirados amanhã.

«– O que tiramos está no fim, e terias feito melhor se tivesses tirado o resto hoje, como eu te havia dito... E aquele monte de cevada que se estraga no celeiro, aposto que não pensaste em removê-lo.

«– As crianças o fizeram.

«– Era preciso que tu mesma o fizesses. Se estivesses no teu celeiro, não terias estado à porta...".

«Neste meio tempo chegou um cirurgião, depois um outro, depois um terceiro, com o rapazinho da choupana.

O AMO: – E aí estás tu com tantos cirurgiões quanto São Roque com seus chapéus.

JACQUES: – O primeiro estava ausente quando o menino chegou à sua casa, mas sua mulher mandou avisar o segundo, e o terceiro acompanhou o menino. "Olá!, boa noite compadres; vós, por aqui?", disse o primeiro aos outros dois... Eles haviam se apressado o mais possível, estavam com calor, sentiam sede. Sentaram-se em torno da mesa cuja toalha ainda não fora tirada.

A mulher desceu à adega e voltou com uma garrafa. O marido resmungava entre dentes: "Eh!, que diabo fazia ela à porta?" Beberam, falaram sobre as doenças do cantão, começaram a enumerar suas práticas. Queixo-me; eles me dizem: "Num instante, iremos vê-lo". Após aquela garrafa, pediram uma segunda, por conta do tratamento; depois uma terceira, uma quarta, sempre por conta do tratamento, e a cada garrafa, o marido retornava à primeira exclamação: "Eh!, que diabo fazia ela à porta?"».

Que partido um outro teria tirado desses três cirurgiões, de sua conversação à quarta garrafa, da multidão de suas curas maravilhosas, da impaciência de Jacques, do mau humor do hospedeiro, das palavras de nossos Esculápios[6] de campo sobre o joelho de Jacques, de seus diferentes pareceres, um pretendendo que Jacques estaria morto se não se apressassem em amputar-lhe a perna, o outro que era preciso extrair a bala e o pedaço de roupa que a acompanhara e conservar a perna desse pobre diabo? Enquanto isso, ter-se-ia visto Jacques sentado na cama, olhando a perna penalizada, e dando-lhe o último adeus, como se viu um de nossos generais fazer entre Doufouart e Louis[7]. O terceiro cirurgião teria ficado a papar moscas até que a querela entre eles se inflamou e das invectivas passaram às vias de fato.

Eu vos dispenso de todas essas coisas que encontrareis nos romances, na comédia antiga e na sociedade. Quando ouvi o hospedeiro bradar a respeito de sua mulher: «Que diabo fazia ela à porta?», lembrei-me do Harpagão[8] de Molière[9], quando

6. Esculápio, deus da Medicina, na mitologia grega e latina.

7. Pierre Doufouart (1735-1813), cirurgião militar, e Louis Antoine (1723-1792), celebre cirurgião que colaborou na Enciclopédia com artigos sobre sua especialidade.

8. Diderot comete um equívoco de memória, pois atribui a Harpagão de *O Avaro* uma fala que é de Géronte, nas Fourberies de Scapin (*As Artimanhas de Escapino*), ato II, cena 2, de Molière.

9. Jean-Baptiste Poquelin, chamado Molière (1622-1673), o mais importante autor cômico da França do século XVII, bem como ator e diretor de companhia de comediantes. Sua obra, que a partir do modelo da Commedia

ele diz de seu filho: *Que foi ele fazer nessa galera*, e compreendi que não se tratava somente de ser verdadeiro, mas que cumpria ainda ser engraçado, e que era esta a razão pela qual se diria para sempre: *Que foi ele fazer nessa galera?*, e que a expressão de meu camponês: *Que fazia ela à porta?*, não passaria a provérbio.

Jacques não usou para com o seu amo a mesma reserva que guardo para convosco; ele não omite a menor circunstância, ao risco de adormecê-lo pela segunda vez. Se não foi o mais hábil, foi ao menos o mais vigoroso dos três cirurgiões que ficou de posse do paciente.

Não ides vós, me direis, sacar bisturis diante de nossos olhos, cortar carnes, fazer correr sangue e nos mostrar uma operação cirúrgica? Em vossa opinião, isto não seria de bom gosto? – Vamos, passemos à operação cirúrgica: mas permitireis ao menos que Jacques diga a seu amo, como ele o fez: «Ah!, senhor, é um negócio terrível rearrumar um joelho despedaçado!», e a seu amo responder-lhe como antes: «Ora vamos, Jacques, tu estás zombando». Mas o que eu não vos deixarei ignorar por todo o ouro do mundo, é que, mal o amo de Jacques lhe deu esta resposta impertinente, seu cavalo tropeça e cai, que o joelho dele vai apoiar-se rudemente num pedregulho pontiagudo, e que ei-lo gritando a ponto de rebentar os tímpanos: «Estou morto! Estou com o joelho quebrado!» Embora Jacques, o mais bonachão dos homens que se possa imaginar, fosse ternamente afeiçoado a seu amo, eu gostaria realmente de saber o que se passou no fundo de sua alma, se não no primeiro momento, ao menos quando teve certeza de que essa queda não teria nenhuma conseqüência deplorável, e se ele pôde se recusar a um ligeiro movimento de alegria secreta por um acidente que ensinaria a seu amo o que era um ferimento no joelho. Outra coisa,

dell'Arte adquire uma feição própria e original desde *As Preciosas Ridículas* e compreende peças como *Tartufo*, *Dom Juan*, *O Misantropo*, *Médico à Força*, *O Burguês Fidalgo*, mantêm sua permanência e validade cênica, não só no repertório clássico francês, como nos palcos de todo o mundo.

leitor, que eu gostaria de fato que vós me dissésseis, é se o amo dele não teria preferido ficar ferido, mesmo que um pouco mais gravemente, em outra parte que não no joelho, ou se ele não foi mais sensível à vergonha do que à dor.

Quando o amo sentiu-se um pouco refeito da queda e da angústia, montou de novo e esporeou cinco ou seis vezes seu cavalo, que partiu como um raio; outro tanto fez a montaria de Jacques, pois havia entre esses dois animais a mesma intimidade que entre seus cavaleiros; eram dois pares de amigos.

Quando os dois cavalos esfalfados retomaram seu passo comum, Jacques disse a seu amo: «E então, senhor, o que achais disso?

O AMO: – Do quê?

JACQUES: – Do ferimento no joelho.

O AMO: – Sou de tua opinião; é um dos mais cruéis.

JACQUES: – No vosso?

O AMO: – Não, não: no teu, no meu, em todos os joelhos do mundo.

JACQUES: – Meu amo, meu amo, vós não olhastes isso muito bem; crede que nunca nos compadecemos senão de nós mesmos.

O AMO: – Que loucura!

JACQUES: – Ah!, se eu soubesse dizer como sei pensar! Mas estava escrito lá em cima que eu teria as coisas na minha cabeça e que as palavras não me viriam».

Aqui, Jacques se enredou numa metafísica muito sutil e talvez muito verdadeira. Ele procurava fazer o seu amo compreender que a palavra dor era uma palavra sem idéia[10], e que ela só começava a significar alguma coisa no momento em que trazia de volta à nossa memória uma sensação já experimentada por nós. O amo lhe perguntou se já havia parido. «Não, respondeu-lhe Jacques.

10. A referência é ao sensualismo, filosofia desenvolvida por Condillac, na França, com base em Locke e nos empiristas ingleses, na qual nada existe no intelecto que não seja dado pelas sensações, princípio que constituiu o fundamento epistemológico das concepções de Diderot.

— E tu crês que parir traga uma grande dor?
— Seguramente.
— Sentes pena das mulheres com dores do parto?
— Muita.
— Portanto, sentes pena às vezes de um outro que não tu?
— Sinto pena daqueles ou daquelas que torcem os braços, que se arrancam os cabelos, que lançam gritos, porque sei por experiência que isso não se faz sem sofrer; mas, quanto à dor própria à mulher que dá à luz, dela não tenho pena, não sei o que isso vem a ser, graças a Deus! Mas, para retornar a um mal que nós dois conhecemos, a história de meu joelho que se tornou o vosso devido à vossa queda...

O Amo: — Não, Jacques; a história de teus amores que se tornaram meus devido a meus desgostos passados.

Jacques: — Eis que já estou tratado, um pouco aliviado, o cirurgião partiu, e meus hóspedes estão recolhidos e deitados. Seu quarto estava separado do meu apenas por um par de tábuas espaçadas, sobre as quais haviam colado papel cinza e sobre este papel algumas iluminuras. Eu havia adormecido, e ouvi a mulher que dizia ao marido: "Deixa-me, não tenho vontade de rir. Um pobre infeliz que morre à nossa porta!...

«— Mulher, tu me dirás tudo isso depois.

«— Não, isso não. Se não parares, levanto-me. Isso me deixará muito aliviada quando estou com o coração pesado?

«— Oh!, se te fazes de rogada, trouxa serás tu.

«— Não é para me fazer de rogada, mas é que tu és algumas vezes tão duro!... É que... é que...".

«Após uma pausa bastante curta, o marido tomou a palavra e disse: — "Aí, mulher, convenha, pois, agora que, por uma compaixão fora de lugar, tu nos pusestes numa enrascada, da qual é quase impossível safar-se. O ano não é bom, mal podemos nos bastar para atender as nossas necessidades e as necessidades de nossos filhos. O grão está tão caro! Nada de vinho! Ainda se a gente achasse trabalho...; mas os ricos se retraem; os pobres não fazem nada; por um dia em que se tem emprego, perde-se quatro. Ninguém paga o que deve; os credores são de um rigor que desespera; e é este o momento que tu escolhes para abrigar aqui um desconhecido, um forasteiro que aqui permanecerá o tanto quanto aprouver a ele e ao cirurgião, que não se apressará a curá-lo, pois esses cirurgiões fazem durar as doenças o mais que podem; o sujeito não tem um tostão, o que dobrará, triplicará nossa despesa. Aí, mulher, como te livrarás deste homem? Fala, pois, mulher, dê-me, pois, uma razão qualquer.

«– Pode-se lá falar contigo?

«– Tu dizes que estou de mau humor, que não paro de reclamar. Eh!, quem não estaria? Quem não reclamaria? Havia ainda um pouco de vinho na adega, só Deus sabe onde ele irá parar! Os cirurgiões beberam ontem à noite mais do que nós e nossos filhos teríamos feito durante a semana. E o cirurgião, que não virá de graça, como bem podes imaginar, quem o pagará?

«– Sim, aí está uma coisa muito bem dita; e porque a gente está na miséria, tu me fazes um filho, como se não nos bastassem os que já temos.

«– Oh, não!

«– Oh, sim! Estou certa de que vou engravidar!

«– É como dizes todas as vezes.

«– E isto nunca falhou quando a orelha me coça depois, e agora estou sentindo nela uma coceira como nunca...

«– Tua orelha não sabe o que diz.

«– Não me toques! Deixa minha orelha em paz! Deixa-me, homem, ficaste louco? Isto vai te fazer mal.

«– Não, não; isto não me aconteceu desde a noite de São João.

«– Tu farás tão bem que... e depois, daqui a um mês tu me azucrinarás como se fosse minha culpa.

«– Não, não.

«– E daqui a nove meses será muito pior.

«– Não, não.

«– Foste tu que o quiseste?

«– Sim, sim.

«– Tu te lembrarás disso? Não dirás como disseste todas as outras vezes?

«– Sim, sim...". E depois eis que de não, não, em sim, sim, aquele homem enraivecido contra sua mulher por ter ela cedido a um sentimento de humanidade...

O Amo: – Era esta a reflexão que eu fazia.

Jacques: – É certo que esse marido não era muito conseqüente, mas era jovem e sua mulher bonita. Nunca se fazem tantos filhos quanto nos tempos de miséria.

O Amo: – Ninguém povoa como os pobres.

Jacques: – Um filho a mais não é nada para eles, é a caridade que os alimenta. E, além disso, é o único prazer que não custa nada; consolam-se durante a noite, sem custo, das calamidades do dia... Todavia, as reflexões desse homem nem por isso eram menos justas. Enquanto eu dizia isto a mim mesmo, senti uma dor violenta no joelho e gritei: "Ai, o joelho!" E o marido gritou: "Ai, minha mulher!". E a mulher gritou: "Ai, meu homem! Mas, mas, e o homem que está ali!

«– E então!, o que tem esse homem?

«– Talvez ele nos tenha ouvido.

«– Digamos que tenha ouvido.

«– Amanhã, não ousarei encará-lo.

«– E por quê? Será que não és minha mulher? Será que não sou teu marido? Será que um marido tem uma mulher e uma mulher tem um marido para nada?

«– Ai!, ai!

«– E então! Que foi?

«– Minha orelha...

«– E então! Tua orelha?

«– Está pior do que nunca.

«– Dorme que passará.

«– Não consigo. Ai! A orelha! Ai! A orelha!

«– A orelha, a orelha, isto é bem fácil de dizer...".

«Nada vos direi sobre o que se passava entre eles; mas a mulher, depois de ter repetido a orelha, a orelha, várias vezes seguidas em voz baixa e precipitada, acabou balbuciando em sílabas entrecortadas a o... re... lha e, depois desta o... re... lha, não sei mais o quê, que juntado ao silêncio que sucedeu, me fez imaginar que seu mal de orelha se aplacara de uma maneira ou de outra; não importa, isto me causou prazer, e a ela nem se fala!

O Amo: – Jacques, põe a mão na consciência, e jura-me que não foi por esta mulher que te apaixonaste.

Jacques: – Eu juro.

O Amo: – Tanto pior para ti.

Jacques: – É tanto pior ou tanto melhor. Vós credes, aparentemente, que as mulheres que possuem uma orelha como a dela, ouvem de bom grado?

O Amo: – Creio que isso está escrito lá em cima.

Jacques: – Creio que está escrito em seguida que elas não ouvem por longo tempo o mesmo homem, e que estão um pouquinho sujeitas a prestar ouvido a um outro.

O Amo: – É possível».

E ei-los embarcados numa querela interminável a respeito das mulheres, um pretendendo que elas são boas, e o outro, más, e ambos tinham razão; um, tolas e o outro, cheias de espírito, e ambos tinham razão; um, falsas, e o outro, verdadeiras, e ambos tinham razão; um, avaras, e o outro, pródigas, e ambos tinham razão; um, belas, e o outro, feias, e ambos tinham razão; um, tagarelas, e o outro, discretas; um, francas, e o outro, dissimuladas; um, ignorantes, e o outro, esclarecidas; um, recatadas, e o outro, libertinas; um, loucas, e o outro, sensatas; um, grandes, e o outro, pequenas; e ambos tinham razão.

Prosseguindo nessa disputa durante a qual poderiam ter feito a volta do mundo sem deixar de falar por um só momento e sem chegar a um acordo, foram colhidos por uma tempestade que os obrigou a pôr-se a caminho... – Para onde? – Para onde? Leitor, vós sois de uma curiosidade bem incômoda! E que diabo tendes a ver com isto? Se eu vos tivesse dito que é para Pontoise ou Saint-Germain, para Notre-Dame-de-Lorette ou para Santiago de Compostela, isto vos adiantaria mais? Se vós insistis, dir-vos-ei que se encaminharam para... Sim, por que não?... Para um imenso castelo em cujo frontispício lia-se: «Não pertenço a ninguém e pertenço a todo mundo. Vós estáveis aí antes de entrar nele, e estareis aí ainda antes de sairdes dele». – Entraram eles neste castelo? – Não, pois a inscrição era falsa, ou eles aí estavam ainda quando saíram dele. – E que fizeram lá? – Jacques dizia «isto que está escrito lá em cima»; seu amo: «aquilo que eles quiseram», e ambos tinham razão. – Que companhia eles encontraram aí? – Misturada. – O que se dizia lá? – Algumas verdades e muitas mentiras. – Havia aí pessoas de espírito? – Onde é que não as há? E uns malditos inquiridores de quem se fugia como da peste. Foi o que mais chocou Jacques e a seu amo durante todo o tempo em que por lá passearam... – Passeava-se por lá, portanto? – Era só o que se fazia, quando não se estava sentado ou deitado. O que mais chocou Jacques e seu amo foi encontrar aí uma vintena de patifes que se haviam apoderado dos aposentos mais suntuosos em que viviam quase sempre apertados, que pretendiam, contra o direito comum e o verdadeiro sentido da inscrição, que o castelo lhes fora legado com plena propriedade, e que, com a ajuda de certo número de velhacos seus assalariados, haviam persuadido disso a um grande número de outros velhacos a seu soldo, todos prontos por uma ínfima moeda a enforcar ou assassinar o primeiro que ousasse contradizê-los; entretanto, no tempo de Jacques e de seu amo alguns ousavam fazê-lo algumas vezes. – Impunemente? – conforme.

Ireis dizer que estou brincando e que, não mais sabendo o que fazer com meus dois viajantes, eu me lanço na alegoria, o recurso comum dos espíritos estéreis[11]. Eu vos sacrificaria minha alegoria e todas as riquezas que dela poderia tirar, eu conviria com tudo o que vos aprouver, mas com a condição de que não me apoquentareis de modo algum sobre a última pousada de Jacques e seu amo, quer tenham alcançado uma grande ci-

---

11. Vários comentadores de Diderot chamam atenção para esta passagem e lhe atribuem um sentido crítico sob a forma de uma metáfora da sociedade da época.

dade e tenham dormido em uma casa de raparigas; quer tenham passado a noite em casa de um velho amigo que os festejou com o bom e o melhor; quer se tenham refugiado em casa dos monges mendicantes, em que foram mal alojados e mal alimentados por amor de Deus; quer tenham sido acolhidos na mansão de um grande, onde lhes faltou tudo o que é necessário em meio de tudo o que é supérfluo; quer tenham saído de manhã de um grande albergue, em que os fizeram pagar muito caro um mau jantar servido em baixelas de prata e uma noite passada entre cortinas de damasco e lençóis úmidos e enrugados; quer hajam recebido a hospitalidade de um cura de aldeia de mínima pensão côngrua[12], que correu para obter a contribuição dos galinheiros de seus paroquianos, para preparar uma omelete e um guisado de frangos; ou quer eles tenham se embriagado com excelentes vinhos, comido à farta e ganho uma indigestão bem condicionada numa rica abadia de bernardinos: pois, conquanto tudo isso vos pareça igualmente possível, Jacques não era desta opinião, não havia realmente algo possível além da coisa que estava escrita lá em cima. O que há de verdadeiro é que de qualquer lugar de que vos apraza pô-los a caminho, eles não haviam dado vinte passos, quando o amo disse a Jacques, depois de ter, todavia, segundo o seu costume, tomado sua pitada de rapé: «Então, Jacques, e a história de teus amores?».

Em vez de responder, Jacques exclamou: – «Ao diabo a história de meus amores! Não é que eu deixei...

O Amo: – O que é que deixaste?».

Em vez de responder-lhe, Jacques revirava todos os seus bolsos, apalpava-se inutilmente em toda a parte. Deixara a bolsa de viagem debaixo do travesseiro de sua cama e, tão logo o revelou ao amo, este bradou: «Ao diabo a história de teus amores! Não é que meu relógio ficou pendurado na lareira!».

---

12. Termo que designa um benefício mínimo dado a um pároco. E, por se tratar de um apoio irrisório, passou a ser sinônimo, na fala popular, de um amparo que reduz o seu beneficiado a morrer de fome.

Jacques não se fez de rogado, imediatamente voltou rédeas e retornou a passo lento, porque nunca tinha pressa... – Ao imenso castelo? – Não, não. Entre as diferentes pousadas possíveis ou não de que vos fiz a enumeração precedente, escolhei aquela que melhor convém à presente circunstância.

No entanto, o amo continuava sempre adiante; mas agora eis o amo e o criado separados, e não sei a qual dos dois me prender de preferência. Se quiserdes seguir Jacques, tomai cuidado: a procura da bolsa e do relógio poderá tornar-se tão longa e tão complicada que por muito tempo ele não reencontrará o amo, o único confidente de seus amores, e então adeus aos amores de Jacques. Se, abandonando-o sozinho à procura da bolsa e do relógio, tomardes o partido de fazer companhia ao amo, sereis polido, mas ficareis muito entediado; vós não conheceis ainda esse espécime aí. Ele tem poucas idéias na cabeça; se lhe ocorre dizer alguma coisa de sensato, é de reminiscência ou de inspiração. Ele tem olhos como vós e como eu; mas não se sabe a maior parte do tempo se está olhando. Ele não dorme e não vela tampouco; ele se deixa existir: é sua função habitual. O autômato ia à frente dele, voltando-se de tempo em tempo para ver se Jacques não retornava; apeava-se do cavalo e ia a pé; tornava a montar seu animal, fazia um quarto de légua, desmontava de novo e sentava-se no chão, a rédea de sua montaria presa no braço e a cabeça apoiada nas duas mãos. Quando se cansava dessa postura, levantava-se e mirava ao longe para ver se percebia de algum modo Jacques. Mas nada de Jacques. Então ele se impacientava e, sem saber muito bem se falava ou não, dizia: «Verdugo! Cachorro! Patife! Onde está ele? O que faz ele? É preciso tanto tempo para reaver uma bolsa e um relógio? Vou te moer de pancadas; oh!, isto é certo, vou te moer de pancadas». Depois procurava o relógio na algibeira onde este não se encontrava, e acabava de se desolar, pois não sabia o que fazer sem seu relógio, sem sua tabaqueira e sem Jacques: eram os três grandes recursos de sua vida que consistia em tomar uma pitada de rapé, ver que horas são, interrogar Jacques, e isto em todas as combinações. Privado de seu relógio, estava, pois, reduzido à tabaqueira que ele abria e fechava a cada minuto, como eu mesmo faço, quando me enfastio. O que resta à noite do rapé na minha tabaqueira está na razão direta do divertimento, ou na inversa do tédio de meu dia. Suplico-vos, leitor, que vos familiarizeis com essa maneira de falar emprestada da geometria, porque eu a acho precisa e dela me servirei com freqüência.

E então! Já tendes o suficiente no que se refere ao amo, e como seu criado não vem a nós, quereis que a gente vá a ele? Pobre Jacques! No momento em que falamos dele, ele gritava dolorosamente: «Estava, portanto, escrito lá em cima que num mesmo dia eu seria detido como ladrão de estrada, na iminência de ser levado à prisão e acusado de ter seduzido uma jovem!».

Quando ele se aproximava a passo lento... do castelo? Não, do lugar onde dormiram por último, passa a seu lado um desses armarinheiros ambulantes a quem chamam de bufarinheiros, e que lhe grita: «Senhor cavalheiro, ligas, cintos, correntes de relógios, tabaqueiras da última moda, *jaback*[13] autênticas, anéis, sinetes de relógio. Relógio, senhor, um relógio, um belo relógio de ouro, cinzelado, caixa dupla, como novo...». Jacques lhe responde: «Eu bem que procuro um, mas não é o teu...», e continuou o seu caminho, sempre com passo lento. Enquanto ia, julgou estar escrito lá em cima que o relógio que aquele homem lhe oferecera era o de seu amo. Voltou atrás e disse ao bufarinheiro: «Amigo, vejamos vosso relógio de caixa de ouro, deu-me na cabeça que ele poderia me convir.

– Por minha fé, disse o bufarinheiro, eu não ficaria surpreso; é belo, belíssimo, de Julien Le Roy[14]; faz apenas um momento que me pertence, eu o adquiri por uma ninharia, farei um bom preço. Gosto dos pequenos ganhos repetidos; mas a gente está bem mal nos tempos que correm, mesmo daqui a três meses

13. A palavra provém do Hotel Jaback, em Paris, onde se vendia toda sorte de artigos em voga, tais como jóias e bugigangas.
14. Mestre relojoeiro do rei, Julien Le Roy (1686-1759), célebre pelos aperfeiçoamentos que introduziu em seu mister.

não terei uma pechincha assim. Pareceis um homem de bem, preferiria que vós aproveitásseis isso, em vez de um outro».

Enquanto falava, o armarinheiro depositou a sua mala no chão, abriu-a e tirou o relógio, que Jacques reconheceu de pronto, sem ficar espantado, pois ele nunca se apressava e raramente se espantava. Olhou bem o relógio: «Sim, disse para si mesmo, é ele...». Ao bufarinheiro: «Tendes razão, é belo, belíssimo, e sei que é bom...». Depois, guardando-o na algibeira, acrescentou: «Muito agradecido, amigo.

– Como, muito agradecido!

– Sim, é o relógio de meu amo.

– Não conheço vosso amo, este relógio é meu, eu o comprei e o paguei» e, agarrando Jacques pela gola, aprestou-se a retomar o relógio. Jacques aproxima-se de seu cavalo, pega uma de suas pistolas e, apoiando-a contra o peito do bufarinheiro, diz-lhe: «Retira-te ou estás morto». O bufarinheiro amedrontado solta-o. Jacques torna a montar seu cavalo e encaminha-se a passo lento para a cidade, dizendo para si próprio: «Uma vez recuperado o relógio, vejamos agora a nossa bolsa...». O bufarinheiro apressa-se a fechar a mala, recoloca-a às costas e sai gritando atrás de Jacques: «Pega o ladrão! Pega o ladrão! O assassino! Socorro! Acudam-me! Acudam-me!...». Era a época das colheitas: os campos estavam repletos de trabalhadores. Todos largam suas foices, aglomeram-se em torno daquele homem e perguntam-lhe onde está o ladrão, o assassino.

« Ei-lo ali, ei-lo ali adiante.

– O que! Aquele que se encaminha a passo lento para a porta da cidade?

– Ele mesmo.

– Não pode ser, estais louco, este não é o jeito de um ladrão andar.

– É um ladrão, é um ladrão, tomou-me à força um relógio de ouro».

Aquela gente não sabia em quem confiar, se nos gritos do bufarinheiro, se no caminhar tranqüilo de Jacques.

«Entretanto, acrescentou o bufarinheiro, meus filhos, estou arruinado se não me socorrerdes, o relógio vale trinta luíses tal como um *liard*[15]. Socorrei-me, ele está levando o meu relógio, se correr à rédea solta, meu relógio estará perdido». Embora não estivesse de modo algum ao alcance daqueles gritos, Jacques podia ver facilmente o ajuntamento e, nem por isso, se apressava. O bufarinheiro animou, com esperança de uma recompensa, os camponeses a correrem atrás de Jacques. E eis que uma multidão de homens, mulheres e crianças põem-se a correr e a gritar: «Pega ladrão! Pega ladrão! O assassino!...». e o bufarinheiro, seguindo-os tão de perto quanto lhe permitia o fardo que carregava, gritava: «Pega ladrão! Pega ladrão! O assassino!...». Entraram na cidade, pois é numa cidade que Jacques e seu amo haviam parado na véspera, estou me lembrando disso neste instante. Os habitantes saem de suas casas, juntam-se aos camponeses e ao bufarinheiro, e todos seguem gritando em uníssono: «Pega ladrão! Pega ladrão! O assassino!...». Todos alcançam Jacques ao mesmo tempo. O bufarinheiro atira-se sobre ele. Jacques desfecha-lhe um pontapé que o faz cair por terra, mas nem por isso ele deixa de gritar: «Patife, gatuno, celerado, devolve meu relógio; vai devolvê-lo e assim mesmo serás enforcado...». Jacques, mantendo o sangue frio, dirigiu-se à multidão que engrossava a cada instante, e dizia: «Há aqui um magistrado de polícia, levem-me à sua presença; lá, eu farei ver que não sou de forma alguma um tratante, mas que este homem talvez o seja. Tomei-lhe um relógio, é verdade, mas esse relógio é de meu amo. Não sou nenhum desconhecido nesta cidade, aqui chegamos anteontem à noite, meu amo e eu, e pernoitamos na casa do Sr. lugar-tenente geral, seu velho amigo». Se não vos disse mais cedo que Jacques e seu amo tinham passado por Conches[16] e que

---

15. Antiga moeda francesa, de cobre, que valia a quarta parte de um soldo (sou).

16. Conches, localidade do departamento de Eure, próxima da cidade de Evreux, ou pequeno vilarejo, perto de Meaux. Embora Diderot confunda

haviam se alojado em casa do lugar-tenente geral deste lugar, é que isso não me ocorreu antes. «Que me conduzam à casa do Sr. lugar-tenente geral», dizia Jacques, e ao mesmo tempo apeou-se. Podiam ser vistos no centro do cortejo, ele, o cavalo e o bufarinheiro. Caminham, chegam à porta do lugar-tenente geral. Jacques, seu cavalo e o bufarinheiro entram, Jacques e o bufarinheiro segurando-se um ao outro pela botoeira. A multidão permanece fora.

Entrementes, o que fazia o amo de Jacques? Havia adormecido à beira da estrada, a rédea de seu cavalo presa ao braço, e o animal a pastar à volta do dorminhoco, até onde lhe permitia o comprimento das rédeas.

Tão logo o lugar-tenente geral avistou Jacques, exclamou: «Ah!, és tu, meu pobre Jacques? O que te traz aqui de volta, sozinho?

— O relógio de meu amo, ele o havia deixado pendurado no canto da lareira, e eu o encontrei entre as mercadorias deste homem; nossa bolsa que esqueci debaixo de meu travesseiro, e que há de ser reencontrada se vós assim ordenardes.

— E se isto estiver escrito lá em cima», acrescentou o magistrado. No mesmo instante mandou chamar sua gente, no mesmo instante o bufarinheiro, apontando para um grandíssimo biltre velhaco de má catadura, e recém admitido na casa, disse: «Eis aqui quem me vendeu o relógio».

O magistrado, assumindo um ar severo, disse ao bufarinheiro e ao criado: «Vocês mereceriam os dois as galés, tu por ter vendido o relógio e tu por tê-lo comprado...». Ao criado: «Restitui a este homem o seu dinheiro, e tira esta roupa imediatamente...». Ao bufarinheiro: «Some desta região o quanto antes, se não queres ficar pendurado na forca para sempre. Vocês praticam ambos um ofício que traz desgraça... Jacques, agora tratemos de tua bolsa». A pessoa que se apropriou dela

as pistas, é mais provável que Jacques e seu amo, indo de Paris para leste, tenham passado pelo segundo.

acusou-se sem ser chamada; era uma moça forte e bem torneada. «Sou eu, senhor, que estou com a bolsa, diz ela ao amo, mas eu não a roubei, foi ele quem ma deu.

– Eu lhe dei minha bolsa?
– Sim.
– É possível, mas que o diabo me carregue se me lembro disso».

O magistrado disse a Jacques: «Vamos, Jacques, não investiguemos mais o caso.

– Senhor...
– Ela é bonita e complacente, pelo que vejo.
– Senhor, eu vos juro...
– Quanto havia na bolsa?
– Cerca de novecentos e dezessete libras.
– Ah! Gralha! Novecentos e dezessete libras por uma noite, é demais para você e para ele. Dá-me a bolsa».

A rapariga deu a bolsa ao amo que retirou de dentro um escudo, no valor de seis francos: «Tome, disse-lhe, jogando-lhe o escudo, eis o preço de seus serviços. Você vale mais do que isso, porém para outro que não Jacques. Desejo-lhe duas vezes mais todos os dias, mas fora de minha casa, entendeu? Quanto a ti, Jacques, monta rápido o teu cavalo e volta para junto de teu amo».

Jacques saudou o magistrado e afastou-se sem responder, mas dizia a si mesmo: «Descarada! Velhaca! Estava, pois, escrito lá em cima que um outro dormiria com ela e que Jacques pagaria? Vamos, Jacques, consola-te; não estás muito feliz por ter recuperado a bolsa e o relógio de teu amo e que isto tenha custado tão pouco?».

Jacques torna a montar seu cavalo e abre passagem pela multidão que se formara à entrada da casa do magistrado, mas como mal se conformava com o fato de que tanta gente o tomasse por gatuno, fingiu tirar o relógio do bolso e olhar para ver a hora, depois esporeou de ambos os lados o seu cavalo, que não estava afeito a isto e que partiu com a maior celeridade. Seu costume era deixá-lo ir ao sabor de sua fantasia, pois achava tão inconveniente detê-lo quando galopava, como apressá-lo quando andava lentamente. Nós acreditamos conduzir o destino, mas é sempre ele que nos leva; e o destino para Jacques era tudo o que ele tocava ou que dele se aproximava, seu cavalo, seu amo, um monge, um cão, uma mulher, uma mula, uma gralha. Seu cavalo o conduzia, portanto, a toda pressa para junto de seu amo que adormecera à beira do caminho, com a rédea de sua montaria enlaçada no braço, como eu já vos disse. Então o cavalo prendia-se à rédea, mas quando Jacques chegou, a rédea permanecia em seu lugar, mas o cavalo não mais se lhe prendia. Aparentemente um gatuno aproximara-se do dorminhoco, cortara de manso a brida e levara o animal. Ao barulho do cavalo de Jacques, seu amo acordou e suas primeiras palavras foram: «Chega aqui, chega aqui, tratante! Vou te...». E aí pôs-se a bocejar com uma bocarra escancarada.

«Bocejai, bocejai, senhor, à vontade, disse-lhe Jacques, mas onde está vosso cavalo?

– Meu cavalo?

– Sim, vosso cavalo».

O amo, percebendo imediatamente que lhe haviam roubado o cavalo, dispunha-se a cair sobre Jacques a grandes golpes de rédea, quando Jacques lhe disse: «Devagar, senhor, não estou hoje disposto a me deixar surrar; receberei o primeiro golpe, mas eu vos juro que ao segundo meto a espora e vos deixo aí».

Esta ameaça de Jacques fez tombar subitamente o furor do amo, que lhe disse em tom abrandado: «E meu relógio?

– Ei-lo.

– E a bolsa?

– Ei-la.

– Demoraste muito tempo.

– Não demais para tudo o que fiz. Ouvi bem. Fui até lá, briguei, amotinei todos os trabalhadores do campo, amotinei todos os habitantes da cidade, fui tomado por ladrão de estrada, fui conduzido perante o juiz, fui submetido a dois interrogatórios, quase levo dois homens à forca; fiz pôr no olho da rua um criado, fiz despedir uma empregada, fui dado como tendo dormido com uma criatura que jamais eu tinha visto e a quem, no entanto, paguei; e estou de volta.

– E eu, enquanto te esperava...

– Enquanto me esperáveis, estava escrito lá em cima que adormeceríeis e que vos roubariam vosso cavalo. Pois bem, senhor, não pensemos mais nisso, é um cavalo perdido, e talvez esteja escrito lá em cima que será reencontrado.

– Meu cavalo! Meu pobre cavalo!

– Mesmo se continuardes vossas lamentações de hoje até amanhã, isto não adiantará nem mais nem menos.

– O que vamos fazer?

– Levar-vos-ei na garupa, ou, se preferirdes, podemos tirar nossas botas, atá-las à sela de meu cavalo, e seguiremos o nosso caminho a pé.

– Meu cavalo! Meu pobre cavalo!».

Resignaram-se a ir a pé, com o amo exclamando de tempo em tempo "Meu cavalo! Meu pobre cavalo!", e Jacques parafraseando o resumo de suas aventuras. Quando chegou à acusação da rapariga, seu amo lhe disse: «Verdade, Jacques que não dormiste com essa rapariga?

JACQUES: – Não, senhor.

O AMO: – E tu lhe pagaste?

JACQUES: – Seguramente.

O AMO: – Uma vez em minha vida fui mais infeliz do que tu.

JACQUES: – Pagastes depois de ter dormido?

O AMO: Tu o disseste.

JACQUES: – Será que não me contareis isto?

O AMO: – Antes de entrar na história de meus amores, é preciso ter saído da história dos teus. Pois bem!, Jacques, e teus amores, que tomarei como os primeiros e os únicos de tua vida, não obstante a aventura da criada do lugar-tenente geral de Conches, pois, ainda que tivesses dormido com ela, nem por isso estarias apaixonado por ela. Todos os dias a gente dorme com mulheres que não se ama, e não dorme com mulheres que se ama. Mas...

JACQUES: – Está bem! Mas... O quê?

O AMO: – Meu cavalo!... Jacques, meu amigo, não te irrites; põe-te no lugar de meu cavalo, suponha que eu te haja perdido, e dize-me se tu não me estimarias mais se me ouvisses gritar: Meu Jacques! Meu pobre Jacques!».

Jacques sorriu e disse: «Eu estava, creio, no discurso sobre o meu hospedeiro com sua mulher durante a noite que se seguiu ao meu primeiro curativo. Repousei um pouco. Meu hospedeiro e sua mulher levantaram-se mais tarde do que de costume.

O AMO: – Acredito.

JACQUES: – Ao despertar, entreabri vagarosamente as cortinas e vi meu hospedeiro, sua mulher e o cirurgião em conferência secreta perto da janela. Depois do que eu tinha ouvido durante a noite, não me foi difícil adivinhar do que se tratava. Tossi. O cirurgião disse ao marido: "Ele está acordado: compadre, descei à adega, tomaremos um copo, isto torna a mão segura; tirarei o aparelho de ataduras em seguida, depois veremos o resto".

«Trazida e esvaziada a garrafa, pois em termos da arte de beber um copo, é esvaziar ao menos uma garrafa, o cirurgião aproximou-se de minha cama e me disse: "Como foi a noite?

«– Mais ou menos.

«– Dê-me o braço... Bom, bom, o pulso não está mal, quase não há mais sinal de febre. É preciso cuidar desse joelho. Vamos, comadre, disse ele à hospedeira que estava de pé, junto de minha cama, atrás das cortinas, ajude-nos". A hospedeira chamou um dos filhos. "Não é de uma criança que precisamos aqui, mas de sua ajuda; um movimento em falso nos daria trabalho por um mês. Aproxime-se". A hospedeira aproximou-se, com os olhos baixos. "Segure esta perna, a boa, eu me encarrego da outra. Devagar, devagar. Para meu lado, mais um pouco ainda para cá. Amigo, uma pequena volta de corpo à direita, à direita, eu lhe digo, e eis-nos aí".

«Eu agarrava o colchão com as duas mãos, rangia os dentes, o suor me escorria pelo rosto. "Amigo, isto não é mole.

«– Estou sentido.

«– Aí está. Comadre, largue a perna, pegue o travesseiro, aproxime a cadeira e ponha o travesseiro em cima; perto demais... um pouco mais longe... Amigo, dê-me a mão, segure-me com firmeza. Comadre, passe para o vão entre a parede e a cama, e segure-o por baixo dos braços. Muito bem. Comadre, não resta nada na garrafa?

«– Não.

«– Venha tomar o lugar de sua mulher, e que ela vá procurar outra... Bom, bom, enche até em cima... Mulher, deixe o seu homem lá onde ele está, e fique ao meu lado". A hospedeira chamou uma vez mais um de seus filhos: "Eh!, diabo, eu já lhe disse, não é de uma criança que precisamos. Ajoelhe-se, passe a mão debaixo da barriga da perna. Comadre, você treme como se tivesse praticado um mau ato; vamos, coragem... A esquerda sob a parte baixa da coxa, ali, em cima da atadura... Muito bem!". Eis as costuras cortadas, as ataduras desenroladas, o aparelho retirado e meu ferimento à descoberto. O cirurgião apalpa por cima, por baixo, pelos lados, e cada vez que me toca, ele diz: "Ignorante! Asno! Estúpido! E isto se mete a cirurgião! Esta perna, uma perna a cortar? Ela durará tanto quanto a outra, sou eu que lhe garanto isso.

«– Vou me curar?

«– Já curei muitos outros.

«– Vou poder andar?

«– Você andará.

«– Sem mancar?

«– Isso já é outra coisa; diabo, amigo, vá mais devagar! Não basta que eu lhe tenha salvo a perna? De resto, se você mancar, será pouca coisa. Você gosta de dançar?

«– Muito.

«– Se você andar um pouco menos bem, dançará tanto melhor... Comadre, o vinho quente... Não, o outro, primeiro, ainda um copinho, e nosso curativo não será pior por isso".

«Ele bebe. Trazem o vinho quente, lavam-me, recolocam-me o aparelho, estendem-me na cama, exortam-me a dormir se eu puder, fecham as cortinas; terminam a garrafa começada, sobem uma outra, e a conferência recomeça entre o cirurgião, o hospedeiro e a hospedeira.

«O Hospedeiro: – "Compadre, isto será demorado?

«O Cirurgião: – Muito demorado... À sua, compadre.

«O Hospedeiro: – Mas quanto tempo? Um mês?

«O Cirurgião: – Um mês! Ponha dois, três, quatro; quem sabe? A rótula está rompida, o fêmur, a tíbia... À sua, comadre.

«O Hospedeiro: – Quatro meses! Misericórdia! Por que recebê-lo aqui? Que diabo fazia ela à porta?

«O Cirurgião: – À minha, pois trabalhei muito bem!

«A Hospedeira: – Meu amigo, estás recomeçando, não foi o que me prometeste esta noite; mas paciência, vais voltar ao assunto.

«O Hospedeiro: – Mas, dize-me, o que fazer com esse homem? Ainda se o ano não fosse tão ruim!...

«A Hospedeira: – Se quiseres, irei para a casa do cura.

«O Hospedeiro: – Se puseres lá os pés, te môo de pancadas.

«O Cirurgião: – Por que isto, compadre? A minha, vai lá muitas vezes.

«O Hospedeiro: – Isto é com vocês.

«O Cirurgião: – À saúde de minha afilhada; como vai ela?

«A Hospedeira: – Muito bem.

«O Cirurgião: – Vamos, compadre, à saúde de sua mulher e da minha; são duas boas mulheres.

«O Hospedeiro: – A sua é mais atilada, ela não teria feito a tolice...

«A Hospedeira: – Mas, compadre, há as Irmãs de Cinza...[17]

---

17. No original, "soeurs grises", irmãs de caridade, conhecidas também como hospitaleiras da terceira ordem de S. Francisco, que não faziam votos

«O Cirurgião: – Ah!, comadre, um homem, um homem em casa das Irmãs de Cinza! Além disso, há uma pequena dificuldade um pouco maior que o dedo... Bebamos às Irmãs, são boas moças.

«A Hospedeira: – E qual é a dificuldade?

«O Cirurgião: – Seu homem não a quer na casa do cura, e minha mulher não me quer na das Irmãs... Mas, compadre, ainda um gole, isto talvez nos ilumine. Você já interrogou este homem? Ele talvez não seja tão desprovido de recursos.

"O Hospedeiro: – Um soldado!

«O Cirurgião: – Um soldado tem pai, mãe, irmãos, irmãs, parentes, amigos, alguém debaixo do céu... Bebamos ainda um copo, afastem-se e deixem-me trabalhar"».

Tal foi ao pé da letra a conversação entre o cirurgião, o hospedeiro e a hospedeira: mas que outro colorido poderia eu imprimir-lhe, introduzindo um celerado entre essa boa gente? Jacques ter-se-ia visto, ou vós o teríeis visto no momento de ser arrancado do leito, atirado a uma estrada ou a um pântano. – Por que não morto? – Morto, não. Eu saberia muito bem chamar alguém para socorrê-lo; esse alguém seria um soldado de sua companhia: mas isto teria fedido a *Cleveland*[18] a ponto de repugnar. A verdade, a verdade! – A verdade, dir-me-eis, é amiúde fria, comum e chã. Por exemplo, vosso último relato dos curativos de Jacques é verdadeiro, mas o que tem ele de interessante? Nada. – De acordo. – Se cumpre ser veraz, é como Molière, Regnard, Richardson, Sedaine[19]; a verdade tem seus

religiosos, mas viviam em comunidade reunida por S. Vicente de Paula, em 1634, e se dedicavam a assistir os enfermos.

18. Referência à obra do Abade Prévost, publicada entre 1732 e 1739, em quatro volumes, sob o título *Histoire de Cleveland – fils naturel de Cromwell*, em que a personagem principal empreende, através do mundo todo, uma busca metafísica recheada de coincidências providenciais ou fatais.

19. Molière, ver nota 8; Jean-François Regnard (1655-1709), comediógrafo cujas peças fizeram parte do repertório do Théâtre Italien e, depois do Théâtre Français; Samuel Richardson (1689-1761), romancista inglês, cuja obra foi muito apreciada por Diderot que lhe dedicou, inclusive, um elogio

lados picantes que a gente apreende, quando tem gênio. – Sim, quando se tem gênio; mas quando se tem falta dele? – Quando se tem falta, não se deve escrever. – E se por infelicidade a pessoa se assemelhasse a certo poeta que enviei a Pondichéry?[20] – Quem é esse poeta? – Esse poeta... Mas me interrompeis, leitor, e se eu mesmo me interrompo a todo momento, o que seria feito dos amores de Jacques? Crede-me, deixemos lá o poeta. O hospedeiro e a hospedeira afastaram-se... – Não, não, a história do poeta de Pondichéry. – O cirurgião aproximou-se da cama de Jacques... – A história do poeta de Pondichéry, a história do poeta de Pondichéry. – Um dia, me apareceu um jovem poeta, como me aparece todos os dias... Mas, leitor, que relação tem isto com a viagem de Jacques, o Fatalista, e de seu amo?... – A história do poeta de Pondichéry. – Após os cumprimentos habituais ao meu espírito, meu gênio, meu gosto, minha bondade e outras expressões, às quais não dou uma só palavra de crédito, ainda que haja mais de vinte anos que me são repetidos, e talvez de boa fé, o jovem poeta tira um papel de seu bolso: «São versos, me diz ele. – Versos! – Sim, senhor, e sobre os quais espero que tereis a bondade de me dar a vossa opinião. – Amais a verdade? – Sim, senhor, e é o que vos peço. – Ireis conhecê-la». – O que?! Sois parvo a ponto de crer que um poeta vem procurar a verdade em vossa casa? – Sim. – E a ponto de lha dizer? – Seguramente. – Sem nenhuma reserva? – Sem dúvida: a reserva mais bem preparada seria apenas uma ofensa grosseira; fielmente interpretada, significaria: sois um mau poeta; e visto que não vos julgo bastante forte para ouvir a verdade, continuais a ser apenas um homem sem nenhum interesse. – E a franqueza sempre deu certo? – Quase sempre... Leio os versos de meu

necrológico, por ocasião de sua morte; Michel-Jean Sedaine (1719-1797), talhador de pedra, mestre pedreiro e, posteriormente, autor dramático, grande amigo de Diderot.

20. Pondichéry, cidade no golfo da Bengala, sede da Companhia das Índias Orientais Francesas. Conquistada várias vezes pelos ingleses, voltou ao domínio francês em 1815, sendo reintegrada à Índia em 1954.

jovem poeta e digo-lhe: «Não só vossos versos são maus, como para mim ficou demonstrado que nunca haveis de fazê-los bons. – Será preciso que eu os faça maus, pois eu não poderia impedir-me de fazê-los. – Eis uma terrível maldição! Concebeis, senhor, em que aviltamento ireis cair? Nem os deuses, nem os homens, nem as colunas têm perdoado aos poetas a mediocridade; é Horácio[21] quem o diz! – Sei disso. – Sois rico? – Não. – Sois pobre? – Muito pobre. – E à pobreza ireis somar o ridículo de ser mau poeta; tereis perdido toda a vossa vida, sereis velho. Velho, pobre e mau poeta, ah!, senhor, que papel! – Concordo, mas sou arrastado a despeito de mim mesmo. (Aqui Jacques teria dito: "Mas isto está escrito lá em cima") – Tendes pai e mãe? – Tenho. – Do que se ocupam? – São joalheiros. – Fariam eles alguma coisa por vós? – Talvez. – Pois bem! Procurai vossos pais, proponde-lhes que vos antecipe uma pacotilha de jóias. Embarcai para Pondichéry, fareis maus versos na viagem; uma vez lá, fareis fortuna. Fortuna feita, voltareis a fazer aqui tantos maus versos quantos vos aprouver, contanto que não os mandeis imprimir, pois não se deve arruinar ninguém». Fazia cerca de doze anos que eu havia dado este conselho ao jovem, quando ele me apareceu; eu não o reconheci. «Sou eu, senhor, disse-me ele, aquele que vós enviastes a Pondichéry. Estive lá, amealhei uma centena de mil francos. Retornei; eu me pus de novo a fazer versos, e aqui os tendes... Continuam sempre a ser maus? – Sempre, mas a vossa sorte está arrumada, e consinto que continueis a fazer maus versos. – É bem o meu projeto». E tendo o cirurgião se aproximado do leito de Jacques, este não lhe deu tempo de falar. «Ouvi tudo, disse ele». Depois, dirigindo-se a seu amo, acrescentou... Ia acrescentar, quando o amo o deteve. Estava cansado de caminhar, sentou-se à beira da estrada, com a cabeça voltada para um viajante que avançava a pé ao lado deles, com a brida do cavalo que o seguia, passado no braço.

21. A referência é à *Arte Poética*, Epístola aos Pisões, vv. 372-373; no texto de Horácio, as "colunas" designam aquelas em que os livreiros afixavam as novidades literárias. Ver também nota 76.

Ireis pensar, leitor, que este cavalo é o que foi roubado ao amo de Jacques e vós vos enganareis. É assim que isso aconteceria em um romance, mais cedo ou mais tarde, desta maneira ou de outra; mas isto não é um romance, eu já vos disse, e volto a repeti-lo mais uma vez. O amo disse a Jacques: «Vês aquele homem que vem em nossa direção?

JACQUES: – Vejo.

O AMO: – Seu cavalo me parece bom.

JACQUES: – Eu servi na infantaria e não sou conhecedor disso.

O AMO: – Quanto a mim, fui comandante na cavalaria, e conheço isso muito bem.

JACQUES: – E então?

O AMO: – Gostaria que fosses propor àquele homem que nos cedesse seu cavalo, pagando, entende-se.

JACQUES: – Isto é coisa bem louca, mas vou lá. Quanto quereis dar por ele?

O AMO: – Até cem escudos».

Jacques, após recomendar ao amo que não adormecesse, foi ao encontro do viajante, propôs-lhe a compra do cavalo, pagou-o e o trouxe. «Muito bem!, Jacques, disse-lhe o amo, se tu tens os teus pressentimentos, veja que também tenho os meus. É um belo cavalo, o vendedor terá jurado que não tem defeito, mas em matéria de cavalos todos os homens são alquiladores.

JACQUES: – E no que eles não o são?

O AMO: – Tu o montarás e me cederás o teu.

JACQUES: – De acordo».

Ei-los, pois, ambos a cavalo, e Jacques a acrescentar: «Quando fui embora de casa, meu pai, minha mãe, meu padrinho, todos eles me deram alguma coisa, cada qual conforme seus parcos recursos; e eu levava de reserva cinco luíses que Jean, meu irmão mais velho, me havia dado de presente quando partiu para a sua infeliz viagem a Lisboa". Neste ponto Jacques se pôs a chorar, e seu amo a lhe observar que isso estava escrito lá em cima.

JACQUES – «É verdade, senhor, já mo disse cem vezes, e com tudo isso eu não poderia impedir-me de chorar». Depois eis que Jacques soluça e chora sem parar, e que seu amo e toma a sua pitada de rapé e olha para o relógio a fim de saber que horas são. Após prender entre os dentes as rédeas de seu cavalo e enxugar com as duas mãos os olhos, Jacques continuou: «Dos cinco luíses de Jean, de meu engajamento e dos presentes de meus pais e amigos, eu fizera uma reserva da qual não havia subtraído ainda um só óbolo. Achei que esse pé-de-meia viera a propósito, o que vós me dizeis disso, meu amo?

O Amo: – Era impossível que permanecesses por mais tempo na cabana.

Jacques: – Mesmo pagando.

O Amo: – Mas o que é que o teu irmão Jean foi procurar em Lisboa?

Jacques: – Parece-me que vos tomais a peito me extraviar. Com vossas perguntas, teremos dado a volta ao mundo antes de atingir o fim de meus amores.

O Amo: – Que importa, contanto que tu fales e eu te escute? Não são estes os dois pontos importantes? Tu me censuras quando devias agradecer-me.

Jacques: – Meu irmão foi a Lisboa em busca de repouso. Jean, meu irmão, era um rapaz inteligente, foi isso que lhe trouxe desventura. Teria sido melhor para ele que fosse um tolo como eu, mas isso estava escrito lá em cima. Estava escrito que o irmão esmoler dos Carmelitas que vinha à nossa aldeia pedir ovos, leite, lã, cânhamo, frutas, vinho, a cada estação do ano, se alojaria em casa de meu pai, que ele desviaria Jean, meu irmão, e que Jean, meu irmão, tomaria o hábito de monge.

O Amo: – Jean, teu irmão, foi carmelita?

Jacques: – Sim, senhor, e carmelita descalço. Ele era ativo, inteligente, chicaneiro, era o advogado consultor da aldeia. Ele sabia ler, escrever, e desde a sua juventude se ocupava em decifrar e copiar velhos pergaminhos. Ele passou por todas as funções da ordem, foi sucessivamente porteiro, despenseiro, jardineiro, sacristão, adjunto de ecônomo e banqueiro; no passo em que ia, teria feito fortuna para todos nós. Ele casou e casou bem duas de nossas irmãs e algumas outras moças da aldeia. Ele não passava pela rua sem que os pais, as mães e os filhos não o cercassem e gritassem: "Bom dia, frei Jean; como estais passando, frei Jean?". É certo que, quando entrava numa casa, a bênção do céu aí entrava com ele, e que se havia lá uma moça solteira, dois meses depois de sua visita ela estava casada. Pobre frei Jean, a ambição o perdeu. O ecônomo da casa, a quem ele fora dado como ajudante, era velho. Os monges disseram que ele concebera o projeto de sucedê-lo após a sua morte, que para este efeito pusera em desordem todo o cartório, queimara todos os antigos registros e fizera novos, de modo que, com a morte do velho ecônomo, nem o diabo entenderia um pingo dos títulos da comunidade. Tinha alguém necessidade de um papel? Era preciso perder um mês para procurá-lo e amiúde não o encontravam. Os padres deslindaram a armação de frei Jean e seu objetivo; levaram a coisa a sério, e frei Jean, em lugar de ser ecônomo como se havia vangloriado, foi reduzido a pão e água e disciplinado até que comunicasse a um outro a chave de seus registros. Os monges são implacáveis. Quando conseguiram tirar de frei Jean todos os esclarecimentos de que necessitavam, fizeram-no carregador de carvão no laboratório onde se destilava a *Eau des Carmes*, o licor dos carmelitas. Frei Jean, anteriormente banqueiro da ordem e adjunto do ecônomo, agora era carvoeiro! Frei Jean tinha caráter, não pôde suportar essa queda de importância e de esplendor, e só esperou uma ocasião para se livrar daquela humilhação.

«Foi então que chegou ao mesmo convento um jovem padre que era tido como a maravilha da ordem, no tribunal e no púlpito; chamava-se padre Ange[22]. Possuía belos olhos, belo semblante, braços e mãos dignos de serem modelados. Ei-lo a pregar, a pre-

---

22. Trata-se de um personagem real, carmelita descalço, incumbido pelo pai de Diderot de vigiar o filho, na época em que este estudava em Paris, e que, enganado pelo matreiro Denis, que lhe tirou dinheiro, vingou-se, transmitindo ao velho Didier informações sobre o casamento secreto de Diderot com Anne-Toinette, denúncia que resultou na carta régia pela qual,

gar, a confessar, a confessar; eis os velhos confessores abandonados por suas devotas, eis estas devotas apegadas ao jovem padre Ange; eis que nas vésperas dos domingos e das grandes festas, a loja[23] do padre Ange fica cercada de penitentes, homens e mulheres, e que os velhos padres aguardavam inutilmente exercer a prática em seus confessionários desertos, o que os desgostava muito... Mas, senhor, se eu deixasse por aí a história do frei Jean e retomasse a de meus amores, seria talvez mais divertido.

O Amo: – Não, não, tomemos uma pitada de rapé, vejamos que horas são e prossiga.

Jacques: – Concordo com isso, uma vez que vós o desejais». Mas o cavalo de Jacques foi de outro parecer; eis que de repente toma o bocal dos freios entre os dentes e se precipita por um pântano. Jacques em vão tenta apertá-lo com os joelhos e segurá-lo com rédea curta, bem no meio do charco, o animal cabeçudo dispara e começa a galgar à toda um montículo onde estaca de súbito e onde Jacques, lançando o olhar ao redor de si, se vê entre forcas patibulares.

Outro que não eu, leitor, não deixaria de guarnecer essas forcas com seus malfeitores e de preparar para Jacques um triste reconhecimento. Se eu vos dissesse tal coisa, talvez acreditásseis, pois há acasos mais singulares, mas nem por isso o fato seria mais verídico; as forcas estavam vazias.

Jacques deixou o seu cavalo retomar o fôlego, depois do que por si mesmo o animal voltou a descer a montanha, cruzou de volta o pântano e repôs Jacques ao lado de seu amo que lhe disse: «Ah!, meu amigo, que susto me causaste! Dei-te por morto... Mas tu estás pensativo; em que pensas?

Jacques: – No que encontrei lá em cima.

O Amo: – E o que encontraste lá em cima.

Jacques: – Forcas patibulares, um cadafalso.

---

em atendimento ao pátrio poder, o jovem nubente, que ainda não atingira a maioridade nos termos então vigentes, foi enclausurado num convento.

23. Em francês: boutique, numa alusão irônica ao confessionário do padre Ange.

O Amo: – Diabo!, isto é um agouro lamentável; mas lembra-te de tua doutrina. Se isto está escrito lá em cima, podes fazer o que quiser, tu serás enforcado, caro amigo, e se lá em cima isto não está escrito, o cavalo terá mentido. Se este animal não é um inspirado, é sujeito a fantasias, é preciso tomar cuidado».

Após um momento de silêncio, Jacques esfregou a testa e sacudiu as orelhas, como se faz quando se procura afastar de si uma idéia desagradável, e retomou bruscamente a sua história: «Aqueles velhos monges reuniram-se em conselho e resolveram, a qualquer preço e por qualquer meio que fosse, desfazer-se de uma jovem barba que os humilhava. Sabeis o que fizeram?... Meu amo, vós não me ouvis.

O Amo: – Estou te ouvindo, estou te ouvindo, continua.

Jacques: – Subornaram o porteiro, que era um velho patife como eles. Esse velho biltre acusou o jovem padre de ter tomado liberdades com uma de suas devotas no parlatório, e assegurou, sob juramento, que vira tudo. Talvez fosse verdade, talvez fosse falso, quem sabe? O que há de divertido, é que no dia seguinte ao desta acusação, o prior da casa foi intimado em nome de um cirurgião, para ser ressarcido pelos remédios que administrara e pelos cuidados que prestara a esse celerado porteiro durante uma doença galante... Meu amo, não estais me ouvindo, e eu sei o que vos distrai, aposto que são aquelas forcas patibulares.

O Amo: – Eu não poderia discordar disso.

Jacques: – Surpreendo vossos olhos pregados no meu rosto, será que me achais com o ar sinistro?

O Amo: – Não, não.

Jacques: – Quer dizer, sim, sim. Pois bem! Se vos causo medo, temos apenas de nos separar.

O Amo: – Vamos, Jacques, estás perdendo o juízo; não estás seguro de ti mesmo?

Jacques: – Não, senhor; e quem está seguro de si?

O Amo: – Todo homem de bem. Será que Jacques, o honesto Jacques, não sente horror ao crime?... Vamos, Jacques, acabemos com essa disputa e retomemos o teu relato.

JACQUES: – Em conseqüência dessa calúnia ou maledicência do porteiro, julgaram-se autorizados a fazer mil diabruras, mil maldades contra esse pobre padre Ange, cuja cabeça pareceu desarranjar-se. Então chamaram um médico a quem corromperam e que atestou que aquele religioso estava louco e que ele tinha necessidade de respirar o ar natal. Se fosse apenas questão de afastar ou isolar o padre Ange, teria sido um negócio logo feito; mas entre as devotas de que ele era a coqueluche, havia grandes damas a considerar. Falaram-lhes de seu confessor com uma comiseração hipócrita: "Ai, meu Deus! Este pobre padre, é pena! Era a águia de nossa comunidade. – O que foi que lhe aconteceu?". A esta pergunta respondiam apenas lançando um profundo suspiro e levantando os olhos para o céu; se porventura se insistia, baixavam a cabeça e calavam-se. A esta macaquice acrescentava-se às vezes: "Ó Deus! O que será de nós!... Há ainda momentos surpreendentes... lampejos de gênio... Isto talvez retorne, mas há poucas esperanças... Que perda para a religião!". Entrementes, os maus procedimentos redobravam, não havia nada que não se tentasse para levar o padre Ange ao ponto em que se dizia que ele se encontrava, e teriam conseguido seu intento se frei Jean não tivesse tido piedade dele. Que mais poderei vos dizer? Certa noite, em que estávamos todos adormecidos, ouvimos bater à nossa porta, levantamo-nos, abrimos a porta ao padre Ange e ao meu irmão disfarçados. Passaram o dia seguinte em casa; de manhã, ao alvorecer, safaram-se. Foram embora com os bolsos bem providos, pois Jean me disse, ao me abraçar: "Casei tuas irmãs; se eu tivesse permanecido no convento mais dois anos na posição que lá ocupava, tu serias um dos grandes fazendeiros do cantão, mas tudo mudou, e eis o que posso fazer por ti. Adeus, Jacques, se tivermos sorte, o padre e eu, tu sentirás os efeitos", depois largou em minhas mãos os cinco luíses de que vos falei, com mais cincos outros para a última das raparigas da aldeia com quem se casara, e que acabava de dar à luz um garoto gordo que se parecia com frei Jean como duas gotas d'água.

O Amo, *tendo aberto a tabaqueira e guardado o relógio*:
– E o que iam fazer eles em Lisboa?

Jacques: – Procurar um terremoto[24] que não podia ocorrer sem eles, serem esmagados, tragados, queimados, como estava escrito lá em cima.

O Amo: – Ah, os monges! Os monges!

Jacques: – O melhor deles não vale muito.

O Amo: – Sei disso melhor do que tu.

Jacques: – Já passastes algumas pelas mãos deles?

O Amo: – Uma outra vez te contarei isto.

Jacques: – Mas por que será que eles são tão maus?

O Amo: – Porque são monges, creio... E agora voltemos aos teus amores.

Jacques: – Não, senhor, não voltemos a isso.

O Amo: – É porque tu não queres mais que eu os conheça?

Jacques: – Continuo sempre a querer, mas o destino, ele, não o quer. Não vedes que tão logo abro a boca, o diabo nele se intromete, e que sempre sobrévem algum incidente que me corta a palavra? Eu não chegarei a terminá-los, eu vos digo, isto está escrito lá em cima.

O Amo: – Tenta, meu amigo.

Jacques: – Mas, se vós começásseis a história dos vossos, isso talvez rompesse o sortilégio e, em seguida, os meus iriam melhor. Tenho na minha cabeça que uma coisa depende da outra: vede, senhor, parece-me às vezes que o destino me fala.

O Amo: – E tu estás sempre bem por escutá-lo?

Jacques: – Sim, testemunha-o o dia em que ele me disse que vosso relógio estava sobre as costas do bufarinheiro».

O amo pôs-se a bocejar; bocejando, batia com a mão na tabaqueira, e batendo na tabaqueira olhava ao longe, e olhando ao longe, disse a Jacques: «Não vês alguma coisa à tua esquerda?

---

24. Como no *Candide*, de Voltaire, registra-se aqui o terrível abalo sísmico que destruiu Lisboa em 1 de novembro de 1755.

JACQUES: – Sim, e aposto que é algo que não há de querer que eu continue minha história, nem que vós comeceis a vossa».

Jacques tinha razão. Como a coisa que viam vinha a eles e eles iam a ela, essas duas marchas em sentido contrário encurtaram a distância, e logo avistaram um carro revestido de preto, puxado por quatro cavalos negros cobertos de gualdrapas pretas que lhes envolviam a cabeça e que lhes desciam até as patas; atrás, dois domésticos de preto; em seguida, dois outros vestidos de preto, cada um sobre um cavalo negro, ajaezado com um carapação preto; no assento do carro, um cocheiro negro, chapéu desabado e envolto num longo crepe que pendia de seu ombro esquerdo; este cocheiro mantinha a cabeça inclinada, deixava as rédeas flutuarem e conduzia menos os seus cavalos do que eles o conduziam. E eis que os nossos dois viajantes chegam ao lado dessa fúnebre viatura. No mesmo instante Jacques lança um grito, cai antes do que desce de seu cavalo, arranca os cabelos, rola no chão gritando: «Meu capitão! Meu pobre capitão! É ele, não tenho dúvida, ali estão suas armas». Havia, com efeito, no carro, um longo esquife sob um pano mortuário, sobre o pano mortuário uma espada com um cordão, e ao lado do esquife um padre, com o breviário na mão, salmodiando. O carro ia sempre adiante. Jacques o seguia lamentando-se, o amo vinha atrás de Jacques praguejando e os domésticos certificavam Jacques de que aquele féretro era de seu capitão. Falecido na cidade vizinha, de onde o transportavam para a sepultura de seus antepassados. Desde que esse militar vira-se privado pela morte de um outro militar, seu amigo, capitão no mesmo regimento, da satisfação de bater-se pelo menos uma vez por semana, caíra em profunda melancolia que o matara ao cabo de alguns meses. Jacques, depois de ter pago a seu capitão o tributo de elogios, de pesares e de lágrimas que lhe devia, pediu desculpa a seu amo, tornou a montar seu cavalo, e eles seguiram em silêncio.

Mas, por Deus, leitor, me dizeis vós, para onde iam? – Mas, por Deus leitor, responder-vos-ei, será que se sabe para onde se vai? E vós, para onde ides? Será preciso que eu vos lembre a aventura de Esopo?[25] Seu amo, Xantipa[26], lhe disse numa noite de verão ou de inverno, pois os gregos se banhavam em todas as estações: «Esopo, vai aos banhos, se houver pouca gente nós nos banharemos». Esopo parte. No caminho, encontra a patrulha de Atenas. «Aonde vais? – Aonde vou?, responde Esopo. Não sei. – Tu não sabes nada! Então, para a cadeia, anda. – Pois bem!, retruca Esopo. Eu não havia dito que não sabia realmente para onde ia? Tencionava ir aos banhos, e eis que estou indo para a cadeia». Jacques seguia o seu amo como vós o vosso; seu amo seguia o seu como Jacques o seguia. – Mas quem era o amo do amo de Jacques? – Bom! Será que há falta de amos neste mundo? O amo de Jacques tinha cem para um, como vós; mas entre tantos amos do amo de Jacques, cumpria que não houvesse um que fosse bom, pois de um dia para o outro ele os trocava. – Era homem. – Homem apaixonado como vós, leitor; homem curioso como vós, leitor; homem questionador como vós, leitor; homem importuno como vós, leitor. – E por que questionava ele? – Bela questão. Ele questionava para aprender e depois recontar, como vós, leitor...

O amo diz a Jacques: «Tu não me pareces disposto a retomar a história de teus amores.

JACQUES: – Meu pobre capitão! Ele está indo para onde todos nós vamos, e onde é de fato extraordinário que ele não tenha chegado lá mais cedo. Ai!... Ai!

O AMO: – Mas, Jacques, estás chorando, creio? ... "Chorai sem constrangimento, porque podeis chorar sem nenhuma vergonha; sua morte vos liberta das conveniências escrupulosas que vos embaraçavam durante sua vida. Não tendes mais as mesmas razões para dissimular vosso penar do que

---

25. Esopo (VII a VI séculos a.C.), fabulista grego, que foi escravo. Figura semilendária, tida por autor da coletânea de fábulas que leva o seu nome, escrita em grego, mas cuja redação se deve, ao que tudo indica, à lavra de um monge do século XIV.

26. Não se trata da mulher de Sócrates, Xantipa, mas de Xantu, que foi amo de Esopo, segundo a lenda.

as que tínheis para dissimular vossa ventura. Não se pensará em tirar de vossas lágrimas as conseqüências que seriam tiradas de vossa alegria. Perdoa-se à desventura. Além do mais, é preciso neste momento mostrar-se sensível ou ingrato, e tudo bem considerado, mais vale revelar uma fraqueza do que se deixar a pessoa exposta à suspeita de um vício. Quero que seja livre a vossa queixa para ela ser menos dolorosa, quero que ela seja violenta para ser menos longa. Recordai-vos, exagerai vós mesmo o que ele era, sua penetração em sondar as matérias mais profundas, sua sutileza em discutir as mais delicadas, seu gosto sólido que o ligava às mais importantes, a fecundidade que lançava nas mais estéreis, com que arte ele defendia os acusados; sua indulgência lhe dava mil vezes mais espírito do que o interesse ou o amor próprio davam ao culpado; só era severo consigo próprio. Longe de procurar escusas para faltas ligeiras que lhe escapavam, ocupava-se com toda a maldade de um inimigo em exagerá-las, e com todo o espírito de um invejoso em rebaixar o preço de suas virtudes por um exame rigoroso dos motivos que talvez o houvessem determinado a fazê-lo à sua revelia. Não prescrevei para vossos pesares outro termo senão aquele que o tempo aí colocar. Submetamo-nos à ordem universal quando perdemos nossos amigos, como nós nos submeteremos a ela quando lhe aprouver dispor de nós. Aceitemos o decreto da sorte que os condena, sem desespero, como aceitaremos sem resistência quando ele se pronunciar contra nós. Os deveres da sepultura não são os últimos deveres dos amigos. A terra que se revolve neste momento, tornará a firmar-se sobre as cinzas de vosso amante, mas vossa alma conservará toda a sua sensibilidade".

JACQUES: – Meu amo, isso é muito bonito, mas a que diabo vem essa história? Perdi meu capitão, estou desolado, e vós me soltais, como um papagaio, um trecho da consolação de um homem, ou de uma mulher a outra mulher que perdeu seu amante.

O Amo: – Creio que é de uma mulher.

Jacques: – Por mim, creio que é de um homem. Mas seja de um homem ou de uma mulher, uma vez mais, a que diabo vem essa história? Será que me tomais pela amante de meu capitão? Meu capitão, senhor, era um homem valoroso, e eu sempre fui um rapaz sério.

O Amo: – Jacques, quem é que te contesta?

Jacques: – A que diabo vem, pois, a vossa consolação de um homem ou de uma mulher a outra mulher? À força de vos perguntar isso, talvez vos leve a mo dizer.

O Amo: – Não, Jacques, é preciso que tu o descubras sozinho.

Jacques: – Mesmo que sonhasse com isso o resto de minha vida, eu não o adivinharia, não o lograria até o juízo final.

O Amo: – Jacques, pareceu-me que ouvias com atenção enquanto eu falava.

Jacques: – Pode alguém recusá-la ao ridículo?

O Amo: – Muito bem, Jacques.

Jacques: – Pouco faltou para que eu estourasse no tocante às conveniências rigorosas que me incomodavam durante a vida de meu capitão e das quais me libertei por sua morte.

O Amo: – Muito bem, Jacques. Agi, portanto, conforme o que me fora proposto, Dize-me se era possível proceder melhor para te consolar. Choravas: se eu tivesse conversado contigo sobre o objeto de tua dor, o que teria acontecido? Terias chorado muito mais e eu acabaria por te desolar. Dei-te o troco pelo ridículo de minha oração fúnebre e pela pequena querela que se seguiu. Agora convenha que o pensamento de teu capitão esteja tão longe de ti quanto o carro fúnebre que o conduz à sua última morada. Penso, portanto, que podes retomar a história de teus amores.

Jacques: – Também penso assim. "Doutor, disse eu ao cirurgião, morais longe daqui?

«– A um bom quarto de légua pelo menos.

«– O senhor está alojado ao menos comodamente?

«– De maneira bastante cômoda.

«– Poderia dispor de uma cama?

«– Não.

«– Como! Nem mesmo pagando e pagando bem?

«– Oh! Pagando e pagando bem, perdoe-me. Mas, amigo, você não me parece estar em condições de pagar e, menos ainda, de pagar bem.

«– Isso é assunto meu. E será que vão cuidar de mim um pouco em sua casa?

«– Muito bem. Tenho minha mulher que durante toda a sua vida cuidou de doentes; tenho uma filha mais velha que acolhe a todo aquele que chega e que tirará seu aparelho tão bem quanto eu.

«– Quanto me cobrará por minha hospedagem, minha alimentação e seus cuidados?". O cirurgião diz coçando a orelha: "Pela hospedagem... pela alimentação... e pelos cuidados... Mas quem me garantirá o pagamento?

«– Pagarei todos os dias.

«– Isso é o que se chama falar".

«Mas, senhor, creio que vós não me ouvis.

O Amo: – Não, Jacques; estava escrito lá em cima que tu falarias desta vez, que não será talvez a última, sem ser ouvido.

Jacques: – Quando não se ouve àquele que fala, é que não se está pensando em nada, ou que se está pensando em coisa diferente daquela que se diz; qual dos dois é o vosso caso?

O Amo: – O último. Eu pensava no que um dos criados negros que seguiam o carro fúnebre te dizia, que teu capitão fora privado, pela morte de seu amigo, do prazer de bater-se ao menos uma vez por semana. Compreendeste alguma coisa disso?

Jacques: – Por certo.

O Amo: – Isso é para mim um enigma que tu me farias o favor de me explicar.

Jacques: – E que diabo isso vos importa?

O Amo: – Muito pouco, mas quando falas, aparentemente queres ser ouvido?

Jacques: – Nem há que dizer.

O Amo: – Pois bem! Em sã consciência, eu não poderia responder-te, enquanto aquele ininteligível dito estiver me apoquentando o cérebro. Tire-me disso, eu te peço.

Jacques: – Está bem, mas jurai-me, pelo menos, que vós não me interrompereis mais.

O Amo: – Haja o que houver, eu te juro.

Jacques: – É que meu capitão, homem bom, homem brioso, homem de mérito, um dos melhores oficiais do corpo, mas homem um tanto heteróclito, tinha encontrado e feito amizade com um outro oficial do mesmo corpo, bom homem também, homem brioso também, homem de mérito também, tão bom oficial quanto ele, mas homem tão heteróclito como ele».

Jacques ia encetar a história de seu capitão, quando ouviram o rumor de uma tropa numerosa de homens e cavalos que avançava atrás deles. Era o mesmo carro lúgubre que retornava. Vinha cercado... – De guardas da Fazenda? – Não. – De cavaleiros da polícia montada?[27] – Talvez. Seja como for, o cortejo vinha precedido pelo padre de sotaina e sobrepeliz, com as mãos atadas às costas; do cocheiro negro, com as mãos atadas às costas; e de dois criados negros, com as mãos atadas às costas. Quem ficou de fato surpreso? Foi Jacques, que exclamou: «Meu capitão, meu pobre capitão não morreu! Deus seja louvado!». Depois Jacques volve as rédeas, esporeia dos dois lados o cavalo, avança a toda brida ao encontro do pretenso cortejo fúnebre. Nem estava a trinta passos quando os guardas da Fazenda ou os cavalarianos da polícia apontam em sua direção e gritam: «Pára, volta para trás, ou estás morto...». Jacques estacou, consultou mentalmente por um momento o seu destino; pareceu-lhe que o destino lhe dizia: «Volta para trás», foi o que ele fez. Seu amo lhe disse: «Então, Jacques, o que houve?

Jacques: – Por minha fé, nada sei.

O Amo: – E por quê?

---

27. Em francês, *cavaliers de la maréchaussée*, corpo encarregado da segurança pública e que foi substituído, em 1790, pela gendarmaria.

Jacques: – Tampouco sei.

O Amo: – Tu verás que são contrabandistas que encheram aquele ataúde de mercadorias proibidas, e que foram denunciados à Fazenda pelos próprios patifes de quem eles as compram.

Jacques: – Mas por que esta carruagem com as armas de meu capitão?

O Amo: – Ou se trata de um rapto. Esconderam naquele caixão, que sei eu, uma mulher, uma jovem, uma religiosa. Não é a mortalha que faz o morto.

Jacques: – Mas por que então aquela carruagem com as armas de meu capitão?

O Amo: – Será tudo o que te aprouver; mas termina de me contar a história do teu capitão.

Jacques: – Essa história ainda vos prende? Mas talvez meu capitão ainda esteja vivo.

O Amo: – O que isso muda na coisa?

Jacques: – Não gosto de falar dos vivos, porque a gente fica exposta de tempos em tempos a ruborizar-se por causa do bem e do mal que deles se disse; do bem que eles estragam, do mal que reparam.

O Amo: – Não seja insípido panegirista, nem censor amargo; diga a coisa como ela é.

Jacques: – Isto não é fácil. Não tem cada um seu caráter, seu interesse, seu gosto, suas paixões, segundo os quais se exagera ou se atenua? Diga a coisa como ela é!... Isto talvez não aconteça duas vezes num dia em toda uma grande cidade. E aquele que vos ouve estará mais bem disposto do que aquele que fala? Não. Daí se conclui que apenas duas vezes num dia em toda grande cidade uma pessoa é ouvida como fala.

O Amo: – Que diabo, Jacques, aí estão máximas para proscrever o uso da língua e dos ouvidos, para nada dizer, para nada escutar e nada crer! Entretanto, fala ao teu modo e eu te escutarei ao meu. E acreditarei em ti como eu puder.

Jacques: — Embora não se diga quase nada neste mundo que seja ouvido como se diz, há coisa muito pior, é que não se faz quase nada aí que seja julgado tal como foi feito.

O Amo: — Não há talvez sob o céu outra cabeça que contenha tantos paradoxos como a tua.

Jacques: — E que mal haveria nisto? Um paradoxo nem sempre é uma falsidade.

O Amo: — É verdade.

Jacques: — Passávamos por Orléans, meu capitão e eu. Na cidade não se falava de outra coisa senão de uma aventura recentemente ocorrida a um cidadão chamado Sr. Le Pelletier[28], homem penetrado de uma tão profunda comiseração pelos infelizes que, após haver reduzido, por esmolas desmesuradas, uma fortuna assaz considerável ao mais estritamente necessário, ele ia de porta em porta buscar na bolsa de outrem auxílios que ele não estava mais em condição de sacar da sua.

O Amo: — E tu crês que havia duas opiniões sobre a conduta desse homem?

Jacques: — Não, entre os pobres, mas quase todos os ricos, sem exceção, consideravam-no uma espécie de louco, e faltou pouco para que os seus parentes mandassem interditá-lo como dissipador. Enquanto nos refrescávamos numa estalagem, uma multidão de ociosos se reunira em torno de uma espécie de orador, o barbeiro da rua, e lhe dizia: "Vós estivestes lá, vós, contai-nos como a coisa se passou.

«— De bom grado, respondeu o orador da esquina que não pedia nada de melhor do que perorar. O Sr. Aubertot, um de meus fregueses, cuja casa fica defronte a igreja dos Capuchinhos, estava à porta de sua residência. O Sr. Le Pelletier o aborda e lhe diz: 'Senhor Aubertot, vós não ireis me dar nada para os meus amigos?, pois é assim que ele chama os pobres, como sabeis.

---

28. Charles Le Pelletier (1681-1756), probo cidadão de Orléans que serviu de modelo à personagem de Diderot.

«– Não, por hoje não, senhor Le Pelletier'.

« "O Sr. Le Pelletier insiste: 'Se soubésseis em favor de quem eu solicito vossa caridade! É uma pobre mulher que acaba de dar à luz e que não tem sequer um trapo para enrolar seu filho.

«– Não posso.

«– É uma jovem e bela rapariga a quem falta trabalho e pão e a quem vossa liberalidade salvará talvez da devassidão.

«– Não posso.

«– É um trabalhador que só contava com seus braços para viver e que acaba de quebrar uma perna caindo de um andaime.

«– Não posso, já disse.

«– Vamos, senhor Aubertot, tenha piedade, e ficai certo de que jamais tereis ocasião de praticar uma ação mais meritória.

«– Não posso, não posso.

«– Meu bom, meu misericordioso senhor Aubertot!

«– Senhor Le Pelletier, deixai-me em paz; quando quero dar, não me faço de rogado'.

« "E dito isto, o Sr. Aubertot vira-lhe as costas, caminha da porta para dentro de sua loja, seguido pelo Sr. Le Pelletier, que o acompanha da loja para os fundos do armazém e dos fundos, para o interior da casa. Lá, o Sr. Aubertot, exasperado com a insistência do Sr. Le Pelletier, dá-lhe uma bofetada".

«Nesta altura o meu capitão levanta-se bruscamente e diz ao orador: "E ele não o matou?

«– Não, senhor; e vai-se matando assim?

«– Uma bofetada, com os demônios, uma bofetada! E o que fez ele então?

«– O que ele fez depois de ter recebido a bofetada? Assumiu um ar risonho e disse ao Sr. Aubertot: 'Isto, foi para mim, e para meus pobres?...'"

«A tais palavras todos os ouvintes soltaram gritos de admiração, exceto meu capitão que lhes dizia: "Vosso Sr. Le Pelletier, meus senhores, não passa de um mendigo, um desgraçado, um covarde, um infame, a quem, entretanto, esta espada teria feito pronta justiça, se eu estivesse lá, e vosso Aubertot poderia julgar-se de fato feliz, se isto não lhe custasse mais do que o nariz e as duas orelhas".

«O orador replicou-lhe: "Vejo, senhor, que vós não daríeis tempo ao homem insolente de reconhecer sua falta, de jogar-se aos pés do Sr. Le Pelletier e de apresentar-lhe a sua bolsa.

«– Certo que não!

«– Vós sois um militar, e o Sr. Le Pelletier é um cristão; vós não tendes as mesmas idéias a respeito da bofetada.

«– A face de todos os homens de honra é a mesma.

«– Esta não é de modo algum a opinião do Evangelho.

«– O Evangelho está no meu coração e na bainha de minha espada, e não conheço outro".

«O vosso, meu amo, está não sei onde; o meu está escrito lá em cima. Cada um aprecia a injúria e o benefício à sua maneira; e talvez não façamos o mesmo julgamento em dois instantes de nossa vida.

O AMO: – E depois? Maldito tagarela, e depois?».

Quando o amo de Jacques ficava de mau humor, Jacques se calava, punha-se a pensar, e amiúde não rompia o seu silêncio salvo por um dito ligado no seu espírito, mas tão descosido na conversa como a leitura de um livro em que se teria saltado algumas folhas. Foi precisamente o que lhe ocorreu quando disse: «Meu caro amo...

O AMO: – Ah!, voltou-te enfim a palavra. Regozijo-me por nós dois, pois já começava a me aborrecer por não te ouvir, e tu por não falar. Fala, pois.

JACQUES: – Meu caro amo, a vida se passa em qüiproquós. Há os qüiproquós do amor, os qüiproquós da amizade, os qüiproquós da política, das finanças, da igreja, da magistratura, do comércio, das esposas, dos maridos...

O AMO: – Eh!, deixa de lado esses qüiproquós e procura perceber que é grosseiro embarcar num capítulo de moral quando se trata de um fato histórico. A história de teu capitão?».

Jacques ia começar a história de seu capitão, quando, pela segunda vez, o seu cavalo, lançando-se bruscamente para fora da estrada real, à direita, leva-o através de uma longa planície, a um bom quarto de légua de distância, e estaca de súbito entre forcas patibulares... Entre forcas patibulares? Eis uma singular atitude do cavalo para conduzir o seu cavaleiro ao cadafalso! «Que significa isso?, dizia Jacques. Será um aviso do destino?

O Amo: – Meu amigo, não duvide disso. Teu cavalo está inspirado, e o lamentável é que todos esses prognósticos, inspirações, avisos do alto por meio de sonhos, por aparições, não servem para nada, nem por isso a coisa deixa de acontecer. Aconselho-te, caro amigo, a pôr a tua consciência em bom estado, acertar os teus negócios pessoais, e aviar-me o mais rápido que puderes a história de teu capitão e a de teus amores, pois eu ficaria desgostoso de perder-te sem tê-las ouvido. Mesmo se te preocupasses mais do que já estás, o que isto remediaria? Nada. A sentença de teu destino, proferida duas vezes por teu cavalo, cumprir-se-á. Veja, não tens nada a restituir a ninguém? Confia-me as tuas derradeiras vontades, e fique certo de que serão fielmente cumpridas. Se pegaste alguma coisa minha, fica sendo tua, pede somente perdão a Deus, e durante o tempo mais ou menos curto que nos resta ainda para viver juntos, não me roubes mais.

Jacques: – Por mais que eu volte ao meu passado, nada vejo nele para acertar com a justiça dos homens; eu não matei, nem roubei, nem violei.

O Amo: – Tanto pior; pensando bem, eu preferiria que fosse um crime já cometido do que a cometer, e com razão.

Jacques: – Mas, senhor, mas não será talvez por minha culpa, mas por culpa de um outro que serei enforcado.

O Amo: – É possível.

Jacques: – Não será talvez senão após a minha morte que serei enforcado.

O Amo: – É possível ainda.

Jacques: –Talvez eu nem venha a ser enforcado.

O Amo: – Duvido.

JACQUES: – Talvez esteja escrito lá em cima que eu apenas assistirei ao enforcamento de um outro, e esse outro, Senhor, quem sabe quem ele é? Estará perto, ou estará longe?

O AMO: – Senhor Jacques, sê enforcado, porque a sorte assim o quer e o teu cavalo o diz; mas não sejas insolente; põe fim às tuas impertinentes conjecturas, e vamos depressa à história de teu capitão.

JACQUES: – Não vos zangueis, senhor, por vezes pessoas muito honestas foram enforcadas; é um qüiproquó da justiça.

O AMO: – Esses qüiproquós são aflitivos. Falemos de outra coisa».

Jacques, um pouco tranqüilizado pelas interpretações diversas que encontrara para o prognóstico do cavalo, disse:

«Quando entrei no regimento, havia lá dois oficiais quase iguais em termos de idade, nascimento, serviço e mérito. Meu capitão era um dos dois. A única diferença que havia entre eles, é que um era rico e o outro não. Meu capitão era o rico. Esta conformidade devia produzir ou a simpatia, ou a antipatia mais forte; ela produziu uma e outra».

Aqui Jacques se deteve, e isso lhe sucedeu várias vezes no curso de seu relato, a cada movimento de cabeça que seu cavalo fazia para a direita e para a esquerda. Então, para continuar, repetia a última frase como se estivesse com soluço.

JACQUES: – «Ela produziu uma e outra. Havia dias em que eram os melhores amigos do mundo, e outros em que eram inimigos mortais. Nos dias de amizade procuravam-se, festejam-se, abraçavam-se, comunicavam um ao outro seus pesares, seus prazeres, suas necessidades; consultavam-se sobre seus assuntos mais secretos, seus interesses domésticos, suas esperanças, seus temores, seus projetos de promoção. E no dia seguinte quando se encontravam? Olhavam-se altivamente, tratavam-se de Senhor, dirigiam-se palavras duras, empunhavam as espadas e batiam-se; se acontecesse que um dos dois fosse ferido, o outro precipitava-se sobre seu camarada, chorava, desesperava-se, acompanhava-o à sua casa e ficava ao lado de sua cama até que o outro se curasse. Oito dias, quinze dias, um mês depois, tudo recomeçava e via-se, de um instante para o outro, dois homens valentes... dois homens valentes, dois amigos sinceros, expostos a perecer um pela mão do outro, e o morto dentre os dois não teria sido o mais digno de lástima. Falaram-lhes várias vezes da estranheza de sua conduta; eu mesmo, a quem meu capitão permitira falar, lhe dizia: "Mas, senhor, se chegásseis a matá-lo?". A tais palavras, punha-se a chorar, cobria com suas mãos os olhos, corria para o seu quarto como um louco; duas horas depois, ou seu camarada o trazia para casa ferido, ou ele prestava o mesmo serviço a seu companheiro. Nem minhas advertências... nem minhas advertências, nem as dos outros, de nada adiantavam; não se encontrou remédio, senão separá-los. O ministro da Guerra foi informado acerca de tão singular perseverança em extremos tão opostos, e meu capitão nomeado para o comando de uma praça com ordem expressa de dirigir-se imediatamente para assumir o seu posto, e proibição de afastar-se dele; uma outra proibição fixou seu camarada no regimento... Creio que este maldito cavalo vai me deixar louco... Mal chegaram as ordens do ministro, o meu capitão, sob o pretexto de ir agradecer o favor que vinha de obter, partiu para a corte, fez uma representação de que era um homem rico, e que seu camarada pobre tinha o mesmo direito às graças do rei; que o posto que acabavam de lhe conceder recompensaria os serviços de seu amigo, supriria sua pouca fortuna, e que isto daria a ele imensa alegria. Como o ministro não tivera outro intuito senão separar os dois homens bizarros, e como os procedimentos generosos sempre tocam, ficou decidido... Maldito animal! Não vais manter a tua cabeça direito?... E ficou decidido que meu capitão permaneceria no regimento e que seu camarada iria ocupar o comando da praça.

«Mal foram separados, sentiram a necessidade que tinham um do outro; ambos caíram em profunda melancolia. Meu capitão pediu um semestre de licença para ir respirar o ar da terra natal; porém, a duas léguas da guarnição, vende o cavalo, disfarça-se de camponês e encaminha-se à praça que seu amigo comandava. Parece que era um passo combinado entre os dois. Ele chega... Vai, pois, para onde quiseres! Há ainda por lá alguma forca que queiras visitar?... Podeis rir à vontade, senhor; isso é de fato muito divertido... Ele chega; mas lá em cima estava escrito que, quaisquer que fossem as precauções que tomassem para ocultar a satisfação que sentiam em rever-se, e para não se abordarem a não ser com as marcas exteriores da subordinação de um camponês a um comandante de praça, soldados e alguns oficiais que se achavam por acaso no local da entrevista deles e que estariam cientes da sua aventura, foram tomados de suspeita e preveniram o major da praça.

«Este, homem prudente, sorriu ante o aviso, mas não deixou de lhe emprestar toda a importância que merecia. Dispôs espiões em torno do comandante. O primeiro relatório deles foi que o comandante pouco saía e que o camponês não saía de modo algum. Era impossível que os dois homens vivessem juntos oito dias seguidos, sem que sua estranha mania voltasse a dominá-los, o que não deixou de acontecer".»

Podeis ver, leitor, como sou obsequioso; só de mim dependeria dar uma chicotada nos cavalos que puxam a carruagem coberta de pano negro, de reunir, à porta da próxima pousada, Jacques, seu amo, os guardas da Fazenda ou os cavalarianos da polícia com o resto de seu cortejo, interromper a história do capitão de Jacques e de vos impacientar à minha vontade; mas para isso seria preciso mentir, e eu não amo a mentira, a menos que ela seja útil e forçada. O fato é que Jacques e seu amo não tornaram a ver a enlutada carruagem, e que Jacques, sempre inquieto com o procedimento de seu cavalo, continuou sua narração:

«Um dia, os espiões relataram ao major que houvera uma altercação muito viva entre o comandante e o camponês, que em seguida eles saíram, o camponês caminhando à frente, o comandante seguindo-o a contragosto, e que eles entraram em casa de um banqueiro da cidade, onde ainda se encontravam.

«Soube-se depois que, não esperando mais se rever, haviam resolvido bater-se até a morte, e que, sensível aos deveres da mais terna amizade, no momento mesmo da ferocidade mais inaudita, o meu capitão, que era rico, como já vos disse... Espero, senhor, que não me condenareis a terminar nossa viagem montado nesse bizarro animal... Meu capitão, que era rico, exigira de seu camarada que aceitasse uma letra de câmbio no valor de vinte quatro mil libras, que lhe assegurasse do que viver no estrangeiro, caso fosse morto, e tudo isso protestando que não se bateria de modo algum sem esta condição prévia; e o outro respondendo a esta oferta: "Acreditas, meu amigo, que se eu te matar, poderei sobreviver-te?".

«Eles haviam saído da casa do banqueiro e se encaminhavam para as portas da cidade, quando se viram cercados pelo major e por alguns oficiais. Embora esse encontro tivesse a aparência de um incidente fortuito, nossos dois amigos, nossos dois inimigos, conforme vos aprouver chamá-los, não se enganaram. O camponês se deu a conhecer por aquilo que era. Foram passar a noite numa casa afastada. Na manhã seguinte, mal o sol despontou, meu capitão, depois de haver abraçado várias vezes seu camarada, separou-se dele para não revê-lo mais. Tão logo chegou à sua terra, ele morreu.

O Amo: – Quem foi que te disse que ele estava morto?

Jacques: – E esse caixão? E essa carruagem com suas armas? Meu pobre capitão está morto, eu não duvido disso.

O Amo: – E esse padre de mãos atadas às costas; e esses guardas da Fazenda ou esses cavalarianos da polícia, e essa volta do cortejo para a cidade? Teu capitão está vivo, não tenho a menor dúvida; mas nada sabes de seu camarada?

Jacques: – A história de seu camarada é uma bela linha do grande rolo ou daquilo que está escrito lá em cima.

O Amo: – Espero...».

O cavalo de Jacques não permitiu ao amo concluir; partiu como um raio, não se desviando nem à direita nem à esquerda, seguindo a estrada real. Não se via mais Jacques, e seu amo, persuadido de que o caminho terminava nas forcas patibulares, segurava os lados de tanto rir. E visto que Jacques e seu amo não são bons senão juntos e não valem nada separados, não mais que Dom Quixote sem Sancho Pança, e Richardet sem Ferragus[29], o que o continuador[30] de Cervantes[31] e o imitador de Ariosto[32],

29. Richardet e Ferragus são dois cavaleiros-heróis do poema burlesco *Ricciardetto*; ver também nota 33.
30. A menção refere-se ao frade dominicano Luis Aliaga (1560-1630), confessor de Felipe II da Espanha, grande inquisidor do reino; era inimigo de Cervantes e escreveu, em 1604, entre a primeira e a segunda parte de Dom Quixote, uma paródia do texto inicial cervantino, sob o pseudônimo de Alonso Fernandez de Avellanada; trata-se de um texto sem maior qualidade que, no entanto, recebeu uma tradução francesa, feita por Le Sage, em 1704, sob o título de *Nouvelles Aventures de Don Quichotte*.
31. Miguel de Saavedra Cervantes (1547-1616), escritor espanhol, um dos maiores nomes da literatura ocidental. Militar, perdeu um braço na batalha de Lepanto; capturado em combate na África, passou cinco anos em cativeiro na cidade Argel. Libertado por pagamento de resgate, retornou à Espanha onde exerceu funções burocráticas e de exator, encargo este que lhe trouxe dissabores e o levou à excomunhão e à prisão, até que, com a publicação da primeira parte de seu clássico livro, *El Ingenioso Hidalgo Don Quixote de la Mancha*, e a consagração que isso lhe acarretou, pôde dedicar-se inteiramente às letras. Havia publicado antes, inspirado na sua própria biografia, *A Vida em Argel*, a peça *O Cerco de Numância* e o romance pastoral *A Galatéia*. Seguiram-se às aventuras do cavaleiro da triste figura, *Novelas Exemplares*, *Viagem ao Parnaso*, *Oito Comédias e Entremezes Novos*. Em 1615 veio à luz a *Segunda Parte del Don Quixote*, em que a verve satírico se sobrepõe ao humor. Sua última produção, que data do ano seguinte, é uma narrativa de caráter enciclopédico, denominada *Os Trabalho de Persile e Sigismunda*.
32. Ludovico Ariosto (1474-1533), protegido da família Este de Ferrara, foi poeta épico-burlesco e comediógrafo. Sua obra-prima, *Orlando Furioso*, uma das mais inspiradas e ricas da produção literária do Renascimento italiano, pode ser encarada também como uma visão crítica, por via parodística, em relação à gesta medieval, encarnada na figura do lendário Orlando, um dos chefes do exército de Carlos Magno.

*monsignor* Forti-Guerra[33], não compreenderam muito bem, caro leitor, conversemos até que eles tenham se reencontrado.

Ireis tomar a história do capitão de Jacques como um conto, e estareis errados. Asseguro-vos que, tal como ele a contou a seu amo, tal foi o relato que ouvi narrar nos Invalides, não sei em qual ano, no dia de São Luís, à mesa de um Senhor de Saint-Étienne[34], major do palácio; e o historiador que falava em presença de vários outros oficiais da casa que tinham conhecimento do fato, era um personagem grave que não possuía de modo algum o ar de brincalhão. Repito-vos, portanto, em relação a este momento e ao que segue, sede circunspectos, se não quereis tomar nessa conversa de Jacques e seu amo o verdadeiro pelo falso, o falso pelo verdadeiro. Estais, pois, bem prevenidos, e eu lavo as mãos a esse respeito. – Aí temos, dir-me-eis, dois homens bem extraordinários! – E é isto aí que vos leva à desconfiança? Primeiramente, a natureza é tão variada, sobretudo no tocante a instintos e caracteres, que não há nada de tão bizarro na imaginação de um poeta de que a experiência e a observação não vos ofereçam o modelo na natureza. Eu, que vos falo, encontrei o *pendant* do *Médicin malgré lui*[35], que eu havia considerado até então como a mais louca e a mais divertida das ficções. – Como!, o *pendant* do marido a quem sua mulher diz: «Tenho três filhos nos braços» e que lhe responde: «Põe eles no chão. – Eles me pedem pão. – Dá-lhes o chicote!»[36] – Precisamente. Eis a conversa que teve com minha mulher

---

33. Niccolò Forteguerri ou Forti-guerra, dito o Jovem (1664-1735), prelado e poeta italiano, autor do poema burlesco *Ricciardetto*, paródia poética de *Orlando Furioso*, de Ariosto, difundida e traduzida na França no século XVIII, sob o título de *Richardet*.

34. Senhor de Saint-Étienne, com o título de major, era o oficial superior encarregado da administração dos Invalides.

35. O *pendant* do médico, em *Le Médicin malgré lui*, é o par da personagem na peça citada.

36. Esta frase encontra-se também no ato I, cena 1, da comédia de Molière *Le Médicin malgré lui*.

«O senhor aqui, senhor Gousse?[37]
- Não, madame, eu não sou um outro.
- De onde o senhor vem?
- De lá para onde fui.
- O que fez lá?
- Consertei um moinho que ia mal.
- A quem pertencia esse moinho?
- Não tenho a menor idéia; não fui lá para consertar o moleiro.
- O senhor está bem vestido, contra o seu hábito; por que, por baixo dessa roupa, que está tão limpa, uma camisa suja?
- É que só tenho uma.
- E por que não mais do que uma?
- É que tenho apenas um corpo de cada vez.
- Meu marido não está em casa, mas isto não o impedirá de jantar aqui.
- Não, porque não lhe confiei nem meu estômago, nem meu apetite.
- Como vai sua mulher?
- Como lhe apraz; isso é assunto dela.
- E seus filhos?
- Às maravilhas!
- E aquele que tem tão belos olhos, uma tão bela robustez, uma pele tão bela?
- Muito melhor do que os outros; está morto.
- O senhor está lhes ensinando alguma coisa?
- Não, madame.
- Como! Nem a ler, nem a escrever, nem o catecismo?
- Nem a ler, nem a escrever, nem o catecismo.
- E por que isso?
- É que a mim não me ensinaram nada disso, e nem por isso sou mais ignorante. Se eles têm cabeça, farão como

---

37. Supõe-se que o modelo do senhor Gousse seja Louis-Jacques Goussier (1722-1799), desenhista das pranchas da *Enciclopédia*.

eu; se são tolos, o que eu lhe ensinasse, só os tornaria mais tolos...».

Se jamais encontrardes esse tipo original, não é necessário conhecê-lo para abordá-lo. Arrastai-o a uma taberna, dizei-lhe qual é o vosso caso, proponde-lhe que vos siga por vinte léguas, ele vos seguirá; depois de tê-lo empregado, despedi-o sem um cêntimo; ele voltará satisfeito. Já ouvistes falar de um certo Prémontval[38] que dava lições públicas de matemática em Paris? Era seu amigo... Mas Jacques e seu amo talvez já tenham se reencontrado: quereis que se vá ter com eles, ou permanecer comigo?... Gousse e Prémontval mantinham a escola juntos. Entre os alunos que lá acorriam em grande número, havia uma jovem chamada Srta. Pigeon, filha daquele hábil artista que construiu os dois belos planisférios que foram transportados do Jardim do Rei para as salas da Academia das Ciências. A Srta. Pigeon lá se apresentava todas as manhãs com sua pasta debaixo do braço e seu estojo de matemática no regalo. Um dos professores, Prémontval, apaixonou-se pela aluna e unicamente através das proposições sobre os sólidos inscritos na esfera, houve um filho de fato. O pai Pigeon[39] não era um homem para ouvir pacientemente a verdade desses corolários. A situação dos amantes torna-se embaraçosa, como eles próprios convieram; mas não possuindo nada, mas absolutamente nada, qual podia ser o resultado de suas deli-

---

38. Nesta passagem e mais abaixo, quando menciona a Senhorita Pigeon, Diderot alude a Pierre Le Guay de Prémontval (1716-1764), matemático que proporcionou ao público parisiense cursos gratuitos de matemática e casou-se com uma de suas alunas, Marie-Anne-Victoire Pigeon (1724-1767), filha do matemático Pigeon, e ela própria cultivadora da disciplina, a quem o Enciclopedista dedicou as *Memoires sur différents sujets de mathématiques*, 1748, sob a epígrafe "À madame P.", que foi lida muitas vezes como se fosse referida a Puisieux. O casal foi para a Suíça e depois se fixou em Berlim, onde o marido se tornou membro da Academie, e a esposa, leitora do príncipe Henrique da Prússia.

39. Jean Pigeon d'Oranges (1654-1739), matemático e construtor de planisférios.

berações? Pedem socorro ao amigo Gousse. Este, sem dizer palavra, vende tudo o que possui, roupa branca, trajes, máquinas, móveis, livros, reúne uma soma de dinheiro, mete os dois amantes numa sege de posta, acompanha-os a toda brida até os Alpes; aí, esvazia a bolsa do pouco dinheiro que lhe restava, dá-lhes tudo, abraça-os, deseja-lhes boa viagem, e volta a pé pedindo esmola até Lyon, onde ganhou um pouco, pintando as paredes de um claustro de monges, para retornar a Paris sem mendigar. – Isto é muito bonito. – Seguramente; e por esta ação heróica creditais a Gousse um grande fundo de moral? Pois bem! Desiludi-vos, ele não a possuía mais do que o que existe na cabeça de um lúcio. – Isto é impossível. – Mas é assim. Tive-o a meu serviço. Dei-lhe uma ordem de pagamento de oitenta libras contra comitentes[40] meus; a soma estava escrita em algarismos; o que faz ele? Acrescenta um zero, e recebe oitocentas libras. – Ah, que horror! – Ele não é mais desonesto quando me rouba, do que honesto quando se despoja por um amigo; é um tipo original sem princípios. Aqueles oitenta francos não lhe bastavam, com uma penada obtém oitocentos de que precisava. E os livros preciosos com que me presenteia? – Que livros são esses? ... – Mas Jacques e seu amo? Mas os amores de Jacques? Ah!, leitor, a paciência com que me escutais prova-me o pouco interesse que tendes por meus dois personagens, e sinto-me tentado a deixá-los onde estão... Precisei de um livro precioso; ele mo trouxe; algum tempo depois necessitei de um outro livro precioso, ele mo trouxe uma vez mais; quero pagá-los, ele recusa a paga. Tenho necessidade de um terceiro livro precioso. «Quanto a este, diz ele, vós não o tereis, vós falastes tarde demais; meu doutor da Sorbonne está morto.

– E o que há de comum entre a morte de vosso doutor da Sorbonne e o livro que eu desejo? Será que vós conseguistes os outros dois em sua biblioteca?

---

40. *Commetants*, em francês, pessoas que lhe delegaram representação.

– Certamente!
– Sem o seu consentimento?
– Eh! Por que eu precisava disso para exercer uma justiça distributiva? Não fiz mais do que deslocar esses livros para uma situação melhor, transferindo-os de um lugar onde eram inúteis, para um outro onde seria feito um bom uso deles».

E pronunciai-vos depois disso sobre o procedimento dos homens! Mas é a história de Gousse com sua mulher que é excelente... Compreendo-vos, já tivestes o bastante, e vossa opinião seria a de que fôssemos encontrar os nossos dois viajantes. Leitor, vós me tratais como um autômato, isto não é cortês; contai os amores de Jacques, não conteis os amores de Jacques; quero que me faleis de Gousse; já estou farto disso. É preciso, sem dúvida, que eu siga algumas vezes a vossa fantasia; mas é preciso, outras vezes, que sigais também a minha; sem contar que todo ouvinte que me permite começar um relato se compromete a ouvi-lo até o fim.

Eu vos disse em primeiro lugar; ora, um primeiro lugar é anunciar ao menos um segundo. Em segundo lugar, pois... Escutai-me, não me escuteis, falarei sozinho... O capitão de Jacques e seu camarada podiam estar atormentados por um ciúme violento e secreto; é um sentimento que a amizade nem sempre extingue. Nada é tão difícil de perdoar quanto o mérito. Não temeriam eles uma preterição que teria ofendido igualmente a ambos? Sem duvidar disso, procuravam de antemão livrar-se de um concorrente perigoso, tateavam-se para a ocasião vindoura. Mas como ter essa idéia a respeito de alguém que cede tão generosamente seu comando de praça a seu amigo pobre? Ele o cede, é verdade, mas se o tivessem privado disto, talvez ele o tivesse reivindicado à ponta de espada. Uma preterição entre militares, se não honra aquele a quem beneficia, desonra seu rival. Mas deixemos tudo isso de lado e digamos que era a ponta de loucura dos dois. Será que cada um não tem a sua? A de nossos dois oficiais foi durante vários séculos a de toda a Europa, chamavam-na o espírito da cavalaria. Toda aquela brilhante multidão armada dos pés à cabeça, decorados com suas diversas librés de amor, caracolando sobre palafréns, a lança em punho, a viseira erguida ou arriada, mirando-se altivamente, medindo-se de alto a baixo, ameaçando-se, derrubando-se no pó, juncando o espaço de um vasto torneio com fragmentos de armas quebradas, eram apenas amigos enciumados do mérito em voga. Esses amigos, no momento que mantinham suas lanças em riste, cada qual na extremidade da liça, e que pressionavam com o aguilhão os flancos de seus corcéis, tornavam-se os mais terríveis inimigos; atiravam-se uns contra os outros com um furor igual ao que teriam apresentado num campo de batalha. Pois bem!, nossos dois oficiais não eram senão dois paladinos, nascidos em nossos dias com os costumes dos antigos. Cada virtude e cada vício se mostram e saem de moda. A força do corpo teve seu tempo, a destreza nos exercícios teve o seu. A bravura é ora mais, ora menos considerada; quanto mais ela é comum, menos se vangloriam dela, menos a elogiam. Segui as inclinações dos homens, e observareis alguns deles que parecem ter vindo ao mundo demasiado tarde: são de um outro século. E o que é que impediria de crer que os nossos dois militares se empenhavam nesses combates diários e perigosos pelo exclusivo desejo de encontrar o lado fraco de seu rival e obter superioridade sobre ele? Os duelos se repetem, na sociedade, sob todas as formas, entre padres, entre magistrados, entre literatos, entre filósofos; cada condição tem sua lança e seus cavaleiros, e nossas mais respeitáveis assembléias, as mais divertidas, não passam de pequenos torneios onde às vezes se envergam librés de amor no fundo do coração, quando não no ombro. Quanto maior o número de espectadores, mais viva é a justa; a presença de mulheres leva ao máximo seu calor e obstinação, e a vergonha de haver sucumbido diante delas jamais se esquece.

E Jacques?...Jacques havia franqueado as portas da cidade, atravessado as ruas sob as aclamações das crianças e atingido a extremidade do arrabalde oposto, onde, tendo seu cavalo se lançado por uma portinha baixa, houve entre o lintel dessa porta e a cabeça de Jacques um choque terrível, no qual era forçoso que o lintel fosse deslocado ou Jacques atirado para trás; foi esta hipótese, como bem se calcula, que aconteceu. Jacques caiu, a cabeça rachada e sem sentidos. Erguem-no, reanimam-no com águas espirituosas, creio mesmo que foi sangrado pelo dono da casa. – Esse homem era, portanto, cirurgião? – Não. Entrementes, seu amo havia chegado e pedia notícias suas a todos aqueles que encontrava. «Não teríeis visto um homem grande, magro, montado num cavalo malhado?

– Acaba de passar, ia como se o diabo o estivesse levando; deve ter chegado à casa de seu amo.

– E quem é seu amo?

– O carrasco.

– O carrasco!

– Sim, pois esse cavalo é dele.

– Onde mora o carrasco?

– Bastante longe, mas não vos deis ao trabalho de ir até lá; eis que vem vindo a sua gente que vos traz, aparentemente, o homem magro que procurais e que nós tomamos por um de seus criados».

E quem é que assim falava com o amo de Jacques? Era um estalajadeiro à cuja porta ele se detivera; não havia como se enganar: era baixo e gordo como uma pipa, em camisa de mangas arregaçadas até os cotovelos, com um gorro de algodão na cabeça, um avental de cozinha à sua volta e um grande facão ao lado. «Depressa, depressa, uma cama para este infeliz, disse-lhe o amo de Jacques, um cirurgião, um médico, um boticário...». Neste entremeio, haviam deposto Jacques a seus pés, a testa coberta por espessa e enorme compressa, e os olhos fechados. «Jacques? Jacques?

– Sois vós, meu amo?

– Sim, sou eu, olha-me.

– Não consigo.

– Afinal, o que foi que te aconteceu?

– Ah! O cavalo! O maldito cavalo! Amanhã, vos direi tudo, se eu não morrer durante a noite».

E enquanto o transportavam e o levavam para o quarto, o amo dirigia a operação e gritava: «Tomai cuidado, devagar, devagar, com os diabos! Ireis machucá-lo. Tu, que o seguras pelas pernas, vira à direita; tu, que o seguras pela cabeça, vira à esquerda». E Jacques dizia em voz baixa: "Estava, pois, escrito lá em cima!...».

Assim que o deitaram, Jacques adormeceu profundamente. O amo passou a noite à sua cabeceira, tomando-lhe o pulso e umedecendo sem parar a compressa com água vulnerária. Jacques o surpreendeu, ao despertar, nessa função e lhe disse: "O que fazeis aí?

O AMO: – Velando por ti. Tu és o meu servidor quando estou doente ou passo bem, mas eu sou o teu quando passas mal.

JACQUES: – Fico muito contente de saber que sois humano, esta não é a qualidade demasiado comum dos patrões para com seus criados.

O AMO: – A cabeça, como vai?

JACQUES: – Tão bem quanto o barrote contra o qual ela lutou.

O AMO: – Prende este lençol entre os dentes e sacode forte. O que sentiste?

JACQUES: – Nada. O cântaro me parece sem racha.

O AMO: – Tanto melhor. Queres te levantar, creio?

JACQUES: – E o que quereis que eu faça aqui?

O AMO: – Quero que descanses.

JACQUES: – Minha opinião, quanto a mim, é que almocemos e partamos.

O AMO: – E o cavalo?

JACQUES: – Eu o deixei com o dono, homem correto, homem de bem, que o recebeu de volta pelo preço que nos vendeu.

O AMO: – E esse homem correto, esse homem de bem, sabes quem é?

JACQUES: — Não.

O AMO: — Eu te direi quando estivermos a caminho.

JACQUES: — E por que não agora? Que mistério há nisso?

O AMO: — Mistério ou não, que necessidade há de te informar disso neste momento ou num outro?

JACQUES: — Nenhuma.

O AMO: — Mas precisas de um cavalo.

JACQUES: — O dono desta pousada não pedirá talvez coisa melhor do que nos ceder um dos seus.

O AMO: — Dorme mais um pouco ainda e eu irei tratar disso».

O amo de Jacques desceu, encomendou o almoço, comprou um cavalo, tornou a subir e encontrou Jacques vestido. Eles almoçaram e ei-los que partem, Jacques protestando que não era direito ir-se embora sem ter feito uma visita de cortesia ao cidadão a cuja porta quase se arrebentara e que o socorrera tão obsequiosamente; seu amo tranqüilizando-o acerca de sua delicadeza, pela garantia de que havia recompensado bem seus guarda-costas que o tinham levado à estalagem; Jacques pretendendo que o dinheiro dado aos servidores não o desobrigava para com o patrão deles, que era assim que se inspirava aos homens o pesar e a aversão pela prática do bem, e que a pessoa dava a si mesma um ar de ingratidão. «Meu amo, percebo tudo o que esse homem diz de mim por aquilo que eu diria dele, se ele estivesse no meu lugar e eu no seu». Estavam saindo da cidade, quanto encontraram um homem grande e vigoroso, o chapéu debruado na cabeça, o traje agaloado em todos os talhes, caminhando sozinho se excetuardes os dois grandes cães que o precediam. Jacques tão logo o avistou, desceu do cavalo e bradou: «É ele!», e atirou-se para abraçá-lo, foi questão de um instante. O senhor dos dois cães parecia muito embaraçado com as carícias de Jacques, repelia-o brandamente e lhe dizia: «Senhor, vós me dais muita honra!

— Oh, não! Eu vos devo a vida, e tudo seria pouco para agradecer-vos.

— Vós não sabeis quem eu sou.

– Não sois o cidadão obsequioso que me socorreu, que me sangrou e que me tratou, quando o meu cavalo...
– É verdade.
– Não sois o honesto cidadão que recebeu de volta esse cavalo pelo mesmo preço que mo havia vendido?
– Sim, sou eu». E eis Jacques a beijá-lo de novo numa e na outra face, e seu amo a sorrir, e os dois cachorros em pé, com o nariz para o ar e como que maravilhados com uma cena a que viam pela primeira vez. Jacques, depois de haver acrescentado a suas demonstrações de gratidão numerosas reverências, que seu benfeitor não lhe retribuía, e grande porção de votos que eram recebidos friamente, torna a montar seu cavalo e diz a seu amo: «Tenho a mais profunda veneração por esse homem que vós deveis me dar a conhecer.

O Amo: – E por que, Jacques, é ele tão venerável a teus olhos?

Jacques: – É que, não atribuindo nenhuma importância aos serviços que presta, é preciso que ele seja naturalmente obsequioso e que tenha longo hábito de beneficência.

O Amo: – E com que base tu o julgas assim?

Jacques: – Pelo ar indiferente e frio com que recebeu meus agradecimentos; ele não me cumprimenta, não me diz palavra, parece me desconhecer, e talvez no presente momento diga intimamente com um sentimento de menosprezo: "Cumpre que a prática do bem seja muito estranha a esse viajante, e que o exercício da justiça lhe seja bem penoso, pois que está tão comovido...". Que há de tão absurdo naquilo que digo, para vos fazer rir com tanto gosto... Como quer que seja, dizei-me o nome desse homem, a fim de que eu o escreva no meu livrinho de anotações.

O Amo: – De bom grado; escreva.

Jacques: – Dizei.

O Amo: – Escreva: o homem a quem dedico a mais profunda veneração...

Jacques: – A mais profunda veneração...

O Amo: – É.
Jacques: – É...
O Amo: – O carrasco de***.
Jacques: – O carrasco!
O Amo: – Sim, sim, o carrasco.
Jacques: – Poderíeis dizer-me onde está a graça dessa brincadeira?
O Amo: – Não estou brincando. Segue os elos de tua barbela. Tu precisavas de um cavalo, a sorte te leva a um passante, e este passante é um carrasco. Esse cavalo te conduz duas vezes entre forcas patibulares, a terceira ele te deposita na casa de um carrasco; aí tu cais quase morto; de lá és carregado, para onde? Para uma estalagem, um albergue, um asilo comum. Jacques, conheces a história da morte de Sócrates?[41]
Jacques: – Não.
O Amo: – Era um sábio de Atenas. Há muito que o papel de sábio é perigoso entre os loucos. Seus concidadãos condenaram-no a beber cicuta. Pois bem! Sócrates fez como acabas de fazer; usou com o carrasco que lhe apresentou a cicuta tanta polidez quanto tu. Jacques, convenha, tu és uma espécie de

---

41. Sócrates (470-399 a.C.), pensador ateniense, cuja figura e idéias foram inscritas paradigmaticamente na história da filosofia pelos diálogos de Platão, seu discípulo, pois o mestre nada escreveu, ministrando seus ensinamentos apenas oralmente, na ágora. Embora seja difícil separar o que de fato ele formulou e defendeu e o que seu genial aluno e seu outro discípulo, Xenofonte, lhe atribuíram, ou o que seu sarcástico opositor, Aristófanes, o fez falar como personagem-alvo da crítica aos sofistas em As Nuvens, é certo que, sendo um sofista emérito, foi o grande adversário da sofística e da falsa retórica. Armado da ironia metódica e da maiêutica, tinha como certo a possibilidade de trazer à luz a verdade e chegar ao conhecimento das coisas pela argumentação dialética e pelo poder de penetração da reflexão, deslocando a vertente cosmológica da indagação pré-socrática para os problemas éticos e morais, que se tornaram centrais em sua filosofia e de seus seguidores pelos séculos afora. Acusado de perverter os jovens e desviá-los do culto dos deuses da pólis, foi condenado a beber cicuta; a maneira como enfrentou a sentença, submetendo-se por opção própria ao veredicto, o converteu na efígie icônica do filósofo coerente com suas idéias.

filósofo. Bem sei que esta é uma raça de homens odiosa aos grandes, perante os quais não dobram o joelho; aos magistrados, protetores por ofício dos preconceitos que perseguem; aos padres que raramente os vêem ao pé de seus altares; aos poetas, gente sem princípios e que encara tolamente a filosofia como a machadinha das belas-artes[42], sem contar que aqueles mesmos dentre eles que se exercitaram no odioso gênero da sátira, não foram senão aduladores; aos povos, em todos os tempos escravos dos tiranos que os oprimem, dos velhacos que os enganam, e dos bufões que os divertem. Conheço, como vês, todo o perigo de tua profissão e toda a importância da confissão que te solicito, mas não abusarei de teu segredo. Jacques, meu amigo, tu és um filósofo, sinto-me agastado por ti, e se é permitido ler nas coisas presentes as que devem acontecer um dia, e se aquilo que está escrito lá em cima se manifesta algumas vezes aos homens muito tempo antes do acontecimento, presumo que tua morte será filosófica, e que receberás o laço com tão boa vontade quanto Sócrates recebeu a taça de cicuta.

JACQUES: – Meu amo, um profeta não falaria melhor, mas felizmente...

O AMO: – Pelo visto não acreditas muito nisso; o que acaba dando mais força ao meu pressentimento.

JACQUES: – E vós, senhor, acreditais nisso?

O AMO: – Acredito, sim; mas não acreditaria que isso não teria conseqüências,

JACQUES: – E por quê?

O AMO: – É que só há perigo para aqueles que falam, e eu me calo.

JACQUES: – E quanto aos pressentimentos?

O AMO: – Rio-me deles, mas confesso que tremendo. Há alguns deles que têm um caráter tão impressionante! Somos embalados com essas histórias aí desde tão cedo! Se teus so-

---

42. A machadinha, *cognée*, significa, no caso, um instrumento que destrói as belas-artes, e talvez aluda a concepções críticas às posições do Filósofo.

nhos se tivessem realizado cinco ou seis vezes e se te acontecesse sonhar que teu amigo está morto, irias bem depressa de manhã cedo à casa dele para saber o que há de fato. Mas os pressentimentos de que é impossível defender-se são, sobretudo, aqueles que se apresentam no momento em que a coisa se passa longe de nós, e que têm um ar simbólico.

JACQUES: – Vós sois às vezes tão profundo e tão sublime que eu não vos entendo. Não poderíeis esclarecer-me isto por meio de um exemplo?

O AMO: – Nada mais fácil. Uma mulher vivia no campo com o marido octogenário e atacado de cálculos. O marido deixa a mulher e vem à cidade para operar-se. Na véspera da operação, escreve à sua mulher: "A hora que receberes esta carta, estarei sob o bisturi do Frei Cosme..."[43]. Tu conheces esses anéis de casamento que se separam em duas partes, em cada uma das quais estão gravadas os nomes do esposo e de sua mulher. Pois bem!, aquela mulher tinha uma aliança assim no dedo, quando ela abriu a carta do marido. No mesmo instante as duas metades do anel separam-se, a que trazia o seu nome permanece-lhe no dedo, a que trazia o nome do marido cai quebrada sobre a carta que ela lia... Dize-me, Jacques, crês que haja cabeça bastante forte, alma bastante firme para não ficar mais ou menos abalada com semelhante incidente, e em semelhante circunstância? Daí por que essa mulher pensa em morrer. Seus transes duraram até o dia do correio seguinte pelo qual seu marido lhe escreveu que a operação ocorrera de maneira feliz, que ele estava fora de todo perigo, e que contava muito beijá-la antes do fim do mês.

JACQUES: – E ele de fato a beijou?

O AMO: – Sim.

JACQUES: – Eu vos fiz essa pergunta, porque observei várias vezes que o destino era cauteloso. A gente lhe diz no primeiro momento que ele mentiu, e verifica-se no segundo que disse a

---

43. Jean Baseilhac, dito Frei Cosme ou Come (1703-1781), cirurgião do hospital da Caridade, que ficava ao lado da casa de Diderot, famoso por sua arte de operador da bexiga.

verdade. Assim, pois, senhor, vós me credes no caso do pressentimento simbólico e, a despeito de vós mesmo, me credes ameaçado com a morte do filósofo?

O AMO: — Eu não saberia como dissimulá-lo de ti; mas, para afastar essa triste idéia, não poderias?...

JACQUES: — Retomar a história de meus amores?».

Jacques retomou a história de seus amores. Nós o havíamos deixado, creio eu, com o cirurgião.

«O CIRURGIÃO: — "Temo que não haja trabalho com o teu joelho por mais de um dia.

«JACQUES: — Haverá o exato para todo o tempo que está escrito lá em cima: que importa!

«O CIRURGIÃO: — A tanto por dia pela hospedagem, a alimentação e os meus cuidados, isso fará uma boa soma.

«JACQUES: — Doutor, não se trata da soma por todo esse tempo, mas quanto por dia.

«O CIRURGIÃO: — Vinte cinco soldos, será demais?

«JACQUES: — Mais do que demais, vamos, doutor, eu sou um pobre diabo, reduzamos, pois, a coisa à metade, e providenciai o mais prontamente possível a minha remoção para a vossa casa.

«O CIRURGIÃO: — Doze soldos e meio, é quase nada, podes chegar aos treze?

«JACQUES: — Doze soldos e meio, treze soldos... Topo.

«O CIRURGIÃO: — E pagarás todos os dias?

«JACQUES: — É a condição.

«O CIRURGIÃO: — É que tenho um diabo de mulher que não entende brincadeiras, saiba disso.

«JACQUES: — Eh!, doutor, fazei com que me transportem bem depressa para junto de vosso diabo de mulher.

«O CIRURGIÃO: — Um mês a treze soldos por dia são dezenove libras e dez soldos. Dá para chegar aos vinte francos?

«JACQUES: — Seja, vinte francos.

«O CIRURGIÃO: — Queres ser bem alimentado, bem tratado e prontamente curado. Além da comida, do alojamento e dos cuidados, haverá talvez os medicamentos, haverá a roupa de cama, haverá...

«JACQUES: – E depois?

«O CIRURGIÃO: – Por minha fé, tudo isso vale bem vinte quatro francos.

«JACQUES: – Vá lá, quanto aos vinte quatro francos, mas sem qualquer rabo.

«O CIRURGIÃO: – Um mês vinte quatro francos, dois meses, serão quarenta e oito francos; três meses, serão setenta e dois. Ah!, como a doutora ficaria contente se pudesses adiantar-lhe, à entrada, a metade desses setenta e dois francos!

«JACQUES: – Concordo.

«O CIRURGIÃO: – Ela ficaria mais contente ainda...

«JACQUES: – Se eu lhe pagasse mais a quarta parte? Pagarei"».

Jacques acrescentou: «O cirurgião foi ter com os meus hospedeiros, preveniu-os de nosso arranjo, e um momento depois, o homem, a mulher e os filhos reuniram-se em volta de minha cama com um ar sereno; seguiram-se perguntas sem fim sobre a minha saúde e sobre o meu joelho, elogios ao cirurgião, seu compadre e sua mulher, votos a perder de vista, a mais bela afabilidade, um interesse! Um empenho em me servir! No entanto, o cirurgião não lhes havia dito que eu possuía algum dinheiro, mas eles conheciam o homem; levar-me-ia para a sua casa, e eles o sabiam. Paguei o que devia àquela gente; dei aos filhos pequenas mostras de liberalidade que o pai e a mãe não deixaram por certo muito tempo entre suas mãos. Era de manhã. O hospedeiro saiu para ir ao campo; a hospedeira alçou sua alcofa sobre os ombros e afastou-se; os filhos, entristecidos e descontentes por terem sido espoliados, desapareceram; e, quando se tratou de me tirar de meu catre, vestir-me e ajeitar-me sobre a minha padiola, não havia ninguém senão o doutor, que se pôs a gritar a altos brados e a quem ninguém ouviu.

O AMO: – E Jacques, que gosta de falar consigo mesmo, provavelmente se dizia: "Jamais pagueis adiantado, se não quereis ser mal servido".

JACQUES: – Não, meu amo, não era hora de moralizar, mas realmente de impacientar-se e de praguejar. Impacientei-me, praguejei, depois preguei moral, e enquanto eu moralizava, o doutor, que me deixara sozinho, voltou com dois camponeses que ajustara para o meu transporte e à minha custa, o que ele não me deixou ignorar. Esses homens me prestaram todos os cuidados preliminares para a minha instalação naquela espécie de maca que me fizeram com um colchão estendido sobre varas.

O AMO: – Deus seja louvado! Ei-lo na casa do cirurgião e apaixonado pela mulher ou pela filha do doutor.

JACQUES: – Creio, meu amo, que vós vos enganais.

O AMO: – E tu crês que passarei três meses na casa do doutor antes de ter ouvido a primeira palavra sobre teus amores? Ah!, Jacques, isso não é possível. Dispense-me, eu te peço, quer da descrição da casa, quer do caráter do doutor, quer do humor da doutora, quer dos progressos de tua cura, pula, pula por cima de tudo isso. Ao fato, vamos ao fato. Eis o teu joelho quase curado, eis que estás bem de saúde, e estás amando.

JACQUES: – Estou amando pois, uma vez que estais tão apressado.

O AMO: – E a quem amas?

JACQUES: – A uma morenona de dezoito anos, bem torneada, grandes olhos negros, boquinha vermelha, belos braços, bonitas mãos... Ah!, meu amo, que mãos bonitas!... É que essas mãos...

O AMO: – Crês ainda tê-las entre as tuas?

JACQUES: – É que vós as tomastes e as retivestes mais de uma vez às escondidas, e que só dependeu delas que não tivésseis feito com elas tudo o que vos agradasse.

O AMO: – Por minha fé, Jacques, eu não contava com isso.

JACQUES: – Nem eu tampouco.

O AMO: – Por mais que eu pense, não me lembro nem de uma morenona, nem de bonitas mãos; trata de te explicar.

JACQUES: – Concordo, mas com a condição de que voltemos atrás e reentremos na casa do cirurgião.

O AMO: – Crês que isto esteja escrito lá em cima?

JACQUES: – Sois vós que me fareis saber, mas está escrito aqui em embaixo que quem *va piano va sano*.

O AMO: – E que quem *va sano va lontano*, e eu gostaria muito de chegar.

JACQUES: – Pois bem! O que resolvestes?

O AMO: – O que quiseres.

JACQUES: – Neste caso, eis-nos de novo em casa do cirurgião, e estava escrito lá em cima que para ali voltaríamos. O doutor, sua mulher e seus filhos se acordaram tão bem para esvaziar minha bolsa por toda sorte de pequenas rapinas, que logo o teriam conseguido. A cura de meu joelho parecia bem adiantada sem o estar; a chaga fechara-se quase por inteiro, eu podia sair com a ajuda de uma muleta, e me restavam ainda dezoito francos. Não há gente que goste mais de falar do que os gagos, não há gente que goste mais de andar do que os coxos. Um dia de outono, uma tarde após o jantar, fazia um belo tempo, planejei um longo passeio; da aldeia em que morava à aldeia vizinha, havia cerca de duas léguas.

O AMO: – Essa aldeia se chamava?

JACQUES: – Se eu vos dissesse o nome, saberíeis tudo. Lá chegando, entrei numa taberna, descansei, refresquei-me. O dia começava a baixar, e eu já me dispunha a voltar à minha toca, quando, da casa em que me encontrava, ouvi uma mulher que soltava gritos dos mais agudos. Saí: um ajuntamento formara-se em torno dela. A mulher estava por terra, arrancava-se os cabelos e dizia, mostrando os cacos de uma grande bilha: "Estou arruinada, estou arruinada por um mês; durante esse tempo quem alimentará os meus pobres filhos? Este intendente que tem a alma mais dura do que uma pedra, não me perdoará um soldo sequer. Como sou desgraçada! Estou arruinada! Estou arruinada!..." Todo mundo se compadecia dela, eu só ouvia à sua volta: "Pobre mulher!" Mas ninguém metia a mão no bolso. Aproximei-me bruscamente e lhe disse: "Boa mulher, o que foi que lhe aconteceu? – O que me aconteceu?! Então não está vendo? Mandaram-me comprar uma bilha de azeite, dei um passo em falso, cai, minha bilha quebrou-se, e aí está o azeite que a enchia...". Nesse momento, apareceram os filhinhos da mulher, estavam quase nus, e a roupa ordinária da mãe mostrava toda a miséria da família; e a mãe e os filhos puseram-se a gritar. Tal como vós me vedes, era preciso dez vezes menos do que isso para me tocar; minhas entranhas revolveram-se de compaixão, as lágrimas vieram-me aos olhos. Perguntei àquela mulher, com uma voz entrecortada, quanto custou o azeite da bilha. "Quanto?, respondeu-me erguendo as mãos para o céu. Nove francos, mais do que eu poderia ganhar em um mês...". No mesmo instante, desatando a minha bolsa e atirando-lhe dois gordos escudos, disse-lhe: "Toma, boa mulher, aqui tens doze..."; e, sem esperar seus agradecimentos, retomei o caminho da aldeia.

O Amo: – Jacques, fizeste uma bela coisa.

Jacques: – Fiz uma tolice, com vossa licença. Eu estava a cem passos da aldeia quando disse isso de mim para comigo; eu não estava a meio caminho quando de mim para comigo, eu o disse de uma forma ainda bem melhor; chegando à morada do cirurgião, com a algibeira vazia, senti a coisa de um modo bem diferente.

O Amo: – Poderias de fato ter razão e o meu elogio ser tão descabido quanto tua comiseração... Não, não, Jacques, persisto em meu primeiro julgamento, e é o esquecimento de tua própria necessidade que faz o principal mérito de tua ação. Vejo as conseqüências disso: vais ficar exposto à desumanidade de teu cirurgião e de sua esposa, vão expulsar-te da casa; mas, ainda que devesses morrer à sua porta, sobre um monte de esterco, sobre esse esterco estarias satisfeito contigo mesmo.

Jacques: – Meu amo, não sou homem dessa força toda. Pus-me a caminhar assim-assim; e, uma vez que devo confessá-lo, lamentando os meus dois gordos escudos[44], que nem por isso eram menos dados, e estragando por meu arrependimento a

---

44. Nesta fala de Jacques, há menção a dois tipos de moedas: primeiro, ao *gros écu*, um escudo forte com o valor de seis libras ou seis francos; várias linhas abaixo, ao *sou marqué*, moeda de cobre que valia pouco mais do que um soldo.

ação que eu praticara. Eu estava a igual distância das duas aldeias, e a noite havia caído de todo, quando três bandidos saem de entre as urzes que bordejavam o caminho, jogam-se sobre mim, derrubam-me por terra, revistam-me, e ficam espantados de encontrar comigo tão pouco dinheiro. Haviam contado com melhor presa; testemunhas da esmola que eu dera na aldeia imaginaram que quem pode desfazer-se tão prontamente de um meio luís, devia possuir ainda uma vintena. Na raiva de verem suas esperanças enganadas e de se haverem expostos a ter os ossos quebrados num cadafalso por um punhado de soldos marcados, se eu os denunciasse, se fossem presos e eu os reconhecesse, hesitaram por um momento se não me assassinariam. Felizmente, ouviram um barulho, fugiram, e fiquei livre com apenas algumas contusões que sofri ao cair e que recebi enquanto me roubavam. Afastados os bandidos, eu me retirei, retornei à aldeia como pude: aí cheguei às duas da madrugada, pálido, desfeito, a dor de meu joelho muito aumentada e sofrendo em vários lugares devido aos golpes que recebera. O doutor... Meu amo, o que tendes? Cerrais os dentes, vós vos agitais como se estivésseis em presença de um inimigo.

O Amo: – E de fato estou, empunho a espada, lanço-me sobre os teus ladrões e vingo-te. Dize-me, pois, como aquele que escreveu o grande rolo pôde escrever que tal seria a recompensa de uma ação generosa. Por que eu, que sou apenas um miserável composto de defeitos, tomo tua defesa, ao passo que ele tranqüilamente te viu atacado, derrubado, maltratado, pisoteado, ele, que dizem ser a reunião de toda perfeição?

Jacques: – Meu amo, paz, paz, o que estais dizendo cheira a heresia como o diabo.

O Amo: – O que estás olhando?

Jacques: – Olho para ver se não há ninguém ao nosso redor que vos tenha ouvido...[45]. O doutor me tomou o pulso e achou

---

45. O temor de Jacques é que seu amo possa ser condenado por blasfêmia, o que redundava, na época, em pena capital.

que eu estava com febre. Deitei-me sem falar de minha aventura, sonhando sobre o meu catre, às voltas com duas almas, Deus!, que almas!, sem um soldo e sem a menor dúvida de que na manhã seguinte, ao acordar, iriam exigir o pagamento que havíamos ajustado por dia».

Neste ponto, o amo lançou os braços em volta do pescoço de seu criado, exclamando: «Meu pobre Jacques, o que vais fazer? Que vai ser de ti? Tua posição me apavora?

JACQUES: – Meu amo, tranqüilizai-vos, eis-me aqui.

O AMO: – Não pensava nisso; eu já estava no dia de amanhã, ao teu lado, na casa do doutor, no momento em que despertas e em que eles vêm pedir o dinheiro.

JACQUES: – Meu amo, a gente não sabe do que se alegrar, nem do que se afligir na vida. O bem traz o mal, o mal traz o bem. Caminhamos na noite sob o domínio daquilo que está escrito lá em cima, igualmente insensatos em nossos desejos, em nossa alegria e em nossa aflição. Quando choro, acho muitas vezes que sou um tolo.

O AMO: – E quando ris?

JACQUES: – Ainda acho que sou um tolo; entretanto, não posso me impedir nem de chorar nem de rir, e é isso que me enraivece. Já tentei cem vezes... Não preguei o olho durante a noite...

O AMO: – Não, não, dize-me o que tentaste.

JACQUES: – Zombar de tudo. Ah!, se eu tivesse conseguido isso!

O AMO: – Para que te serviria?

JACQUES: – Para me livrar da preocupação, para não ter mais necessidade de nada, para me tornar perfeitamente senhor de mim, para achar tão bom ter a cabeça contra um frade-de-pedra, no canto da rua, como sobre um bom travesseiro. Sou assim algumas vezes; mas o diabo é que isso não dura, e que duro e firme como um rochedo nas grandes ocasiões, ocorre amiúde que uma pequena contradição, uma bagatela me confunde; é de se danar. Desisti disso, tomei o partido de ser como sou, e vi, pensando um pouco no caso, que dava quase

no mesmo, acrescentando: "Que importa como a gente seja?".
É uma outra resignação, mais fácil e mais cômoda.

O AMO: – Quanto a mais cômoda, é certo.

JACQUES: – Logo que amanheceu, o cirurgião puxou as minhas cortinas e me disse: "Vamos, amigo, teu joelho, pois preciso ir para longe daqui.

«– Doutor, respondi-lhe em tom doloroso, tenho sono.

«– Tanto melhor, é bom sinal.

«– Deixai-me dormir, não faço questão do curativo agora.

«– Não há grande inconveniente nisso, durma...".

«Dito isto, ele fecha as minhas cortinas, e eu não durmo. Uma hora depois, a doutora corre o cortinado e me diz: "Vamos, amigo, coma a torrada com açúcar.

«– Senhora doutora, respondi-lhe em tom dolorido, não estou com apetite.

«– Coma, coma não pagarás nem mais nem menos por isso.

«– Não quero comer.

«– Tanto melhor, ficará para os meus filhos e para mim; e dito isto, ela fecha minhas cortinas, chama os filhos, e ei-los que se põem a aviar a minha torrada com açúcar».

Leitor, se eu fizesse aqui uma pausa e se retomasse a história do homem com uma só camisa, porque não tinha senão um corpo a cada vez, eu gostaria realmente de saber o que pensaríeis disso. Que eu me meti num *impasse*[46] à la Voltaire, ou, vulgarmente, num beco sem saída, de onde não sei como sair, e que atiro num conto feito à vontade para ganhar tempo e procurar algum meio para sair daquele que comecei. Pois bem!, leitor, vós vos enganais inteiramente. Sei muito bem como Jacques será tirado de sua aflição, e o que irei vos dizer de Gousse, o homem de uma só camisa a cada vez, porque não tinha senão um corpo a cada vez, não é de modo algum um conto.

---

46. A passagem ironiza a preferência de Voltaire pelo termo *impasse*, beco sem saída, em vez de *cul-de-sac*, forma que o autor de *Candide* julgava grosseira.

Era um dia de Pentecostes, de manhã, quando recebi um bilhete de Gousse pelo qual ele me suplicava que fosse visitá-lo numa prisão em que estava confinado. Enquanto me vestia, pensava em sua aventura, e calculava que seu alfaiate, seu padeiro, seu fornecedor de vinho ou seu hospedeiro haviam conseguido e executado contra ele uma ordem de prisão. Chego e o encontro metido numa cela comum com outras personagens de aspecto ominoso. Pergunto-lhe quem era aquela gente.

«O velho que vedes com seus óculos sobre o nariz é um homem direito, que sabe cálculo como poucos e que procura ajustar os registros que copia com suas contas. Isso é difícil, nós conversamos a este respeito, mas não duvido de modo algum que ele será bem sucedido.

– E este outro?
– É um tolo.
– E ainda assim?
– Um tolo, que inventou uma máquina para falsificar as notas de dinheiro, péssima máquina, máquina viciosa que peca por vinte lugares.
– E aquele terceiro que está vestido de uma libré e que toca contrabaixo?
– Está aqui apenas esperando; esta tarde talvez ou amanhã de manhã, pois seu caso não é nada, ele será transferido para Bicêtre[47].
– E vós?
– Eu? Meu caso é ainda menor».

Depois dessa resposta, ele se levanta, pousa seu gorro sobre a cama, e no mesmo instante seus três camaradas de prisão desaparecem. Quando entrei, encontrei Gousse em roupão, sentado a uma mesinha, traçando figuras geométricas e trabalhando tão tranqüilamente como se estivesse em sua casa. Eis-nos sozinhos. «E vós, o que fazeis aqui?

---

47. Construído por Luís XIII, em anexo ao Hospital Geral para feridos de guerra, e mais tarde transformado em prisão para loucos, vagabundos e condenados a trabalhos forçados à espera de transferência.

– Eu, trabalho, como vedes.
– E quem mandou que o metessem aqui?
– Eu.
– Como, vós?
– Sim, eu, senhor.
– E como foi que vos arranjastes para isso?
– Como eu me arranjaria com um outro qualquer. Movi um processo contra mim mesmo, ganhei-o, e em conseqüência da sentença que obtive contra mim e do decreto que se seguiu, fui preso e conduzido para cá.
– Estais louco?
– Não senhor, eu vos digo a coisa tal como ela é.
– Não poderíeis mover um outro processo contra vós mesmo, ganhá-lo e, em conseqüência, de uma outra sentença e de um outro decreto, fazer com que vos soltem?
– Não, senhor».

Gousse tinha uma empregada bonita, e que lhe servia de cara-metade mais amiúde que a sua. Essa partilha desigual perturbara a paz doméstica. Muito embora nada fosse mais difícil do que atormentar esse homem, dentre todos, o que menos se apavorara com o barulho, ele tomou o partido de deixar a mulher e viver com a criada. Mas toda a sua fortuna consistia de móveis, máquinas, desenhos, ferramentas e outros bens mobiliários, e preferia deixar a mulher sem nada a ir-se embora de mãos vazias; em conseqüência, eis o projeto que ele concebeu. Foi o de dar letras de câmbio à criada que exigiria o pagamento delas e obteria a apreensão e a venda de seus bens, que passariam da ponte Saint-Michel para a casa onde pretendia instalar-se com ela. Encanta-se com a idéia, emite os títulos, faz-se intimar, nomeia dois procuradores. Ei-lo a correr de um para o outro, demandando contra si próprio com toda a vivacidade possível, atacando-se bem e defendendo-se mal; ei-lo condenado a pagar sob as penas prescritas pela lei, ei-lo apoderando-se em pensamento de tudo que podia haver em sua casa; mas nem tudo foi inteiramente assim. Metera-se com uma velhaca muito astuta que, em vez de mandar executá-lo em seus móveis, atirou-se contra a sua pessoa, fê-lo prender e pô-lo na cadeia; de modo que, por extravagantes que fossem as respostas enigmáticas que me havia dado, elas não eram menos verdadeiras.

Enquanto eu vos narrava essa história, que tomáveis por um conto... – E a do homem de libré que arranhava o rabecão? – Leitor, eu vo-la prometo, palavra de honra, vós não a perdereis, mas permiti que eu volte a Jacques e seu amo. Jacques e seu amo tinham alcançado o albergue onde passariam a noite. Era tarde, a porta da cidade estava fechada e eles foram obrigados a deter-se no arrabalde. Aí, ouço uma algazarra... – Ouvistes! Não estáveis lá, não se trata de vós. – É verdade. Pois bem! Jacques... seu amo... Ouve-se uma algazarra medonha. Vejo dois homens... Vós não vedes nada, não se trata de vós, não estáveis lá. – É verdade. Havia dois homens à mesa conversando assaz tranqüilamente à porta do quarto que ocupavam; uma mulher, com os dois punhos nos flancos, vomitava-lhes uma torrente de injúrias, e Jacques procurava acalmar essa mulher, que não escutava tampouco suas advertências pacíficas, assim como os dois personagens a quem ela se dirigia não prestavam atenção às suas invectivas. «Vamos, minha boa mulher, dizia-lhe Jacques, paciência, tranqüilize-se, vejamos, do que se trata? Esses senhores me parecem pessoas de bem.

– Eles, pessoas de bem? São uns brutos, criaturas sem piedade, sem humanidade, sem nenhum sentimento! Eh!, que mal lhes fazia essa pobre Nicole para que a maltratassem assim? Ficará talvez estropiada para o resto da vida.

– O mal talvez não seja tão grande quanto o credes.

– O golpe foi medonho, digo-lhe eu, ela ficara estropiada.

– É preciso ver, é preciso mandar buscar o cirurgião.

– Já foram lá.

– Pô-la na cama.

– Já está lá, e lança gritos de cortar o coração. Minha pobre Nicole!...». Em meio a tais lamentações, tocavam a sineta de um canto, e gritavam: «Hospedeira! Vinho...» Ela respondia: «Já vai». Tocavam a sineta de outro canto, e gritavam: «Hospedeira! Roupa de cama». Ela respondia: «Já vai. – As costeletas e o pato. – Já vai. – Uma bilha d'água, um urinol. – Já vai, já vai». E de um outro lado da hospedaria, um homem furibundo bradava: «Maldito linguarudo! Linguarudo danado! Por que te intrometes? Resolveste me fazer esperar até amanhã? Jacques? Jacques?».

A hospedeira, um pouco refeita de sua dor e de seu furor, disse a Jacques: «Senhor, não se incomode, o senhor é bom demais.

– Jacques? Jacques?

– Corre depressa. Ah!, se soubesses de todas as desgraças dessa pobre criatura!...

– Jacques? Jacques?

– Ande logo, é, creio eu, o seu amo que o chama.

– Jacques? Jacques?».

Era, com efeito, o amo de Jacques, que se despira sozinho, que morria de fome e que se impacientava por não estar sendo servido. Jacques subiu, e um momento depois dele, a hospedeira, que estava com um ar realmente abatido: «Senhor, disse ela ao amo de Jacques, mil perdões; é que há coisas na vida que não se pode digerir. O que desejais? Tenho frangos, pombos, um excelente lombo de lebre, coelhos, aqui é o cantão dos bons coelhos. Preferis uma ave de rio?». Jacques escolheu a ceia do amo assim como a sua, segundo o seu hábito. Serviram e, enquanto comia vorazmente, o amo dizia a Jacques: «Eh!, que diabo fazias tu, lá embaixo?

Jacques: – Talvez um bem, talvez um mal, quem sabe?

O Amo: – E que bem ou que mal fazias tu lá embaixo?

Jacques: – Eu impedia que essa mulher se deixasse surrar ela mesma por dois homens que estavam lá e que haviam quebrado pelo menos um dos braços de sua empregada.

O Amo: – E talvez tivesse sido para ela um bem ser surrada.

Jacques: – Por dez razões melhores umas do que as outras. Uma das maiores felicidades que me aconteceram na minha vida, a mim que vos falo...

O Amo: – Foi a de ter sido surrado?... Dá-me de beber.

Jacques: – Sim, senhor, surrado, surrado na estrada real, à noite, voltando da aldeia, como eu vos dizia, depois de ter feito, segundo eu, a tolice, e segundo vós, a bela ação de dar o meu dinheiro.

O Amo: – Lembro-me... Dá-me de beber. E a origem da briga que lá apaziguavas e dos maus tratos dado à filha ou à empregada da hospedeira?

Jacques: – Por minha fé, ignoro-a.

O Amo: – Tu ignoras o fundo de um caso, e tu te imiscuis nele. Jacques, isto não é certo nem segundo a prudência, nem segundo a justiça, nem segundo os princípios... Dá-me de beber.

Jacques: – Não sei o que são princípios, senão regras que a gente prescreve aos outros em favor de si próprio. Penso de uma maneira, e não poderia impedir-me de agir de outra. Todos os sermões assemelham-se aos preâmbulos dos editos do rei; todos os pregadores gostariam que praticássemos suas lições, porque com isso nós ficaríamos melhores talvez, mas eles com certeza... A virtude.

O Amo: – A virtude, Jacques, é uma boa coisa, os maus e os bons falam bem dela... Dá-me de beber.

Jacques: – Porque encontram nela, uns e outros, o que lhes convém.

O Amo: – E como é que foi para ti uma tão grande felicidade ser surrado?

Jacques: – É tarde, vós ceastes bem e eu também, nós estamos os dois fatigados; crede-me, deitemo-nos.

O Amo: – Não é possível, e a hospedeira nos deve ainda alguma coisa. Enquanto esperamos, retoma a história de teus amores.

Jacques: – Onde eu estava? Eu vos peço, meu amo, por esta vez e todas as outras, de me pôr de novo no caminho.

O Amo: – Eu me encarrego disso, e para entrar em minha função de ponto, tu estavas em tua cama, sem dinheiro, muito embaraçado com tua própria pessoa, ao passo que a doutora e seus filhos comiam tua torrada com açúcar.

Jacques: – Então se ouviu uma carruagem deter-se à porta da casa. Um criado entra e pergunta: "Não é aqui que está alojado um pobre homem, um soldado que anda com uma muleta, que voltou ontem à noite da aldeia próxima?

«– Sim, respondeu a doutora, o que deseja dele?

«– Pô-lo nesta carruagem e levá-lo conosco.

«– Ele está nessa cama, puxa o cortinado e fala com ele"».

Jacques estava nesse ponto, quando a hospedeira entrou e lhes perguntou: «O que desejais como sobremesa?

O Amo: – O que tiver».

A hospedeira, sem se dar ao trabalho de descer, gritou do quarto: «Nanon, traga frutas, biscoitos, doces».

Ao ouvir o nome Nanon, Jacques disse para si mesmo: «"Ah!, é a sua filha que maltrataram, qualquer um ficaria irado por muito menos...». E o amo disse à hospedeira: «Você estava muito zangada há pouco?

A Hospedeira: – E quem não se zangaria? A pobre criatura nada lhes havia feito; ela mal tinha entrado no quarto deles, quando a ouço gritar, mas que gritos!... Graças a Deus! Estou um pouco mais, tranqüila; o cirurgião pretende que não há de ser nada; ela, entretanto, está com duas enormes contusões, uma na cabeça e a outra na espádua.

O Amo: – Faz muito tempo que ela está com você?

A Hospedeira: – Uma quinzena quando muito. Foi abandonada na posta vizinha.

O Amo: – Como, abandonada!

A Hospedeira: – Eh, meu Deus, sim! É que há pessoas que são mais duras do que a pedra. Ela pensou que seria afogada quando passassem pelo rio que corre aqui perto; chegou aqui como que por milagre, e eu a recebi por caridade.

O Amo: – Que idade ela tem?

A Hospedeira: – Creio que mais que um ano e meio».

A estas palavras, Jacques estourou numa risada e gritou: «É uma cadela!

A Hospedeira: – O mais belo animal do mundo; eu não daria minha Nicole por dez luíses. Minha pobre Nicole!

O Amo: – Madame tem um bom coração.

A Hospedeira: – Vós o dissestes, tenho apego aos meus bichos e à minha gente.

O Amo: – Isto está muito certo. E quem são aqueles que tanto maltrataram sua Nicole?

A Hospedeira: – Dois burgueses da cidade próxima. Eles cochicham entre si sem parar, imaginam que ninguém sabe o que dizem um ao outro, e que se ignora sua aventura. Estão aqui há apenas três horas, e não me falta uma só palavra de todo o seu caso. Ele é divertido, e se não estivésseis com mais pressa de vos deitar do que eu, eu vos contaria por inteiro como o criado deles o contou à minha criada, que por acaso era sua conterrânea, que o contou a meu marido que o contou a mim. A sogra do mais moço dos dois passou por aqui não há mais que três meses; ia muito a contragosto para um convento de província onde não ficou velha, lá morreu, e eis por que os nossos dois moços vestem luto... Mas aí está como, sem me aperceber, desfio a sua história. Boa noite, senhores, durmam bem. O vinho estava bom?

O Amo: – Muito bom.

A Hospedeira: – Ficastes contente com vossa ceia?

O Amo: – Muito contente. Seus espinafres estavam um pouco salgados.

A Hospedeira: – Às vezes tenho a mão pesada. Dormireis bem, e em lençóis bem lavados; aqui eles nunca servem duas vezes».

Dito isto, a hospedeira retirou-se, e Jacques e seu amo deitaram-se rindo do qüiproquó que os levara a tomar uma cadela pela filha ou pela empregada da casa, e da paixão da hospedeira por uma cadela perdida que possuía há quinze dias. Jacques disse a seu amo, enquanto atava a coifa a seu gorro de dormir:

«Seria capaz de apostar que de tudo quanto há de vivo neste albergue, essa mulher não ama senão à sua Nicole». Seu amo lhe respondeu: «É possível, Jacques, mas vamos dormir».

Enquanto Jacques e seu amo descansam, vou cumprir minha promessa com o relato do homem da prisão que arranhava o rabecão, ou, antes, de seu companheiro, o Senhor Gousse.

«Esse terceiro, disse ele, é um intendente de uma grande casa. Ficara apaixonado por uma pasteleira da rua da Universidade. O pasteleiro era um bom homem que prestava mais atenção ao seu forno do que à conduta de sua mulher. Se não era o seu ciúme, era a sua assiduidade que incomodava os nossos dois amantes. O que fizeram eles para se livrar desse constrangimento? O intendente apresentou ao seu chefe uma petição em que o pasteleiro era descrito como um homem de maus costumes, um bêbado que não saía da taverna, um bruto que batia em sua mulher, a mais honesta e a mais infeliz das mulheres. Com essa petição, ele obteve uma carta régia, e essa carta régia, que dispunha da liberdade do marido, foi posta nas mãos de um oficial de polícia para ser executada sem retardo. Aconteceu por acaso que esse oficial de polícia era amigo do pasteleiro. Eles iam de tempos em tempos à casa do mercador de vinho; o pasteleiro fornecia os pasteizinhos, o oficial de polícia pagava a garrafa. Este, munido da carta régia, passa diante da porta do pasteleiro e lhe fez o sinal convencionado. Ei-los os dois empenhados em comer e regar os pasteizinhos, e o oficial de polícia a perguntar a seu companheiro como ia o seu comércio.

«"Muito bem".

«Se ele não tinha nenhum mau negócio?

«"Nenhum".

«Se não tinha quaisquer inimigos?

«Que conhecesse, nenhum.

«Como é que vivia com seus parentes, seus vizinhos, sua mulher?

«Em paz e amizade.

«"– De onde então podia vir a ordem, perguntou o oficial de polícia, que tenho para te prender? Se eu cumprisse o meu dever, eu te pegaria pela gola, haveria um carro preparado ali adiante e eu te conduziria ao lugar prescrito por esta carta régia. Olha, lê".

«O pasteleiro leu e empalideceu. O oficial de polícia lhe disse: "Tranqüiliza-te, deliberemos juntos o que temos de melhor a fazer para a minha segurança e para a tua. Quem é que freqüenta a tua casa?

«– Ninguém.

«– Tua mulher é faceira e bonita.

«– Eu a deixo fazer o que lhe dá na cabeça.

«– Ninguém está de olho nela?

«– Por Deus, não, a não ser certo intendente que vem às vezes lhe apertar as mãos e lhe dizer baboseiras, mas é em minha loja, diante de mim, na presença de meus filhos, e creio que não se passa nada entre eles que não seja em tudo correto e honrado.

«– Tu és um bom homem.

«– Pode ser; mas o melhor de todos os pontos de vista é crer que se tem uma mulher honrada, e é o que eu faço.

«– E esse intendente, para quem trabalha?

«– Para o Senhor de Saint-Florentin[48].

«– E de quais gabinetes acreditas tu que vem a carta régia?

«– Dos gabinetes do Senhor de Saint-Florentin, talvez?

«– Tu o disseste.

«– Oh, comer dos meus pastéis, beijar minha mulher e mandar me prender, isto é sujo demais e eu não posso crer!

«– Tu és um bom homem! De uns dias para cá, como tens encontrado tua mulher?

«– Mais triste do que alegre.

«– E o intendente, há muito tempo que não o vês?

---

48. Louis Phelypeaux, conde de Saint-Florentin, duque de La Vrillière (1705-1777), foi secretário de Estado para os assuntos da religião reformada e, subseqüentemente, ministro de Estado em várias funções.

«– Ontem, creio, sim, foi ontem.

«– Não reparaste nada?

«– Sou muito pouco reparador, mas me pareceu que, ao se separarem, faziam alguns sinais com a cabeça, como quando um diz que sim e outro diz que não.

«– Qual era a cabeça que dizia sim?

«– A do intendente.

«– Eles são inocentes ou são cúmplices. Escuta, meu amigo, não voltes para casa; esconde-te em algum lugar seguro, no Templo[49], na Abadia[50], onde quiseres e, entrementes, deixa-me agir. Sobretudo lembra-te bem...

«– De não aparecer e de me calar.

«– É isto".

«No mesmo momento, a casa do pasteleiro foi cercada de espiões. Olheiros, sob as mais variadas vestimentas, dirigem-se à pasteleira, e perguntam-lhe pelo marido; a um responde que ele está doente, a um outro que ele saiu para uma festa e a um terceiro, para um casamento. Quando voltará? Ela não sabe de nada.

«Ao terceiro dia, às duas horas da manhã, o oficial da polícia é prevenido que fora visto um homem, com o nariz envolto em um manto, abrir devagarinho a porta da rua e introduzir-se devagar na casa do pasteleiro. Imediatamente, o oficial da polícia, acompanhado de um comissário, de um serralheiro, de um fiacre e de alguns esbirros transporta-se ao local. A porta é aberta com uma gazua, o oficial e o comissário sobem quase sem ruído. Batem na porta do quarto da pasteleira: nada de

---

49. Templo, mosteiro situado em amplo terreno, pertencente, de início, aos Templários, e depois aos Hospitaleiros de S. João de Jerusalém, tendo servido de asilo a devedores insolventes e a pessoas ameaçadas de prisão. Acolheu, também, no reino de Luís XIV e na Regência, libertinos eruditos, que lá se reuniam.

50. Abadia de Saint-Germain-des-Prés, em Paris, uma vasta propriedade que dava abrigo a indivíduos procurados pela polícia, mas que serviu também de manicômio e de prisão, a qual se celebrizou durante a Revolução Francesa.

resposta; batem mais uma vez: nada de resposta; na terceira vez, perguntam de dentro: "Quem é?

«– Abri.

«– Quem é?

«– Abri, é em nome do rei.

«– Bom!, disse o intendente à pasteleira com quem estava dormindo. Não há nenhum perigo, é o oficial de polícia que vem executar a ordem. Abri, eu me identificarei, ele se retirará e tudo estará acabado".

«A pasteleira, em camisola, abre e enfia-se de novo na cama.

«O Oficial de Polícia: – Onde está vosso marido?

«A Pasteleira: – Não está aqui.

«O Oficial de Polícia, *puxando a cortina*: – Quem está aí, pois?

«O Intendente: – Sou eu, eu sou intendente do Senhor de Saint-Florentin.

«O Oficial de Polícia: – Mentis, sois o pasteleiro, pois o pasteleiro é quem dorme com a pasteleira. Levantai-vos, vesti-vos e segui-me.

«Era preciso obedecer, conduziram-no para cá. O ministro, informado da infâmia de seu intendente, aprovou a conduta do oficial de polícia, que deve vir ao cair da noite buscá-lo nesta prisão para transferi-lo a Bicêtre, onde, graças à economia dos administradores, comerá seu quarto de libra de mau pão, sua onça de carne de vaca, e arranhará o seu rabecão de manhã à noite». E se eu fosse também deitar minha cabeça sobre um travesseiro, esperando que Jacques e seu amo acordem, o que achais disso?

No dia seguinte, Jacques levantou-se bem cedo, pôs a cabeça à janela para ver que tempo fazia, viu que fazia um tempo detestável, deitou-se de novo e nos deixou dormir, seu amo e a mim, tanto quanto nos aprouve.

Jacques, seu amo e os outros viajantes que se haviam detido na mesma estalagem julgaram que o céu clarear-se-ia por volta do meio dia; não foi nada disso, e tendo a chuva do temporal engrossado o riacho que separava a cidade do subúrbio, a ponto de que fosse perigoso transpô-lo, todos os que a estrada levava a esta banda, tomaram o partido de perder um dia e aguardar. Uns puseram-se a conversar; outros a ir e vir, a meter o nariz pela porta, olhar o céu e a entrar de volta praguejando e batendo o pé; vários a politicar e beber; muitos a jogar; o resto a fumar, a dormitar e a não fazer nada. O amo disse a Jacques: «Espero que Jacques vá retomar o relato de seus amores, e que o céu, que quer que eu tenha a satisfação de ouvir o final, nos retenha aqui devido ao mau tempo.

JACQUES: – O céu é que quer! Não se sabe jamais o que o céu quer ou não quer, e ele próprio talvez não saiba. Meu pobre capitão, que não mais está, me repetiu isso cem vezes, e quanto mais vivo, mais reconheço que ele tinha razão. À vossa, meu amo.

O AMO: – Compreendo. Estavas na carruagem e no criado a quem a doutora mandou abrir teu cortinado e falar contigo.

JACQUES: – Esse criado aproxima-se de minha cama e me diz: "Vamos, camarada, de pé, vista-se e partamos". Respondi-lhe de entre os lençóis e o cobertor que me envolvia a cabeça, sem o ver e sem ser visto por ele: "Camarada, deixe-me dormir e vá-se embora". O criado me replicou que tinha ordens de seu amo e que precisava cumpri-las. "E este seu amo que dispõe de um homem que nem conhece, dispôs-se também a pagar o que eu devo aqui?

«– Negócio feito. Apresse-se, todo mundo o espera no castelo, onde lhe afirmo que estará melhor do que aqui, se o que vier em seguida corresponder à curiosidade que lá se tem a seu respeito".

«Deixo-me persuadir, levanto-me, visto-me, seguram-me por baixo dos braços. Eu havia me despedido da doutora e ia subir no carro, quando essa mulher, aproximando-se de mim, puxa-me pela manga e pede-me que eu me dirija a um canto

do quarto, pois tinha uma palavra a dizer-me. "Veja, meu amigo, acrescentou ela, o senhor não tem, creio eu, queixa de nós; o doutor lhe salvou uma perna e, quanto a mim, eu o tratei bem. E espero que no castelo não se esqueça de nós.
«– O que eu poderia fazer por vocês?
«– Pedir que seja meu marido que venha lhe fazer os curativos; há um mundo de gente por lá! É a melhor clientela do cantão; o senhor do castelo é um homem generoso, a paga é gorda, só dependeria do senhor a nossa boa fortuna. Meu marido tentou várias vezes introduzir-se lá, porém inutilmente.
«– Mas, madame doutora, não há um cirurgião do castelo?
«– Seguramente.
«– E se este outro fosse seu marido, a senhora ficaria muito contente se o prejudicassem dessa forma e o expulsassem?
«– Este cirurgião é um homem a quem o senhor nada deve, ao passo que ao meu marido, creio eu, deve alguma coisa: se o senhor caminha com seus dois pés, como antes, a obra é dele.
«– E por ter seu marido me feito o bem, devo eu fazer mal a um outro? Ainda se o lugar estivesse vago..."».
Jacques ia continuar, quando a hospedeira entrou tendo nos braços a enfaixada Nicole, beijando-a, lastimando-a, acariciando-a, falando-lhe como a um filho: «Minha pobre Nicole, passou a noite inteira gritando. E vós, senhores, dormistes bem?

O Amo: – Muito bem.

A Hospedeira: – O tempo está fechado de todo lado.

Jacques: – Isso nos aborrece bastante.

A Hospedeira: – Vós pretendeis, senhores, ir longe?

Jacques: – Não sabemos nada.

A Hospedeira: – Estais, senhores, seguindo alguém?

Jacques: – Não estamos seguindo ninguém.

A Hospedeira: – Seguis ou parais, conforme os negócios que tendes pelo caminho?

Jacques: – Não temos nenhum negócio.

A Hospedeira: – Viajais para o vosso prazer?

Jacques: – Ou para o nosso castigo.

A Hospedeira: – Faço votos que seja o primeiro caso.

Jacques: – Vossos votos não farão a menor diferença; será o que está escrito lá em cima.

A Hospedeira: – Oh, é um casamento?

Jacques: – Talvez sim, talvez não.

A Hospedeira: – Senhores, tomai cuidado. Esse homem que está lá embaixo, e que tratou tão rudemente minha pobre Nicole, fez um casamento bem extravagante. Vem, meu pobre bichinho, vem para que te beije; eu te prometo que isso não acontecerá mais. Vede como treme em todos os seus membros!

O Amo: – E o que há de tão singular no casamento desse homem?».

A esta pergunta do amo de Jacques, a hospedeira disse: «Ouço barulho lá embaixo, vou dar minhas ordens e volto para vos contar tudo isso». Seu marido, cansado de gritar: «Minha mulher? Minha mulher?», sobe, e com ele seu compadre que ele não estava vendo. O hospedeiro diz à sua mulher: «Eh! Que diabo estás fazendo aí?...». Depois, voltando-se e vendo o seu compadre: «Me trouxeste o dinheiro?

O Compadre: – Não, compadre, sabes muito bem que não tenho nenhum.

O Hospedeiro: – Não tens nenhum? Saberei obtê-lo com tua charrua, teus cavalos, teus bois e tua cama. Que tratante!

O Compadre: – Não sou um tratante de modo algum.

O Hospedeiro: – E o que és, pois? Estás na miséria, não sabes onde conseguir com que semear teus campos; teu proprietário, cansado de te fazer adiantamentos, não quer mais te dar nada. Vens a mim, esta mulher intercede, esta maldita tagarela, que é a causa de todas as minhas tolices na vida, me convence a te emprestar, eu te empresto, tu me prometes restituir, tu me falhas dez vezes. Oh!, eu te prometo, quanto a mim, que não falharei contigo. Sai daqui».

Jacques e seu amo preparavam-se para pleitear em favor daquele pobre diabo, mas a hospedeira, pousando o dedo sobre a boca, lhes fez sinal para que se calassem.

O Hospedeiro: – «Sai daqui.

O Compadre: – Tudo o que dizes é verdade, como também é verdade que os meirinhos estão em minha casa, e que dentro de um momento estaremos reduzidos à miséria, minha filha, meu rapaz e eu.

O Hospedeiro: – É a sorte que mereces. O que viestes fazer aqui esta manhã? Deixo o engarrafamento de meu vinho, subo da adega, e não te encontro em parte alguma. Sai daqui, já te disse.

O Compadre: – Compadre, eu vim, tenho medo da acolhida que me fazes, já dei a meia volta e vou-me embora.

O Hospedeiro: – Fazes bem.

O Compadre: – Eis, portanto, a minha pobre Marguerite, que é tão ajuizada e tão bonita, condenada a ir a Paris como doméstica.

O Hospedeiro: – Como doméstica! Em Paris! Queres, pois, torná-la uma desgraçada?

O Compadre: – Não sou eu quem o quer, é o homem duro a quem falo.

O Hospedeiro: – Eu, homem duro? Não o sou de forma alguma, jamais o fui, e tu sabes disso muito bem.

O Compadre: – Não estou mais em condições de alimentar minha filha nem meu rapaz; minha filha se empregará e meu filho se alistará.

O Hospedeiro: – E eu serei a causa disso? Isso não há de acontecer. Tu és um homem cruel, enquanto eu viver serás meu suplício. Isso, vejamos o que precisas.

O Compadre: – Não preciso de nada. Estou desolado por te dever, e não pretendo mais te dever nada. Tu me fazes mais mal por tuas injúrias do que bem por teus serviços. Se tivesse dinheiro, eu o jogaria na tua cara; mas não tenho dinheiro nenhum. Minha filha tornar-se-á o que aprouver a Deus, meu filho far-se-á matar, se preciso, quanto a mim, mendigarei, mas não será à tua porta. Chega, chega de obrigações a um homem vil como tu. Embolsa realmente o dinheiro de meus bois, de meus cavalos e de meus utensílios, que te faça bom proveito. Nasceste para criar ingratos, e eu não quero ser um deles. Adeus.

O Hospedeiro: – Mulher, ele vai embora, detenha-o.

A Hospedeira: – Vamos, compadre, procuremos um meio de socorrer-te.

O Compadre: – Não quero de jeito algum seus socorros, eles são muito caros».

O hospedeiro repetia baixinho à mulher: «Não o deixes ir embora, detenha-o. Sua filha em Paris! Seu rapaz no exército! Ele à porta de uma igreja! Eu não poderia suportar isso».

Neste ínterim, a mulher fazia inúteis esforços; o camponês, que tinha caráter, não queria aceitar nada e continha-se a custo. O hospedeiro, com lágrimas nos olhos, dirigia-se a Jacques e a seu amo e lhes dizia: «Senhores, tentai dobrá-lo». Jacques e seu amo intrometeram-se no caso; todos ao mesmo tempo conjuravam o camponês. Se jamais eu tivesse visto...
– Se jamais vós tivésseis visto! Mas vós não estáveis lá. Dizei: se jamais alguém viu. – Pois bem! Seja! Se jamais alguém viu um homem confuso por uma recusa, arrebatado pela vontade de que se aceitasse de fato o seu dinheiro, era esse hospedeiro; ele abraçava a sua mulher, abraçava Jacques e seu amo, e gritava: «Que se vá bem depressa expulsar da casa dele esses execráveis meirinhos.

O Compadre: – Precisas convir também...

O Hospedeiro: – Convenho que estrago tudo; mas, compadre, o que queres? É como sou, é isso. A natureza fez de mim o mais duro homem e o mais terno; não sei nem conceder nem recusar.

O Compadre: – Não poderias ser de outro jeito?

O Hospedeiro: – Estou na idade em que a gente não se corrige mais; mas se os primeiros que se dirigiram a mim me tivessem descomposto como tu o fizeste, eu teria talvez me tornado melhor. Compadre, te agradeço a lição, talvez eu a aproveite... Mulher, vai depressa, desce e dá-lhe o que ele precisa. Que diabo, anda, raios! Vê se anda, vai!... Mulher, peço-te que te apresses um pouco e não o faças esperar, voltarás em seguida ao encontro destes senhores, com os quais me parece que te sentes bem».

A mulher e o compadre desceram, o hospedeiro permaneceu ainda por um momento, e quando foi embora, Jacques disse a seu amo: «Eis um homem singular! O céu, que nos enviou esse mau tempo que nos retém aqui, porque queria que soubésseis de meus amores, o que estará querendo agora?».

O amo, estendendo-se na sua poltrona, bocejando, batendo na tabaqueira, respondeu: «Jacques, temos mais do que um dia para viver juntos, a menos que...

JACQUES: – Quer dizer que, para o hoje, o céu quer que eu me cale, ou que seja a hospedeira que fale; é uma tagarela que não pede nada de melhor; que ela fale, pois...

O AMO: – Estás ficando de mau humor.

JACQUES: – É que também gosto de falar.

O AMO: – Tua vez chegará.

JACQUES: – Ou não vai chegar».

Eu vos ouço, leitor; eis aí, dizeis vós, o verdadeiro desenlace do *Bourru bienfaisant*[51]. Penso isso. Eu teria introduzido nessa peça, se fosse o seu autor, um personagem que seria tomado por episódico, e que não o seria em absoluto. Esse personagem ter-se-ia mostrado algumas vezes, e sua presença teria sido motivada. A primeira vez, teria vindo pedir perdão, mas o temor de um mau acolhimento o teria feito sair antes da chegada de Geronte[52]. Premido pela irrupção dos meirinhos em sua casa, teria, na segunda vez, tido a coragem de esperar

---

51. Peça que Carlo Goldoni compôs em francês e que foi representada na Corte, em Paris, em 1771. O dramaturgo a traduziu para o italiano, em 1776, com o título de *Il Burbero de Buon Cuore*.

52. Geronte, o rabugento benfeitor é a personagem principal de *Le Bourru bienfaisant*, a peça francesa de Goldoni, que tinha especial apreço por esta figura, de tão acentuado parentesco com a tipologia da *Commedia del'Arte*.

Geronte, mas este teria se recusado a vê-lo. Enfim, eu tê-lo-ia conduzido ao desenlace em que ele teria feito exatamente o papel do camponês com o estalajadeiro; ele teria tido, como o camponês, uma filha, a quem iria empregar em casa de uma modista, um filho que iria retirar da escola para fazê-lo entrar no trabalho de doméstico; quanto a si próprio, ele teria se decidido a mendigar até que ficasse enfastiado de viver. Ter-se-ia visto o Rabugento benfazejo aos pés desse homem, ter-se-ia ouvido o Rabugento benfazejo admoestado como merecia, ele teria sido forçado a dirigir-se à família toda que o teria cercado, para dobrar seu devedor e obrigá-lo a aceitar novos socorros. O Rabugento benfazejo teria sido punido, teria prometido corrigir-se, mas no mesmo momento teria voltado ao seu caráter, impacientando-se com os personagens em cena, que se teriam feito cortesias para entrar na casa; ele teria dito bruscamente: «Que o diabo carregue as cerim...» Mas ter-se-ia detido de repente no meio da frase, e num tom abrandado teria dito a suas sobrinhas: «Vamos, minhas sobrinhas, dai-me a mão e caminhemos». – E para que esse personagem estivesse ligado ao enredo, vós teríeis feito dele um protegido do sobrinho de Geronte? – Muito bem! – E teria sido a pedido do sobrinho que o tio teria emprestado seu dinheiro? – Maravilha! – E esse empréstimo teria sido um agravo do tio contra seu sobrinho? – É isso mesmo. – E o desenlace dessa peça agradável não teria sido um ensaio geral com toda a família em cena, daquilo que ele teria feito anteriormente com cada um deles em particular? – Tendes razão. – E se algum dia eu encontrar o Senhor Goldoni[53], recitar-lhe-ei a cena do albergue. – E faríeis bem,

---

53. Carlo Goldoni (1707-1793), dramaturgo veneziano, que assinala de certo modo o fim do predomínio do teatro de máscaras da *Commedia dell'Arte* e o início de uma escritura mais natural ou realista na dramaturgia italiana. Sua carreira e obra desenvolveram-se não só em sua cidade natal, como em outras cidades italianas e, a partir de 1761, em Paris, onde dirigiu a Comédie Italienne e também escreveu suas memórias. Compôs mais de 150 tragédias, tragicomédias, libretos, farsas e comédias, entre as quais

ele é um homem dos mais hábeis que pode tirar bom partido do caso.

A hospedeira subiu de novo, sempre com Nicole entre seus braços, e disse: «Espero que tenhais um bom jantar, o caçador furtivo[54] acaba de chegar; o guarda do senhor não tardará...» e, assim falando, tomou assento numa cadeira. Ei-la sentada e seu relato começa.

A Hospedeira: – «É preciso desconfiar dos criados, os patrões não têm piores inimigos.

Jacques: – Madame, a senhora não sabe o que diz, há bons e maus, e contar-se-iam talvez mais criados bons do que bons amos.

O Amo: – Jacques, tu não te ouves, e cometes precisamente a mesma indiscrição que te chocou.

Jacques: – É que os amos...

O Amo: – É que os criados...».

Pois bem!, leitor, a que se deve o fato de que eu não levante uma violenta querela entre esses três personagens? De que a hospedeira não seja agarrada pelos ombros e atirada para fora do quarto por Jacques; de que Jacques não seja agarrado pelos ombros e enxotado pelo amo; de que um não vá para um lado e outro para o outro, e de que vós não chegueis a ouvir nem a história da hospedeira, nem a continuação dos amores de Jacques? Tranqüilizai-vos, não farei nada disso. A hospedeira retomou, pois, o fio: «É preciso convir que se há homens bem maus, há mulheres bem más.

Jacques: – E que não é preciso ir longe para encontrá-los.

A Hospedeira: – Por que está se metendo? Sou mulher e me convém falar das mulheres o que eu bem quiser, pouco me importa sua aprovação.

---

*Mirandolina* e *Arlequim, Servidor de Dois Amos*, que são duas das mais representadas até hoje nos palcos internacionais.

54. Em francês, *braconnier*, caçador clandestino, mas também, em sentido figurado, indivíduo dado a conquistas amorosas.

JACQUES: – A minha aprovação vale tanto quanto qualquer outra.

A HOSPEDEIRA: – Tendes aí, senhor, um criado que se faz de entendido e que vos falha. Também tenho criados, mas eu bem que gostaria que eles se atrevessem...

O AMO: – Jacques, cala-te, e deixa madame falar».

A hospedeira, encorajada por estas palavras do amo de Jacques, levanta-se, volta-se contra Jacques, põem seus dois punhos sobre as cadeiras, esquece que está segurando Nicole, larga-a, e eis Nicole no chão, machucada e a debater-se em sua faixa, latindo a mais não poder, a hospedeira misturando seus gritos aos latidos de Nicole, Jacques misturando suas gargalhadas aos latidos de Nicole e aos gritos da hospedeira, e o amo de Jacques abrindo a tabaqueira, fungando sua pitada de rapé e não podendo impedir-se de sorrir. E eis toda a hospedaria em tumulto. «Nanon? Nanon? Depressa, depressa, traga a garrafa de aguardente... Minha pobre Nicole está morta... Tire-lhe a faixa... Como você é desajeitada!

– Faço o melhor que posso.

– Como ela grita! Arreda daí, deixa que eu faço... Está morta!... Ri à vontade, grande basbaque, há de fato do que rir. Minha pobre Nicole está morta!

– Não, madame, creio que voltará a si, ela está se mexendo».

E Nanon pôs-se a esfregar o focinho da cadela com aguardente e a obrigá-la a engolir; e a hospedeira a se lamentar, a desembestar contra os criados impertinentes; e Nanon a dizer: «Veja, madame, ela está abrindo os olhos, está olhando para a senhora.

– Pobre animal! Como se falasse! Quem não ficaria comovido?

– Madame, acaricie-a um pouquinho, responda-lhe qualquer coisa.

– Vem, minha pobre Nicole, grita, minha filha, grita se isto pode te aliviar. Há um destino para animais como para as pessoas; ele manda ventura para os mandriões, impertinentes, gritalhões e comilões, e a desventura a um outro que é a melhor criatura do mundo.

– Madame tem de fato razão, não há nenhuma justiça aqui embaixo.

– Cale-se, enfaixe-a de novo, coloque-a sobre o meu travesseiro, e lembre-se que ao menor grito que ela der você me pagará. Vem, pobre animal, para que eu te beije ainda uma vez antes que te levem. Aproxime-a pois, sua tonta. Esses cães, isso é tão bom, isso vale mais...

Jacques: – Que pai, mãe, irmãos, irmãs, filhos, criados, esposos...

A Hospedeira: – Mas sim, não é para rir, é uma coisa inocente, ela vos é fiel, ela nunca vos faz mal, ao passo que o resto...

Jacques: – Viva os cachorros! Não há nada mais perfeito sob o céu.

A Hospedeira: – Se há alguma coisa mais perfeita, ao menos não é o homem. Gostaria realmente que vós conhecêsseis o do moleiro, é o namorado de minha Nicole; não há um dentre vós, tantos quantos vós sois, que ele não faça corar de vergonha. Ele vem, desde o despontar do dia, de mais de uma légua de distância, planta-se diante desta janela, são suspiros e mais suspiros a fazer pena. Não importa o tempo que faça, ele fica ali parado, a chuva lhe cai sobre o corpo, seu corpo se afunda na areia, mal se vêem as orelhas e a ponta do focinho. Faríeis vós tanto pela mulher que mais amásseis?

O Amo: – É muito galante.

Jacques: – Mas também onde está a mulher digna desses desvelos, como sua Nicole?».

A paixão da hospedeira pelos animais não era, no entanto, sua paixão dominante, como se poderia imaginar; era a de falar. Quanto mais prazer e paciência em escutá-la, mais mérito se tinha; por isso não se fez de rogada para retomar a história interrompida do casamento singular; ela só pôs como condição que Jacques se calasse. O amo prometeu o silêncio por Jacques. Jacques se esticou displicentemente num canto, de olhos fechados, seu gorro enfiado até as orelhas e as costas meio voltadas para a hospedeira. O amo tossiu, cuspiu, assuou-se, puxou o relógio, olhou as horas, tirou a tabaqueira, bateu na tampa, tomou sua pitada de rapé; e a hospedeira se viu na obrigação de degustar o delicioso prazer de perorar.

A hospedeira ia começar, quando ouviu a cadela gritar. «Nanon, vê aí esse pobre animal... Isso me perturba, não sei mais onde eu estava.

JACQUES: – A senhora ainda não havia dito nada.

A HOSPEDEIRA: – Esses dois homens com quem eu brigava por causa de minha pobre Nicole quando o senhor chegou...

JACQUES: – Diga os senhores.

A HOSPEDEIRA: – E por quê?

JACQUES: – É que fomos tratados até agora com essa cortesia e que a isso me habituei. Meu amo me chama de Jacques; os outros, de senhor Jacques...

A HOSPEDEIRA: – Eu não o chamo nem de Jacques, nem de senhor Jacques, eu não falo com você... (– Madame? – Que é? – A conta do número cinco. – Veja no canto da lareira.) Esses dois homens são bons gentis-homens; vêm de Paris e se dirigem à terra do mais velho.

JACQUES: – Quem sabe disso?

A HOSPEDEIRA: – Eles que o dizem.

JACQUES: – Bela razão!».

O amo fez um sinal à hospedeira, pelo qual ela compreendeu que Jacques tinha o cérebro embaralhado. A hospedeira respondeu ao sinal do amo com um movimento compassivo de ombros, e acrescentou: «Na sua idade! É deplorável.

JACQUES: – Muito deplorável a gente não saber jamais para onde vai.

A HOSPEDEIRA: – O mais velho dos dois chama-se Marquês des Arcis. Era um homem amante dos prazeres, muito amável, acreditando pouco na virtude das mulheres...

JACQUES: –Ele tinha razão.

A Hospedeira: – Senhor Jacques, está me interrompendo.

Jacques: – Madame hospedeira do *Grand-Cerf*, não estou falando com a senhora.

A Hospedeira: – O senhor marquês encontrou, no entanto, uma bastante bizarra para tratá-lo com rigor. Chamava-se Senhora de La Pommeraye. Era uma viúva de boa conduta, de berço, de fortuna e de elevação. O Senhor des Arcis rompeu com todas as suas relações, ligou-se unicamente com a Senhora de La Pommeraye, fez-lhe a corte com a maior assiduidade, tentou por todos os sacrifícios imagináveis provar-lhe que a amava, propôs-lhe mesmo esposá-la; mas essa mulher havia sido tão infeliz com o primeiro marido, que ela... (– Madame? – Que é? –A chave do depósito de aveia? – Veja no prego, se não estiver lá, veja no depósito.) que ela preferiria expor-se a toda sorte de infelicidades ao perigo de um segundo casamento.

Jacques: – Ah! Se isso estivesse escrito lá em cima!

A Hospedeira: – Essa mulher vivia muito retirada. O marquês fora velho amigo de seu marido, ela o recebera em sua casa, e continuava a recebê-lo. Se lhe perdoassem seu gosto desenfreado pela galantaria, era o que se chama um homem de honra. A perseguição constante do marquês, secundada por suas qualidades pessoais, por sua juventude, por sua figura, pelas aparências da paixão mais verdadeira, pela solidão, pelo pendor à ternura, em uma palavra, por tudo aquilo que nos entrega à sedução dos homens... (– Madame? – Que é? – É o correio. – Conduza-o ao quarto verde, e sirva-o como de costume.), teve seu efeito, e a Senhora de La Pommeraye, após haver lutado vários meses contra o marquês, contra si própria, e exigido segundo o costume os juramentos mais solenes, tornou feliz o marquês, que teria fruído da sorte mais doce, se tivesse podido conservar para com sua amante os sentimentos que jurara e que lhe eram dedicados. Veja, senhor, só as mulheres sabem amar, os homens não entendem nem um pouco disso... (– Madame? – Que é? – O irmão esmoler. – Dá-lhe doze soldos por esses senhores que estão aqui, seis soldos por mim e que ele vá aos outros quartos.) Ao cabo de alguns anos, o marquês começou a achar a vida da Senhora de La Pommeraye demasiado singela. Ele lhe propôs que se abrisse mais para a sociedade, e ela consentiu; que recebesse algumas mulheres e alguns homens, e ela consentiu; que oferecesse um jantar-ceia[55], e ela consentiu. Pouco a pouco, passou um dia, dois dias sem vê-la; pouco a pouco deixou de ir ao jantar-ceia que ele havia arrumado; pouco a pouco foi abreviando as visitas; tinha negócios que o chamavam: quando chegava, dizia uma palavra, esparramava-se numa poltrona, pegava uma brochura, largava-a, falava a seu cão ou adormecia. De noite, sua saúde, que se tornava miserável, exigia que se recolhesse cedo, era o conselho de Tronchin[56]. "É um grande homem esse Tronchin! Por minha fé! Não duvido que venha a salvar nossa amiga que outros davam por desenganada". E assim falando, pegava a bengala e o chapéu e ia embora, esquecendo-se às vezes de beijá-la. A Senhora de La Pommeraye... (– Madame? – Que é? – O tanoeiro. – Que desça à adega, e examine as duas peças do canto.) A Senhora de La Pommeraye pressentiu que não era mais amada; era preciso assegurar-se disso, e eis como ela agiu... (– Madame? – Já vou, já vou aí.)».

A hospedeira, fatigada com essas interrupções, desceu, e tomou aparentemente as providências para fazê-las cessar.

A HOSPEDEIRA: – «Um dia, depois do jantar, ela disse ao marquês: "Meu amigo, estais sonhando?

«– Vós sonhais também, marquesa.

---

55. Em francês, *dîner-souper*, refeição que antecedia a ceia (*grand dîner*) e era servida por volta das dez horas da noite.
56. Théodore Tronchin ( 1709-1781), médico e célebre inoculador (da vacina contra a varíola). Formou-se em Leyde e praticou em Amsterdã, Genebra e, finalmente, em Paris, onde foi professor da Faculdade de Medicina e médico do duque de Orléans. Cuidou de Voltaire, relacionou-se com os Filósofos e foi amigo de Rousseau, que o apresentou a Diderot e à madame D'Épinay.

«– É verdade, e até assaz tristemente.

«– O que tendes?

«– Nada.

«– Isto não é verdade. Vamos marquesa, disse ele bocejando, contai-me tudo, isso vos desentediará e a mim também.

«– Será que vós vos entediais?

«– Não; é que há dias...

«– Em que a gente se entedia.

«– Vós vos enganais, minha amiga, eu vos juro que vos enganais; é que há de fato dias!... A gente não sabe a que isso se deve.

«– Meu amigo, há algum tempo que me sinto tentada a fazer-vos uma confidência, mas temo afligir-vos.

«– E vós poderíeis afligir-me, vós?

«– Talvez, mas o céu é testemunha de minha inocência...". (– Madame? Madame? Madame? – Seja lá por quem e por qual motivo que seja, eu já a proibi de me chamar; chama o meu marido. – Ele está ausente.) Senhores, peço-vos perdão, volto dentro de um momento».

E eis que desce a hospedeira, sobe de novo e retoma o seu relato:

A Hospedeira: – «"Mas isto se deu sem o meu consentimento, contra a minha vontade, por uma maldição a que toda a espécie humana está aparentemente sujeita, visto que eu, eu mesma, não lhe escapei.

«– Ah!, é de vós?... Eu tinha medo... Do que se trata?

«– Marquês, trata-se... Estou desolada; vou desolar-vos, e pensando bem, é preferível que eu me cale.

«– Não, minha amiga, falai; teríeis no fundo de vosso coração um segredo para mim? A primeira de nossas convenções não foi que nossas almas se abririam uma à outra sem reserva?

«– É verdade, e eis o que me pesa; é uma censura que leva ao cúmulo uma muito mais importante que eu própria me faço. Será que vós não vos apercebeis que não tenho mais a mesma alegria? Perdi o apetite, não bebo e não como a não ser por obrigação; não consigo dormir. Nossas companhias, mesmo os amigos mais íntimos, me desagradam. À noite, interrogo-me e digo a mim mesma: É ele menos amável? Não. Será que tendes algo para vos queixar dele? Não. Haveria para censurá-lo algumas ligações suspeitas? Não. Terá a sua ternura por vós diminuído? Não. Por que então, sendo vosso amigo o mesmo, vosso coração está mudado? Pois ele o está, vós não podeis vos ocultar o fato. Vós não o esperais com a mesma impaciência, não tendes mais o mesmo prazer em vê-lo, essa inquietude quando ele tardava a voltar, essa doce emoção ao barulho de seu carro, quando o anunciavam, quando ele aparecia, vós não a sentis mais.

«– Como, senhora!" Então a marquesa de La Pommeraye cobriu os olhos, inclinou a cabeça e calou-se por um momento, após o qual ela acrescentou: "Marquês, eu já estava à espera de todo o vosso espanto, de todas as coisas amargas que ireis me dizer. Marquês!, poupai-me... Não, não me poupai, dizei, eu as ouvirei com resignação, porque as mereço. Sim, meu caro marquês, é verdade... Sim, estou... Mas não é já uma desventura bastante grande que a coisa haja acontecido, sem vos acrescentar com isso a vergonha, o desprezo de vos ser falsa, dissimulando-a de vós? Vós sois o mesmo, mas vossa amiga mudou, vossa amiga vos reverencia, vos estima tanto e mais do que nunca; mas... mas uma mulher acostumada como ela a examinar de perto o que se passa nos recônditos mais secretos de sua alma e a não iludir-se a respeito de nada, não pode ocultar-se que o amor não mais a habita. A descoberta é horrorosa, mas não é menos real. A Marquesa de La Pommeraye, eu, eu, inconstante, leviana!... Marquês, enfurecei-vos, procurai os nomes mais odiosos, eu já mos dei de antemão, dai-mos, estou pronta a aceitá-los todos..., todos, exceto o de mulher falsa, de que vos me poupareis, espero, pois em verdade eu não o sou...". (– Minha mulher? – Que é? – Nada. – Não se tem um momento de descanso nesta casa, mesmo nos dias em que não há quase ninguém e em que se crê não haver nada para fazer. Como é de lastimar uma mulher na minha condição, sobretudo tendo um animal de marido!) Dito isto, a Senhora de La Pommeraye reclinou-se na poltrona e se pôs a chorar. O marquês se precipitou aos seus joelhos e lhe disse: "Sois uma mulher encantadora, uma mulher adorável, uma mulher como não há nenhuma outra. Vossa franqueza, vossa honestidade me confundem e deveriam fazer-me morrer de vergonha. Ah!, que superioridade este momento vos dá sobre mim! Como vos vejo grande e como me acho pequeno! Fostes vós quem primeiro falastes, e fui o primeiro culpado. Minha amiga, vossa sinceridade me arrebata; eu seria um monstro se ela não me arrebatasse, e eu vos confessarei que a história de vosso coração é, palavra por palavra, a história do meu. Tudo aquilo que vós vos dissestes, eu o disse a mim mesmo, mas eu me calava, sofria, e não sei quando teria coragem para falar.

«– Verdade, meu amigo?

«– Nada mais verdadeiro, e só nos resta nos felicitarmos reciprocamente por termos perdido ao mesmo tempo o sentimento frágil e enganador que nos unia.

«– Com efeito, que infelicidade que meu amor tivesse perdurado quando o vosso já teria cessado!

«– Ou que tivesse cessado em mim primeiro.

«– Tendes razão, eu o sinto.

«– Jamais vós me parecestes tão amável, tão bela quanto neste momento, e se a experiência do passado não me tivesse tornado circunspecto, eu julgaria amar-vos mais do que nunca". E o marquês, assim falando, tomava-lhe as mãos e as beijava... (– Minha mulher? – Que é? – O vendedor de palha. – Vê no registro. – E o registro? – Sossega, sossega, está comigo.) A Senhora de La Pommeraye, encerrando em si mesma o despeito mortal que lhe dilacerava o coração, retomou a palavra e disse ao marquês: "Mas, marquês, o que será de nós?

«– Nós não nos iludimos nem a um nem a outro; vós tendes direito a toda a minha estima e não creio haver perdido inteiramente o direito que eu tinha à vossa; continuaremos a nos ver, entregar-nos-emos à confiança da mais terna amizade. Pouparnos-emos todos esses aborrecimentos, todas essas pequenas perfídias, todas essas censuras, todo esse mau humor, que acompanham comumente as paixões que findam; seremos únicos em nossa espécie. Recobrareis vossa inteira liberdade, devolver-me-eis a minha; viajaremos pelo mundo, serei o confidente de vossas conquistas, eu não vos ocultarei nada das minhas, se eu fizer algumas, do que muito duvido, pois vós me tornastes difícil. Isto será delicioso. Vós me ajudareis com vossos conselhos, eu não vos recusarei os meus nas circunstâncias perigosas em que julgardes necessitar deles. Quem sabe o que pode acontecer?".

Jacques: – Ninguém.

"O Marquês: – "É muito provável que quanto mais longe eu for, mais ganhareis nas comparações, e que retornarei a vós mais apaixonado, mais terno, mais convencido do que nunca que a Senhora de La Pommeraye era a única mulher feita para a minha felicidade; e após esse meu retorno, pode-se apostar tudo que eu permanecerei convosco até o fim de minha vida.

«– E se acontecesse que ao vosso retorno não me encontrásseis mais? Pois, afinal, marquês, nem sempre se é justo, e não seria impossível que eu tomasse gosto, fantasia, paixão mesmo por um outro cujo valor não vos ombreasse.

«– Eu ficaria por certo desolado, mas não teria de que me queixar; eu só poria a culpa na sorte por nos ter separado quando estávamos unidos, e por nos ter reaproximado quando não mais poderíamos nos unir"».

Depois desta conversação, eles puseram-se a moralizar sobre a inconstância do coração humano, sobre a frivolidade das juras, sobre os laços de casamento... (– Madame? – Que é? – O coche.) «Senhores, disse a hospedeira, é preciso que eu vos deixe. Esta noite, quando todos os meus afazeres estiverem terminados, voltarei e concluirei esta aventura, se tiverdes curiosidade... (– Madame? – Minha mulher? – Nossa hospedeira? – Já vou, já vou.)».

A hospedeira partiu e o amo disse a seu criado: "Jacques, reparaste uma coisa?

JACQUES: – O quê?

O AMO: – É que esta mulher conta muito melhor do que caberia a uma estalajadeira.

JACQUES: – É verdade. As freqüentes interrupções das pessoas da casa me impacientaram várias vezes.

O AMO: – E a mim também».

E vós, leitor, falai sem dissimulação, pois vedes que estamos em boa maré de franqueza; quereis vós que deixemos aí essa elegante e prolixa tagarela de hospedeira, e que retomemos os amores de Jacques? Para mim tanto faz. Quando essa mulher subir de novo, Jacques, o tagarela, não pede nada de melhor do que retomar o seu papel e fechar-lhe a porta na cara, ele se dará por satisfeito se puder dizer-lhe pelo buraco da fechadura: «Boa noite, madame, meu amo dorme, vou deitar-me; é preciso deixar o resto para depois, quando estivermos de saída».

«O primeiro juramento que dois seres de carne se fizeram um ao outro, foi ao pé de um rochedo que se desfazia em pó; eles tomaram por testemunho de sua constância um céu que não é o mesmo nem por um instante; tudo neles e em torno deles era passageiro, e eles supunham os seus corações libertos de vicissitudes. Ó crianças! Sempre crianças!...». Não sei de quem são essas reflexões, se de Jacques, de seu amo ou minhas, é certo que elas são de um dos três, e que foram precedidas e seguidas de muitas outras que nos teriam levado, a Jacques, a seu amo e a mim, até a ceia, até depois da ceia, até o retorno da hospedeira, se Jacques não tivesse dito a seu amo: «Vede, senhor, todas essas grandes sentenças que acabais de proferir sem qualquer motivo não valem uma velha fábula das veladas de minha aldeia.

O AMO: – E qual fábula é essa?

JACQUES: – É a fábula da Bainha e do Punhalzinho. Certo dia a Bainha e o Punhalzinho começaram a brigar. O Punhalzinho disse à Bainha: "Bainha, minha querida, tu és uma tratante, pois todos os dias recebes novos punhaizinhos". A Bainha respondeu ao Punhalzinho: "Meu amigo Punhalzinho, tu és um tratante, pois todos os dias mudas de bainha. – Bainha, não foi isso que me prometeste. – Punhalzinho, tu me enganaste primeiro". Esse debate travou-se à mesa. Aquele que estava sentado entre a Bainha e o Punhalzinho tomou a palavra e lhes disse: "Tu, Bainha, e tu, Punhalzinho, vós fizestes bem em mudar, pois a mudança vos apetecia; mas vós agistes mal em prometer que não mudaríeis. Punhalzinho, não viste que Deus te fez para ir a várias bainhas, e tu, Bainha, para receber mais de um Punhalzinho? Vós tínheis como loucos certos Punhaizinhos que faziam voto de não aceitar nenhuma bainha, e como loucas certas bainhas que faziam voto de se fechar a todos os punhaizinhos; e vós não pensáveis que éreis quase tão loucos quando jurastes, tu, Bainha, contentar-te com um único punhalzinho, e tu, Punhalzinho, contentar-te com uma única bainha"».

Aqui, o amo disse a Jacques: «Tua fábula não é muito moral, mas é divertida. Não sabes que singular idéia me passa pela cabeça. Caso-te com a nossa hospedeira e procuro saber como teria feito um marido, que gosta de falar, com uma mulher que não pára de falar.

JACQUES: – Como eu fiz nos doze primeiros anos de minha vida, que passei em casa de meu avô e de minha avó.

O AMO: – Como se chamavam? Qual era a profissão deles?

JACQUES: – Eram adeleiros. Meu avô Jason teve vários filhos. Toda a família era séria; levantavam-se, vestiam-se e iam para as suas ocupações; voltavam, jantavam, tornavam a sair sem dizer palavra. De noite, jogavam-se sobre as cadeiras; a mãe e as filhas fiavam, cosiam. Tricotavam sem dizer palavra, os rapazes descansavam e o pai lia o Velho Testamento.

O AMO: – E tu o que fazias?

JACQUES: – Eu corria pelo quarto com uma mordaça.

O AMO: – Com uma mordaça!

JACQUES: – Sim, com uma mordaça, e é a esta maldita mordaça que devo o furor de falar. A semana passava às vezes sem que ninguém abrisse a boca na casa dos Jason. Durante toda a sua vida, que foi longa, minha avó dissera apenas *Chapéus à venda*, e meu avô, que era visto nos inventários, ereto, com as mãos sob a sobrecasaca, dissera apenas *um soldo*. Havia dias em que ele era tentado a não crer na *Bíblia*.

O Amo: – E por quê?

Jacques: – Por causa das repetições inúteis, que ele considerava como uma tagarelice indigna do Espírito Santo. Dizia que os repetidores são tolos que tomam por tolos aqueles que os escutam.

O Amo: – Jacques, se para te indenizar pelo longo silêncio que guardaste durante os doze anos de mordaça em casa de teu avô e enquanto a hospedeira falava...

Jacques: – Eu retomasse a história de meus amores?

O Amo: – Não, porém uma outra que não terminaste de contar, a do companheiro de teu capitão.

Jacques: – Oh!, meu amo, que cruel memória vós tendes!

O Amo: – Meu Jacques! Meu pequeno Jacques!...

Jacques: – Do que rides?

O Amo: – Daquilo que me fará rir mais de uma vez, é de te ver com a mordaça, quando jovem, em casa de teu avô.

Jacques: – Minha avó me tirava a mordaça quando ali não havia mais ninguém; e quando meu avô se apercebia disso, ele não ficava muito contente; dizia-lhe: "Continue, e esse menino será o mais desenfreado tagarela que jamais existiu". Sua predição cumpriu-se.

O Amo: – Vamos Jacques, meu pequeno Jacques, a história do companheiro de teu capitão.

Jacques: – Não me recusaria a contá-la, mas vós não iríeis acreditar nela.

O Amo: – Ela é, pois, de fato maravilhosa?

Jacques: – Não, é que ela já ocorreu com um outro, um militar francês, chamado, creio eu, Senhor de Guerchy[57].

---

57. Claude-Louis de Regnier, conde de Guerchy, faleceu em 1768. Oficial do exército de Louis xv, participou das campanhas da Itália, da Boêmia, de Flandres e na Guerra de Secessão da Áustria. Foi embaixador em Londres e serviu de modelo à personagem do amigo espadachim do capitão de Jacques.

O Amo: – Pois bem! Direi como um poeta francês, que havia feito um epigrama bastante bom, e que dizia a alguém que, na sua presença, se atribuía a autoria: "Por que, senhor, ele não o teria feito? Eu o fiz também, muito bem". Por que a história de Jacques não poderia acontecer ao companheiro de seu capitão, uma vez que ela aconteceu de fato ao militar francês de Guerchy? Mas, ao me recontá-la, com uma pedra darás dois golpes, tu me relatarás a aventura desses dois personagens, pois a ignoro.

Jacques: – Tanto melhor! Mas jurai-me.

O Amo: – Juro-te».

Leitor, estou de fato tentado a exigir de vós o mesmo juramento, mas eu vos farei apenas observar no caráter de Jacques uma esquisitice que lhe proveio, aparentemente, de seu avô Jason, o adeleiro silencioso; é que Jacques, ao contrário dos tagarelas, embora gostasse muito de falar, tinha aversão às repetições. Por isso, dizia às vezes ao Amo: «O senhor me reserva o mais triste futuro; o que será de mim quando eu não tiver mais nada a dizer?

– Tu recomeçarás.

– Jacques recomeçar! O contrário está escrito lá em cima; e se me acontecesse recomeçar, eu não poderia impedir-me de exclamar: "Ah!, se teu avô te ouvisse!..." e eu lamentaria a mordaça.

– Queres dizer aquela que ele te punha?

Jacques: – Nos tempos em que se jogavam jogos de azar nas feiras de Saint-Germain e de Saint-Laurent...

O Amo: – Mas isto é em Paris, e o companheiro de teu capitão era comandante de uma praça na fronteira.

Jacques: – Por Deus, senhor, deixai-me falar... Vários oficiais entraram numa loja e encontraram aí um outro oficial que conversava com a dona da casa. Um deles propôs a este oficial que jogassem o passa-dez[58], pois é preciso que saibais

---

58. Jogo com três dados, cujo lance único tinha por fim ultrapassar dez na soma total das pedras.

que, após a morte de meu capitão, seu companheiro, que ficara rico, também se tornara jogador. Ele, pois, ou o Senhor de Guerchy, aceita. A sorte põe o copo dos dados na mão do adversário que passa, passa, passa, até não acabar mais. O jogo esquentara, e eles haviam jogado o todo[59], o todo do todo, as pequenas metades, as grandes metades, o grande todo, o grande todo do todo, quando um dos assistentes resolveu dizer ao Senhor de Guerchy, ou ao companheiro de meu capitão, que faria bem parar por aí e sair do jogo, porque ali sabiam mais do que ele. A estas palavras, que eram apenas uma brincadeira, o companheiro de meu capitão, ou seja, o Senhor de Guerchy, acreditou que estava lidando com um trapaceiro; meteu sutilmente a mão no bolso, sacou uma faca bem pontuda e, quando seu antagonista levou a mão sobre os dados para colocá-los no copo, ele planta-lhe a faca na mão e prega-lhe a mão na mesa, dizendo-lhe: "Se os dados estão marcados, sois um tratante; se estiverem bons, estou errado". Os dados eram bons. O Senhor de Guerchy disse: "Estou profundamente desolado e ofereço a reparação que se queira". Não foram estas as palavras do companheiro de meu capitão; ele disse: "Eu perdi o meu dinheiro, furei a mão de um homem de bem, mas em compensação recobrei o prazer de bater-me tanto quanto me aprouver". O oficial de mão cravada retira-se e vai tratar-se. Depois de curado, vem ao encontro do oficial cravador e pede-lhe explicações; este, ou o Senhor de Guerchy, considera justo o pedido. O outro, o companheiro de meu capitão, lança os braços em torno de seu pescoço e lhe diz: "Eu vos esperava com uma impaciência que não saberia como exprimir-vos". Eles se dirigem ao campo do duelo; o cravador, o Senhor de Guerchy, ou o companheiro de meu capitão, recebe um belo

---

59. A personagem se expressa aqui numa linguagem de jogo, sem correspondência em português. Em francês, *le tout, le tout de tout, le grand tout, le grand tout de tout* são lances do passa-dez e referem-se a situações em que um jogador, tendo perdido duas partidas, pode recuperar toda a sua aposta de uma só vez (*le tout*), e assim sucessivamente.

golpe de espada através do corpo; o cravado o levanta, faz com que o transportem à sua casa e lhe diz: "Senhor, nós nos reveremos". O Senhor de Guerchy nada respondeu; o companheiro de meu capitão respondeu-lhe: "Senhor, conto realmente com isso". Eles se batem uma segunda, uma terceira, até oito ou dez vezes, e o cravador sempre ficava no chão. Eram ambos oficiais de distinção, ambos pessoas de mérito; a aventura deles provocou grande barulho, o ministério se imiscuiu. Um foi retido em Paris e o outro fixado em seu posto. O Senhor de Guerchy submeteu-se às ordens da corte, o companheiro de meu capitão ficou desolado; e tal é a diferença de dois homens bravos pelo caráter, mas dos quais um é sensato e o outro tem um grão de loucura.

«Até aqui a aventura do Senhor de Guerchy e do companheiro de meu capitão lhes é comum, é a mesma, e eis a razão pela qual me referi aos dois, compreendeis, meu amo? Aqui vou separá-los e não vos falarei mais senão do companheiro de meu capitão, porque o restante só diz respeito a ele. Ah!, senhor, é aqui que ireis ver quão pouco somos donos de nosso destino, e quantas coisas estranhas estão escritas no grande rolo.

«O companheiro de meu capitão, ou o cravador, solicita permissão para dar um giro por sua província: ele a obtém. Seu caminho era por Paris. Ele toma lugar numa viatura pública. Às três horas da madrugada, essa viatura passa diante do Opéra, as pessoas saíam do baile. Três ou quatro jovens estouvados, mascarados, planejam ir desjejuar com os viajantes; chegam ao romper do dia ao local do desjejum. Quem ficou realmente espantado? Foi o cravado ao reconhecer o seu cravador. Este lhe estende a mão, abraça-o e lhe testemunha o quanto está encantado com um encontro tão feliz; no mesmo instante dirigem-se para trás de um celeiro, empunham a espada, um de sobrecasaca e o outro de dominó; o cravador, ou o companheiro de meu capitão, é ainda mais uma vez atirado ao chão. Seu adversário providencia-lhe o socorro, põe-se à mesa com seus amigos e o resto dos viajantes do coche, bebe e come alegremente. Uns dispunham-se a seguir seu caminho e os outros a voltar à capital, mascarados e nos cavalos de posta», quando a hospedeira reapareceu e pôs fim ao relato de Jacques.

Ei-la novamente aí em cima, e eu vos previno, leitor, que não está mais em meu poder mandá-la embora. – Por quê? – É que ela se apresenta com duas garrafas de champanha, uma em cada mão, e porque lá em cima está escrito que todo orador que se apresentar a Jacques com semelhante exórdio far-se-á necessariamente ouvir.

Ela entra, coloca as duas garrafas sobre a mesa, e diz: «Vamos, senhor Jacques, façamos as pazes». A hospedeira já não estava em sua primeira juventude; era uma mulher grande e fornida, ágil, de boa aparência, bem disposta, boca um pouco grande, mas belos dentes, faces largas, olhos à flor do rosto, testa quadrada, pele das mais belas, fisionomia franca, viva e alegre, um peito para se rolar durante dois dias, braços um pouco fortes, mas mãos soberbas, mãos feitas para pintar ou para modelar. Jacques a pegou pela cintura e a abraçou fortemente; seu rancor nunca se mantinha diante de um bom vinho ou de uma bela mulher; isto estava escrito lá em cima, sobre ele, sobre vós, leitor, sobre mim e sobre muitos outros. «Senhor, disse ela ao amo, será que nos deixareis ficar completamente sós? Vede, se tivésseis ainda cem léguas a fazer, não beberíeis melhor em todo o caminho». Assim falando, colocou uma das duas garrafas entre os joelhos e tirou-lhe a rolha; foi com uma destreza singular que cobriu o gargalo com o polegar, sem deixar escapar uma gota de vinho. «Vamos, disse a Jacques, depressa, depressa, seu copo». Jacques aproxima seu copo; a hospedeira, afastando o polegar um pouco para o lado, deixa o ar penetrar na garrafa, e eis o rosto de Jacques todo coberto de espuma. Jacques se prestara a essa traquinagem; e a hospedeira começou a rir, e Jacques e seu mestre começaram a rir também. Beberam alguns copázios uns por cima dos outros a fim de se certificarem da sabedoria da garrafa, depois a hospedeira disse: «Graças a Deus! Eles estão todos deitados, não vão me interromper mais, e eu posso retomar o meu relato». Jacques, mirando-a com olhos cuja vivacidade natural o vinho de Champanha aumentara, perguntou a ela ou a seu amo: «Nossa hospedeira foi bela como um anjo, o que achais senhor?

O Amo: – Foi! Por Deus, Jacques, que ela ainda o é.

Jacques: – Senhor, tendes razão, é que eu não a comparo com outra mulher, mas com ela mesma, quando era jovem.

A Hospedeira: – Não valho grande coisa atualmente; era preciso ver-me no tempo em que me poderiam pegar entre os dois primeiros dedos de cada mão. Desviavam-se quatro léguas a fim de parar aqui. Mas deixemos de lado as boas e más cabeças que transtornei e retornemos à Senhora de La Pommeraye.

Jacques: – E se bebêssemos primeiro um gole às más cabeças a quem transtornou, ou à minha saúde?

A Hospedeira: – Com muito gosto; havia algumas que valiam a pena, contando ou sem contar a sua. Sabe que fui durante dez anos o recurso dos militares, com todo respeito e toda honra? Ficaram agradecidos um bom número deles que teriam realmente dificuldade de fazer sua campanha sem mim. São homens de bem, não tenho o que me queixar de nenhum, nem eles de mim. Nunca me deram vales; algumas vezes me fizeram esperar; ao cabo de dois, de três, de quatro anos meu dinheiro me era devolvido». E depois, ei-la que se põe a efetuar a enumeração dos oficiais que lhe haviam dado a honra de servir-se de sua bolsa, o senhor fulano, o coronel do regimento de ***, o senhor beltrano, o capitão do regimento de ***, e eis que Jacques se põe a dar um grito: «Meu capitão! Meu pobre capitão! Você o conheceu?

A Hospedeira: – Se o conheci? Um grande homem. Bem feito, um pouco seco, o ar nobre e severo, o jarrete bem entesado, dois pequenos pontos vermelhos na têmpora direita. Você o serviu?

Jacques: – Se o servi!

A Hospedeira: – Isto me faz estimar você mais ainda; devem ter-lhe restado boas qualidade desse seu primeiro serviço. Bebamos à saúde de seu capitão.

Jacques: – Se ainda estiver vivo.

A Hospedeira: – Morto ou vivo, que diferença faz? Será que um militar não é feito para ser morto? Será que ele não deve estar enraivecido, após dez cercos e cinco ou seis batalhas, por morrer no meio dessa canalha de homens de preto?... Mas voltemos à nossa história, e bebamos ainda um copo.

O Amo: – Por minha fé, hospedeira, a senhora tem razão.

A Hospedeira: – Ah!, é de meu vinho que falais? Pois bem!, ainda aqui tendes razão. Vós vos lembrais em que ponto estávamos?

O Amo: – Sim, na conclusão da mais pérfida das confidências.

A Hospedeira: – O Senhor Marquês des Arcis e a Senhora de La Pommeraye abraçaram-se, encantados um com o outro, e se separaram. Quanto mais a dama se contivera em sua presença, mais violenta foi a sua dor depois que ele partiu. "É, pois, a inteira verdade, exclamou ela, ele não me ama mais!". Não vos darei nenhum detalhe de todas as nossas extravagâncias quando nos abandonam, vós ficaríeis demasiado envaidecidos. Eu vos disse que essa mulher tinha altivez, mas era muito mais vingativa. Quando os primeiros furores se acalmaram e ela desfrutava de toda a tranqüilidade de sua indignação, imaginou vingar-se, mas vingar-se de uma maneira cruel, de modo a assustar todos aqueles que se sentissem tentados no futuro a seduzir e enganar uma mulher de bem. Ela vingou-se, vingou-se cruelmente, sua vingança foi estrondosa e não corrigiu ninguém; não temos sido depois dela menos vilmente seduzidas e enganadas.

Jacques: – Isto é bom para as outras; mas você!...

A Hospedeira: – Ai de mim! Eu, a primeira de todas. Oh! Como somos tolas! Ainda se esses homens vilões ganhassem com a troca! Mas deixemos isso. O que irá ela fazer? Ainda não sabe de nada; vai pensar nisso, está pensando.

Jacques: – Se, enquanto ela pensa...

A Hospedeira: – Muito bem dito. Mas nossas duas garrafas estão vazias... (– Jean? – Madame? – Duas garrafas daquelas que estão bem no fundo, atrás dos feixes de lenha. – Ouvi.) À força de pensar nisso, eis o que lhe vem à idéia. A Senhora de La Pommeraye conhecera outrora uma mulher da província que um processo trouxera a Paris, com sua filha, jovem, bela e bem educada. Soubera que esta mulher, arruinada pela perda do processo, ficara reduzida a manter uma espelunca. Reuniam-se em sua casa, jogavam, ceavam, e comumente um ou dois dos convivas lá permaneciam, passavam a noite com a senhora ou com a senhorita, à escolha. Ela pôs um de seus criados à procura dessas criaturas; elas foram desencavadas, convidadas a fazer uma visita à Senhora de La Pommeraye, de quem mal se recordavam. Essas mulheres, que haviam tomado o nome de Senhora e Senhorinha d'Aisnon não se fizeram esperar; no dia seguinte, a mãe foi à casa da Senhora de La Pommeraye. Após os primeiros cumprimentos, a Senhora de La Pommeraye perguntou à d'Aisnon o que ela havia feito, o que fazia desde a perda do processo. "Para vos falar com sinceridade, respondeu-lhe a d'Aisnon, faço um trabalho perigoso, infame, pouco lucrativo, e que me desagrada, mas a necessidade constrange a lei. Eu estava quase resolvida a colocar minha filha na ópera, mas ela tem apenas uma pequena voz de câmara e nunca foi mais do que uma dançarina medíocre. Eu a fiz circular, durante e depois do processo, entre magistrados, entre homens de prol, entre prelados, entre financistas, que se acomodaram com ela por certo prazo e depois a abandonaram. Não é que ela não seja bela como um anjo, que não tenha finura, graça, mas não tem nenhum espírito de libertinagem, nada desses talentos próprios para despertar o langor de homens entediados. Em minha casa, eles podem jogar e cear, é o que lhes dou, e à noite, quem quer ficar, fica. Porém, o que mais nos prejudicou, foi o fato de que ela se apaixonou por um pequeno abade de nobre condição, ímpio, incrédulo, dissoluto, hipócrita, antifilosófico, cujo nome não vos revelarei, mas é o último daqueles que, para chegar ao episcopado, tomam o caminho que é ao mesmo tempo o mais seguro e que demanda menos talento. Não sei o que ele fazia ouvir minha filha, para quem vinha ler todas as manhãs os folhetos de seu jantar ou de sua ceia, na sua prosa rasteira[60]. Ele vai ser bispo? Não vai ser? Felizmente brigaram. Tendo-lhe minha filha perguntado um dia se conhecia aqueles contra os quais escrevia, e tendo-lhe o abade respondido que não; se possuía sentimentos diferentes daqueles que ele ridicularizava, e tendo-lhe o abade respondido que não, ela se deixou levar por sua vivacidade, e o fez ver que seu papel era do mais maldoso e do mais falso dos homens". A Senhora de La Pommeraye perguntou-lhe se elas eram muito conhecidas. "Demais, infelizmente.

«– Pelo que vejo, vós não vos apegais à vossa condição?

«– De maneira alguma, e minha filha me protesta todos os dias que a condição mais desventurada lhe parece preferível à sua; ela anda em tal melancolia que acaba por afastar as pessoas.

«– Se eu metesse em minha cabeça proporcionar a uma e a outra o mais brilhante dos destinos, vós concordaríeis com isso?

«– Com muito menos.

«– Mas trata-se de saber se podeis prometer-me vos conformar com o rigor dos conselhos que vos darei.

«– Quaisquer que sejam, podeis contar com isso.

«– E estareis às minhas ordens quando me aprouver?

«– Nós as esperaremos com impaciência.

«– Isto me basta; voltai para casa; vós não tardareis a recebê-las. Entrementes, desfazei-vos de vossos móveis, vendei tudo, não preservai sequer vossos vestidos, se forem vistosos: eles não se enquadrariam em meus desígnios"».

Jacques, que começava a interessar-se, disse à hospedeira: «E se bebêssemos à saúde da Senhora de La Pommeraye?

---

60. Provável alusão a certos panfletários que escreviam contra os Filósofos em troca de um jantar.

A Hospedeira: – De bom grado.
Jacques: – E à da Senhora d'Aisnon?
A Hospedeira: – Topo.
Jacques: – E você não recusará à da Senhorinha d'Aisnon, que possui uma bela voz de câmara, pouco talento para a dança e uma melancolia que a reduz à triste necessidade de aceitar um novo amante todas as noites?
A Hospedeira: – Não ria, é o que há de mais cruel. Se você soubesse o suplício que é quando não se ama!...
Jacques: – À Senhorinha d'Aisnon, por causa de seu suplício.
A Hospedeira: – Vamos.
Jacques: – Nossa hospedeira, você ama seu marido?
A Hospedeira: – Não demais.
Jacques: – Você é, portanto, digna de lástima; pois ele me parece de bela saúde.
A Hospedeira: – Nem tudo o que reluz é ouro.
Jacques: – À bela saúde de nosso hospedeiro.
A Hospedeira: – Beba sozinho.
O Amo: – Jacques, Jacques, meu amigo, tu te apressas muito.
A Hospedeira: – Não temais nada, senhor, ele é legal, e amanhã nada mais aparecerá.
Jacques: – Visto que amanhã nada aparecerá e como esta noite não faço grande caso de minha razão, meu amo, minha bela hospedeira, mais uma vez à saúde, uma saúde que levo muito a peito é a do abade da Senhorinha d'Aisnon.
A Hospedeira: – Irra! Senhor Jacques; um hipócrita, um ambicioso, um ignorante, um caluniador, um intolerante, pois é assim que são chamados, creio eu, aqueles que degolariam de bom grado quem quer que não pense como eles.
O Amo: – É que a senhora não sabe, nossa hospedeira, que nosso Jacques, que aqui está, é uma espécie de filósofo, e que ele dá uma importância infinita a todos esses pequenos imbecis que se desonram a si mesmos e à causa que defendem tão mal. Ele diz que seu capitão os chamava o contraveneno dos

Huet[61], dos Nicole[62], dos Bossuet[63]. Ele não entendia nada disso, nem a senhora tampouco... Seu marido está dormindo?

A HOSPEDEIRA: – Há bem mais de uma hora.

O AMO: – E ele a deixa ficar conversando desse jeito?

A HOSPEDEIRA: – Nossos maridos estão habituados... A Senhora de La Pommeraye sobe no seu coche, percorre os *faubourgs* mais afastados do bairro da d'Aisnon, aluga um pequeno apartamento em casa honesta, na vizinhança da paróquia, manda mobiliá-lo o mais sucintamente possível, convida a d'Aisnon e a filha para jantar, e as instala, naquele mesmo dia, ou alguns dias depois, deixando-lhes um resumo da conduta que deviam manter.

JACQUES: – Nossa hospedeira, esquecemos da saúde à Senhora de La Pommeraye e a do cavaleiro des Arcis; ah!, isso não é correto.

A HOSPEDEIRA: – Vá, vá, senhor Jacques, a adega não está vazia... Eis o resumo, ou o que dele retive:

«"Vós não freqüentareis de modo algum os passeios públicos, pois não é preciso que vos descubram.

«Vós não recebereis ninguém, nem mesmo vossos vizinhos e vossas vizinhas, pois é preciso que afeteis o mais profundo recolhimento.

«Vós tomareis, a partir de amanhã, o hábito de devotas, porque é preciso que se acredite que o sejais.

---

61. Pierre-Daniel Huet (1630-1721), bispo, matemático, helenista e hebraísta; preceptor do Delfim, para cuja instrução escreveu vários compêndios. É também autor de um livro de promoção e apologia do romance, e de outro em que faz demonstrações geométricas da religião e de um tratado filosófico sobre a fraqueza do espírito humano.

62. Pierre Nicole (1625-1695), jansenista, foi professor de Racine e compôs com Arnauld a *Logique de Port-Royal*, bem como ensaios sobre moral e um tratado acerca da usura.

63. Jacques-Bénigne Bossuet (1627-1704), prelado, escritor e orador sacro; bispo de Condom e, mais tarde, de Meaux e preceptor do Delfim. Notabilizou-se por seus sermões, pelos *Discours sur l'histoire naturel*, bem como pela crítica aos protestantes em apoio à política religiosa de Luís XIV.

«Vós não tereis em vossa casa outros livros senão os de devoção, porque é preciso que não haja nada ao redor de vós que possa nos trair.

«Vós tereis a máxima assiduidade nos ofícios da paróquia, dias santos e dias úteis.

«Vós manobrareis para ter entrada no parlatório de algum convento; a tagarelice dessas reclusas não nos será inútil.

«Vós estabelecereis estreita relação com o cura e os padres da paróquia, porque posso ter necessidade do testemunho deles.

«Vós não recebereis habitualmente nenhum deles.

«Vós ireis à confissão e vos aproximareis dos sacramentos ao menos duas vezes por mês.

«Vós retomareis vosso nome de família, porque ele é honesto, porque cedo ou tarde serão colhidas informações a vosso respeito em vossa província.

«Vós dareis de tempo em tempo algumas pequenas esmolas, e não recebereis nenhuma sob qualquer pretexto que possa ser. É preciso que se acredite que não sois nem pobres, nem ricas.

«Vós fiareis, vós costurareis, vós tricotareis, vós bordareis, e dareis às irmãs de caridade o produto de vosso trabalho para ser vendido.

«Vós vivereis na maior sobriedade; duas pequenas porções de comida de albergue; e isto é tudo.

«Vossa filha não sairá jamais sem vós, nem vós sem ela. De todos os meios de edificar com pouco custo, vós não desprezareis nenhum.

«Sobretudo, jamais receber, repito-vos, em vossa casa, nem padres, nem monges, nem devotos.

«Vós andareis na rua, com os olhos baixos; na igreja, não vereis nada senão Deus.

«Concordo, esta é uma vida austera, mas ela não durará muito, e eu vos prometo a mais assinalada recompensa. Vede, refleti; se esse constrangimento vos parecer acima de vossas forças, confessai-mo, não ficarei nem ofendida nem surpresa. Esquecia-me de vos dizer que seria conveniente que vós vos fixeis na verbiagem da misticidade e que a história do Velho e do Novo Testamento se vos torne familiar a fim de que vos tomem por devotas de velha data. Fazei-vos jansenistas[64] ou molinistas[65], como vos aprouver, mas o melhor será ter a opinião de vosso cura. Não deixai, a torto e a direito, em todas as ocasiões, de vos encolerizar contra os filósofos; bradai que Voltaire[66] é o Anticristo, sabei de cor a obra de vosso pequeno abade, e divulgai-a boca a boca, se necessário". A senhora de La Pommeraye acrescentou: "Eu não vos verei jamais em vossa casa, não sou digna de manter relação com mulheres tão santas; mas não vos inquieteis: vireis aqui clandestinamente algumas vezes, e compensaremos em reunião íntima o dano de vosso regime penitente. Mas, embora exibindo devoção, não ide embaraçar-vos nela. Quanto às despesas de vossa casa, é assunto meu. Se meu projeto der certo, não tereis mais necessidade de mim; se falhar sem que haja falha vossa, sou bastante rica para vos assegurar um destino honrado e melhor do que aquela situação que vós me sacrificastes. Mas, sobretu-

---

64. Jansenista: partidário do jansenismo, corrente pietista cristã fundada por Cornelius Otto Jansen, dito Jansênio, (1585-1638), teólogo holandês, bispo de Ypres, adepto do agostinismo integral em oposição aos jesuítas. Sua principal obra *Augustinus*, editada em 1640, desenvolve, nos termos de Santo Agostinho, a doutrina da graça, do livre arbítrio e da predestinação, pregando para os fiéis uma moral severa e uma estrita conduta virtuosa, doutrina que encontrará forte adesão nas religiosas da Abadia de Port-Royal, em torno da qual se estruturou a famosa escola, de mesmo nome, de lógicos, gramáticos e pensadores.

65. Molinista: adepto do jesuíta e teólogo espanhol Luis Molina (1535-1601), cuja obra principal datada de 1538, *Acordo do Livre-Arbítrio com o Dom da Graça, com a Presciência Divina, a Providência, a Predestinação e a Condenação*, se tornou o baluarte doutrinário do anti-agostinismo no seio da Igreja e, como tal, o grande adversário na polêmica antijansenista.

66. François-Marie Arouet, dito Voltaire (1694-1778), nome que se tornou quase sinônimo do Século das Luzes, ao lado de Diderot e Rousseau. Filósofo, dramaturgo, estilista dos mais brilhantes da língua francesa, a cuja volta girou a expressão e polêmica da Ilustração, no grande debate de idéias que precedeu a Revolução Francesa. Diderot, apesar das divergências, via nele o "patriarca" e também o "Anticristo".

do, submissão, submissão absoluta, ilimitada, às minhas vontades, sem o que não respondo por nada quanto ao presente, e não me comprometo com nada para o futuro".

O AMO (*batendo na tabaqueira e olhando no seu relógio que horas eram*): – Eis uma terrível cabeça de mulher! Deus me guarde de encontrar uma semelhante!

A HOSPEDEIRA: – Paciência, paciência, vós não a conheceis ainda.

JACQUES: – Enquanto isso, minha bela, minha encantadora hospedeira, e se nós disséssemos uma palavra à garrafa?

A Hospedeira: – Senhor Jacques, o meu vinho de Champanha me embeleza a seus olhos.

O AMO: – Estou aflito, de há muito, para lhe fazer uma pergunta, talvez indiscreta, que eu não poderia mais conter.

A HOSPEDEIRA: – Fazei vossa pergunta.

O AMO: – Estou certo de que a senhora não nasceu numa hospedaria.

A HOSPEDEIRA: – É verdade.

O AMO: – Que foi a ela conduzida de um estado mais elevado por circunstâncias extraordinárias.

A HOSPEDEIRA: – Devo convir.

O AMO: – E se suspendêssemos por um momento a história da Senhora de La Pommeraye?

A HOSPEDEIRA: – Não é possível. Conto de bom grado as aventuras dos outros, mas não as minhas. Sabei apenas que fui educada em Saint-Cyr[67], onde li pouco o Evangelho e muitos romances. Da abadia real ao albergue que possuo há uma grande distância.

O AMO: – Basta; faça de conta que eu não lhe disse nada.

A HOSPEDEIRA: – Enquanto as nossas duas devotas edificavam, e enquanto o bom odor de sua piedade e da santidade de seus costumes se espalhava em derredor, a Senhora de

---

67. Educandário fundado pela Senhora de Maintenon, próximo de Versalhes, destinado a jovens da nobreza sem fortuna.

La Pommeraye dava ao marquês demonstrações exteriores da estima, da amizade, da confiança mais perfeita. Sempre bem-vindo, jamais destratado, nem recebido de mau grado, mesmo após longas ausências, ele lhe contava todas as suas pequenas aventuras bem-sucedidas, e ela aparentava divertir-se francamente com isso. Dava-lhe conselhos nas ocasiões de um sucesso difícil, atirava-lhe algumas vezes insinuações de casamento, mas era num tom tão desinteressado que não se podia suspeitar de estar falando por interesse próprio. Se o marquês lhe endereçava algumas dessas palavras ternas ou galantes de que ninguém pode se dispensar diante de uma mulher que se conheceu, ou ela sorria, ou não se dava por achada. A crer nela, seu coração estava tranqüilo, e, o que ela nunca teria imaginado, sentia que um amigo como ele lhe bastava para a felicidade da vida; além disso, ela já não estava mais em sua primeira juventude e seus gostos se achavam bastante embotados.

«"Como! Não tendes nada a confiar-me?

«– Não.

«– Mas o pequeno conde, o meu amigo, que vos acossava tão vivamente durante o meu reinado?

«– Fechei-lhe a porta, e nunca mais o vi.

«– É de uma estranheza! E por que tê-lo afastado?

«– É que ele não me agrada.

«– Ah!, senhora, creio que adivinho, vós ainda me amais.

«– É possível.

«– Contais com um retorno.

«– E por que não?

«– E vós vos reservais todas as vantagens de uma conduta sem reproche.

«– Assim creio.

«– E se eu tivesse a ventura ou a desventura de recomeçar, vós faríeis ao menos um mérito do silêncio que guardaríeis sobre meus erros.

«– Vós me vedes muito delicada e muito generosa.

«– Minha amiga, depois de tudo o que fizestes, não há nenhuma espécie de heroísmo de que não sejais capaz.

«– Não fico muito aborrecida que penseis assim.

«– Por minha fé, corro o maior perigo ao vosso lado, estou certo disso".

JACQUES: – E eu também.

A HOSPEDEIRA: – Havia cerca de três meses que estavam no mesmo ponto, quando a Senhora de La Pommeraye julgou que era tempo de pôr em jogo os seus grandes recursos. Num dia de verão em que fazia um belo tempo e ela esperava o marquês para o jantar, mandou dizer à d'Aisnon e à sua filha que fossem ter ao Jardim do Rei[68]. O marquês veio, serviram cedo, jantaram, jantaram alegremente. Depois do jantar, a Senhora de La Pommeraye sugeriu ao marquês um passeio, se ele não tivesse nada mais agradável a fazer. Não havia naquele dia nem ópera, nem comédia; foi o marquês quem fez a observação; e para se compensarem da perda de um espetáculo divertido por outro útil, quis o acaso que fosse ele mesmo a convidar a marquesa a ir ver o Cabinet du Roi[69]. O convite não foi recusado, como bem imaginais. Eis os cavalos preparados, ei-los que partem, o marquês e a marquesa, ei-los que chegam ao Jardim do Rei, e ei-los misturados à multidão, olhando tudo e não vendo nada, como os outros».

Leitor, esqueci-me de pintar-vos a situação dos três personagens de que aqui se trata, Jacques, seu amo e a hospedeira; por falta dessa atenção, vós os ouvistes falar, mas não os pudestes ver; mais vale tarde do que nunca. O amo, à esquerda, em barrete de dormir e em robe de chambre, estava displicentemente estendido numa grande poltrona forrada de tapeçaria, com seu lenço jogado sobre o braço da poltrona e a tabaqueira na mão. A hospedeira no fundo, em frente à porta, próxima à mesa, com o copo diante dela. Jacques, sem chapéu, à sua direita, com os

---

68. Atual Jardim das Plantas, criado em 1640, que reúne coleções de ciências naturais e é um centro de pesquisas em zoologia e botânica.

69. Nome que o museu do Jardim das Plantas tinha na época.

dois cotovelos apoiados sobre a mesa, e a cabeça inclinada entre as duas garrafas; outras duas estavam no chão, ao seu lado.

«Ao sair do Cabinet, o marquês e sua boa amiga passearam no jardim. Seguiam pela primeira álea que se encontra à direita de quem entra, perto da Escola das Árvores, quando a Senhora de La Pommeraye deu um grito de surpresa, dizendo: "Se não me engano, creio que são elas; sim, elas mesmas". Imediatamente, deixa o marquês e vai ao encontro das nossas duas devotas. A d'Aisnon filha estava de arrebatar sob aquele traje simples, que, não atraindo de modo algum o olhar, fixa toda a atenção sobre a pessoa. "Ah!, sois vós, senhora?

«– Sim, sou eu.

«– E como tendes passado, e o que foi feito de vós durante essa eternidade?

«– Bem sabeis de nossas desventuras; tivemos de nos resignar e viver retiradas como convinha à nossa escassa fortuna, abandonar a sociedade, quando nela a gente não pode mais aparecer decentemente.

«– Mas abandonar-me, a mim que não sou da sociedade, e que sempre tive o bom juízo de considerá-la tão maçante quanto ela o é!

«– Um dos inconvenientes do infortúnio é a desconfiança que ele inspira; os indigentes temem ser importunos.

«– Vós, importunas para mim! Tal suspeita chega a ser uma boa injúria.

«– Senhora, sou de todo inocente, por dez vezes falei de vós com a mamãe, mas ela me dizia: A Senhora de La Pommeraye... ninguém, minha filha, pensa em nós.

«– Que injustiça! Sentemo-nos, conversaremos. Este é o Senhor Marquês des Arcis, é meu amigo e sua presença não vos perturbará. Como cresceu a senhorinha! Como ela ficou bonita desde a última vez que nos vimos!

«– Nossa posição tem isto de vantajoso, que ela nos priva de tudo o que prejudica a saúde. Vede seu rosto, vede seus braços, eis o que devemos à vida frugal e regrada, ao sono, ao trabalho, à boa consciência, e já é alguma coisa...". Sentaram-se, conversaram amigavelmente. A d'Aisnon mãe falou muito, a d'Aisnon filha falou pouco; o tom da devoção foi de uma e da outra, porém à vontade e sem pudicícia. Bem antes do cair da noite, nossas duas devotas levantaram-se. Observaram-lhes que era ainda cedo; a d'Aisnon mãe disse então bastante alto ao ouvido da Senhora de La Pommeraye que ainda tinha de cumprir um exercício de piedade, e que lhes era impossível permanecer por mais tempo. Elas já estavam a alguma distância, quando a Senhora de La Pommeraye se censurou por não ter-lhes perguntado onde moravam e por não ter-lhes dado o seu endereço: "É uma falta, acrescentou, que eu não teria cometido antigamente". O marquês correu para repará-la; elas receberam o endereço da Senhora de La Pommeraye, mas, apesar de toda a insistência do marquês, ele não pôde obter o delas. Não ousou o marquês oferecer-lhes o seu coche, confessando à Senhora de La Pommeraye que ficara tentado a fazê-lo.

«O marquês não deixou de perguntar à Senhora de La Pommeraye quem eram aquelas duas mulheres. "São duas criaturas mais felizes do que nós. Vede a bela saúde de que gozam! A serenidade que reina no seu semblante! A inocência e a decência que ditam as suas palavras! Não se vê nada disso, nem se ouve nada disso em nossos círculos. Nós lamentamos os devotos, os devotos nos lamentam, e, pesando tudo, inclino-me a crer que eles têm razão.

«– Mas, marquesa, será que estaríeis tentada a tornar-se devota?

«– Por que não?

«– Tomai cuidado, eu não gostaria que o nosso rompimento, se é que houve, vos levasse a tanto.

«– E vós preferiríeis que eu reabrisse minha porta ao pobre conde?

«– Muito mais.

«– E vós mo aconselharíeis?

«– Sem vacilar".

«A Senhora de La Pommeraye disse ao marquês o que sabia do nome, da província, do primitivo estado e do processo das duas devotas, imprimindo nisso todo o interesse e o máximo de patético possível, depois acrescentou: "São duas mulheres de raro mérito, a filha, sobretudo. Concebeis que, tendo uma figura como a dela, nada falte aqui quando se quer fazê-lo valer; mas elas preferiram uma honesta modicidade a um bem-estar vergonhoso; e o que lhes resta é tão diminuto que, em verdade, não sei como fazem para subsistir. É trabalho dia e noite. Suportar a indigência quando nela se nasceu, é o que uma multidão de homens sabe fazer; mas passar da opulência ao mais estrito necessário, contentar-se com isso, encontrar aí a felicidade, é o que não compreendo. Eis para o que serve a religião; nossos filósofos em vão poderão dizer, a religião é uma boa coisa.

«– Sobretudo para os infelizes.

«– E quem não é mais ou menos infeliz?

«– Quero morrer se não acabardes devota.

«– A grande infelicidade! Esta vida é tão pouca coisa quando comparada a uma eternidade vindoura!

«– Mas vós já falais como um missionário.

«– Falo como uma mulher persuadida. Vejamos, marquês, respondei-me a sério: todas as nossas riquezas não seriam a nossos olhos míseros farrapos, se estivéssemos compenetrados da expectativa dos bens e do temor das penas de uma outra vida? Corromper uma jovem ou uma mulher apegada a seu marido, com a crença de que se pode morrer entre seus braços, e cair de repente em suplícios sem fim, convinde que seria o mais incrível delírio.

«– Isto é coisa que se faz, no entanto, todos os dias.

«– É porque não se tem nenhuma fé, é que se fica aturdido.

«– É que nossas opiniões religiosas têm pouca influência sobre os nossos costumes. Mas, minha amiga, eu vos juro que vós vos encaminhais a passos largos ao confessionário.

«– É realmente o que eu poderia fazer de melhor.

«– Vamos, estais louca; ainda dispondes de uma vintena de anos de bonitos pecados a cometer, não deixai de cometê-los, depois vos arrependereis disso, e ireis vos vangloriar aos pés do padre, se isso vos convier... Mas eis uma conversação em tom bem sério. Vossa imaginação se enegrece furiosamente, e é o efeito dessa abominável solidão em que vos enterrastes. Crede em mim, chamai o mais cedo possível o pequeno conde, vós não vereis mais nem o diabo nem o inferno, e vós sereis encantadora como outrora. Receais que eu vos censure se alguma vez recompusermos nossa relação; mas, antes de mais nada, talvez jamais venhamos a nos recompor; e por uma apreensão bem ou mal fundamentada, vós vos privais do mais doce prazer; na verdade, a honra de valer mais do que eu não vale esse sacrifício.

«– Dizeis de fato a verdade, também não é isso que me retém...".
Eles disseram ainda muitas outras coisas, de que não me lembro.

JACQUES: – Nossa hospedeira, bebamos um gole: isso refresca a memória.

A HOSPEDEIRA: – Bebamos um gole... Depois de algumas voltas pelas aléias, a Senhora de La Pommeraye e o marquês subiram no coche. A Senhora de La Pommeraye disse: "Como isso me envelhece! Quando chegou a Paris, não era mais alta do que uma couve.

«– Falais da filha dessa dama que encontramos no passeio?

«– Sim. É como num jardim onde as rosas fanadas cedem lugar às rosas novas. Vós a observastes?

«– Não deixei de fazê-lo.

«– Como a achastes?

«– É a cabeça de uma virgem de Rafael[70] no corpo de sua *Galatéia*; e depois que doçura na voz!

---

70. A menção é ao afresco *O Triunfo de Galatéia*, no Palácio da Farnesina em Roma, de Raffaello Sanzio ou Santi (1483-1520), pintor e arquiteto italiano, cujos quadros, nas pegadas de Leonardo da Vinci e Fra Bartolomeu, assinalaram um dos momentos culminantes da arte do Renascimento clássico na Itália, pela delicadeza e luminosidade de sua paleta de cores e pelo equilíbrio e harmonia de suas composições plásticas, no jogo do claro-escuro.

«– Uma modéstia no olhar!

«– Um decoro no porte!

«– Uma decência nas palavras que não encontrei em nenhuma moça como esta. Eis o efeito da educação.

«– Quando preparado por uma bela natureza".

«O marquês deixou a Senhora de La Pommeraye na porta de sua casa: e a Senhora de La Pommeraye nada teve de mais urgente do que testemunhar às nossas duas devotas o quanto estava satisfeita pela maneira que haviam desempenhado o seu papel.

JACQUES: – Se elas continuarem como estrearam, senhor marquês des Arcis, ainda que fosseis o diabo, vós não vos livraríeis.

O AMO: – Eu gostaria realmente de saber qual é o projeto delas.

JACQUES: – Quanto a mim, eu ficaria bem aborrecido; isso estragaria tudo.

A HOSPEDEIRA: – Desse dia em diante, o marquês tornou-se mais assíduo em casa da Senhora de La Pommeraye, que se apercebeu disso sem lhe indagar da razão. Ela jamais era a primeira a lhe falar das duas devotas; esperava que ele encetasse o tema, o que o marquês sempre fazia com impaciência e com mal simulada indiferença.

«O MARQUÊS: –"Vistes vossas amigas?

«A SENHORA DE LA POMMERAYE: – Não.

«O MARQUÊS: – Sabeis que isto não vos fica muito bem? Vós sois rica, elas estão na penúria, e vós não as convidais sequer a comer algumas vezes.

«A SENHORA DE LA POMMERAYE: – Eu supunha ser um pouco melhor conhecida pelo senhor marquês. O amor outrora me emprestava virtudes, hoje a amizade me empresta defeitos. Eu as convidei dez vezes sem ter obtido êxito em nenhuma. Recusam-se a vir à minha casa, por idéias singulares, e quando eu as visito, é preciso que eu deixe minha carruagem à entrada da rua e que eu vá em trajes simples, sem pintura e sem diamantes. Não há por que espantar-se com a circunspeção delas: uma falsa maledicência bastaria para alienar o espírito de certo número de pessoas caridosas e elas ficariam privadas de seu auxílio. Marquês, aparentemente custa muito fazer o bem.

«O Marquês: – Sobretudo aos devotos.

«A Senhora de La Pommeraye: – Visto que o mais leve pretexto basta para dispensá-los de sua prática. Se alguém soubesse que tenho interesse por elas, logo diria: a Senhora de La Pommeraye as protege, elas não precisam de nada. E eis suprimidas as caridades.

«O Marquês: – As caridades!

«A Senhora de La Pommeraye: – Sim, senhor, as caridades!

«O Marquês: – Vós as conheceis, e elas vivem de caridades?

«A Senhora de La Pommeraye: – Ainda uma vez, marquês, bem vejo que não mais me amais, e que uma boa parte de vossa estima se foi com vossa ternura. E quem foi que vos disse que, se essas mulheres tinham de recorrer às esmolas da paróquia, era por minha culpa?

«O Marquês: – Perdão, senhora, mil perdões, estou errado. Mas qual a razão de se recusar a benevolência de uma amiga?

«A Senhora de La Pommeraye: – Ah!, marquês, nós estamos muito longe, nós outros pessoas da sociedade, de conhecer as escrupulosas delicadezas das almas timoratas! Elas não crêem poder aceitar auxílios de toda e qualquer pessoa indistintamente.

«O Marquês: – É nos tirar o melhor meio de expiar nossas loucas dissipações.

«A Senhora de La Pommeraye: – De modo algum. Suponho, por exemplo, que o senhor marquês des Arcis se viu tocado de compaixão por elas, por que não faz ele passar seus auxílios por mãos mais dignas?

«O Marquês: – E menos seguras.

«A Senhora de La Pommeraye: – É possível.

«O Marquês: – Dizei-me, se eu lhes enviasse uma vintena de luíses, credes que elas os recusariam?

«A Senhora de La Pommeraye: – Estou certa disso; e essa recusa vos pareceria descabida em uma mãe que tem uma filha encantadora?

«O Marquês: – Sabeis que estive tentado a ir vê-las?

«A Senhora de La Pommeraye: – Bem que acredito. Marquês!, marquês!, tomai cuidado. Eis um movimento de compaixão muito repentino e muito suspeito.

«O Marquês: – Como quer que seja, ter-me-iam recebido?

«A Senhora de La Pommeraye: – Por certo que não. Com o brilho de vossa carruagem, de vossos trajes, de vossos criados e os encantos da jovem, não era preciso mais para aprestar o cacarejo dos vizinhos, das vizinhas, e perdê-las.

«O Marquês: – Vós me entristeceis, pois certamente não era este o meu desígnio. Cumpre, portanto, renunciar a socorrê-las e a vê-las?

«A Senhora de La Pommeraye: – Creio que sim.

«O Marquês: – Mas se eu lhe fizesse passar meus auxílios por vosso intermédio?

«A Senhora de La Pommeraye: – Não creio que esses auxílios sejam bastante puros para que me encarregue deles.

«O Marquês: – Mas isto é cruel!

«A Senhora de La Pommeraye: – Sim, cruel, é o termo.

«O Marquês: – Que modo de ver! Marquesa, estais zombando. Uma jovem que vi tão-somente uma vez.

«A Senhora de La Pommeraye: – Mas que é do pequeno número daquelas que não se esquece quando a pessoa as viu.

«O Marquês: – É verdade que essas figuras vos seguem.

«A Senhora de La Pommeraye: – Marquês, cuidai-vos, estais vos preparando desgostos, e eu prefiro preservar-vos disso que consolar-vos. Não ides confundir essas duas com as que tendes conhecido, elas não se assemelham; não se deixam tentar, não se deixam seduzir, nem se deixam abordar, elas não dão ouvidos, nem permitem chegar ao fim".

«Após essa conversa, o marquês lembrou-se de repente que tinha um negócio urgente, levantou-se bruscamente e saiu inquieto.

«Durante um intervalo de tempo bastante longo, não passou quase um dia sem que o marquês fosse ver a Senhora de

La Pommeraye, mas ele chegava, sentava-se, guardava silêncio, e a Senhora de La Pommeraye falava sozinha; o marquês, ao fim de um quarto de hora, levantava-se e ia embora.

"Efetuou em seguida um eclipse de quase um mês de duração, depois do que reapareceu, mas triste, mas melancólico, mas abatido. A marquesa, vendo-o, disse-lhe: "Mas o que foi feito de vós? De onde saístes? Será que passastes todo esse tempo em retiro?

«O Marquês: – Por minha fé, quase. De desespero, eu me precipitei numa libertinagem medonha.

«A Senhora de La Pommeraye: –Como! De desespero?

«O Marquês: – Sim, de desespero".

«Depois dessas palavras, pôs-se a caminhar de um lado para o outro, sem proferir palavra; ia até as janelas, olhava o céu, detinha-se diante da Senhora de La Pommeraye; ia até a porta, chamava seus criados a quem não tinha nada a dizer, dispensava-os, tornava a entrar, voltava para junto da Senhora de La Pommeraye que trabalhava sem reparar nele, ele queria falar, não ousava; enfim a Senhora de La Pommeraye teve piedade dele, e lhe disse: "O que tendes? A gente passa um mês sem vos ver, agora reapareceis com uma cara de desterrado e ficais rodando como uma alma penada?

«O Marquês: – Não posso mais me conter, preciso dizer-vos tudo. Fiquei vivamente impressionado com a filha de vossa amiga; fiz tudo, mas tudo para esquecê-la; e quanto mais fazia, mais eu me lembrava dela. Essa criatura angélica me obseda; prestai-me um serviço importante.

«A Senhora de La Pommeraye: – Qual?

«O Marquês: – É absolutamente necessário que eu a reveja e que eu vos deva a obrigação. Pus os meus lacaios em campo. Todas as vindas, todas as idas das duas são da casa para a igreja e da igreja para casa. Dez vezes me apresentei a pé no caminho delas; nem sequer me perceberam; plantei-me inutilmente à sua porta. Elas me tornaram primeiro um libertino como um sapaju, depois um devoto como um anjo, não perco uma só vez a missa há quinze dias. Ah!, minha amiga, que rosto! Como ela é bela!".

«A Senhora de La Pommeraye sabia de tudo isso. "Quer dizer, respondeu ela ao marquês, que depois de terdes feito tudo para curar-se, não omitistes nada para ficar louco, e que foi este com este último expediente que fostes bem-sucedido?

«O Marquês: – Bem-sucedido, eu não poderia exprimir-vos até que ponto. Não tereis compaixão de mim e eu não vos deverei a ventura de revê-la?

«A Senhora de La Pommeraye: – A coisa é difícil, e me ocuparei dela, mas sob uma condição, é que ireis deixar aquelas desafortunadas tranqüilas e cessareis de atormentá-las. Não vos ocultarei que elas me escreveram com amargura sobre vossa perseguição, e eis a carta".

«A carta que foi dada ao marquês para ler havia sido concertada entre elas. Era a d'Aisnon filha que parecia tê-la escrito por ordem da mãe, e tinham posto nela de honesto, de doce, de tocante, de elegância e de espirituoso tudo o que pudesse virar a cabeça do marquês. Por isso ele acompanhava cada palavra com uma exclamação; não houve uma só frase que ele não relesse; chorava de alegria, dizia à Senhora de La Pommeraye: "Convinde pois, senhora, que ninguém escreve melhor do que isso.

«– Concordo.

«– E que a cada linha, a gente se sente penetrada de admiração e respeito por mulheres desse caráter.

«– É como deveria ser.

«– Manterei a palavra que vos dei, mas tentai, eu vos suplico, não faltar com a vossa.

«A Senhora de La Pommeraye: – Em verdade, marquês, sou tão louca quanto vós. É preciso que tenhais conservado um terrível domínio sobre mim; isso me amedronta.

"O Marquês: – Quando poderei vê-la?

"A Senhora de La Pommeraye: – Não sei. Cumpre ocupar-se primeiramente do modo de arranjar a coisa e de evitar toda suspeita. Elas não podem ignorar vossos intentos; vede a cor que assumiria aos olhos delas a minha complacência, se imaginassem que eu agi de comum acordo convosco... Mas, marquês, entre nós, que necessidade tenho eu de tais complicações? Que me importa que ameis ou que deixeis de amar? Que vós tresvarieis? Desembaraçai vossa meada vós mesmo. O papel que me fazeis desempenhar é também demasiado singular.

"O Marquês: – Minha amiga, se me abandonardes, estou perdido! Não vos falarei nada a meu respeito, porque eu vos ofenderia, mas eu vos suplicaria por essas interessantes e dignas criaturas que vos são tão caras. Vós me conheceis! Poupai-lhes todas as loucuras de que sou capaz. Irei à casa delas, sim, irei, eu vos previno, forçar-lhes-ei a porta, entrarei a despeito delas, sentar-me-ei, não sei o que direi, nem o que farei, pois o que não tendes a temer do estado violento em que me encontro?...".

«Observareis, senhores, disse a hospedeira, que desde o começo desta aventura até aquele momento, o Marquês des Arcis não dissera uma palavra que não fosse uma punhalada dirigida ao coração da Senhora de La Pommeraye. Ela sufocava de indignação e de raiva; por isso respondeu ao marquês, com voz trêmula e entrecortada: "Mas vós tendes razão. Ah!, se eu tivesse sido amada desse modo, é possível que... Passemos por cima disso... Não é por vós que agirei, mas espero ao menos, senhor marquês, que me dareis tempo.

«O Marquês: – O menor, o menor possível".

Jacques: – Ah!, senhora hospedeira, que diabo de mulher! Lúcifer não é pior. Estou tremendo, preciso beber um gole para me acalmar... Será que me deixaria beber sozinho?

A Hospedeira: – Quanto a mim, não tenho medo... A Senhora de La Pommeraye dizia: "Sofro, mas não sofro sozinha. Homem cruel! Ignoro qual será a duração de meu tormento, mas eternizarei o teu". Ela manteve o marquês quase um mês na espera da entrevista que lhe prometera, quer dizer que lhe deixou todo o tempo para padecer, para se embebedar bem, e que, sob o pretexto de adoçar a longa delonga, permitiu-lhe que ele lhe falasse de sua paixão.

O Amo: – E de fortalecê-la falando dela.
Jacques: – Que mulher! Que diabo de mulher! Nossa hospedeira, meu pavor redobra.
A Hospedeira: – O marquês vinha, pois, todos os dias prosear com a Senhora de La Pommeraye, que acabava por irritá-lo, por endurecê-lo e por perdê-lo com os discursos mais artificiais. Ele se informava sobre a região de origem, o nascimento, a fortuna e o desastre daquelas mulheres, e retornava sempre ao assunto e não se julgava jamais bastante instruído e comovido. A marquesa fazia-lhe notar o progresso de seus sentimentos e familiarizava-o com o seu fim sob o pretexto de inspirar-lhe temor. "Marquês, dizia-lhe, tomai cuidado, isso vos levará longe demais. Pode chegar um dia em que minha amizade, da qual fazeis um estranho abuso, não me escusasse nem aos meus olhos nem aos vossos. Não é que não se façam todos os dias loucuras maiores. Marquês, receio muito que só obtereis essa moça em condições que, até o presente, não foram de vosso gosto".

«Quando a Senhora de La Pommeraye acreditou estar o marquês bem preparado para o êxito de seus desígnios, combinou com as duas mulheres que elas viriam jantar em sua casa, e com o marquês que, para enganá-las, ele iria surpreendê-las em trajes de campo, o que foi executado.

«Estavam no segundo prato quando anunciaram o marquês. O marquês, a Senhora de La Pommeraye e as duas d'Aisnon representaram de forma soberba o embaraço. "Senhora, disse ele à Senhora de La Pommeraye, estou chegando de minha terra, é muito tarde para eu ir à minha casa onde sou esperado somente à noite, e espero que vós não me recusaríeis o jantar"; e enquanto falava, foi pegando uma cadeira e sentou-se à mesa. Os lugares haviam sido dispostos de modo que ele ficasse ao lado da mãe e defronte da filha. Ele agradeceu com uma piscada de olhos à Senhora de La Pommeraye por esta delicada atenção. Após a perturbação do primeiro instante, nossas duas devotas se tranquilizaram. Proseou-se, todos estavam mesmo alegres. O marquês deu a maior atenção à mãe e a polidez mais reservada à filha. Era um divertimento secreto bem agradável, para aquelas três mulheres, o escrúpulo do marquês em nada dizer, em nada se permitir que pudesse amedrontá-las. Elas tiveram a desumanidade de fazê-lo discorrer sobre a devoção durante três horas seguidas, e a Senhora de La Pommeraye lhe dizia: "Vossos discursos fazem maravilhosamente o elogio de vossos progenitores; as primeiras lições recebidas não se apagam jamais. Vós entendeis todas as sutilezas do amor divino como se vós não tivésseis tido outro alimento senão São Francisco de Sales[71]. Não teríeis vós sido um pouco quietista?[72]

«– Não me lembro mais".

«É inútil dizer que nossas devotas puseram na conversa tudo o que elas possuíam de graça, de espírito, de sedução e de finura. De passagem tocou-se no capítulo das paixões, e a Senhorinha Duquênoi (era o seu nome de família) pretendeu que não havia senão uma paixão perigosa. O marquês foi de sua opinião. Entre seis e sete horas, as duas mulheres se retiraram, sem que fosse possível retê-las, pretendendo a Senhora de La Pommeraye de comum acordo com a Senhora Duquênoi que cumpria de preferência atender ao dever, sem o que não haveria quase nenhum dia em que a doçura não fosse alterada pelo remorso. Ei-las que partem, portanto, para o grande pesar do marquês, e o marquês a sós com a Senhora de La Pommeraye.

«A Senhora de La Pommeraye: – "Pois bem!, marquês, não é mister que eu seja de fato bondosa? Descubra em Paris outra mulher que faça o mesmo.

«O Marquês (*jogando-se a seus joelhos*): – Concordo, não há uma que se vos assemelhe. Vossa bondade me confunde; vós sois a única verdadeira amiga que há no mundo.

---

71. São Francisco de Sales (1567-1622), bispo de Genebra, autor da *Introdução à Vida Devota*, em que desenvolve uma doutrina da espiritualidade em estilo amável, e do *Tratado do Amor a Deus*. Fundou a Ordem da Visitação, com Santa Jeanne de Chantal, e foi canonizado por suas obras.
72. Quietista: adepto do quietismo, doutrina que pregava a busca da perfeição pelo aniquilamento da vontade e pela redução da alma à absoluta indiferença.

«A Senhora de La Pommeraye: – Estais bem certo de dar sempre o mesmo valor ao meu procedimento?

«O Marquês: – Eu seria um monstro de ingratidão se eu o diminuísse.

«A Senhora de La Pommeraye: – Mudemos de assunto. Qual é o estado de vosso coração?

«O Marquês: – É preciso que eu vos confesse francamente? É preciso que eu tenha aquela moça, ou que eu pereça.

«A Senhora de La Pommeraye: – Vós a tereis sem dúvida, mas cumpre saber de que forma.

«O Marquês: – Veremos.

«A Senhora de La Pommeraye: – Marquês, marquês, eu vos conheço, eu as conheço: tudo está dito".

«O marquês passou cerca de dois meses sem aparecer na casa da Senhora de La Pommeraye; e eis suas providências nesse intervalo. Travou conhecimento com o confessor da mãe e da filha. Era um amigo do abadezinho de que vos falei. Esse padre, depois de ter utilizado todas as dificuldades hipócritas que se pode empregar para uma intriga desonesta e vendido o mais caro que lhe foi possível a santidade de seu ministério, prestou-se a tudo aquilo que o marquês queria.

«A primeira perfídia do homem de Deus foi alienar a boa vontade do pároco e persuadi-lo que as duas protegidas da Senhora de La Pommeraye obtinham da paróquia uma esmola de que privavam indigentes mais dignos de lástima do que elas. Seu objetivo era conduzi-las a seus desígnios pela miséria.

«Em seguida trabalhou no tribunal da confissão para lançar a discórdia entre mãe e filha. Quando ouvia a mãe queixar-se da filha, agravava os erros desta, e irritava o ressentimento da outra. Se era a filha que se queixava da mãe, insinuava-lhe que o poder dos pais e mães sobre seus filhos era limitado, e que se a perseguição de sua mãe fosse levada até certo ponto, não seria talvez impossível subtraí-la a uma autoridade tirânica. Depois dava-lhe por penitência voltar à confissão...

«De outra feita falou-lhe de seus encantos, porém habilmente: era um dos mais perigosos presentes que Deus podia dar a uma mulher; falou-lhe da impressão que causara a um homem de bem que não nomeava, mas que não era difícil adivinhar quem era. Passou daí à infinita misericórdia do céu e à sua indulgência para com as faltas que certas circunstâncias impunham; à fraqueza da natureza da qual cada um encontra a desculpa em si mesmo; à violência e à generalidade de certos pendores de que os homens mais santos não estavam isentos. Perguntava-lhe em seguida se ela não era tomada de desejos, se o temperamento não lhe falava em sonhos, se a presença dos homens não a perturbava. A seguir agitava a questão de saber se uma mulher devia ceder ou resistir a um homem apaixonado, e deixar morrer e danar aquele por quem o sangue de Jesus Cristo fora derramado, e não ousava decidi-la. Depois lançava profundos suspiros, elevava os olhos aos céus, rogava pela tranqüilidade das almas penantes... A jovem deixava-o prosseguir. Sua mãe e a Senhora de La Pommeraye, a quem ela transmitia fielmente as palavras do confessor, sugeriam-lhe confidências que tendiam todas a encorajá-lo.

JACQUES: – A Vossa Marquesa de La Pommeraye é uma megera.

O AMO: – Jacques, é fácil falar. Sua maldade, de onde vem? Do Marquês des Arcis. Torna-o tal como ele havia jurado e como devia ser, e aponte-me qualquer defeito na Senhora de La Pommeraye. Quando estivermos a caminho, tu a acusarás, e eu me encarregarei de defendê-la. Quanto a esse padre vil e sedutor, eu o abandono a ti.

JACQUES: – É um homem tão mau, que a partir desse caso aqui, creio que não irei mais me confessar. E a senhora, nossa hospedeira?

A HOSPEDEIRA: – Quanto a mim, continuarei minhas visitas a meu velho cura, que não é curioso, e que só escuta o que lhe dizem.

JACQUES: – E se nós bebêssemos à saúde de seu velho cura?

A Hospedeira: – Desta vez, eu lhe darei razão; pois é um bom homem que, nos domingos e dias santos, deixa as moças e os rapazes dançarem, e permite que os homens e as mulheres venham à minha casa, contanto que não saiam bêbados. Ao meu cura!

Jacques: – Ao seu cura!

A Hospedeira: – As nossas três mulheres não duvidavam que o homem de Deus se aventurasse incessantemente a entregar uma carta à sua penitente, o que foi feito; mas com que circunspecção! Ele não sabia de quem era, não duvidava de modo algum que fosse de alguma alma benfazeja e caridosa que havia descoberto a miséria das duas, e que lhes propunha socorrê-las; ele lhes remetia com bastante freqüência outras semelhantes. "De resto, vós sois ajuizada, a senhora sua mãe é prudente e exijo que a carta seja por vós aberta somente em presença dela". A Senhorinha Duquênoi aceitou a carta e a entregou à sua mãe que a encaminhou imediatamente à Senhora de La Pommeraye. Esta, munida desse papel, mandou chamar o padre, cumulou-o das censuras que merecia e o ameaçou de denunciá-lo aos seus superiores, se voltasse a ouvir falar dele.

Nessa carta, o marquês não se cansava de tecer elogios à sua própria pessoa e elogios à Senhorinha Duquênoi; pintava sua paixão tão violenta como ela era, e propunha condições extremas, inclusive um rapto[73].

«Depois de ter dado a sua lição ao padre, a Senhora de La Pommeraye chamou o marquês à sua casa e observou-lhe o quanto sua conduta era pouco digna de um homem de bem e até que ponto ela podia ficar comprometida; mostrou-lhe a carta e protestou-lhe que, apesar da terna amizade que os unia, não podia dispensar-se de encaminhá-la ao tribunal das leis, ou remetê-la à Senhora Duquênoi, se ocorresse alguma aventura escandalosa à filha. "Ah!, marquês, disse-lhe ela, o

---

73. Esta passagem não consta da edição de Laurent Versini, cf. op. cit., t. II, p. 817. Mas figura na edição de Yvon Belaval cf. op. cit., p. 185. Considerando que a frase pode aclarar a passagem do diálogo, resolvi incluí-la.

amor vos corrompe, sois mal nascido, pois o fazedor das grandes coisas só vos inspira as aviltantes. E o que lhes fizeram essas pobres mulheres para acrescentar a ignomínia à miséria? Será preciso que, por ser essa moça bela e querer manter-se virtuosa, vós vos torneis o seu perseguidor? Será que cabe a vós fazê-la detestar um dos mais belos presentes do céu? Por que mereço eu ser vossa cúmplice? Vamos, marquês, atirai-vos a meus pés, pedi-me perdão, e fazei o juramento de deixar minhas tristes amigas em paz". O marquês prometeu-lhe nada mais empreender sem a sua aprovação, mas que aquela moça tinha de ser sua, qualquer que fosse o preço.

«O marquês não foi de modo algum fiel à sua palavra. A mãe estava instruída, ele não vacilou em dirigir-se a ela. Confessou-lhe o crime de seu projeto, ofereceu uma soma considerável, esperanças que o tempo poderia trazer, e sua carta foi acompanhada de um escrínio de ricas pedrarias.

«As três mulheres reuniram-se em conselho. A mãe e a filha se inclinavam a aceitar, mas não era esse o cálculo da Senhora de La Pommeraye. Ela lembrou a palavra que lhe haviam dado, ameaçou revelar tudo e, para o grande pesar de nossas duas devotas, a mais jovem das quais retirou das orelhas as *girandoles*[74] que lhe iam tão bem, o escrínio e a carta foram devolvidos com uma resposta plena de altivez e indignação.

«A Senhora de La Pommeraye queixou-se ao marquês do pouco crédito que cabia dar a suas promessas. O marquês desculpou-se com a impossibilidade de lhe propor uma incumbência tão indecente. "Marquês, marquês, disse-lhe a Senhora de La Pommeraye, eu já vos preveni e repito, não estais ainda lá onde quereríeis; porém não é mais tempo para vos fazer pregações, seriam palavras perdidas, não há mais remédio". O marquês confessou que pensava como ela e pediu-lhe permissão para efetuar uma última tentativa: era a de

---

74. Pingentes de orelha, em forma de candelabro, com diamantes, muito em voga no século XVIII.

assegurar rendas consideráveis às duas cabeças, partilhar a fortuna com as duas mulheres e torná-las proprietárias por toda a vida de uma de suas casas na cidade e de uma outra no campo. "Fazei, disse-lhe a marquesa, nada proíbo senão a violência; mas crede, meu amigo, que a honra e a virtude, quando verdadeiras, não têm preço aos olhos dos que têm a ventura de possuí-las. Vossas novas ofertas não terão melhor êxito do que as precedentes: conheço aquelas mulheres e aposto por elas".

«As novas proposições foram feitas. Outro conciliábulo das três mulheres. A mãe e a filha esperavam em silêncio a decisão da Senhora de La Pommeraye. Esta andou por um momento de um lado para o outro sem falar. "Não, não, disse ela, isso não basta para o meu coração ulcerado". E no mesmo instante proferiu a recusa, e no mesmo instante as duas mulheres desfizeram-se em lágrimas, atiraram-se a seus pés e fizeram-lhe ver quão horroroso era para elas rejeitar uma fortuna imensa que podiam aceitar sem nenhuma conseqüência desagradável. A Senhora de La Pommeraye respondeu-lhes secamente: "Acaso imaginais que isso que faço, eu o faço por vós? Quem sois? O que vos devo? A que se deve que eu não vos remeta uma e outra de volta ao vosso antro? Se o que vos oferecem é demasiado para vós, para mim é muito pouco. Escrevei, senhora, a resposta que vou vos ditar, e despache-a sob os meus olhos". As duas mulheres voltaram para casa mais apavoradas do que aflitas.

JACQUES: – Essa mulher tem o diabo no corpo, e o que é que ela quer? Como! Um arrefecimento do amor não é suficientemente punido pelo sacrifício da metade de uma grande fortuna?

O AMO: – Jacques, tu nunca foste mulher e menos ainda mulher de bem, e julgas segundo o teu caráter que não é o da Senhora de La Pommeraye. Queres que te diga? Tenho de fato medo que o casamento do Marquês des Arcis e de uma devassa esteja escrito lá em cima.

JACQUES: – Se estiver escrito lá em cima, ele será feito.

A HOSPEDEIRA: – O marquês não tardou a reaparecer em casa da Senhora de La Pommeraye. "Pois bem, disse-lhe ela, e vossas novas ofertas?

«O MARQUÊS: – Feitas e rejeitadas. Estou desesperado. Gostaria de arrancar essa desventurada paixão de meu coração, gostaria de arrancar-me o coração, e não consigo. Marquesa, olhai-me, não achais que há entre essa jovem e mim alguns traços de semelhança?

«A SENHORA DE LA POMMERAYE: – Eu nada vos havia dito, mas tinha me apercebido, sim. Mas não se trata disso; o que resolveis?

«O MARQUÊS: – Não posso me resolver a nada. Tenho ganas de me atirar numa sege de posta e rodar tanto quanto a terra me suportar; um momento depois as forças me abandonam, fico como que aniquilado, minha cabeça se embaraça, torno-me estúpido, e não sei o que será feito de mim.

«A SENHORA DE LA POMMERAYE: – Não vos aconselho a viajar; não vale a pena ir até Villejuif para voltar".

«No dia seguinte, o marquês escreveu à marquesa, que partia para o campo, que lá permaneceria tanto quanto pudesse, e suplicava-lhe que o ajudasse junto às suas amigas, se a ocasião se apresentasse; sua ausência foi curta, voltou com a resolução de casar-se.

JACQUES: – Esse pobre marquês me dá pena.

O AMO: – A mim, não muita.

A HOSPEDEIRA: – Ele desceu à porta da Senhora de La Pommeraye. Ela havia saído. Ao voltar, encontrou o marquês estendido numa grande poltrona, os olhos fechados e absortos no mais profundo devaneio. "Ah!, marquês, vós aí? O campo não teve para vós longos encantos.

«– Não, respondeu-lhe, não me sinto bem em parte alguma, e chego determinado a cometer a maior tolice que um homem de minha condição, de minha idade e de meu caráter pode fazer; mais vale, porém, casar-se do que sofrer. Caso-me.

«A Senhora de La Pommeraye: – Marquês, o caso é grave e demanda reflexão.

«O Marquês: – Fiz apenas uma, mas ela é sólida: é que não posso jamais ser mais infeliz do que sou.

«A Senhora de La Pommeraye: – Vós podereis vos enganar".

Jacques: – Traidora!

«O Marquês: – "Eis pois enfim, minha amiga, uma negociação de que posso, parece-me, encarregar-vos honestamente. Ide ver mãe e filha; interrogai a mãe, sondai o coração da filha, e transmiti-lhes o meu propósito.

«A Senhora de La Pommeraye: – Vamos com calma, marquês. Eu julgava conhecê-las bastante para aquilo que eu tinha a fazer, mas agora que se trata da felicidade de meu amigo, ele há de me permitir olhar as coisas mais de perto. Informar-me-ei na província de onde elas vêm, e eu vos prometo segui-las passo a passo durante toda a sua estada em Paris.

«O Marquês: – Tais precauções me parecem assaz supérfluas. Mulheres na miséria e que resistem às iscas que lhes estendi, só podem ser criaturas das mais raras. Com minhas ofertas, eu conseguiria o que busco até de uma duquesa. Aliás, não fostes vós mesma que mo dissestes...

«A Senhora de La Pommeraye: – Sim, disse tudo o que vos aprouver, mas com tudo isso permiti que eu me satisfaça".

Jacques: – Cadela! Tratante! Danada! E por que também se ligar a semelhante mulher?

O Amo: – E também por que seduzi-la e abandoná-la?

A Hospedeira: – Por que deixar de amá-la sem mais aquela?

Jacques (*apontando o céu com o dedo*): – Ah, meu amo!

«O Marquês: – "Por que, marquesa, não vos casais também?

«A Senhora de La Pommeraye: – Com quem, se vos apraz?

«O Marquês: – Com o condezinho; tem espírito, nascimento e fortuna.

«A Senhora de La Pommeraye: – E quem me responderá por sua fidelidade? Sereis vós talvez?

«O Marquês: – Não; mas me parece que dá para se passar facilmente sem a fidelidade de um marido.

«A Senhora de La Pommeraye: – De acordo, mas se o meu fosse infiel eu seria talvez bastante extravagante para me ofender com isso, e eu sou vingativa.

«O Marquês: – Muito bem! Vós vos vingaríeis, isso é evidente. É que arrumaríamos um palacete em comum e formaríamos os quatro a mais agradável companhia.

«A Senhora de La Pommeraye: – Tudo isso é muito bonito, mas eu não me caso. O único homem com quem talvez eu estivesse estado tentada a me casar...

«O Marquês: – Seria eu?

«A Senhora de La Pommeraye: – Posso agora vos confessar sem maiores conseqüências.

«O Marquês – E por que não mo dissestes?

"A Senhora de La Pommeraye: – Pelo que aconteceu, fiz muito bem. Aquela que ireis ter vos convém, sob todos os pontos de vista, melhor do que eu".

A Hospedeira: – A Senhora de La Pommeraye imprimiu em suas informações toda máxima exatidão e celeridade que ela quis. Apresentou ao marquês os mais lisonjeiros testemunhos; havia-os de Paris, havia-os da província. Exigiu do marquês ainda uma quinzena, a fim de que ele refletisse de novo. Essa quinzena pareceu-lhe eterna; por fim, a marquesa foi obrigada a ceder a suas insistências e rogos. A primeira entrevista realizou-se em casa das amigas; eles concordam em tudo; publicam-se as proclamas, passam o contrato; o marquês presenteia a Senhora de La Pommeraye com um soberbo diamante, e o casamento é consumado.

Jacques: – Que trama e que vingança!

O Amo: – É incompreensível.

Jacques: – Livrai-me da preocupação da primeira noite de núpcias, que até o presente momento não vejo aí grande mal.

O Amo: – Cala-te, basbaque.

A Hospedeira: – A noite de núpcias transcorreu muito bem[75].

Jacques: – Eu acreditava...

A Hospedeira: – Acredite no que seu amo acaba de lhe dizer».

E assim falando, ela sorria, e sorrindo, passava a mão no rosto de Jacques, e lhe apertava o nariz. «Mas foi no dia seguinte...

Jacques: – No dia seguinte, não foi como na véspera?

A Hospedeira: – Não exatamente. No dia seguinte, a Senhora de La Pommeraye escreveu ao marquês um bilhete que o convidava a vir à sua casa o mais cedo possível para um negócio importante. O marquês não se fez esperar. Receberam-no com um semblante em que a indignação se pintava com toda a força; o discurso que lhe fizeram não foi longo: ei-lo: "Marquês, disse-lhe ela, aprendei a conhecer-me. Se as outras mulheres se prezassem o bastante para experimentar o meu ressentimento, vossos semelhantes seriam menos comuns. Vós conquistastes uma mulher honesta que não soubestes conservar, esta mulher, sou eu, e ela se vingou de vós, fazendo-o desposar uma mulher digna de vós. Saí de minha casa e ide à rua Transversière, ao edifício de Hamburgo, onde vos informarão sobre o sujo ofício que vossa mulher e vossa sogra exerceram durante dez anos, sob o nome de d'Aisnon".

«A surpresa e a consternação desse pobre marquês não podem ser descritas. Não sabia o que pensar do que ouvira, mas sua incerteza durou apenas o tempo de ir de uma ponta a outra da cidade. Ele não voltou para casa o dia inteiro, ficou a errar pelas ruas. Sua sogra e sua mulher tiveram alguma suspeita do que se passara. Ao primeiro golpe da aldrava, a sogra refugiou-se em seu aposento, e fechou-se aí à chave, a mulher esperou sozinha. Ao aproximar-se o marido, ela leu em seu rosto o furor que o dominava. Ela atirou-se a seus pés, com a face

---

75. A exemplo do ocorrido com o trecho referido à nota 73, esta passagem não consta da edição de L. Versini, cf., op. cit., t. II, p. 821. Mas figura na edição de Y. Belaval, cf. op. cit., p. 191.

colada ao assoalho, sem dizer palavra. "Retirai-vos, disse-lhe ele, infame! Longe de mim...". Ela quis levantar-se, mas recaiu sobre o seu rosto, com os braços estendidos no chão entre os pés do marquês. "Senhor, disse-lhe ela, pisai-me sob os vossos pés, esmagai-me, pois eu o mereci. Fazei de mim tudo o que vos aprouver, mas poupai minha mãe.

«–Retirai-vos, redargüiu o marquês, retirai-vos! Já basta a infâmia de que me cobristes, poupai-me de um crime...". A pobre criatura permaneceu na atitude em que se achava e nada lhe respondeu. O marquês estava sentado numa poltrona, a cabeça envolta em seu braço e o corpo semi-inclinado sobre os pés de seu leito, urrando por intervalos sem olhá-la: "Retirai-vos!...". O silêncio e a imobilidade da infeliz o surpreenderam, ele lhe repetiu com uma voz ainda mais forte: "É para retirar-se; será que não estais me ouvindo?...". Abaixou-se em seguida, empurrou-a rudemente e, dando-se conta que ela estava sem sentidos e quase sem vida, tomou-a pela cintura, estendeu-a sobre um canapé, e dedicou-lhe por um momento olhares em que se pintavam alternativamente a comiseração e a cólera. Ele tocou a sineta, os criados entraram; chamaram suas mulheres a quem ele disse: "Levai vossa patroa que passa mal; conduzi-a a seu aposento, e prestai-lhe socorro". Poucos instantes depois ele mandou secretamente saber notícias. Disseram-lhe que ela estava refeita de seu primeiro desmaio, mas que os desfalecimentos sucediam-se rapidamente, sendo tão freqüentes e prolongados que não se podia assegurar-lhe nada. Uma ou duas horas após mandou de novo em segredo saber de seu estado. Disseram-lhe que ela sufocava e que fora acometida de uma espécie de soluço que se fazia ouvir até nos pátios. À terceira vez, era de manhã, relataram-lhe que havia chorado muito, que o soluço se acalmara e que ela parecia estar adormecida.

«No dia seguinte, o marquês mandou atrelar os cavalos à sua sege e desapareceu durante quinze dias sem que ninguém soubesse o que era feito dele. Entretanto, antes de se afastar, providenciou tudo o que era necessário à mãe e à filha, dando ordem para que todos obedecessem à patroa como se fosse a ele.

«Durante esse intervalo, as duas mulheres mantiveram-se em presença uma da outra, sem quase se falarem, a filha soluçando, algumas vezes gritando, arrancando os cabelos, torcendo os braços, sem que a mãe ousasse aproximar-se dela e consolá-la. Uma apresentava a figura do desespero, a outra, a figura da imobilidade. Vinte vezes a filha disse à mãe: "Mamãe, vamos sair daqui, fujamos". Outras tantas vezes a mãe se opôs à filha, e lhe respondeu: "Não, minha filha, temos de ficar, temos de ver no que isso dará: esse homem não irá nos matar. – Eh!, prouvesse a Deus, respondia-lhe a filha, que ele já o tivesse feito!". Sua mãe lhe replicava: "Seria melhor que te calasses em vez de falar como uma tola".

«Ao voltar, o marquês fechou-se no gabinete e escreveu duas cartas, uma à sua mulher e a outra à sogra. Esta partiu no mesmo dia, e foi para o convento das carmelitas da cidade próxima, onde morreu faz alguns dias. Sua filha vestiu-se e arrastou-se para o aposento do marido, para onde este provavelmente lhe ordenara vir. Desde a porta ela caiu de joelhos. "Levantai-vos", disse-lhe o marquês... Em vez de levantar-se, avançou de joelhos até ele, tremia dos pés à cabeça, estava descabelada, tinha o corpo um pouco curvado, os braços caídos, a cabeça erguida, o olhar fixado nos olhos dele, e o rosto inundado de lágrimas. "Parece-me, disse-lhe ela, com um soluço separando cada uma de suas palavras, que vosso coração justamente irritado se abrandou, e que talvez com o tempo virei a obter misericórdia. Senhor, por favor, não vos apresseis de modo algum em perdoar-me. Tantas moças honestas converteram-se em mulheres desonestas, que talvez serei um exemplo contrário. Ainda não sou digna de que vós vos aproximeis de mim, esperai, deixai-me somente a esperança do perdão. Mantende-me longe de vós, vereis minha conduta, julgá-la-eis; ficarei demasiado feliz mil vezes, demasiado feliz se alguma vez vós vos dignardes a me chamar! Indicai-me o recanto obscuro de vossa casa em que permitireis que eu more, permanecerei lá sem murmúrio. Ah!, se eu pudesse arrancar de mim o nome e o título que me fizeram usurpar e morrer depois, no mesmo instante estaríeis satisfeito! Deixei-me levar por fraqueza, por sedução, por autoridade, por ameaças, a uma ação infame, mas não credes, senhor, que sou má, não o sou, pois não hesitei em vir à vossa presença quando me chamastes e ouso agora levantar meus olhos para os vossos e falar-vos. Ah!, se pudésseis ler no fundo de meu coração e ver o quanto minhas faltas passadas estão longe de mim, o quanto os costumes de minhas iguais se me tornaram estranhos! A corrupção pousou em mim, mas não se fixou em mim de modo algum. Eu me conheço, e uma justiça que me presto, é que por meus gostos, por meus sentimentos, por meu caráter nasci digna de vos pertencer. Ah!, se me fosse dada a liberdade de vos ver, haveria apenas uma palavra a lhe dizer, e eu creio que eu teria a coragem de proferi-la. Senhor, disponde de mim como vos aprouver; chamai vossos criados, que me despojem, que me atirem de noite na rua, subscrevo tudo. Qualquer que seja a sorte que vós me preparais, submeter-me-ei a ela; os confins de um campo, a obscuridade de um claustro podem me subtrair para sempre a vossos olhos, falai e eu para lá irei. Vossa felicidade não está de maneira alguma perdida irremediavelmente, e vós podereis me esquecer.

«– Levantai-vos, disse-lhe o marquês docemente, eu vos perdoei, no próprio momento da injúria respeitei em vós minha mulher, não tirei de minha boca uma só palavra que a tenha humilhado, ou ao menos, se o fiz, arrependo-me, e prometo que ela não mais ouvirá nenhuma que a humilhe, se lembrar-se de que não se pode tornar um esposo infeliz sem que ela própria se torne. Sede honesta, sede feliz e fazei com que eu o seja. Levantai-vos, eu vos peço, minha mulher, levantai-vos e beijai-me; senhora marquesa, levantai-vos, vós não estais em vosso lugar; senhora des Arcis, levantai-vos". Enquanto ele assim falava, ela manteve o rosto escondido entre suas mãos e a cabeça apoiada nos joelhos do marquês; mas à palavra "minha mulher", à palavra "senhora des Arcis", ela se levantou bruscamente e precipitou-se sobre o marquês, ficou abraçada a ele, meio sufocada pela dor e pela alegria, depois separou-se dele, deixou-se cair ao chão e pôs a beijar-lhe os pés. "Ah!, dizia-lhe o marquês, eu vos perdoei, já vos disse, mas vejo que não credes nisso em absoluto.

«– É preciso, respondia-lhe ela, que assim seja, e que eu não creia nisso jamais".

«O marquês acrescentou: "Na verdade. Creio que não me arrependo de nada, e que a tal da Pommeraye, em vez de vingar-se, prestou-me um grande serviço. Minha mulher, ide vestir-vos, enquanto vão fazer vossas malas. Partiremos para a minha terra, onde permaneceremos até que possamos reaparecer aqui sem conseqüências para vós e para mim...". Passaram quase três anos seguidos ausentes da capital.

JACQUES: – E eu apostaria realmente que esses três anos se escoaram como um dia, e que o marquês des Arcis foi um dos melhores maridos e teve uma das melhores mulheres que houve no mundo.

O AMO: – Eu entraria meio a meio, mas na verdade não sei por que, pois não fiquei nem um pouco satisfeito com essa moça durante todo o curso das tramóias da dama de Pommeraye e da mãe da jovem. Nem um instante de temor, nem o menor sinal de incerteza, nem de remorso; eu a vi prestar-se, sem nenhuma repugnância, a esse longo horror. Tudo o que se quis dela, ela jamais hesitou em fazê-lo; ela ia à confissão, comungava, iludia a religião e seus ministros. Ela me pareceu tão falsa, tão desprezível, tão má quanto as outras duas... Nossa hospedeira, você narra muito bem, mas não é ainda profunda na arte dramática. Se você queria que essa jovem oferecesse interesse, era preciso dar-lhe franqueza e no-la apresentar como vítima inocente e forçada de sua mãe e de La Pommeraye; impunha-se que tratamentos dos mais cruéis a obrigassem, a despeito do que ela pensasse, a concorrer para uma série de contínuas perversidades durante um ano: assim, era preciso preparar a reconciliação dessa mulher com seu marido. Quando se introduz em cena um personagem, cumpre que seu papel seja um só; ora eu lhe perguntaria, nossa encantadora hospedeira, se a jovem que conspira com duas celeradas é de fato a mulher suplicante que vimos aos pés do marido? Você pecou contra as regras de Aristóteles[76], de Horácio[77], de Vida[78] e de Le Bossu[79].

A Hospedeira: – Não conheço nem corcundas nem eretos[80]; eu vos contei a coisa como ela se passou, sem nada omitir,

---

76. Aristóteles (384-322 a.C.), pensador grego, fundador da escola peripatética, preceptor e amigo de Alexandre Magno. Com seu mestre Platão e o mestre deste, Sócrates, encarnou o momento mais fecundo do pensamento helênico e formulou o núcleo clássico da indagação filosófica, desde a metafísica, da lógica e da física, até a política, a retórica e a poética. No texto, Diderot refere-se às regras que, a partir da Renascença e com base principalmente em Horácio, a preceptística, o classicismo francês, na síntese feita por Boileau, e o neoclacissimo do século XVIII, derivaram da *Poética* aristotélica, estabelecendo os paradigmas da arte literária e dramática até o romantismo, sem dúvida, e mesmo até hoje, pelo menos no que concerne ao chamado modelo clássico, embora o Estagirita em sua análise pretendesse, como julga a moderna interpretação, desenvolver acima de tudo uma reflexão crítica que discernisse os elementos essenciais da construção do discurso na poesia, na tragédia e na comédia.

77. Quintus Horatius Flaccus, dito Horácio, (n. 65-8 a. C.- ?), poeta latino, filho de um escravo alforriado que lhe proporcionou sólidos estudos literários e filosóficos em Roma e Atenas; serviu como tribuno no exército de Brutus. De volta a Roma, viu-se em difíceis condições de vida, mas encontrou Virgílio, com quem travou amizade, e que o apresentou a Mecena. Manteve sua independência, mesmo quando passou a desfrutar da proteção de Augusto. Epicurista no pensamento e requintado na arte, tornou-se o modelo clássico do equilíbrio e da medida na arte poética, tendo produzido, sobre temas religiosos, nacionais e domésticos, as *Odes*, os *Epodos*, as *Sátiras*, as *Epístolas* e a sua celebrada *Arte Poética*.

78. Marco-Girolamo Vida (1485-1566), bispo e humanista italiano, teórico da poesia, cujo principal modelo era Virgílio. Publicou em 1527 os *Poeticorum Libri III*.

79. René Le Bossu, dito o Pai (1631-1689), genovês, estudioso da retórica e autor do *Traité du Poème Épique*, editado em 1675.

80. Trocadilho com o nome de Le Bossu e *bossu*, que significa corcunda.

sem nada lhe acrescentar. E quem sabe o que se passava no fundo do coração dessa moça, e se, nos momentos em que nos parecia agir mais levianamente, não estava ela sendo em segredo devorada pelo desgosto?

JACQUES: – Nossa hospedeira, desta vez, cumpre que eu seja do parecer de meu amo que me perdoará o fato, pois isso me acontece tão raramente, a respeito de seu Bossu, que absolutamente não conheço, e daqueles outros senhores que ele citou e que eu não conheço muito mais. Se a Senhorinha Duquenôi, anteriormente a d'Aisnon, tivesse sido uma boa menina, isso teria aparecido aí.

A HOSPEDEIRA: – Boa menina ou não, o fato é que é uma excelente mulher, que seu marido está contente com ela como um rei, e que ele não a trocaria por nenhuma outra.

O AMO: – Eu o felicito, ele foi mais feliz que prudente.

A HOSPEDEIRA: – E quanto a mim, eu vos desejo uma boa noite. É tarde, e é preciso que eu seja a última a me deitar e a primeira a levantar. Que maldita profissão! Boa noite, senhores, boa noite. Eu vos havia prometido, não sei mais a propósito do que, a história de um casamento extravagante, e creio ter mantido a palavra que vos dei. Senhor Jacques, creio que não terá dificuldade em adormecer, porque seus olhos estão mais do que semifechados. Boa noite, senhor Jacques.

O AMO: – Pois bem, nossa hospedeira, não há meio, pois, de sabermos de suas aventuras?

A HOSPEDEIRA: – Não.

JACQUES: – Vós tendes um gosto furioso pelos contos.

O AMO: – É verdade; eles me instruem e me divertem. Um bom contador de histórias é um homem raro.

JACQUES: – E justamente por isso é que eu não gosto de contos, a menos que seja eu quem os faça.

O AMO: – Preferes falar mal a te calar.

JACQUES: – É verdade.

O AMO: – Quanto a mim, prefiro ouvir falar mal a não ouvir nada.

JACQUES: – Isto nos põe, a ambos, muito à vontade».

Não sei onde a hospedeira, Jacques e seu amo tinham metido a cabeça, para não terem encontrado uma só das coisas que havia para dizer em favor da Senhorinha Duquênoi. Será que essa jovem nada compreendera dos artifícios da dama de La Pommeraye antes do desenlace? Será que ela não teria preferido aceitar as ofertas do marquês em vez de sua mão, e tê-lo por amante em vez de esposo? Será que ela não estava continuamente sob as ameaças e o despotismo da marquesa? Poder-se-á censurá-la por sua horrível aversão a uma condição infame? E se a gente se decide a avaliar melhor semelhante condição, poder-se-á exigir dela muita delicadeza, muito escrúpulo na escolha dos meios para livrar-se disso?

E vós, leitor, acreditais que a apologia da Senhora de La Pommeraye seja mais difícil de fazer? Talvez vos fosse mais agradável ouvir a esse respeito Jacques e seu amo, mas eles tinham tantas outras coisas mais interessantes para falar, que teriam provavelmente descurado disso. Permiti, pois, que dela eu me ocupe por um momento.

Entrais em fúria ao ouvirdes o nome da Senhora de La Pommeraye e bradais: «Ah!, mulher horrível, ah!, hipócrita, ah!, celerada!». Nada de exclamações, nada de cólera, nada de parcialidade; raciocinemos. Todos os dias praticam-se ações das mais negras sem nenhum gênio. Podeis odiar, podeis temer a Senhora de La Pommeraye, mas não a menosprezareis. Sua vingança é atroz, mas não é maculada por nenhum motivo de interesse. Não vos disseram que atirou ao nariz do marquês o belo diamante que ele lhe dera de presente, mas ela o fez, eu o sei pelas vias mais seguras. Não se trata, para ela, nem de aumentar sua fortuna, nem de adquirir alguns títulos honoríficos. Como, se essa mulher houvesse feito outro tanto a fim de obter para um marido a recompensa de seus serviços, se ela tivesse se prostituído a um ministro, ou mesmo a um alto funcionário, por um cordão de comenda ou por um coronelato, ao depositário da folha dos Benefícios, por uma rica abadia, isto vos pareceria muito simples. O uso estaria convosco; mas quando ela se vinga de uma perfídia, vós vos revoltais contra ela, em vez de ver que o ressentimento dela não vos indigna senão porque sois incapaz de sentir um ressentimento assim tão profundo, ou porque não fazeis quase nenhum caso da virtude das mulheres. Refletistes um pouco sobre os sacrifícios que a Senhora de La Pommeraye fizera ao marquês? Eu não vos direi que sua bolsa lhe estivesse aberta em todas as ocasiões, e que durante vários anos ele não teve outra casa, outra mesa senão a dela, isso vos faria menear a cabeça; mas ela se sujeitara a todas as suas fantasias, a todos os seus gostos; para agradá-lo transtornara o plano de sua vida. Ela desfrutava da mais alta consideração na sociedade pela pureza de seus costumes, e rebaixara-se ao nível comum. Disseram a seu respeito, quando aceitou a corte do Marquês des Arcis: «Enfim, essa maravilhosa Senhora de La Pommeraye se tornou, pois, como uma de nós». Ela notara ao seu redor os sorrisos irônicos, ouvira os gracejos, e amiúde enrubescera e baixara os olhos; ela tragara todo o cálice de amargura preparado para as mulheres cuja conduta regrada constituíra durante muito tempo a sátira dos maus costumes daquelas que as circundavam; suportara todo o rumor escandaloso pelo qual as pessoas se vingam das presunçosas imprudentes que ostentam honestidade. Ela era vaidosa, e preferiria morrer de dor a exibir na sociedade, após a vergonha da virtude abandonada, o ridículo da mulher desprezada. Atingira o momento em que a perda de um amante não mais se repara. Seu caráter era tal que este acontecimento a condenava ao fastio e à solidão. Um homem apunhala um outro por um gesto, por um desmentido, e não será permitido a uma mulher honesta, que se vê perdida, desonrada, traída, jogar o traidor nos braços de uma cortesã? Ah!, leitor, sois leviano demais em vossos elogios e severo em demasia em vossa repreensão. – Mas, dir-me-eis, é mais ainda a maneira do que a coisa em si que censuro na marquesa. Não compreendo um ressentimento de tão longa duração, uma teia de patifarias, de mentiras, que dura perto de um ano. – Nem eu tampouco, nem Jacques, nem seu amo, nem a hospedeira. Mas vós perdoareis tudo a um primeiro movimento, e eu vos direi que, se o primeiro movimento dos outros é curto, o da Senhora de La Pommeraye e das mulheres de seu caráter é longo. A alma dessas mulheres permanece algumas vezes durante toda a sua vida como no primeiro momento da injúria; e qual inconveniente, qual injustiça há nisso? Não vejo aí senão traições menos comuns, e eu aprovaria fortemente uma lei que condenasse às cortesãs aquele que tivesse seduzido e abandonado uma mulher honesta; o homem comum às mulheres comuns.

Enquanto eu disserto, o amo de Jacques ronca como se me tivesse ouvido, e Jacques, a quem os músculos das pernas recusavam serviço, perambula pelo quarto de camisa e com os pés no chão, derruba tudo o que encontra e desperta o amo que lhe diz por entre o cortinado: «Jacques, estás bêbado.

– Ou pouco falta.

– A que horas resolveste deitar-te?

– Daqui a pouco, senhor, é que há... é que há...

– O que é que há?

– Há um resto nessa garrafa que irá azedar-se... Tenho horror às garrafas começadas; isto me voltaria à cabeça, quando já estivesse deitado, e não seria necessário mais nada para me impedir de pregar o olho. Nossa hospedeira, por minha fé, é uma excelente mulher, e seu champanha um excelente vinho; seria uma pena deixá-lo azedar... Ponhamo-lo a salvo... e ele não mais azedará...». E balbuciando, Jacques, de camisa e pés descalços, virara duas ou três talagadas sem pontuação, como ele se exprimia, isto é, da garrafa para o copo, do copo para a boca. Há duas versões sobre o que se seguiu depois que ele apagou as luzes. Uns pretendendo que se pôs a tatear ao longo das paredes sem poder encontrar a cama, e que ele dizia: «Por minha fé, não está mais aí, ou se estiver, está escrito lá em cima que não tornarei a encontrá-la; num ou noutro caso, tenho de passar sem ela», e que tomou a resolução de estender-se sobre as cadeiras. Outros, que estava escrito lá em cima que ele embaraçaria os pés nas cadeiras, que cairia no chão e que aí permaneceria. Dessas duas versões, amanhã, depois de amanhã, escolhereis, com a cabeça descansada, a que melhor vos convier.

Nossos dois viajantes que se deitaram tarde e com a cabeça um pouco quente de vinho, dormiram até muito tarde pela manhã, Jacques no chão ou sobre cadeiras, segundo a versão que preferirdes, seu amo à vontade, em sua cama. A hospedeira subiu e lhes anunciou que o dia não prometia bom tempo; mas que, quando o tempo lhes permitisse prosseguir viagem, arriscariam a vida ou seriam detidos pela cheia das águas do riacho que tinham de atravessar; e que vários homens a cavalo que não quiseram lhe dar crédito haviam sido forçados a arrepiar caminho. O amo disse a Jacques: «Jacques, que faremos?». Jacques respondeu: «Almoçaremos primeiro com nossa hospedeira, o que nos servirá de bom conselho». A hospedeira jurou que era uma idéia sabiamente pensada. Serviram o almoço. A hospedeira não queria nada de melhor do que ficar alegre, o amo de Jacques se prestaria a isso, mas Jacques começava a sofrer, comeu de mau grado, bebeu pouco e ficou calado. Este último sintoma era, sobretudo, desagradável, era a conseqüência da má noite que passara e do mau leito que tivera. Queixava-se de dores nos membros, sua voz rouca anunciava uma dor de garganta. O amo o aconselhou a deitar-se, ele não queria fazer nada. A hospedeira propunha-lhe uma sopa de cebola. Ele pediu que acendessem a lareira do quarto, pois sentia arrepios, que lhe preparassem uma tisana e que lhe trouxessem uma garrafa de vinho branco, o que foi feito imediatamente. Eis então que a hospedeira se retira, e Jacques fica a sós com o amo. Este ia à janela e dizia: «Que diabo de tempo!», olhava o seu relógio, pois era o único em que tinha confiança, para saber que horas eram, tomava a sua pitada de rapé, recomeçava a mesma coisa de hora em hora, exclamando a cada vez: «Que diabo de tempo!», voltando-se para Jacques e acrescentando: «Boa ocasião para retomar e acabar a história de teus amores! Mas fala-se mal de amor e de tudo o mais quando se sofre. Vê lá, reflita, se podes continuar, continua, se não, bebe tua tisana e dorme».

Jacques pretendeu que o silêncio lhe era malsão; que ele era um animal tagarela, e que a principal vantagem de sua condição, a que mais o tocava, era a liberdade de compensar-se dos doze anos de mordaça que passara em casa do avô, a quem Deus faça misericórdia.

O Amo: – «Fala então, visto que isso nos dá prazer a ambos. Tu estavas não sei em que proposição desonesta da mulher do cirurgião; tratava-se, creio eu, de expulsar aquele que servia no castelo e de aí instalar o marido dela.

Jacques: – Isso mesmo; mas um momento, por favor. Molhemos a goela».

Jacques encheu de tisana um grande copo, verteu nele um pouco de vinho branco e engoliu tudo. Era uma receita que devia a seu capitão e que o Sr. Tissot[81], que a devia a Jacques, recomenda em seu tratado das doenças populares. O vinho branco, diziam Jacques e o Sr. Tissot, faz urinar, é diurético, corrige a insipidez da tisana e sustem o tom do estômago e dos intestinos. Bebido o seu copo de tisana, Jacques continuou:

Jacques: – «Eis que saí da casa do cirurgião, subi no carro, cheguei ao castelo e estou cercado por aqueles que o habitavam.

O Amo: – Já te conheciam lá?

Jacques: – Certamente. Vós vos lembraríeis daquela mulher com a bilha de azeite?

O Amo: – Perfeitamente.

Jacques: – Essa mulher era a recoveira do administrador e dos domésticos. Jeanne enaltecera no castelo o ato de comiseração que eu havia praticado com ela; a minha boa obra havia chegado aos ouvidos do amo, não lhe permitiram sequer ignorar os pontapés e os murros com que ela fora recompensada de noite na estrada real. Havia ordenado que me descobrissem e me transportassem à sua casa. Eis que estou lá. Olham-me,

---

81. Simon-André Tissot (1728-1797), médico suíço, que escreveu também *L'Inoculation justifiée* (1754), o *Traité sur l'onanisme* (1760) e *Avis au peuple sur sa santé* (1761), livro de divulgação de regras de saúde e higiene.

interrogam-me, admiram-me. Jeanne me abraçava e me agradecia. "Que o alojem comodamente, dizia o amo a seus criados, e que não deixem faltar-lhe nada"; ao cirurgião da casa: "Vós o visitareis com assiduidade". Tudo isso foi executado ponto por ponto. Pois bem!, meu amo, quem sabe o que está escrito lá em cima? Que digam agora que foi bem ou mal feito entregar o dinheiro, que é uma infelicidade levar uma sova. Sem esses dois acontecimentos, o Senhor Desglandes jamais teria ouvido falar de Jacques.

O Amo: – O Sr. Desglandes, sire de Miremont! É no castelo de Miremont que estás? Em casa de meu velho amigo, o pai do Sr. Desforges, o intendente da província?

Jacques: – Exatamente ele. E a jovem morena, de talhe airoso, olhos negros...

O Amo: – É Denise, a filha de Jeanne?

Jacques: – Ela mesma.

O Amo: – Tens razão. É uma das mais belas e das mais honestas criaturas que há em vinte léguas em redor. Eu e a maior parte dos que freqüentavam o castelo de Desglands puséramos inutilmente tudo em ação para seduzi-la, e não havia um de nós que não teria cometido grandes tolices por ela, contanto que ela em troca lhe fizesse uma bem pequena».

Tendo Jacques parado aí de falar, seu amo disse-lhe: «Em que pensas? O que fazes?

Jacques: – Faço minha reza.

O Amo: – Costumas rezar?

Jacques: – Às vezes.

O Amo: – E o que dizes?

Jacques: – Digo: "Tu, que fizeste o grande rolo, quem quer que tu sejas, e cujo dedo traçou toda a escritura que há lá em cima, tu desde sempre soubestes o que me convinha; que tua vontade seja feita. *Amen*".

O Amo: – Será que não farias melhor se te calasses?

Jacques: – Talvez sim, talvez não. Rezo em todo caso; e não importa o que me ocorra, eu não me rejubilaria nem me queixaria disso, se fosse senhor de mim, mas é que sou inconseqüente e violento, que esqueço meus princípios ou as lições de meu capitão, e que rio e choro como um tolo.

O AMO: – Teu capitão nunca chorava, nem jamais ria?

JACQUES: – Raramente... Jeanne me trouxe a filha, certa manhã e, dirigindo-se primeiro a mim, ela me disse: "Senhor, ei-lo num belo castelo onde estará um pouco melhor do que na casa de seu cirurgião. No começo, sobretudo, oh!, será tratado à maravilha; mas sei como são os domésticos; já faz bastante tempo que também o sou, pouco a pouco o seu belo zelo esmorecerá. Os amos não pensarão mais no senhor e, se a sua doença durar, o senhor será esquecido, mas tão perfeitamente esquecido que se lhe desse na fantasia morrer de fome, conseguiria o seu intento". Depois, voltando-se para a filha: "Escute, Denise, disse-lhe ela, quero que visites este homem de bem quatro vezes por dia: de manhã, na hora do jantar, às cinco horas e à hora da ceia. Quero que lhe obedeças como a mim. Tenho dito, e não falhes".

O AMO: – Sabes o que aconteceu àquele pobre Desglands?

JACQUES: – Não, senhor, mas se os votos que fiz por sua prosperidade não se cumpriram, não foi por falta de terem sido sinceros. Foi ele quem me indicou ao Comendador de La Boulaye, que pereceu ao passar por Malta; foi o Comendador de La Boulaye que me passou a seu irmão mais velho, o capitão que agora talvez tenha morrido de uma fístula. Foi esse capitão que me passou a seu irmão mais jovem, o advogado geral de Toulouse, que ficou louco e a quem a família mandou internar. Foi o Sr. Pascal, advogado geral de Toulouse, que me passou ao Conde de Tourville, que preferiu deixar crescer a barba sob um hábito de capuchinho do que expor a vida; foi o Conde de Tourville que me passou à Marquesa du Belloy que fugiu para Londres com um estrangeiro. Foi a Marquesa du Belloy que me deu a um de seus primos, que se arruinou com mulheres e que se mudou para as ilhas. Foi esse primo aí que me passou a um certo Sr. Hérissant, usurário de profissão, que aplicava o dinheiro do Sr. de Rusai, doutor da Sorbonne, que me fez entrar na casa da Senhorinha Isselin, que vós sustentais, e que me colocou em vossa casa, a quem deverei um pedaço de pão na minha velhice, pois mo haveis prometido se eu permanecesse ligado a vós e não há probabilidade que venhamos a nos separar. Jacques foi feito para vós, e vós fostes feito para Jacques.

O Amo: – Mas Jacques, tu percorrestes um bocado de casas em muito pouco tempo.

Jacques: – É verdade; fui despedido algumas vezes.

O Amo: – Por quê?

Jacques: – É que sou tagarela de nascença, e que todas essas pessoas aí queriam que a gente se calasse. Não eram como vós que me agradeceríeis amanhã se eu me calasse. Eu tinha justamente o vício que vos convinha. Mas o que foi que aconteceu ao Sr. Desglands? Contai-me enquanto eu preparo para mim uma dose de tisana.

O Amo: – Moraste no castelo dele e nunca ouviste falar de seu emplastro?

Jacques: – Não.

O Amo: – Essa aventura aí vamos deixar para o caminho. A outra é curta. Ele havia feito a sua fortuna no jogo. Ligou-se a uma mulher, que terás talvez visto em seu castelo, mulher de espírito, mas séria, taciturna, original e dura. Essa mulher lhe disse um dia: "Ou vós amais a mim mais do que ao jogo, e nesse caso dai-me vossa palavra de honra de que nunca mais jogareis; ou amais o jogo mais do que a mim, e nesse caso não me falai mais de vossa paixão, e jogai tanto quanto vos aprouver". Desglands deu sua palavra de honra de que não jogaria mais. "Nem jogo forte nem fraco? – Nem forte nem fraco". Havia cerca de dez anos que eles viviam juntos no castelo que tu conheces, quando Desglands, chamado à cidade para um negócio de interesse, teve a infelicidade de encontrar no cartório de seu notário um de seus antigos conhecidos de jogatina que o arrastou para jantar numa espelunca onde perdeu em uma única rodada tudo o que possuía. Sua amante foi inflexível. Ela era rica; deu a Desglands uma pensão módica, e separou-se dele para sempre.

JACQUES: – Estou desolado, ele era um homem de bem.

O AMO: – Como está a garganta?

JACQUES: – Mal.

O AMO: – É que tu falas demais e não bebes bastante.

JACQUES: – É que eu não gosto da tisana e gosto de falar.

O AMO: – Pois bem! Jacques, eis que estás em casa de Desglands, perto de Denise, e Denise está autorizada pela mãe a te fazer pelo menos quatro visitas por dia. A velhaca! Preferir um Jacques!

JACQUES: – Um Jacques! Um Jacques, senhor, é um homem como um outro qualquer.

O AMO: – Jacques, tu te enganas, um Jacques não é de modo algum um homem como um outro qualquer.

JACQUES: – É algumas vezes melhor do que um outro qualquer.

O AMO: – Jacques, tu te esqueces. Retoma a história de teus amores, e lembra-te que não és nem serás jamais nada além de um Jacques.

JACQUES: – Se, na choupana em que nos deparamos com os patifes, Jacques não tivesse valido um pouco mais que seu amo...

O AMO: – Jacques, tu és um insolente, abusas de minha bondade. Se cometi a tolice de tirar-te de teu lugar, saberei muito bem fazer-te voltar a ele. Jacques, pega a tua garrafa e tua chaleira[82], desce e vai até lá embaixo.

JACQUES: – Isso vos apraz dizer, senhor; sinto-me bem aqui, não descerei.

O AMO: – Eu digo que tu descerás.

JACQUES: – Estou seguro que não dizeis a verdade. Como, senhor, após terdes me acostumado durante dez anos a viver de igual para igual, como companheiro...

---

82. Em francês, *coquemar*, uma chaleira com asas.

O Amo: – Me apraz que isso acabe.

Jacques: – Após haver suportado todas as minhas impertinências...

O Amo: – Não quero mais suportá-las.

Jacques: – Após me ter feito sentar à mesa ao vosso lado, de me chamar vosso amigo...

O Amo: – Não sabes o que significa esse nome de amigo dado por um superior a seu subalterno.

Jacques: – Quando se sabe que todas as vossas ordens não passam de palavras ocas, se não foram ratificadas por Jacques; depois de haver tão bem ligado vosso nome ao meu que um não se apresenta jamais sem o outro e que todo mundo diz Jacques e seu amo, de repente vos apraz separá-los! Não, senhor, isto não acontecerá. Está escrito lá em cima que enquanto Jacques viver, que enquanto seu amo viver, e mesmo depois que todos os dois estiverem mortos, dir-se-á Jacques e seu amo.

O Amo: – E eu digo, Jacques, que descerás, e que descerás imediatamente, porque eu te ordeno.

Jacques: – Senhor, ordenai-me qualquer outra coisa, se quereis que eu vos obedeça».

Neste ponto o amo de Jacques ergueu-se, agarrou Jacques pela botoeira e lhe disse gravemente:

«Desce».

Jacques respondeu-lhe friamente:

«Não desço».

O amo, sacudindo-o fortemente, disse-lhe:

«Desce, patife! Obedeça-me!».

Jacques replicou-lhe ainda friamente:

«Patife, tanto quanto quiserdes, mas o patife não descerá. Vede, senhor, o que tenho na cabeça, como se diz, eu não tenho no calcanhar. Vós vos esquentais inutilmente; Jacques permanecerá onde está e não descerá».

E depois, Jacques e seu amo, após terem se moderado até aquele momento, destemperaram-se ambos ao mesmo tempo, e puseram-se a berrar a plenos pulmões:

«Descerás.

– Não descerei.

– Descerás.

– Não descerei».

Com tamanho barulho, a hospedeira subiu, e informou-se do que sucedia, mas não foi no primeiro instante que lhe responderam, continuaram a gritar: «Descerás. – Não descerei». Em seguida, o amo com o coração oprimido, caminhando pelo quarto, dizia resmungando: «Onde já se viu coisa igual?». A hospedeira pasmada e de pé, interveio: "Então, senhores, do que se trata?».

Jacques, sem se comover, disse à hospedeira: «É meu amo que está com a cabeça girando, ficou maluco.

O Amo: – Imbecil é o que queres dizer?

Jacques: – Como vos aprouver.

O Amo, *para a hospedeira*: – Ouviu o que ele disse?

A Hospedeira: – Ele está errado, mas paz, paz; falai um ou o outro, para que eu saiba do que se trata.

O Amo, *para Jacques*: – Fala, patife.

Jacques, *para seu amo*: – Falai vós mesmo.

A Hospedeira, *para Jacques*: – Vamos, senhor Jacques, fale, seu amo lhe ordena; afinal de contas, um amo é um amo».

Jacques explicou a coisa à hospedeira. Depois de tê-lo ouvido, disse-lhes a hospedeira: «Senhores, quereis me aceitar por árbitro?

Jacques e seu Amo, *todos os dois ao mesmo tempo*: – De muito bom grado, de muito bom grado, nossa hospedeira.

A Hospedeira: – E vós vos comprometeis sob palavra a executar a minha sentença?

Jacques e seu Amo: – Palavra, palavra».

Então a hospedeira, sentando-se sobre a mesa, e assumindo o tom e a grave atitude de um magistrado, disse:

«Ouvida a declaração do Senhor Jacques e, conforme os fatos tendentes a provar que seu amo é um bom, muito bom, boníssimo amo, e que Jacques não é de forma alguma um mau servidor, conquanto sujeito um pouco a confundir a posse absoluta e inamovível[83] com a concessão passageira e gratuita[84], anulo a igualdade que entre eles se estabeleceu por um lapso de tempo e a recrio imediatamente. Jacques descerá, e quando tiver descido, subirá de novo, será reintegrado em todas as prerrogativas de que gozou até o dia de hoje. Seu amo lhe estenderá a mão e lhe dirá amigavelmente: "Bom dia, Jacques, estou muito contente em rever-te". Jacques lhe responderá: "Quanto a mim, senhor, estou encantado por reencontrar-vos". E eu proíbo que jamais haja uma questão entre eles por causa desse assunto, e que a prerrogativa de amo e servidor seja agitada no futuro. É nossa vontade que um ordene e que o outro obedeça, cada qual da melhor forma, e que seja deixada entre o que um pode e o que o outro deve a mesma obscuridade que existia antes».

Ao terminar tal pronunciamento que ela havia pilhado em alguma obra da época, publicado por ocasião de uma querela em tudo similar, e em que se ouvira de uma das extremidades de um reino a outra, o amo gritar para o servidor: «Descerás», e o criado gritar, por seu lado: «Não descerei»[85], a hospedeira disse a Jacques, «vamos, dê-me o braço sem mais discutir!». Jacques exclamou dolorosamente: «Estava, pois, escrito lá em cima que eu desceria!

A HOSPEDEIRA, *para Jacques*: – Estava escrito lá em cima que no momento em que uma pessoa aceita um amo, ela descerá, subirá, avançará, recuará, permanecerá, e isto sem que jamais seja dado a liberdade aos pés de se recusarem a cumprir as ordens da cabeça. Que me dêem o braço e que minha ordem se cumpra».

Jacques deu o braço à hospedeira, porém mal haviam ultrapassado a soleira do quarto, quando o amo se precipitou sobre Jacques e o abraçou, largou Jacques para abraçar a hospedeira,

---

83. A posse absoluta e inamovível era privilégio dos nobres.
84. A concessão passageira e gratuita era devida aos plebeus.
85. Referência aos embates entre o rei e o parlamento ocorridos em 1753 e 1771.

e abraçando a ambos, dizia: «Está escrito lá em cima que não vou me desfazer jamais dessa peça original aí, e que enquanto eu viver ele será o meu amo e que eu serei o seu servidor». A hospedeira acrescentou: «E que, em vista de tudo, vós não vos sentireis pior por causa disso, todos os dois».

A hospedeira, depois de ter apaziguado essa querela, que ela tomou como sendo a primeira, e que não era a centésima da mesma espécie, e reinstalado Jacques em seu lugar, foi cuidar de seus misteres, e o amo disse a Jacques: «Agora que estamos com a cabeça fria e em estado de julgar sensatamente, não convirás comigo?

JACQUES: – Convirei que, quando se deu a palavra de honra, cumpre mantê-la, e uma vez que prometemos ao juiz, sob palavra de honra, não voltar a esse caso, é preciso não mais falar dele.

O AMO: – Tens razão.

JACQUES: – Mas sem voltar a esse caso, não poderíamos prevenir cem outros por algum arranjo razoável?

O AMO: – Consinto nisso.

JACQUES: – Estipulemos: primeiro, que visto estar escrito lá em cima que eu vos sou essencial, e que eu sinto e sei que vós não podeis passar sem mim, abusarei dessa vantagem todas e quantas vezes a ocasião se apresentar.

O AMO: – Mas Jacques, jamais se estipulou algo semelhante.

JACQUES: – Estipulado ou não estipulado, isso se fez desde todos os tempos, se faz hoje em dia, e se fará enquanto o mundo durar. Credes que os outros não tenham procurado como vós subtrair-se a tal decreto? Desfazei-vos dessa idéia e submetei-vos à lei de uma necessidade da qual não está em vosso poder libertar-se.

«Estipulemos: segundo, que, visto ser também impossível para Jacques não conhecer seu ascendente e sua força sobre seu amo, assim como a seu amo desconhecer sua fraqueza e se despojar de sua indulgência, cumpre que Jacques seja insolente e que, pela paz, seu amo não se aperceba do fato. Tudo isso se arranjou à nossa revelia, tudo isso foi selado lá em cima no momento em que a natureza criou Jacques e seu amo. Foi decretado que vós teríeis o título e que eu teria a coisa. Se quisésseis opor-vos à vontade da natureza, nada conseguiríeis.

O Amo: – Mas desse modo vosso quinhão valeria mais do que o meu.

Jacques: – E quem vos contesta?

O Amo: – Mas dessa forma só me resta tomar o teu lugar e te colocar no meu.

Jacques: – Sabeis o que vos aconteceria com isso? Vós perderíeis o título e não teríeis a coisa. Permaneçamos como estamos, estamos ambos muito bem, e que o resto de nossa vida seja empregado para fazer um provérbio.

O Amo: – Que provérbio?

Jacques: – *Jacques conduz o seu amo*. Seremos os primeiros sobre quem o terão dito, mas hão de repeti-lo a respeito de mil outros que valem mais do que vós e eu.

O Amo: – Isso me parece duro, muito duro.

Jacques: – Meu amo, meu querido amo, ireis escoicear contra um aguilhão que apenas há de ferir cada vez mais vivamente. Eis, pois, o que fica acordado entre nós.

O Amo: – E de que adianta nosso consentimento a uma lei necessária?

Jacques: – Adianta muito. Acreditais ser inútil saber de uma vez por todas, nitidamente, claramente, a que se ater? Todas as nossas querelas não sobreviveram até o momento senão pelo fato de não nos termos dito com franqueza que vós vos chamaríeis meu amo, e que eu é que seria o vosso. Mas eis que agora isso está entendido, e nós nada mais temos a fazer exceto caminhar conseqüentemente.

O Amo: – Mas onde diabo aprendeste tudo isso?

Jacques: –No grande livro. Ah!, meu amo, é inútil refletir, meditar, estudar em todos os livros do mundo, a gente nunca é mais do que um pequeno escrevente quando não se leu no grande livro».

Depois do jantar o sol brilhou. Alguns viajantes asseguraram que o riacho estava vadeável. Jacques desceu, seu amo pagou a hospedeira com muita largueza. Eis à porta do albergue um grande número de viandantes que o mau tempo retivera, preparando-se para prosseguir seu caminho; entre eles, Jacques e seu amo, o homem do casamento extravagante e seu companheiro. Os peões tomaram seus cajados e seus alforjes, outros se ajeitam em seus furgões ou seus carros, os cavaleiros estão montados sobre seus cavalos e bebem o último gole do vinho antes de partir. A hospedeira, afável, segura uma garrafa, oferece copos e os enche sem se esquecer do seu; dizem-lhe coisas obsequiosas, ao que ela responde com alegria e polidez. As pessoas esporeiam as montarias nos dois flancos, saúdam-se e afastam-se.

Aconteceu que Jacques e seu amo, o Marquês des Arcis e seu jovem companheiro de viagem tinham o mesmo caminho a seguir. Destes quatro personagens, só ao último não conheceis. Mal havia atingido a idade de vinte e dois ou vinte e três anos. Era de uma timidez que se lhe pintava no rosto; mantinha a cabeça meio inclinada sobre o ombro esquerdo, era silencioso e não tinha quase nenhuma prática do mundo; se fazia uma reverência, inclinava a parte superior do corpo sem mexer as pernas. Sentado, tinha como tique pegar as abas de seu casaco e cruzá-las sobre as coxas, manter as mãos entre as fendas, e escutar os que falavam, com os olhos quase fechados. Por essa singular atitude, Jacques o decifrou e, aproximando-se do ouvido do amo, disse-lhe: «Aposto que esse moço já usou o hábito de monge.

– E por que isso, Jacques?

– Vereis».

Nossos quatro viajantes seguiam em companhia, conversando sobre a chuva, o bom tempo, a hospedeira, o hospedeiro, a querela do Marquês des Arcis por causa de Nicole. Essa cadela esfomeada e suja vinha a todo momento esfregar-se em suas meias; depois de havê-la inutilmente escorraçado várias vezes com o guardanapo, por impaciência desferira-lhe um pontapé assaz violento... E eis que de repente a conversa volta-se para esse singular apego das mulheres aos animais. Cada um dá a sua opinião. O amo de Jacques, dirigindo-se a Jacques, lhe diz: «E tu, Jacques, o que pensas disso?».

Jacques perguntou a seu amo se ele não tinha reparado que, fosse qual fosse a miséria da gente pobre, não tendo pão para si, todos possuíam cães; se ele não havia reparado que esses cães, estando todos instruídos a executar proezas, a andar sobre duas patas, a dançar, trazer a caça ou coisas, a saltar para o rei, para a rainha, a fingir-se de morto, essa educação os tornara os animais mais infelizes do mundo. Daí concluiu que todo homem queria mandar em outro, e que se achando o animal, na sociedade, imediatamente abaixo da classe dos últimos cidadãos comandados por todas as outras classes, eles pegavam um bicho para também mandar em alguém. «Pois bem!, disse Jacques, cada um tem o seu cão. O ministro é o cão do rei; o primeiro assistente é o cão do ministro; a mulher é o cão do marido, ou o marido é o cão da mulher; Favorito é o cão desta última, e Thibaud é o cão do homem da esquina. Quando meu amo me faz falar quando eu gostaria de me calar, o que, em verdade, raramente me acontece, continuou Jacques; quando me obriga a ficar calado quando eu gostaria de falar, o que é muito difícil; quando ele me pede para contar a história de meus amores e quando ele a interrompe; que outra coisa sou eu senão o seu cão? Os homens fracos são os cães dos homens fortes.

O Amo: – Mas, Jacques, esse apego aos animais, eu não o noto somente nas pessoas pobres, conheço grandes damas cercadas por uma matilha de cães, sem contar os gatos, os papagaios e os pássaros.

Jacques: – É a sátira que fazem de si próprias e daquilo que as rodeia. Elas não amam ninguém, ninguém as ama e jogam aos cães um sentimento em relação ao qual não sabem o que fazer.

O Marquês des Arcis: – Amar os animais ou jogar o coração aos cães, isso se vê bastante.

O Amo: – Aquilo que se dá a esses animais bastaria para alimentar dois ou três infelizes.

Jacques: – Agora isto vos surpreende?

O Amo: – Não».

O Marquês des Arcis volveu os olhos para Jacques, sorriu de suas idéias, depois, dirigindo-se a seu amo, disse-lhe: «Vós tendes um servidor que não é nada comum.

O Amo: – Um servidor! É realmente bondade vossa, eu é que sou servidor dele, e pouco faltou para que esta manhã, e não sem tempo, ele me tenha provado isso formalmente».

Assim proseando, chegaram à pousada, e foram hospedados no mesmo quarto. O amo de Jacques e o Marques des Arcis cearam juntos, Jacques e o jovem foram servidos à parte. O amo esboçou em quatro palavras ao marquês a história de Jacques e de sua mania fatalista. O marquês falou do moço que o acompanhava. Ele havia sido premonstratense[86]. Saíra de casa por uma aventura singular; amigos lho haviam recomendado, e fizera dele o seu secretário enquanto esperava coisa melhor. O amo de Jacques disse: «Isso é engraçado.

O Marquês des Arcis: – E o que vedes nisso de engraçado?

O Amo – Falo de Jacques. Mal havíamos entrado na estalagem que acabamos de deixar, quando Jacques me disse em voz baixa: "Senhor, olhai bem para aquele jovem, eu apostaria que ele foi monge".

O Marquês: Acertou em cheio, não sei como. Vós vos deitais cedo?

O Amo: – Não habitualmente, e esta noite estou tanto menos apressado porque realizamos apenas meia jornada.

O Marquês des Arcis: – Se vós não tendes nada que vos ocupe de maneira mais útil ou mais agradável, eu vos contarei a história de meu secretário, ela não é comum.

O Amo: – Eu a escutarei de bom grado».

---

86. Diz-se de frade da ordem segundo a regra de Santo Agostinho, fundada por São Norberto em Premontré.

Eu vos ouço, leitor, vós me dizeis: E os amores de Jacques? – Credes que eu não esteja tão curioso quanto vós? Esquecestes que Jacques gostava de falar, e sobretudo de si; mania geral das pessoas de sua condição, mania que os tira de sua abjeção, que os coloca na tribuna, e que os transforma de repente em personagens interessantes? Qual é, a vosso ver, o motivo que atrai a população às execuções públicas? – A desumanidade. – Vós vos enganais. O povo não é desumano, o infeliz em torno de cujo cadafalso o povo se aglomera, ele o arrancaria das mãos da justiça, se pudesse. Ele vai buscar na Praça da Gréve[87] uma cena que possa depois, no seu retorno ao arrabalde, contá-la, aquela ou uma outra, isto lhe é indiferente, contanto que desempenhe um papel, que reúna os vizinhos, e que se faça ouvir por eles. Promovei no bulevar uma festa divertida, e vereis que a praça das execuções ficará vazia. O povo é ávido de espetáculos e corre para eles, porque se diverte quando os desfruta, e porque ainda se diverte pelo relato que faz deles ao voltar para casa. O povo é terrível na sua fúria, mas esta não dura. Sua própria miséria o tornou compassivo, desvia os olhos do espetáculo de horror que foi procurar, enternece-se, volta de lá chorando... Tudo o que vos digo aí, leitor, eu o ouvi de Jacques, confesso-vos, porque não gosto de obter honor do espírito de outrem. Jacques não conhecia nem o termo vício, nem o termo virtude. Pretendia que a gente nasce feliz ou infeliz. Quando ouvia pronunciar as palavras recompensa e castigo, alçava os ombros. Segundo ele, recompensa era o encorajamento dos bons; o castigo, o terror dos maus. «Como poderia ser outra coisa, dizia ele, se não há de modo algum liberdade e se nosso destino está escrito lá em cima?». Acreditava que um homem se encaminhava tão necessariamente para glória ou para a ignomínia como uma bola que tivesse consciência de si mesma segue o declive de uma montanha, e que, se o encadeamen-

---

87. Praça parisiense, localizada diante do Hotel de Ville (sede da Municipalidade), onde eram executados os condenados à pena capital.

to das causas e dos efeitos que formam a vida de um homem desde o primeiro instante de seu nascimento até seu derradeiro suspiro nos fosse conhecido, ficaríamos convencidos de que ele não fez senão aquilo que era necessário fazer. Eu o contradisse várias vezes, mas sem vantagem e sem fruto. Com efeito, o que replicar a quem vos diz: «Qualquer que seja a soma dos elementos de que sou composto, eu sou um; ora, uma causa tem apenas um efeito; sempre fui uma causa única, jamais tive senão um efeito a produzir, minha duração é, portanto, apenas uma série de efeitos necessários». É assim que Jacques raciocinava de conformidade com o seu capitão. A distinção entre um mundo físico e um mundo moral parecia-lhe vazia de sentido. Seu capitão lhe havia metido na cabeça todas essas opiniões que ele, por sua vez, bebera em seu Spinoza[88], que sabia de cor. Segundo esse sistema, poder-se-ia imaginar que Jacques não se rejubilasse, nem se afligisse por nada no mundo; isto, no entanto, não era verdade. Ele se conduzia mais ou menos como vós e eu. Agradecia a seu benfeitor, pelo bem que este lhe fizera; encolerizava-se contra o homem injusto, e quando lhe objetavam que ele então se assemelhava ao cão que morde a pedra que o feriu: «Não, nunca, dizia ele, a pedra mordida pelo cachorro não se corrige, o homem injusto é modificado pelo bastão». Amiúde era inconseqüente como vós e eu, e sujeito a esquecer os seus princípios, exceto em algumas circunstâncias em que sua filosofia o dominava de maneira evidente; era então que dizia: «Impunha-se que fosse assim, pois estava escrito lá em cima». Procurava prevenir o mal, era prudente embora nutrisse o maior desprezo pela prudência. Quando o acidente

---

88. Baruch Spinoza (1632-1677), filósofo que desenvolveu uma crítica bíblica (*Tratado Teológico-Político*), de base racionalista, tendo em vista a liberdade religiosa e política. Seu panteísmo espiritualista, segundo uns, e materialista, segundo outros, é estabelecido ao modo teoremático na *Ética*, tendo servido de base ao debate de idéias das Luzes, com interpretações que chegam ao ateísmo materialista, uma espécie de neo-spinozismo, tão a gosto de Diderot.

ocorria, voltava ao seu refrão e ficava consolado. De resto, bom homem, franco, honesto, bravo, dedicado, fiel, muito teimoso, mais ainda palrador, e aflito como vós e eu por ter começado a história de seus amores sem quase nenhuma esperança de findá-la. Assim, leitor, aconselho-vos a tomar vossa resolução e, na falta dos amores de Jacques, conformar-vos com as aventuras do secretário do Marquês des Arcis. Aliás, eu o vejo, esse pobre Jacques, com o pescoço enrolado em largo lenço, seu garrafão, antes cheio de bom vinho, contendo apenas a tisana, tossindo, praguejando contra a hospedeira que acabavam de deixar e contra o seu vinho de Champanha, o que ele não faria se se relembrasse que tudo está escrito lá em cima, mesmo o seu resfriado. E depois, leitor, sempre contos de amor; um, dois, três, quatro contos de amor que vos participei, três ou quatro outros contos de amor que vos cabem ainda, são muitos contos de amor. É verdade, de outro lado, que, uma vez que se trata de escrever para vós, é preciso ou dispensar vosso aplauso, ou vos servir a vosso gosto, e vós haveis de fato vos decidido pelos contos de amor. Todas as vossas novelas em verso ou em prosa são contos de amor; quase todos os vossos poemas, elegias, éclogas, idílios, canções, epístolas, comédias, tragédias, óperas, são contos de amor. Quase todas as vossas pinturas e esculturas não são senão contos de amor. Vós estais nos contos de amor em tudo quanto vos alimenta desde que existis, e vós não vos fartais disso. Sois mantido nesse regime e continuareis a sê-lo por muito tempo ainda, homens e mulheres, crianças grandes e pequenas, sem que dele vos farteis. Na verdade, isso é maravilhoso. Eu gostaria que a história do secretário do Marquês des Arcis fosse ainda um conto de amor, mas tenho medo de que não seja nada e que vós fiqueis enfastiado com ele. Tanto pior para o Marquês des Arcis, para o amo de Jacques, para vós, leitor, e para mim.

«Chega um momento em que quase todas as moças e os moços caem em melancolia; são atormentados por uma vaga inquietude que perpassa tudo e que não encontra nada que a acalme. Eles procuram a solidão, choram, o silêncio dos claustros os toca, a imagem da paz que parece reinar nas casas religiosas os seduz. Tomam como sendo a voz de Deus que os chama para junto de si os primeiros esforços de um temperamento que se desenvolve, e é precisamente quando a natureza os solicita que abraçam um gênero de vida contrário aos desejos da natureza. O erro não dura; a expressão da natureza torna-se mais clara, reconhecem-na, e o ser seqüestrado entrega-se aos desgostos, ao langor, aos flatos, à loucura ou ao desespero». Tal foi o preâmbulo do Marquês des Arcis. «Enfastiado do mundo com a idade de dezessete anos, Richard, é o nome de meu secretário, fugiu da casa paterna e tomou o hábito de premonstratense.

O AMO: – De premonstratense? Dou-lhe minhas congratulações. São brancos como cisnes, e São Norberto que os fundou não omite senão uma coisa em suas regras.

O MARQUÊS DES ARCIS: – Destinar um *vis-à-vis*[89] a cada um de seus religiosos.

O AMO: – Se não fosse costume dos Amores[90] andar inteiramente nus, eles se disfarçariam em premonstratenses[91]. Reina nessa ordem uma política singular. Permitem-vos a duquesa, a marquesa, a condessa, a presidenta, a conselheira, até mesmo a financista, mas nunca a burguesa; por mais bonita que seja a mercadora, raramente vereis um premonstratense numa loja.

O MARQUÊS DES ARCIS: – Foi o que Richard me disse. Richard teria feito seus votos após dois anos de noviciado, se os seus pais não se opusessem a isso. Seu pai exigiu que voltasse para casa, e que aí lhe seria permitido pôr à prova sua vocação, observando todas as regras da vida monástica durante um ano, acordo que foi fielmente cumprido por ambas as partes. Escoado esse ano de prova sob vistas da família, Richard insistiu em professar os votos. Seu pai

89. *Vis-à-vis*, veículo com dois lugares, um em frente do outro.
90. Amores, isto é, Cupidos.
91. A contraposição à nudez dos Amores se dá porque os premonstratenses usavam um hábito branco de lã pura.

respondeu-lhe: "Concedi-lhe um ano para tomar uma resolução final, espero que não me recusará um outro ano para a mesma coisa; consinto apenas que vá passá-lo onde lhe aprouver". Esperando o fim desse segundo prazo, o abade da ordem se lhe afeiçoou. Foi nesse intervalo que ele se viu implicado numa dessas aventuras que só nos conventos acontecem. Havia então à testa de uma das casas da ordem um superior de caráter extraordinário; chamava-se padre Hudson. O padre Hudson tinha uma figura das mais interessantes: uma testa larga, um rosto oval, um nariz aquilino, grandes olhos azuis, belas faces largas, uma bela boca, belos dentes, o mais fino sorriso, a cabeça coberta por uma floresta de cabelos brancos que acrescentavam dignidade ao interesse de sua figura, espírito, conhecimentos, alegria, atitude e palavras das mais honestas, amor à ordem e ao trabalho; mas paixões das mais fogosas, mas gosto dos mais desenfreados pelos prazeres e pelas mulheres, mas o gênio da intriga levado ao último ponto, mas os costumes os mais dissolutos, mas o despotismo o mais absoluto na casa que dirigia. Quando lhe confiaram a administração desta, ela estava infectada de um jansenismo ignorante; os estudos eram mal feitos aí; os negócios temporais estavam em desordem; os deveres religiosos haviam caído em desuso, os ofícios celebravam-se aí com indecência; os alojamentos supérfluos eram ocupados por pensionistas dissolutos. O padre Hudson converteu ou afastou os jansenistas, presidiu ele mesmo aos estudos, restabeleceu o poder temporal, pôs de novo a regra em vigor, expulsou os pensionistas escandalosos, introduziu na celebração dos ofícios a regularidade e o decoro, e fez de sua comunidade uma das mais edificantes. Mas dessa austeridade à qual sujeitava os outros, dispensava-se a si próprio, esse jugo de ferro sob o qual mantinha seus subalternos, ele não era bastante tolo para partilhá-lo. Por isso, todos estavam animados contra o padre Hudson de um furor concentrado que era tanto mais violento e mais perigoso.

Cada um deles era seu inimigo e seu espião, cada um se ocupava em segredo a penetrar as trevas de sua conduta, cada um tinha uma lista de suas desordens ocultas, cada um resolvera perdê-lo; ele não dava um passo que não fosse seguido, mal eram esboçadas as suas intrigas tornavam-se logo conhecidas. A abadia da ordem tinha uma casa pegada ao mosteiro. Esta casa tinha duas portas, uma que se abria para a rua e a outra para o claustro; Hudson lhes forçara as fechaduras; a morada abacial tornara-se o reduto de suas cenas noturnas, e o leito do abade o de seus prazeres. Era pela porta da rua, quando ia alta noite, que ele mesmo introduzia nos aposentos do abade, mulheres de todas as condições; era aí que faziam ceias delicadas. Hudson tinha um confessionário, e havia corrompido todas aquelas dentre as suas penitentes que valia a pena. Entre essas penitentes havia uma pequena confeiteira que causava sensação no bairro por seu coquetismo e seus encantos; Hudson, que não podia freqüentar a casa da moça, fechou-a em seu serralho. Essa espécie de rapto não se realizou sem atrair suspeitas dos pais e do esposo. Eles foram visitá-la. Hudson os recebeu com um ar consternado. Quando essa boa gente estava em vias de lhe expor seus desgostos, o sino tocou, eram seis horas da tarde; Hudson lhes impõe silêncio, tira o chapéu, levanta-se, faz um grande sinal da cruz e diz em tom afetuoso e compenetrado: "*Angelus Domini nuntiavit Mariae*"[92]. E eis o pai da confeiteira e seus irmãos envergonhados de sua suspeita, dizendo ao esposo, ao descerem a escada: "Meu filho, você é um tolo. – Meu irmão, você não tem a menor vergonha? Um homem que diz o *Angelus*! Um santo!".

«Uma noite, no inverno, quando retornava ao seu convento, ele foi abordado por uma dessas criaturas que solicitam os passantes, ela lhe pareceu bonita, ele a seguiu; mal entrou, sobreveio a ronda. Essa aventura teria perdido um outro, mas

---

92. "O anjo do Senhor anunciou a Maria".

Hudson era um homem que tinha cabeça, e esse acidente lhe granjeou a boa vontade e a proteção do magistrado de polícia. Conduzido à sua presença, eis como ele lhe falou: "Eu me chamo Hudson e sou o superior de minha casa. Quando aí entrei, tudo estava em desordem, não havia nem ciência, nem disciplina, nem costumes; o espiritual era negligenciado até ao escândalo, o desgaste do temporal ameaçava a casa de uma ruína próxima. Pus tudo em ordem de novo; mas sou homem, e preferi dirigir-me a uma mulher corrompida do que dirigir-me a uma mulher honesta. Podeis agora dispor de mim como vos aprouver". O magistrado recomendou-lhe ser mais circunspecto no futuro, prometeu-lhe segredo acerca dessa aventura e manifestou-lhe o desejo de conhecê-lo mais intimamente.

«Entretanto, os inimigos de que estava rodeado, cada um por seu lado, enviaram ao geral da ordem relatórios em que era exposto o que sabiam a respeito da má conduta de Hudson. O confronto desses relatórios aumentava-lhes a força. O Geral era jansenista e, conseqüentemente, estava disposto a tirar vingança da espécie de perseguição que Hudson exercera contra os adeptos de suas opiniões. Ficaria encantado de estender a censura dos costumes corrompidos de um só defensor da bula e da moral relaxada à seita inteira. Em conseqüência, entregou os diferentes relatórios a respeito dos fatos e gestos de Hudson em mãos de dois comissários que despachou secretamente com ordem de proceder à sua verificação e constatá-la juridicamente, ordenando-lhes, sobretudo, manter a conduta desse caso sob a máxima circunspecção, único meio de abater subitamente o culpado e subtraí-lo à proteção da corte e de Mirepoix[93], a cujos olhos o jansenismo constituía o maior de todos os crimes e a submissão

---

93. Jean-François Boyer, bispo de Mirepoix (1675-1755), preceptor do Delfim, ministro do departamento dos benefícios, adversário implacável do jansenismo.

à bula *Unigenitus*[94], a primeira das virtudes. Richard, meu secretário, foi um dos dois comissários.

«E eis que esses dois homens partem da casa do noviciado e se instalam na de Hudson, procedendo ocultamente as investigações. Recolheram, bem depressa, uma lista de crimes mais do que suficiente para pôr cinqüenta monges no *in pace*. Sua estada fora longa, mas a tramóia era tão hábil que nada havia transpirado. Hudson, por mais finório que fosse, chegava ao momento de sua perda sem que tivesse a menor suspeita disso. Todavia, o pouco empenho dos recém-vindos em fazer-lhe a corte, o segredo de sua viagem, suas freqüentes conferências com outros religiosos, suas saídas ora juntos, ora em separado, a espécie de gente que visitavam e que lhes faziam visitas, causaram-lhe alguma inquietação. Espionou-os, mandou espioná-los, e logo o objeto de sua missão se lhe tornou evidente. Ele não se desconcertou em absoluto, ocupou-se profundamente da maneira, não de escapar da tempestade que o ameaçava, mas de atraí-la sobre a cabeça dos dois comissários, e eis o expediente dos mais extraordinários em que se deteve.

«Hudson havia seduzido uma jovem a quem mantinha escondida em pequeno alojamento do subúrbio de Saint-Médard. Ele corre para lá onde ela está e lhe faz o seguinte discurso: "Minha filha, tudo foi descoberto, estamos perdidos; em menos de oito dias você será presa, e eu ignoro o que será feito de mim. Nada de desespero, nada de gritos, não se entregue à aflição, tranqüilize-se. Ouça-me, faça o que vou dizer-lhe, e faça-o bem, eu me encarrego do resto. Amanhã eu parto para o campo. Durante minha ausência, vá procurar dois religiosos cujos nomes lhe darei, e ele lhe deu os nomes dos dois comissários. Peça para falar-lhes em segredo. A sós com eles, atire-se aos pés de ambos, implore-lhes sua ajuda, implore-lhes sua

---

94. Bula expedida pelo papa Clemente XI, em 1713, condenando o teólogo e ardoroso jansenista, padre Quesnel, e a corrente jansenista em geral.

justiça, implore-lhes sua mediação junto ao geral sobre cuja disposição de espírito você sabe que eles podem muito; chore, soluce, arranque os cabelos e, chorando, soluçando e arrancando os cabelos, conte-lhes toda a nossa história, e conte-a da maneira mais própria a inspirar comiseração por você e horror contra mim.

«– Como, senhor, eu lhes direi...

«– Sim, irá dizer-lhes quem você é, a que família você pertence, que eu a seduzi, seduzi no tribunal da confissão, eu a arranquei dos braços de seus pais e a isolei na casa em que você se encontra. Diga que depois de lhe haver roubado a honra e tê-la precipitado no crime, eu a abandonei na miséria; diga que você não sabe mais qual será o seu futuro.

«– Mas, Padre...

«– Execute o que eu lhe prescrevo e o que ainda me resta a prescrever-lhe, ou determine a sua e a minha perda. Os dois monges não deixarão de lamentá-la, de garantir-lhe assistência e de lhe pedir um segundo encontro que você lhes concederá. Irão informar-se a seu respeito e a respeito de seus pais, e como você não lhes terá dito nada que não seja verdadeiro, não poderá tornar-se para eles suspeita. Após essa primeira e segunda entrevista com eles, eu lhe prescreverei o que deverá fazer na terceira. Cuide somente de representar bem o seu papel".

«Tudo se passou como Hudson havia imaginado. Ele fez uma segunda viagem. Os dois comissários informaram o fato à jovem, ela retornou à casa. Eles pediram-lhe de novo o relato de sua infeliz história. Enquanto ela narrava a um deles, o outro tomava notas num livrinho. Eles se condoeram de sua sorte, informaram-na sobre a desolação dos pais, fato mais do que real, e prometeram-lhe segurança para a sua pessoa e pronta vingança contra o sedutor, mas com a condição de que ela assinaria sua declaração. Esta proposição pareceu a princípio revoltá-la, insistiram, ela consentiu. Só restava marcar o dia, a hora e o local onde seria lavrado esse ato que demandava tempo e oportunidade. "Onde estamos, não é possível; se o prior voltasse e me visse... Em minha casa, mas isso eu não ousaria propor-lhes". A moça e os comissários separaram-se, concedendo-se reciprocamente tempo para superar essas dificuldades.

«No mesmo dia, Hudson foi informado do que se passara. Ei-lo no cúmulo da alegria, ele está à beira de seu triunfo; logo ensinará a esses dois fedelhos com que homem estão lidando. "Pegue da pena, disse à jovem, e marque encontro no local que vou lhe indicar. Esse local de encontro lhes convirá, estou certo. A casa é respeitável, e a mulher que a ocupa desfruta, tanto na vizinhança como entre os outros locatários, da melhor reputação".

«Essa mulher, no entanto, era uma dessas intrigantes secretas que se fingem de devotas, que se insinuam nas melhores casas, que possuem um tom doce, afetuoso, solerte, e que conquistam a confiança das mães e das filhas para levá-las ao desregramento. Era o uso que Hudson fazia dela, era a sua intermediária. Será que ele pôs ou não pôs a intrigante a par de seu segredo? É o que eu ignoro.

«Com efeito, os dois enviados do Geral aceitaram o encontro. Lá estão eles. A intrigante retira-se. Começavam a redigir o auto, quando prorrompe um grande barulho na casa.

«"Senhores, a quem procurais? – Procuramos a dama Simion. (Era o nome da intrigante.) – Estais à sua porta".

«Batem violentamente à porta. "Senhores, diz a moça aos dois religiosos, respondo?

« – Responda.

« – Devo abrir?

« – Abra".

«Aquele que falou era um comissário com o qual Hudson estava em íntima ligação, pois a quem ele não conhecia? A este havia revelado o perigo que corria e ditado o seu papel. "Ah! Ah!, disse o comissário entrando, dois religiosos a sós com uma rapariga! Ela não é nada má". A moça vestira-se de maneira tão indecente que era impossível enganar-se sobre a sua condição e sobre aquilo que ela podia ter a esclarecer com os dois monges dos quais o mais velho não tinha trinta anos. Estes protestavam sua inocência. O comissário escarnecia deles passando a mão pelo queixo da jovem que se jogara a seus pés e que pedia mercê. "Nós estamos num lugar honesto, diziam os monges.

«– Sim, sim, em lugar honesto, dizia o comissário".

«Que tinham vindo para assunto importante.

«O assunto importante que traz alguém aqui, nós o conhecemos. Senhorita, fale.

«– Senhor comissário, isso que estes senhores vos asseguram, é a pura verdade".

«Entrementes, o comissário autuava, por seu turno, e como não havia nada no seu auto além da pura e simples exposição do fato, os dois monges foram obrigados a assinar. Ao descer, encontraram todos os locatários nos patamares diante de seus quartos, e à porta da casa um numeroso populacho, um fiacre, beleguins que os meteram no fiacre em meio ao rumor confuso das invectivas e das assuadas. Eles haviam coberto os rostos com suas capas, afligiam-se. O pérfido comissário bradou: "Eh!, por que, meus Padres, freqüentar esses lugares e essas criaturas aí? Entretanto, não há de ser nada, tenho ordem da polícia de vos entregar em mãos de vosso superior que é um homem de bem, indulgente; ele não dará a isso mais importância do que o caso merece; não creio que se proceda em vossas casas como é o uso entre os cruéis capuchinhos; se tivésseis de vos haver com os capuchinhos, por minha fé, eu vos lastimaria". Enquanto o comissário lhes falava, o fiacre se encaminhava para o convento, a multidão engrossava, cercava o carro, precedia-o e seguia-o a toda pressa. Ouvia-se aqui: "O que há? "Ali: "São monges. – O que fizeram? – Foram apanhados em casa de raparigas? – Premonstratenses com raparigas! – Mas sim, vão nos passos dos carmelitas e dos franciscanos". Ei-los que chegam. O comissário desce, bate à porta, bate de novo, bate uma terceira vez, enfim ela se abre. Previnem o superior Hudson, que se faz esperar uma meia hora ao menos, a fim de dar ao escândalo todo o seu estrondo. Aparece finalmente. O comissário lhe fala ao ouvido, o comissário tem o ar de interceder; Hudson, de rejeitar duramente o seu pedido; e por fim, este, assumindo um ar severo e falando em tom firme, lhe diz: "Não tenho religiosos dissolutos em minha casa, esses sujeitos aí são dois estrangeiros que me são desconhecidos, talvez dois tratantes disfarçados, dos quais podeis fazer tudo o que vos aprouver". A estas palavras a porta se fecha. O comissário volta a subir no carro e diz a nossos dois pobres diabos, mais mortos do que vivos: "Fiz tudo o que pude, nunca pensei que o padre Hudson fosse tão duro. Também, por que diabo foram se meter com as raparigas?

«– Se aquela com quem vós nos encontrastes era uma, não foi a libertinagem que nos levou à casa dela.

«– Ah, ah!, meus padres, e é a um velho comissário que dizeis isso! Quem sois vós?

«– Somos religiosos, e o hábito que envergamos é o nosso.

«– Lembrai-vos que amanhã será preciso que vosso caso seja esclarecido; falai-me a verdade, talvez eu possa vos servir.

«– Dissemos a verdade... Mas para onde vamos?

«– Para o Petit Châtelet[95].

«– Para o Petit Châtelet!

«– Para a prisão!

«– Lamento muito".

«Foi, com efeito, para lá que Richard e seu companheiro foram levados; mas o propósito de Hudson não era o de deixá-los ali. Ele tomou uma sege de posta, dirigiu-se a Versalhes. Falou ao ministro, traduziu-lhe o caso como lhe convinha. "Eis, monsenhor, a que a gente se expõe quando se introduz reforma numa casa dissoluta e se expulsam os heréticos. Um momento mais tarde, eu estaria perdido, estaria desonrado. A perseguição ficará por aí, todos os horrores com

---

95. Petit Châtelet, antigo forte que protegia o acesso à Cité e que foi convertido em prisão para inadimplentes.

que é possível denegrir um homem de bem, vós havereis de escutá-los, mas espero, monsenhor, que vos lembrareis de que o nosso Geral...

«– Eu sei, eu sei, e lastimo o que vos ocorreu. Os serviços que vós prestastes à Igreja e à vossa ordem não serão esquecidos de modo algum. Os eleitos do Senhor foram desde todos os tempos expostos a desgraças; eles souberam suportá-las; é preciso saber imitá-los na coragem. Contai com os favores e a proteção do rei. Os monges! Os monges! Já fui monge. E sei por experiência do que são capazes.

«– Se a felicidade da Igreja e do Estado quisesse que Vossa Eminência me sobrevivesse, eu perseveraria sem medo.

«– Não tardarei a tirar-vos de lá. Ide.

«– Não, monsenhor, não, não me afastarei de modo algum sem uma ordem expressa.

«– Que solte aqueles dois maus religiosos? Vejo que a honra da religião e a de vosso hábito vos tocam a ponto de esquecer injúrias pessoais; isto é inteiramente cristão, e eu me sinto edificado sem ficar surpreso com um homem como vós. Esse caso não terá repercussão.

«– Ah!, monsenhor, vós cumulais minha alma de júbilo! Era tudo o que eu neste momento temia.

«– Vou trabalhar para isso".

«Naquela noite mesma Hudson teve em mãos a ordem de soltura, e já no dia seguinte Richard e seu companheiro, desde o raiar do dia, estavam a vinte léguas de Paris sob a guarda de um oficial de polícia que os entregou à casa professa. Ele também era portador de uma carta que ordenava ao Geral cessar semelhantes intrigas e impor a pena claustral a nossos dois religiosos.

«Essa aventura lançou a consternação entre os inimigos de Hudson, não havia um único monge em sua casa que seu olhar não fizesse tremer. Alguns meses depois, ele foi provido de uma rica abadia. O Geral sentiu-se por isso tomado de um despeito mortal. Era velho, e tinha tudo para temer que o abade Hudson o sucedesse. Amava ternamente Richard. "Meu pobre amigo, disse-lhe um dia, o que seria de ti se caísses sob a autoridade do celerado Hudson? Estou apavorado com isso. Ainda não proferiste o voto, se quisésseis ouvir-me, abandonarias o hábito". Richard seguiu o conselho e retornou à casa paterna, que não ficava muito longe da abadia de que Hudson estava de posse.

«Hudson e Richard freqüentavam as mesmas casas, era impossível que não se reencontrassem, e de fato se reencontraram. Richard estava um dia em casa da dama de um castelo situado entre Châlons e Saint-Dizier, porém mais perto de Saint-Dizier do que de Châlons e a um tiro de fuzil da abadia de Hudson. Disse-lhe a dama: "Temos aqui o vosso antigo prior, ele é muito amável, mas, no fundo, que tipo de homem é ele?

«– O melhor dos amigos e o mais perigoso dos inimigos.

«– Será que não estaríeis tentado a vê-lo?

«– De maneira nenhuma".

«Richard mal dera essa resposta quando se ouviu o barulho de um cabriolé que entrava no pátio, e do qual se viu descer Hudson com uma das mais belas mulheres do cantão. "Vós o vereis, malgrado o que tendes contra ele, disse a dama do castelo, pois é ele".

«A dama do castelo e Richard vão ao encontro da dama do cabriolé e do abade Hudson. As damas se abraçam; Hudson, aproximando-se de Richard, e o reconhecendo, exclama: Eh!, sois vós, meu caro Richard, vós quisestes me perder um dia, eu vos perdôo; perdoai-me a vossa visita ao Petit Châtelet, e não pensemos mais nisso.

«– Convinde, senhor abade, que sois um grande velhaco.

«– É possível.

«– Que se vos houvessem rendido justiça, a visita ao Châtelet, não seria eu, mas vós que a teríeis feito.

«– É possível. É, creio eu, ao perigo que corri então que devo os meus novos costumes. Ah!, meu caro Richard, o quanto isso me fez refletir e como estou mudado!

«– Essa mulher com a qual viestes é encantadora.
«– Não tenho mais olhos para tais atrativos.
«– Que talhe!
«– Isso se tornou bastante indiferente para mim.
«– Que corpo cheio de saúde!
«– Cedo ou tarde abandona-se um prazer que só se desfruta na cumeeira de um telhado, sob o perigo de quebrar o pescoço a cada movimento.
«– Ela tem as mais belas mãos do mundo.
«– Renunciei ao uso dessas mãos. Uma cabeça bem feita é reconduzida ao espírito de sua condição, à única verdadeira felicidade.
«– E esses olhos que se voltam para vós furtivamente; convinde que vós que sois um bom conhecedor, quase nunca prendestes outros mais brilhantes e mais doces. Que graça, que leveza e que nobreza no andar e no porte!
«– Não penso mais nessas vaidades; leio as Escrituras, medito sobre os Padres da Igreja.
«– E de tempos em tempos nas perfeições dessa dama. Ela reside longe de Moncetz? Seu marido é jovem?
«Hudson, impacientando-se com estas perguntas, e suficientemente convencido de que Richard não o tomava por um santo, disse-lhe bruscamente: – Meu caro Richard, vós estais me gozando... e tendes razão"».

Meu caro leitor, perdoai-me a propriedade dessa expressão, e convinde que aqui como numa infinidade de bons contos, tais, por exemplo, como aquela da conversa de Piron[96] com o falecido Abade Vatri[97], a palavra honesta estragaria tudo. – Que conversa é essa de Piron e do Abade Vatri? – Ide perguntar ao editor de suas obras, que não ousou escrevê-la, mas que não se fará de rogado para vos contá-la.

---

96. Aléxis Piron (1689-1773), autor de comédias, uma delas *larmoyante* (lacrimosa), e tragédias. Sua linguagem era truculenta e foi expurgada quando da publicação de suas obras completas, no século XVIII.
97. René Vatri (1697-1769), professor de literatura grega no Collège Royal.

Nossos quatro personagens reuniram-se no castelo, jantaram bem, jantaram alegremente e, ao anoitecer, separaram-se com a promessa de se rever... Mas enquanto o Marquês des Arcis conversava com o amo de Jacques, Jacques, por seu lado, não se mantinha mudo com o senhor secretário Richard, que o tomava por um indivíduo francamente original, o que ocorreria mais amiúde entre os homens se a educação primeiro e, em seguida, o grande uso das regras sociais não os utilizassem como essas moedas de prata que, à força de circular, perdem o cunho. Era tarde. O relógio advertiu os amos e os criados que era chegada a hora de repousar, e eles seguiram o seu aviso.

Jacques, enquanto despia o amo, disse-lhe: «Senhor, vós gostais de quadros?

O AMO: – Sim, mas em relato, pois em cor e na tela, embora os julgue decididamente como um amador, eu te confessaria nada entender a respeito deles; que eu ficaria muito embaraçado em distinguir uma escola de outra; que me passariam um Boucher[98] por um Rubens[99] ou por um Rafael; que eu tomaria uma péssima cópia por um sublime original; que avaliaria em mil escudos um borrão de seis francos, e em seis francos uma peça de mil escudos; e que jamais me abasteci em outro lugar senão na ponte de Notre-Dame, na loja de certo Tremblin[100] que era, no meu tempo, o recurso da

---

98. François Boucher (1603-1770), pintor de cenas pastoris ou mitológicas, graciosas e decorativas, com forte assento sensual. Foi professor de desenho de Madame Pompadour, diretor da Academia de Pintura e Escultura e primeiro pintor do rei. Diderot não apreciava suas *"ordures"* (porcarias).

99. Peter-Paul Rubens (1577-1640), pintor e diplomata, um dos expoentes do barroco flamengo, que se distinguiu pela amplidão de seu desenho e pela liberdade de sua técnica e vigor cromático. Seus retratos, cenas e decorações colocam-no entre os mestres de seu tempo. Diderot tinha grande apreço por seus quadros religiosos.

100. Tremblin, personagem real que viveu na segunda metade do século XVIII, e possuía, junto à ponte de Notre-Dame, um comércio de objetos usados.

miséria ou da libertinagem, e a ruína do talento dos jovens alunos de Vanloo[101].

JACQUES: — Como assim?

O AMO: — Que diferença te faz? Descreve-me teu quadro e seja breve, pois estou caindo de sono.

JACQUES: — Colocai-vos diante da Fonte dos Inocentes[102] ou próximo da Porta de Saint-Denis, são dois acessórios que enriquecerão a composição.

O AMO: — Eis-me lá.

JACQUES: — Vede no meio da rua um fiacre, o correão arrebentado e tombado para o lado.

O AMO: — Eu o vejo.

JACQUES: — Um monge e duas raparigas saem do fiacre. O monge foge a toda. O cocheiro apressa-se a descer de seu assento. Um canicho do fiacre põe-se a perseguir o frade e o prende pela batina. O monge faz todos os esforços para livrar-se do cão. Uma das raparigas, descomposta, o colo descoberto, segura os flancos de tanto rir; a outra, que fez um galo na testa, está apoiada contra a portinhola e aperta a cabeça com as duas mãos. Entrementes, a populaça se juntou; os gaiatos acorrem e lançam gritos; os mercadores e mercadoras postaram-se na soleira de suas lojas, e outros espectadores estão às suas janelas.

O AMO: — Com que diabo!, Jacques, tua composição é bem ordenada, rica, divertida, variada e plena de movimento. Ao voltarmos a Paris, leva esse tema a Fragonard[103], e tu verás o que ele poderá fazer disso.

---

101. Charles-André Vanloo, dito Carle (1705-1765), primeiro pintor do rei, diretor e reitor da Academia de Pintura e diretor da Escola Real dos alunos protegidos. Seu irmão, Jean-Baptiste (1684-1745) e seu sobrinho, Michel (1707-1771) eram também professores de pintura.

102. Obra do escultor e arquiteto Jean Goujon (1510?-1566?), localizada perto da igreja e do cemitério dos Saints-Innocents, fechado em 1780.

103. Jean Honoré Fragonard (1732-1806), aluno de Boucher, estudou na Itália e sofreu forte influência dos mestres flamengos, Rubens, Hals e Rembrandt. Sua pintura é das mais representativas do espírito da época, principalmente pelos quadros de gênero, pela paisagística e pelas cenas eró-

JACQUES: – Após o que me confessastes sobre as vossas luzes em matéria de pintura, posso aceitar vosso elogio sem baixar os olhos.

O AMO: – Aposto que é uma das aventuras do Abade Hudson?

JACQUES: – É verdade».

Leitor, enquanto essa boa gente dorme, eu teria uma pequena pergunta a vos propor, a discutir junto ao vosso travesseiro: o que teria sido o filho do Abade Hudson e da Senhora de La Pommeraye? – Talvez um homem de bem. – Talvez um sublime patife. – Vós mo direis amanhã de manhã.

Essa manhã, ei-la que chegou, e nossos viajantes se separam, pois o Marquês des Arcis não mais ia seguir o mesmo caminho que Jacques e seu amo. – Vamos, pois, retomar a continuação dos amores de Jacques? – Assim o espero, mas o que há de bem certo, é que o amo sabe que horas são, que ele tomou a sua pitada de rapé e que disse a Jacques: «Pois bem!, Jacques, e teus amores?».

Jacques, em vez de responder a essa pergunta, dizia: «Não é o diabo? De manhã à noite eles falam mal da vida, e não podem resolver-se a deixá-la. Será que a vida presente não é, pensando bem, uma coisa tão ruim, ou que temem outra pior na vindoura?

O AMO: – É uma e outra. A propósito, Jacques, acreditas na vida vindoura?

JACQUES: – Não creio nem descreio, não penso nela. Desfruto o melhor que posso aquela que nos foi concedida como adiantamento de herança.

O AMO: – Quanto a mim, considero-me uma crisálida, e gosto de persuadir-me de que a borboleta, ou minha alma,

ticas e galantes. Exímio colorista, decorou as mansões parisienses e uma de suas obras-primas, a série *Progressos do Amor*, foi destinada a Madame du Barry. Mas este pincel mais ligeiro foi sensível, a partir de 1776, ao espírito neoclássico que começava a se delinear. Nos últimos anos de vida, o pintor dedicou-se à organização do futuro Museu do Louvre.

vindo um dia a romper seu casulo, evolar-se-á para a justiça divina[104].

JACQUES: – Vossa imagem é encantadora.

O AMO: – Ela não é minha; eu a li, creio, em um poeta italiano chamado Dante[105], que compôs uma obra intitulada *A Comédia do Inferno, do Purgatório e do Paraíso*.

JACQUES: – Eis um tema singular de comédia.

O AMO: – Há, por Deus, belas coisas, sobretudo em seu "Inferno". Ele encerra os heresiarcas em túmulos de fogo, cuja chama escapa e leva longe a devastação[106]; os ingratos, em nichos onde derramam lágrimas que se gelam sobre seus rostos[107]; e os preguiçosos, em outros nichos, e ele diz destes últimos que o sangue se lhes escapa das veias e que é recolhido por vermes desdenhosos...[108]. Mas a que propósito vem tua surtida contra o nosso desprezo por uma vida que tememos perder?

JACQUES: – A propósito do que me contou o secretário do marquês des Arcis a respeito do marido da bonita mulher do cabriolé.

O AMO: – Ela é viúva.

JACQUES: – Perdeu o marido numa viagem que fez a Paris, e o diabo do homem não queria ouvir falar dos sacramentos. Foi a dama do castelo onde Richard encontrou o abade Hudson que se encarregou de reconciliá-lo com a coifa.

O AMO: – O que queres dizer com essa tua coifa?

---

104. Diderot cita nesta fala do amo versos do Purgatório (canto x, v. 124 e seg.) da *Divina Comédia*.

105. Dante Alighieri (Florença, 1265-Ravena 1321), escritor, político, pensador e o maior dos poetas épicos do Medievo italiano. Sua obra em prosa e em verso traduz criticamente, como nenhuma outra, o espírito, as preocupações e as lutas de seu tempo, assim como gira em torno de sua própria biografia, de suas vicissitudes políticas, pessoais e de sua paixão por Beatriz, convertida em foco idealizado do amor. *A Divina Comédia* constituiu-se num marco perene da literatura ocidental.

106. Inferno, canto IX.

107. Ibidem, canto XXXII.

108. Ibidem, canto III.

JACQUES: – A coifa é um toucado que se põe nas crianças recém-nascidas.

O AMO: – Entendo. E como foi que ela se arranjou para encoifá-lo?

JACQUES: – Fizeram um círculo em torno da lareira. O médico, após haver tomado o pulso do doente, que achou bastante fraco, veio sentar-se ao lado dos outros. A dama de que se falou acima se aproximou do leito do enfermo e fez várias perguntas ao doutor, mas sem elevar a voz mais do que o necessário para que o homem deitado não perdesse uma só palavra do que se pretendia fazê-lo ouvir; depois do que a conversa se travou entre a dama, o médico e algumas das outras pessoas presentes, tal como vou relatá-la.

«A DAMA: – "Pois bem!, doutor, podeis nos dar notícias da Senhora de Parma?[109]

«O DOUTOR: – Saio de uma casa onde me asseguraram que ela estava tão mal que não havia mais nada a esperar.

«A DAMA: – Essa princesa sempre deu provas de piedade. Tão logo sentiu-se em perigo, pediu para confessar-se e receber os sacramentos.

«O DOUTOR: – O cura de Saint-Roch leva-lhe hoje uma relíquia a Versalhes, mas ela chegará demasiado tarde.

«A DAMA: – A Senhora Infanta não é a única que dá desses exemplos. O Senhor Duque de Chevreuse[110], que esteve muito doente, não esperou que lhe propusessem os sacramentos, ele próprio os pediu, o que proporcionou grande prazer à sua família.

«O DOUTOR: – Ele está bem melhor.

«UM DOS ASSISTENTES: – É certo que isso não faz morrer, ao contrário.

---

109. Louise-Élisabeth de França, princesa de Bourbon-Parma, dita Madame Infanta (1727-1759), primogênita de Luís XV, esposa do Infante Felipe de Espanha, príncipe de Parma.

110. Marie-Charles Louis d'Albert, duque de Monfort, depois duque de Chevreuse, militar brilhante, que se distinguiu no cerco de Praga.

«A DAMA: – Na verdade, desde que haja perigo, dever-se-ia satisfazer tais deveres. Os doentes não concebem aparentemente quão duro é para os que os cercam e quão indispensável, entretanto, é fazer-lhes tal proposição!

«O DOUTOR: – Venho da casa de um doente que me disse, há dois dias: 'Doutor, como achais que estou?

«– Senhor, a febre está alta, e as escaladas são freqüentes.

«– Mas credes que uma delas sobrevirá logo mais?

«– Não, temo-a somente para esta noite.

«– Sendo assim, mandarei avisar a um certo homem com o qual tenho um pequeno negócio particular, a fim de terminá-lo enquanto ainda estou de posse de toda a minha cabeça'. Ele se confessou, recebeu todos os sacramentos. Voltei à noite, nada de escalada. Ontem estava melhor. Hoje está fora de cuidado. Vi muitas vezes no curso de minha prática esse efeito dos sacramentos.

«O DOENTE, *a seu criado*: – Traga-me o frango".

JACQUES: – Serviram-lhe, ele quer cortá-lo e não tem força; partem-lhe a asa em pequenos pedaços; ele pede pão, joga-se em cima, faz esforços para mastigar um bocado que não conseguia engolir e que devolve ao guardanapo; pede vinho puro, molha com ele as bordas dos lábios e diz: "Estou passando bem". Sim, mas meia hora depois já não estava mais.

O AMO: – Essa dama, no entanto, agiu muito bem... E teus amores?

JACQUES: – E a condição que aceitastes?

O AMO: – Entendo... Estás instalado no castelo de Desglands, e a velha recoveira Jeanne ordenou à sua jovem filha Denise que te visitasse quatro vezes por dia e cuidasse de ti. Mas antes de ir adiante, diga-me, Denise ainda tinha sua virgindade?

JACQUES, *tossindo*: – Assim creio.

O AMO: – E tu?

JACQUES: – A minha, havia um bom tempo que ela estava perdida.

O AMO: – Não estavas, pois, nos teus primeiros amores?

JACQUES: – Por que isso?

O AMO: – É que se ama aquela a quem a damos, assim como se é amado por aquela a quem a arrebatamos.

JACQUES: – Algumas vezes sim, algumas vezes não.

O AMO: – E como a perdeste?

JACQUES: – Não a perdi, eu a troquei bem e belamente.

O AMO: – Diga-me uma palavra sobre essa troca.

JACQUES: – Será o primeiro capítulo de São Lucas, uma ladainha de *genuit*[111] a não acabar mais, desde a primeira até Denise, a última.

O AMO: – Que acreditava ter a primazia e que não a tinha em absoluto.

JACQUES: – E antes de Denise, as duas vizinhas de nossa choupana.

O AMO: – Que acreditavam tê-la e que não a tinham em absoluto.

JACQUES: – Não.

O AMO: – Não perder uma virgindade com duas, não denota demasiada habilidade.

JACQUES: –Vede, meu amo, adivinho, pelo canto direito de vosso lábio que se ergue e por vossa narina esquerda que se crispa, que tanto vale que eu faça a coisa de bom grado, como a pedido, tanto mais quanto sinto aumentar minha dor de garganta, quanto a sucessão de meus amores será longa e quanto eu não tenho quase coragem senão para um ou dois pequenos contos.

O AMO: – Se Jacques quisesse me dar um grande prazer...

JACQUES: – O que ele faria para isso?

O AMO: – Ele começaria pela perda de sua virgindade. Queres que te diga? Sempre tive uma louca vontade de ouvir o relato desse grande evento.

JACQUES: – E por que, se vos apraz?

---

111. Trata-se, na realidade, do primeiro capítulo do *Evangelho de S. Mateus*, que dá a genealogia de Jesus e começa por *genuit*: Ele gerou...

O Amo: – É que de todas as histórias do mesmo gênero, esta é a única picante, as outras não passam de insípidas e comuns repetições. De todos os belos pecados de uma jovem penitente, estou certo de que o confessor está atento apenas a este.

Jacques: – Meu amo, meu amo, vejo que tendes a cabeça corrompida, e que à vossa agonia o diabo poderia muito bem se vos mostrar sob a forma incidental como a Ferragus[112].

O Amo: – É possível. Mas foste tu desacanhado, eu aposto, por alguma velha impudica de tua aldeia?

Jacques: – Não aposteis, pois perderíeis.

O Amo: – Pela criada de teu cura?

Jacques: – Não aposteis, pois perderíeis de novo.

O Amo: – Foi então pela sobrinha dele?

Jacques: – A sobrinha dele estourava de mau humor e de devoção, duas qualidades que vão muito bem juntas, mas que não vão comigo.

O Amo: – Desta vez, creio que acertei em cheio.

Jacques: – Quanto a mim, não creio nisso.

O Amo: – Num dia de feira ou de mercado.

Jacques: – Não era nem dia de feira, nem dia de mercado.

O Amo: – Ias à cidade.

Jacques: – Não ia à cidade, coisa nenhuma.

O Amo: – E estava escrito lá em cima que tu encontrarias numa taverna, uma dessas criaturas obsequiosas, que tu te embriagarias...

Jacques: – Eu estava em jejum, e o que estava escrito lá em cima é que a esta hora vós vos esgotaríeis em falsas conjecturas, e que adquiriríeis um defeito que corrigistes em mim, o furor de adivinhar, e sempre às avessas. Tal como me vedes, senhor, fui batizado uma só vez.

---

112. No poema burlesco, *Ricciardetto*, do prelado e poeta italiano Forti-Guerri, o paladino Ferragus, por ter desejado violentar uma freira, é castrado por Renaud e vê o diabo em sonho apresentar-lhe os restos de sua masculinidade.

O Amo: – Se te propões encetar a história da perda de tua virgindade ao sair das pias batismais, não acabaremos tão cedo.

Jacques: – Tive, portanto, um padrinho e uma madrinha. Mestre Bigre, o mais famoso fabricante de carroças da aldeia, tinha um filho. Bigre pai foi meu padrinho, e Bigre filho era meu amigo. À idade de dezoito para dezenove anos, embeiçamo-nos ambos ao mesmo tempo por uma pequena costureira chamada Justine. Não era tida por particularmente cruel, mas julgou conveniente distinguir-se por um primeiro desdém, e sua escolha recaiu sobre mim.

O Amo: – Eis uma dessas bizarrias das mulheres das quais não se compreende nada.

Jacques: – Todo alojamento do carpinteiro mestre Bigre, meu padrinho, consistia numa loja e num sótão. Sua cama ficava no fundo da loja. Bigre filho, meu amigo, dormia no sótão, ao qual se subia por uma pequena escada, situada a quase igual distância da cama do pai e da porta da loja.

«Quando Bigre meu padrinho estava dormindo, Bigre meu amigo abria devagar a porta, e Justine subia ao sótão pela pequena escada. No dia seguinte, ao despontar da manhã, antes que Bigre pai acordasse, Bigre filho descia do sótão, reabria a porta, e Justine evadia-se tal como havia entrado.

O Amo: – Para ir ainda visitar algum sótão, o dela ou de um outro.

Jacques: – Por que não? A relação de Bigre e Justine era bastante doce, mas impunha-se que fosse perturbada, isso estava escrito lá em cima; e realmente o foi.

O Amo: – Pelo pai?

Jacques: – Não.

O Amo: – Pela mãe?

Jacques: – Não; havia morrido.

O Amo: – Por um rival?

Jacques: – Eh!, não, não, com todos os diabos, não. Meu amo, está escrito lá em cima que vós havereis de ser assim para o resto de vossos dias; enquanto viverdes adivinhareis, repito-o, e adivinhareis erradamente.

«Uma manhã em que meu amigo Bigre, mais fatigado do que de ordinário ou do trabalho da véspera ou do prazer da noite, repousava docemente nos braços de Justine, eis que uma voz formidável se fez ouvir ao pé da pequena escada: "Bigre? Bigre? Maldito preguiçoso! O *Angelus* já soou, são quase cinco e meia, e continuas ainda no teu sótão! Resolveste ficar aí até o meio-dia? Será preciso que eu suba aí e te faça descer mais depressa do que gostarias? Bigre? Bigre?

«– Meu pai?

«– E aquele eixo pelo qual aquele velho rendeiro rabugento está esperando; queres vê-lo de volta de novo aqui para recomeçar o seu estardalhaço.

«– O eixo está pronto, e em menos de um quarto de hora ele o terá". Deixo a vosso cargo julgar dos transes de Justine e de meu pobre amigo Bigre filho.

O AMO: – Estou certo de que Justine prometeu realmente a si mesma nunca mais retornar ao sótão, e que ela lá estava naquela mesma noite. Mas como sairá de lá nessa manhã?

JACQUES: – Se estais disposto a adivinhá-lo, eu me calo... Entrementes, Bigre filho precipitara-se da cama, com as pernas nuas, os calções na mão e seu jaleco no braço. Enquanto se vestia, Bigre pai resmungava entre os dentes: "Desde que ele se embeiçou por essa pequena vagabunda, tudo vai às avessas. Isso vai acabar, isso não poderá durar, isso começa a me cansar. Ainda se fosse uma rapariga que valesse a pena; mas essa criatura! Deus sabe que criatura! Ah!, se a pobre defunta, que era honrada até na ponta das unhas, visse isso, há muito que teria surrado um e arrancado os olhos da outra ao sair da missa cantada, sob o pórtico, diante de todo mundo; pois nada a detinha; mesmo se fui bom demais até agora, e se imaginam que continuarei sendo, enganam-se".

O AMO: – E essas palavras, Justine as ouvia do sótão?

Jacques: – Não duvido. Nesse ínterim, Bigre filho havia ido para a casa do rendeiro, com o eixo no ombro e Bigre pai pusera-se a trabalhar. Após alguns golpes de enxó, seu nariz pediu-lhe uma pitada de rapé, ele procurou a tabaqueira nos bolsos, na cabeceira da cama, mas não a encontrou. "Foi aquele tratante, disse ele, que, como de costume, se apoderou dela; vejamos se ele não a teria deixado lá em cima". E ei-lo que sobe ao sótão. Um momento depois percebe que seu cachimbo e sua faca lhe faltam, e torna a subir ao sótão.

O Amo: – E Justine?

Jacques: – Ela juntara às pressas suas roupas e deslizara para baixo da cama, onde se estendera de barriga para baixo, mais morta do que viva.

O Amo: – E teu amigo Bigre filho?

Jacques: – Entregue o eixo, posto no lugar e pago, correu à minha casa e contou-me o terrível embaraço em que se achava. Depois de ter-me divertido um pouco, "Ouça, disse-lhe, Bigre, vai dar uma volta pela aldeia, onde quiseres, vou tirar-te do apuro. Só te peço uma coisa, é me dar tempo para isso". Estais sorrindo, senhor, o que há?

O Amo: – Nada.

Jacques: – Meu amigo Bigre filho sai. Visto-me, pois ainda não me havia levantado. Vou à casa de seu pai que, mal me percebeu, lançou um grito de surpresa e alegria, dizendo-me: "Eh!, afilhado, tu por aqui? De onde saíste e o que vens fazer aqui tão cedo pela manhã?". Meu padrinho Bigre tinha na verdade muita amizade por mim; por isso respondi-lhe, com franqueza: "Não se trata de saber de onde estou saindo, mas como vou entrar de novo em casa.

«– Ah!, afilhado, estás ficando libertino; receio realmente que Bigre e tu façam um par. Tu passaste a noite fora.

«– E meu pai não quer saber de nenhuma razão neste ponto.

«– Teu pai tem razão, afilhado, de não querer saber de nenhuma razão a esse respeito. Mas comecemos por almoçar, a garrafa nos aconselhará".

O Amo: – Jacques, esse homem seguia os bons princípios.

Jacques: – Respondi-lhe que não tinha nem necessidade nem vontade de comer e de beber, e que estava caindo de cansaço e de sono. O velho Bigre, que no seu tempo não perdia para nenhum camarada, acrescentou caçoando: "Afilhado, ela era bonita e tu te divertiste. Escuta: Bigre saiu; sobe ao sótão e atira-te na cama dele... Mas ouça uma palavra antes que ele volte. É teu amigo; quando estiverem a sós, dize-lhe que estou descontente com ele, muito descontente. Foi uma pequena Justine que tu deves conhecer, pois qual é o rapaz da aldeia que não a conhece?, que o desencaminhou; tu me prestarias um serviço de verdade se o separasses dessa criatura. Antes, ele era aquilo que se chama um belo rapaz, mas desde que travou esse infeliz conhecimento... Tu não estás me ouvindo, teus olhos se fecham; sobe e vai descansar".

«Subo, dispo-me, levanto o cobertor e os lençóis, tateio por toda parte: nada de Justine. Enquanto isso, Bigre, meu padrinho, dizia: "Filhos! Malditos filhos! Não é que aí está mais um que desola o pai?". Não estando Justine na cama, desconfiei que estivesse debaixo. No cubículo não se via nada. Abaixo-me, passeio minhas mãos, encontro um de seus braços, pego-o, puxo-a para mim; ela sai de sob o catre tremendo. Abraço-a, tranqüilizo-a, faço-lhe sinal para deitar-se: ela junta as duas mãos, atira-se aos meus pés, cinge meus joelhos. Eu não teria talvez resistido a essa cena muda se a luz do dia a tivesse iluminado, mas quando as trevas não nos tornam tímidos, tornam-nos atirados. Aliás, continuava a pesar-me no coração seus antigos desprezos. Como única resposta, empurrei-a para a escada que conduzia à loja. Ela lançou um grito de pavor. Bigre, que o ouviu, disse: "Ele está sonhando". Justine desmaiou, seus joelhos bambeiam debaixo dela; em seu delírio, ela dizia em voz sufocada: "Ele virá... ele está vindo... estou ouvindo ele subir... estou perdida! – Não, não, respondi-lhe em voz abafada, acalme-se, cale-se e deite-se". Ela persiste na recusa, permaneço firme, ela se resigna, e eis-nos um ao lado do outro.

O Amo: – Traidor! Celerado! Sabes tu que crime vais cometer? Vais violar esta rapariga, senão pela força, ao menos pelo terror. Processado no tribunal das leis, experimentarias todo o rigor reservado aos raptores.

Jacques: – Não sei se a violei, mas sei muito bem que não lhe fiz mal nenhum e que ela tampouco me fez algum. De início, desviando a boca de meus beijos, ela a aproximou de minha orelha e me disse baixinho: "Não, não, Jacques, não...". A essa palavra fiz de conta que ia sair da cama e dirigir-me para a escada. Ela me reteve e me disse ainda ao ouvido: "Jamais pensei que fosses tão mau, vejo que não posso esperar de ti nenhuma piedade; mas ao menos prometa-me, jura-me...

«– O quê?

«– Que Bigre não saberá de nada".

O Amo: – Tu prometeste, tu juraste, e tudo correu muito bem?

Jacques: – E depois muito bem ainda.

O Amo: – E depois ainda muito bem?

Jacques: – É precisamente como se vós tivésseis estado lá. Entrementes, Bigre meu amigo, impaciente, preocupado e cansado de rodar em torno da casa sem me encontrar, retorna à casa do pai que lhe diz irritado: "Demoraste tanto tempo por nada". Bigre respondeu-lhe mais irritado ainda: "Será que não era preciso adelgaçar pelas duas pontas esse diabo de eixo que está grosso demais?

«– Eu te avisei, mas tu não queres nunca fazer senão o que está na tua cabeça.

«– É que é mais fácil tirar do que repor.

«– Pega essa camba e vai terminá-la junto à porta.

«– Por que junto à porta?

«– Porque o barulho da ferramenta acordaria Jacques, teu amigo.

«– Jacques!

«– Sim, Jacques, está lá em cima no sótão, repousando. Ah!, como é de lastimar a vida dos pais, se não é uma coisa é outra!

Então!, vais te mexer? Enquanto permaneces aí como um imbecil, a cabeça baixa, a boca aberta e os braços caídos, o serviço não é feito". Bigre, meu amigo, furioso, lança-se para a escada; Bigre meu padrinho o detém, dizendo-lhe: "Aonde vais? Deixa dormir esse pobre diabo que está morto de cansaço. Em seu lugar, ficarias contente se alguém perturbasse o teu repouso?".

O AMO: – E Justine ainda estava escutando tudo isso?

JACQUES: – Como vós me escutais.

O AMO: – E tu o que fazias?

JACQUES: – Eu ria.

O AMO: – E Justine?

JACQUES: – Ela tinha arrancado a coifa, puxava-se pelos cabelos, levantava os olhos para o céu, pelo menos é o que presumo, e torcia os braços.

O AMO: – Jacques, tu és um bárbaro, tens um coração de bronze.

JACQUES: – Não, não, senhor, eu tenho sensibilidade, mas reservo-a para uma ocasião melhor. Os dissipadores dessa riqueza foram tão pródigos com ela quando precisavam ser econômicos, que dela nada mais encontraram quando precisariam ser pródigos... Enquanto isso, visto-me e desço. Bigre pai me diz: "Estavas precisando disso, te fez bem; quando chegaste tinhas o ar de um exumado, e aí estás agora corado e fresco como uma criança que acaba de mamar. O sono é uma boa coisa!... Bigre, desce à adega e apanha uma garrafa a fim de que almocemos. Agora, afilhado, almoçarás de bom grado? – De muito bom grado". A garrafa chegou e é posta sobre a bancada; estamos em pé ao seu redor. Bigre pai encheu o seu copo e o meu. Bigre filho, afastando o seu, disse em tom irado: "Quanto a mim, não tenho sede de manhã tão cedo.

«– Não queres beber?

«– Não.

«– Ah!, sei o que é isso; veja, afilhado, tem Justine aí dentro, deve ter passado em casa dela, ou não a encontrou, ou a surpreendeu com um outro; essa zanga com a garrafa não é natural, é o que te digo.

«Eu: – Mas é bem possível que o senhor tenha acertado em cheio.

«Bigre filho: – Jacques, chega de brincadeiras, cabidas ou descabidas, não gosto delas.

«Bigre pai: – Já que ele não quer beber, isso não deve nos impedir de fazê-lo. À tua saúde, afilhado.

«Eu: – À sua, padrinho. Bigre, meu amigo, bebe conosco. Tu te afliges demais por pouca coisa.

«Bigre filho: – Já disse que não bebo.

«Eu: – Pois bem!, se teu pai acertou, que diabo, haverás de revê-la, vocês se explicarão, e haverás de convir que estás errado.

«Bigre pai: – Eh!, deixa-o fazer como quiser; não é justo que essa criatura o castigue pelo desgosto que ele me causa? Isso, e mais um gole, e vamos ao teu caso. Penso que é preciso que eu te leve à casa de teu pai; mas o que queres que eu lhe diga?

«Eu: – Tudo o que quiser, tudo o que o senhor o ouviu cem vezes dizer, quando ele lhe traz de volta o seu filho.

«Bigre pai: – Vamos".

«Ele sai, eu o sigo, chegamos à porta da casa; deixo-o entrar só. Curioso da conversa de Bigre pai com o meu, escondo-me num canto, atrás de um tabique, de onde não perco uma só palavra.

«Bigre pai: "Vamos, compadre, ainda desta vez é preciso perdoar-lhe.

«– Perdoar-lhe, e o quê?

«– Tu te fazes de ignorante.

«– Eu não me faço coisa alguma, eu o sou.

«– Estás zangado, e tens razão de estar.

«– Não estou nada zangado.

«– Tu estás, te digo.

«– Se assim queres, que seja, não te peço coisa melhor; mas quero saber antes a asneira que ele praticou.

«– De acordo, três vezes, quatro vezes, mas não é costume. Um bando de rapazes e moças se encontram, bebem, riem, dançam, as horas passam depressa, e entrementes a porta da casa se fecha...". Bigre, baixando a voz, acrescentou: "Eles não nos ouvem, mas, de boa fé, será que na idade deles fomos mais bem comportados? Sabes tu quem são os maus pais? Os maus pais são aqueles que esqueceram os erros de sua juventude. Conta-me, será que nunca dormimos fora de casa?

«– E tu, Bigre, meu compadre, conta-me, será que nunca tivemos ligações que desagradavam aos nossos pais?

«– Por isso eu grito mais alto do que sofro. Faça o mesmo.

«– Mas Jacques não dormiu fora de casa, pelo menos esta noite, disso tenho certeza.

«– Bem!, se não foi nesta, foi noutra. O importante é que não queiras mal a teu rapaz.

«– Não.

«– E quando eu for embora, não irás maltratá-lo?

«– De maneira alguma.

«– Me dás tua palavra?

«– Tens minha palavra.

«– Palavra de honra?

«– Palavra de honra.

«– Tudo está dito e estou voltando".

«Quando meu padrinho Bigre estava à soleira, disse-lhe meu pai, batendo-lhe de leve no ombro: "Bigre, meu amigo, aqui tem coisa; teu filho e o meu são dois rematados espertalhões, e eu receio muito que não nos tenham pregado hoje uma boa, mas com o tempo, isso se descobrirá. Adeus, compadre.

O Amo: – E qual foi o fim da aventura de Bigre teu amigo e Justine?

Jacques: – Como devia ser. Ele se zangou, ela se zangou mais ainda do que ele; ela chorou, ele se enterneceu; ela lhe jurou que eu era o melhor amigo que ele tinha; eu lhe jurei que ela era a moça mais honesta da aldeia. Ele acreditou em nós, nos pediu perdão, e nos amou e nos estimou mais ainda a ambos. E eis o começo, o meio e o fim da perda de minha virgindade. Agora, senhor, gostaria muito que vós me ensinásseis qual o fim moral dessa impertinente história.

O Amo: – O de melhor conhecer as mulheres.

Jacques: – E vós tínheis necessidade dessa lição?

O Amo: – Para melhor conhecer os amigos.

Jacques: – E vós jamais acreditastes que houvesse um só que se mantivesse a rigor indiferente à vossa mulher ou à vossa filha, se uma delas se propusesse a conquistá-lo?

O Amo: – Para melhor conhecer os pais e os filhos.

Jacques: – Vamos, senhor, eles foram em todos os tempos e serão para sempre alternativamente enganados uns pelos outros.

O Amo – O que estás dizendo aí são outras tantas verdades eternas, mas sobre as quais nunca é demais insistir. Qualquer que seja o relato que me prometeste contar depois deste, esteja seguro de que ele será vazio de ensinamento tão-somente para um tolo; e continua».

Leitor, assalta-me um escrúpulo, é o de ter atribuído a Jacques ou a seu amo a honra de terem feito algumas reflexões que de direito vos pertencem; se assim for, podeis retomá-las sem que eles se ofendam. Creio ter percebido ainda que a palavra *Bigre*[113] vos desagrada. Gostaria muito de saber por que. É o verdadeiro nome de família de meu fabricante de carros; as certidões de batismo, as certidões de óbito, os contratos de casamento estão assinados como Bigre. Os descendentes de Bigre que hoje ocupam a loja chamam-se Bigre. Quando seus filhos, que são bonitos, passam pela rua, se diz: "Lá vão os pequenos Bigres". Quando pronunciais o nome Boule[114], vós

---

113. A passagem faz um jogo de palavras entre *boule*, que significa bola ou cachola, e o termo *bigre*, uma interjeição, que significa com a breca ou irra, quando seguidas de um ponto de exclamação, mas também é um eufemismo para *bugre*, termo que, por sua vez, significa sujeito, cara e também homossexual.

114. Charles-André Boule (1642-1732), célebre ebanista do rei, cujos móveis levam o seu nome.

vos lembrais do maior marceneiro que tivestes. Não se pronuncia ainda de modo algum na terra de Bigre o nome de Bigre sem que venha à lembrança o maior fabricante de carros de que se tenha memória. O Bigre, cujo nome se lê ao fim de todos os piedosos livros de ofícios do começo deste século, foi um de seus parentes. Se algum dia um sobrinho segundo de Bigre se distinguir por alguma grande ação, o nome pessoal Bigre não será menos imponente para vós do que o de César[115] ou de Condé[116]. É que há Bigre e Bigre como há Guilherme e Guilherme. Se eu digo Guilherme sem mais, não será nem o conquistador[117] da Grã-Bretanha, nem o mercador de tecidos do *Avocat Patelin*[118]; o nome Guilherme sem mais não será nem heróico, nem burguês. Assim é com Bigre. Bigre sem mais não é nem Bigre o famoso fabricante de carros, nem algum de seus vulgares ancestrais ou de seus vulgares descendentes. A bem dizer, pode um nome pessoal ser de bom ou mau gosto?

---

115. Caio Júlio César (101-44 a. C.), homem público de origem patrícia. Figura central da República em Roma, ocupou as mais importantes funções políticas e comandou várias campanhas militares vitoriosas, dentre as quais a mais famosa foi a da Gália, a cujo respeito escreveu o célebre *De Bello Gallico*. No agitado cenário da vida política e da luta pelo poder em que foi um dos principais protagonistas, acabou sobrepondo-se aos rivais e adversários e reuniu as condições, *de facto e de jure*, para que lhe fosse concedido a ditadura vitalícia, primeiro passo para a instauração do regime imperial que viria em seguida, na sucessão dos césares e augustos. Esta conseqüência premeditada, ao que tudo indica, porém negada por seu planejador, provocou a conspiração que redundou no assassinato de Júlio César, perpetrado por Brutus e Cássio.

116. Louis II de Bourbon, príncipe de Condé (1621-1680), intitulado o Grande Condé por seus méritos militares marcados por campanhas vitoriosas contra os espanhóis, em Flandres; participou da Fronda, a guerra civil durante a minoridade de Luís XIV, e foi vencido por Turenne, sendo posteriormente reintegrado em suas funções militares.

117. Guilherme, o Conquistador (1027-1087), duque da Normandia, que derrotou Haroldo II da Inglaterra e ocupou o seu trono.

118. Personagem da *Farse de Maître Patelin*, de Guillaume Josseaume (século XV), peça que a crítica reputa como das mais representativas do gênero, na época.

As ruas estão repletas de mastins que se chamam Pompeu[119]. Desfazei-vos de vossa falsa delicadeza, ou procederei convosco como Milorde Chatham[120] com os membros do parlamento; ele lhes disse: "Açúcar, açúcar, açúcar[121]; o que há de ridículo nisso?...". E eu, vos diria: "Bigre, Bigre, Bigre; por que não se chamaria alguém Bigre?". É que, como dizia um oficial a seu general, o grande Condé, há um Bigre altivo, como o Bigre fabricante de carros; um bom Bigre, como vós e eu; Bigres vulgares como uma infinidade de outros.

JACQUES: – «Era um dia de bodas; Frei Jean havia casado a filha de um de nossos vizinhos. Eu era dos dois rapazes incumbidos de segurar o pálio. À mesa, colocaram-me entre os dois maiores gozadores da paróquia; eu tinha o ar de um grande pateta, embora não o fosse tanto quanto eles acreditavam. Fizeram-me algumas perguntas sobre a noite da noiva; respondi-lhes de maneira bastante inepta, e ei-los que estouram de rir, e as mulheres desses dois gaiatos a gritar da outra ponta: "O que é que há aí? Vocês estão bem alegres por aí? – É que é muito gozado, respondeu um dos maridos à sua mulher; eu te contarei isso esta noite". A outra, que não era menos curiosa, fez a mesma pergunta a seu marido, que lhe deu a mesma resposta. O repasto continua, e as perguntas, e minhas besteiras, e as gargalhadas, e a surpresa das mulheres. Após o repasto, a dança, após a dança, o recolher-se dos esposos, a dádiva da liga, eu na minha cama, e nossos galhofeiros nas suas, contando a suas mulheres a coisa incompreensível,

---

119. Cneio Pompeu (107-48 a.C), estadista romano, senador, fez parte do primeiro triunvirato com César e Crasso, depois se opôs às tentativas de minar a legalidade republicana e instaurar o poder pessoal, mas foi vencido por César em Farsália; procurou refúgio no Egito, junto a Ptolomeu XII, que enviou de presente a César a cabeça de Pompeu...

120. William Pitt, conde de Chatham (1708-1778), político inglês do partido conservador, foi ministro e chefe de governo; em sua gestão, as forças britânicas obtiveram triunfos na Índia, no Canadá e na Europa.

121. Palavras de Pitt, durante um debate no parlamento, para o aumento de impostos sobre o açúcar, em 1763.

incrível, é que aos vinte e dois anos, grande forte como eu era, de aparência bastante boa, vivo e nada tolo, eu era tão bisonho, mas tão bisonho como ao sair do ventre de minha mãe; e as duas mulheres a se maravilhar disso assim como seus maridos. Mas já no dia seguinte, Suzanne me fez um sinal e me disse: "Jacques, não tens nada a fazer?

«– Não, vizinha; o que posso fazer para servi-la?

«– Eu gostaria... eu gostaria...", e dizendo gostaria, ela me apertava a mão e me olhava de maneira muito singular; "eu gostaria que pegasses o nosso podão e que viesses ajudar-me na comuna a cortar dois ou três feixes de lenha miúda, pois é um trabalho muito pesado para mim sozinha.

«– Com muito gosto, madame Suzanne".

«Pego o podão e vamos. No caminho, Suzanne, deixando cair a cabeça sobre o meu ombro, me segurava o queixo, me puxava as orelhas, me beliscava as costas. Chegamos. O lugar era em declive. Suzanne deitou-se ao comprido no chão, no ponto mais elevado, com os pés afastados um do outro e os braços passados por cima da cabeça. Eu me encontrava abaixo, movendo o podão sobre a mata de corte, e Suzanne dobrava as pernas aproximando os calcanhares das nádegas, e seus joelhos erguidos tornavam seus saiotes muito curtos, e eu continuava a mover o podão sobre a mata de corte, não olhando quase onde eu acertava e acertava muitas vezes ao lado. Enfim Suzanne me disse: "Jacques, será que não vais acabar logo com isso?". E eu respondi:

«"Quando quiserdes, madame Suzanne.

«– Será que não vês, disse ela a meia voz, que eu quero que acabes?...". Eu acabei pois, tomei fôlego, e acabei de novo; e Suzanne...

O Amo: – Tirou-te a virgindade que já não tinhas?

Jacques: – É verdade; mas Suzanne não se enganou a esse respeito, e não deixou de sorrir e de me dizer: "Pregaste uma boa em nosso homem, e tu és um grande velhaco.

«– O que pretendeis dizer, madame Suzanne?

"– Nada, nada; tu me entendes de sobra. Engana-me algumas vezes ainda do mesmo modo, e eu te perdôo..." Atei os feixes de lenha, pus tudo sobre minhas costas e retornamos, ela para a sua casa e eu para a minha.

O Amo: – Sem uma parada no caminho?

Jacques: – Sem nenhuma.

O Amo: – Não havia, pois, uma grande distância da comuna à aldeia?

Jacques: – Não maior do que da aldeia à comuna.

O Amo: – Ela não valia mais do que isso?

Jacques: – Ela valia talvez mais para um outro, para um outro dia: cada momento tem o seu preço.

«Passado certo tempo, a dama Marguerite, a mulher de nosso outro gozador, tinha grão para moer e não tinha tempo para ir ao moinho; veio pedir a meu pai que um de seus filhos lá fosse por ela. Como eu era o maior, ela não duvidava de que a escolha de meu pai recaísse sobre mim, o que não deixou de ocorrer. Dama Marguerite sai, eu a sigo; carrego o saco sobre o seu asno e conduzo-o sozinho ao moinho. E eis que o grão está moído, e nós retornamos, o asno e eu, bastante tristes, pois eu pensava ter feito um trabalho em vão. Eu estava enganado. Entre a aldeia e o moinho havia um pequeno bosque a atravessar; foi aí que encontrei dama Marguerite sentada à beira do caminho. O dia começava a cair. "Jacques, disse-me ela, afinal aí estás! Sabias que há mais de uma infindável hora que te espero?».

Leitor, vós sois também demasiado minucioso. De acordo, infindável hora para as damas da cidade; e grande hora, para a dama Marguerite.

Jacques: – «"É que a água estava baixa, que o moinho ia lentamente, que o moleiro estava bêbado e que, por mais que eu me apressasse, não pude retornar mais cedo.

«Marguerite: – Senta-te aí e tagarelemos um pouco.

«Jacques: – Dama Marguerite, com todo prazer". Eis que estou sentado ao lado dela para tagarelar e, no entanto, ambos guardamos silêncio. Eu lhe disse pois: "Mas, dama

Marguerite, vós não me dizeis palavra, e nós não estamos tagarelando.

«MARGUERITE: – É que penso no que o meu marido me disse de ti.

«JACQUES: – Não credes em nada do que vosso marido vos disse; é um gozador.

«MARGUERITE: – Ele me assegurou que nunca amaste.

«JACQUES: – Oh!, quanto a isso, ele disse a verdade.

«MARGUERITE: – Como! Nunca em tua vida?

«JACQUES: – Nunca, em minha vida.

«MARGUERITE: – O quê! Na tua idade não sabes o que é uma mulher?

«JACQUES: – Perdoai-me, dama Marguerite.

«MARGUERITE: – E o que é uma mulher?

«JACQUES: – Uma mulher?

«MARGUERITE: – Sim, uma mulher.

«JACQUES: – Uma mulher... esperai... É um homem que tem um saiote, uma coifa e grandes mamas".

O AMO: – Ah!, celerado!

JACQUES: – A outra não se havia enganado nisso, e eu queria que esta se enganasse. Diante de minha resposta, a dama Marguerite estourou em gargalhadas que não acabavam mais, e eu, inteiramente pasmado, perguntei-lhe do que se ria tanto. Dama Marguerite disse-me que ria de minha simplicidade. "Como! Um homem do teu tamanho e não sabes nada mais?

«– Não, dama Marguerite".

«Neste ponto, a dama Marguerite se calou e eu também. "Mas, dama Marguerite, disse-lhe ainda, nós nos sentamos para tagarelar, e eis que vós não dizeis palavra e que nós não estamos tagarelando. Dama Marguerite, o que tendes? Estais pensando?

«MARGUERITE: – Sim, estou pensando... pensando... pensando...".

«Enquanto pronunciava esses estou pensando, seu peito se inflava, sua voz se enfraquecia, seus membros tremiam, seus olhos estavam fechados e sua boca entreaberta; ela deu um profundo suspiro, desmaiou, e eu fingi acreditar que ela estava morta e me pus a gritar em tom de pavor: "Dama Marguerite! Dama Marguerite! Falai-me; dama Marguerite, vós vos sentis mal?

«Marguerite: – Não, meu menino; deixa-me descansar um momento... Eu não sei o que me deu... Isso me veio de repente".

O Amo: – Ela mentia.

Jacques: – Sim, ela mentia.

«Marguerite: – "É que eu estava pensando.

«Jacques: – Pensais assim à noite ao lado de vosso marido?

«Maguerite: – Às vezes.

«Jacques: – Isso deve assustá-lo.

«Marguerite: – Ele está acostumado".

«Marguerite recobrou-se pouco a pouco de seu desmaio e disse: "Eu estava pensando que, nas bodas, há oito dias atrás, nosso homem e o de Suzanne zombaram de ti; isso me deu pena e fiquei toda não sei como.

«Jacques: – Vós sois por demais bondosa.

«Marguerite: – Não gosto que caçoem dos outros. Pensei que na primeira ocasião eles recomeçariam a caçoar ainda mais e que isso me aborreceria de novo.

«Jacques: – Mas dependeria apenas de vós que isso não vos aborrecesse mais.

«Marguerite: – E como?

«Jacques: – Ensinando-me...

«Marguerite: – E o quê?

«Jacques: – O que ignoro e o que fazia rir tanto o vosso homem e o de Suzanne, que não mais ririam.

«Marguerite: – Oh!, não, não. Sei muito bem que tu és um bom rapaz e que tu não contarias a ninguém, mas eu não ousaria.

«Jacques: – E por quê?

«Marguerite: – É que eu não ousaria.

«Jacques: – Ah!, dama Marguerite, ensinai-me, por favor, eu vos seria muitíssimo obrigado, ensinai-me". E assim suplicando-lhe, eu lhe apertava as mãos e ela apertava as minhas também; eu lhe beijava os olhos e ela me beijava a boca. Entrementes, já era completamente noite. Eu lhe disse pois: "Bem vejo, dama Marguerite, que vós não me quereis suficientemente bem para me ensinar; estou muito triste por isto. Vamos, levantemo-nos e voltemos". Dama Marguerite calou-se; retomou uma de minhas mãos, não sei para onde a conduziu, mas o fato é que eu gritei: "Não há nada!".

O Amo: – Celerado! Duplo celerado!

Jacques: – O fato é que ela estava assaz despida e eu também estava muito; o fato é que eu mantinha sempre a mão lá onde nela não havia nada, e que ela colocara a sua mão lá onde em mim isso não era de modo algum a mesma coisa; o fato é que eu me encontrei embaixo dela e por conseqüência ela em cima de mim; o fato é que, não a aliviando de nenhuma fadiga, era mister realmente que ela a suportasse por inteiro; o fato é que ela se entregava à minha instrução com tanta boa vontade que veio um instante em que eu acreditei que ela estava morrendo; o fato é que tão perturbado quanto ela e não sabendo o que dizia, exclamei: "Ah!, dama Suzanne, como me fazeis bem!".

O Amo: – Queres dizer dama Marguerite?

Jacques: – Não, não. O fato é que tomei um nome pelo outro e que, em vez de dizer dama Marguerite, eu disse dama Suzon; o fato é que confessei à dama Marguerite que aquilo que ela acreditava estar me ensinando nesse dia, dama Suzon já me tinha ensinado, um pouco diversamente, na verdade, havia três ou quatro dias. O fato é que ela me disse: "O que! Foi Suzon e não eu?" O fato é que lhe respondi: "Não foi nem uma nem outra". O fato é que, enquanto ela zombava de si mesma, de Suzon, dos dois maridos, e me dizia pequenas injúrias, encontrei-me em cima dela e, por conseqüência, ela embaixo de mim, e que me confessava que isto lhe causava muito prazer, mas não tanto quanto da outra maneira, ela voltou a encontrar-se em cima de mim e, por conseqüência, eu embaixo dela. O fato é que, após algum tempo de repouso e silêncio, eu não me encontrava embaixo, nem ela estava em cima, nem eu em cima, nem ela embaixo, pois nos achávamos um e outro lado a lado, que ela estava com a cabeça inclinada para frente e suas duas nádegas coladas nas minhas duas coxas. O fato é que, se eu tivesse sido menos sapiente, a boa dama Marguerite me teria ensinado tudo o que se pode aprender. O fato é que nos custou muito para retornar à aldeia. O fato é que minha dor de garganta aumentou fortemente, e que não há a menor probabilidade de que eu possa falar durante quinze dias.

O Amo: – E não tornaste a ver estas duas mulheres?

Jacques: – Com o vosso perdão, mais de uma vez.

O Amo: – Todas as duas?

Jacques: – Todas as duas.

O Amo: – Elas não brigaram uma com a outra?

Jacques: – Úteis uma à outra, passaram a gostar-se mais ainda.

O Amo: – As nossas teriam feito exatamente o mesmo, mas cada uma com seu cada um... Estás rindo.

Jacques: – Todas as vezes que me lembro do homenzinho gritando, praguejando, espumando, debatendo-se com a cabeça, os pés, as mãos, todo o corpo, e pronto a jogar-se do alto do palheiro até o chão com risco de se matar, não posso impedir-me de rir disso.

O Amo: – E esse homenzinho, quem é? O marido da dama Suzon?

Jacques: – Não.

O Amo: – O marido da dama Marguerite?

Jacques: – Não... Sempre o mesmo; enquanto viver, ele será assim.

O Amo: – Quem é ele, afinal?».

Jacques não respondeu a essa pergunta, e o amo acrescentou: «Dize-me somente quem era o homenzinho?

Jacques: – Um dia, uma criança, sentada ao pé do balcão de um fanqueiro, berrava com toda a força. Uma mercadora importunada com seus gritos, disse-lhe: "Meu amigo, por que está gritando?

«– É que eles querem me obrigar a dizer A.

«– E por que você não quer dizer A?

«– É que tão logo eu tenha dito A, eles vão querer me obrigar a dizer B". É que tão logo eu vos tenha dito o nome do homenzinho, será preciso que eu vos diga o resto.

O Amo: – Talvez.

Jacques: – Isto é certo.

O Amo: – Vamos, meu amigo Jacques, dê-me o nome do homenzinho. Estás morrendo de vontade de fazê-lo, não é? Satisfaz a ti mesmo.

Jacques: – Era uma espécie de anão, corcunda, arqueado, gago, caolho, ciumento, libidinoso, apaixonado e talvez amado por Suzon. Era o vigário da aldeia.».

Jacques se parecia com aquela criança do fanqueiro como duas gotas d'água, com a diferença de que, desde o início de sua dor de garganta, era difícil levá-lo a dizer A, mas, uma vez em movimento, ele ia por si próprio até o fim do alfabeto.

Jacques: – «Eu estava na granja de Suzon, a sós com ela.

O Amo: – E tu não estavas ali para nada, não é?

Jacques: – Não. Quando o vigário chega, fica furioso, ralha, pergunta imperiosamente a Suzon o que ela fazia a sós com o mais depravado dos rapazes da aldeia, no lugar mais retirado da choupana.

O Amo: – Já gozavas de boa reputação, pelo que vejo.

Jacques: – E muito bem merecida. Ele estava realmente zangado; àquelas palavras adicionou outras ainda menos obsequiosas. Eu também me zango, por meu lado. De injúria em injúria, chegamos às vias de fato. Peguei um forcado, passo-lhe entre as pernas, dente de forcado aqui, dente de forcado ali, e o lanço sobre o palheiro, nem mais nem menos como um feixe de palha.

O Amo: – E esse palheiro era alto?

Jacques: – Dez pés pelo menos, e o homenzinho não poderia descer dali sem quebrar o pescoço.

O Amo: – E depois?

Jacques: – Depois, afasto o fichu de Suzon, pego-a pela garganta, acaricio-a; ela se defende assim assim. Havia ali uma albarda de asno cuja comodidade nos era conhecida; empurro-a para essa albarda.

O Amo: – Levantas-lhe as saias.

Jacques: – Levanto-lhe as saias.

O Amo: – E o vigário via tudo isso?

Jacques: – Assim como vos vejo.

O Amo: – E se calava?

Jacques: – Qual nada, por favor. Não mais se contendo de raiva, pôs-se a gritar: "Ao assa... assa... assassino! Ao fo... fo... fogo!... Ao la... la... ladrão!...". E eis o marido que julgávamos estar longe, que acorre.

O Amo: – Estou aborrecido; não gosto de padres.

Jacques: – E vós ficaríeis encantado se sob os olhos deste...

O Amo: – Concordo.

Jacques: – Suzon teve tempo de levantar-se; eu recomponho-me, fujo, e foi Suzon que me contou o que segue. O marido vendo o vigário empoleirado no palheiro se pôs a rir. O vigário lhe dizia: "Ri... ri... ri à vontade... to... to... tolo que tu és...". O marido não deixa de obedecer-lhe, de rir a não mais poder e de perguntar-lhe quem é que o aninhara lá. O vigário: "Põ... põ... põe-me no... no... no chão". O marido não deixa de rir ainda, e de perguntar-lhe como devia fazer para ajudá-lo. O vigário: "Co... co... como... su... su... subi, com o... for... for... forcado... – Pelo sangue, tendes razão; vede o que é ter estudado!". O marido pega o forcado e o apresenta ao vigário, este o passa entre as pernas como eu o passara; o marido o leva a dar uma ou duas voltas pela granja na ponta do instrumento de terreiro, acompanhando esse passeio com uma espécie de canto de fabordão; e o vigário gritava: "De... de... desça-me, pa... pa... patife; me... me... descerás... rás?". E o marido dizia-lhe: "Ao que se deve, senhor vigário, que eu não vos exiba assim, em todas as ruas da aldeia? Jamais se teria visto tão bela procissão". Para o vigário, entretanto, isto não passou de um susto, e o marido o colocou no chão. Não sei o que ele disse então ao marido, porque Suzon havia fugido, mas eu ouvi: "In... in... infeliz! Tu... tu... es... es... estás... ba... ba... batendo... num... num... pa... pa...padre; eu... eu... te... te... ex... co... co... comungo; tu... tu ... es... es... estás... con... con... de... de... nado... à ... à ... da... da... danação...". Era o homenzinho que falava e era o marido que o perseguia a golpes de forcado. Chego com vários outros; o marido, assim que me viu, pondo o forcado em riste: "Aproxima-te, aproxima-te", me diz ele.

O Amo: – E Suzon?

Jacques: – Ela se saiu...

O Amo: – Mal?

Jacques: – Não, as mulheres se saem sempre bem, quando não são surpreendidas em flagrante delito... Do que rides?

O Amo: – Daquilo que me fará rir, como a ti, todas as vezes que eu me lembrar do padreco na ponta do forcado do marido.

Jacques: – Foi pouco tempo após essa aventura, que chegou aos ouvidos de meu pai e que também riu disso, que me alistei como já vos disse».

Após alguns momentos de silêncio ou de tosse de parte de Jacques, falam uns, ou depois de haver rido ainda, falam outros, o amo, dirigindo-se a Jacques, disse-lhe: «E a história de teus amores?». Jacques meneou a cabeça e não respondeu.

Como é que um homem de juízo, que tem bons costumes, que se gaba de ser filósofo, pode divertir-se narrando contos de tal obscenidade? – Primeiramente, leitor, não são contos, é uma história, e não me sinto mais culpado, e talvez menos, quando escrevo as tolices de Jacques, do que Suetônio[122] quando nos transmite os deboches de Tibério[123]. Entretanto, vós ledes

---

122. Caio Suetônio Tranqüilo (c.75-c.160), historiador latino; sua carreira desenvolve-se sob Trajano e Adriano; é o autor do conjunto de biografias, *A Vida dos Doze Césares*, que proporciona um material rico em informações e pormenores sobre o período que vai de Júlio César a Domiciano.

123. Júlio César Tibério (42 a.C.-37 d.C.), enteado de Augusto, que o tornou seu sucessor. Após um início auspicioso e profícuo como imperador, terminou por instaurar um regime de suspeita e terror.

Suetônio e não lhe fazeis nenhuma censura. Por que não franzis o cenho a Catulo[124], a Marcial[125], a Horácio, a Juvenal[126], a Petrônio[127], a La Fontaine[128] e a tantos outros? Por que não dizeis ao estóico Sêneca[129]: «Que necessidade temos nós da canalhice de vosso escravo dos espelhos côncavos?». Por que tendes indulgência apenas para com os mortos? Se refletísseis um pouco sobre essa parcialidade, veríeis que ela nasce de algum princípio vicioso. Se sois inocente, não me lereis; se sois corrompido, vós me lereis sem conseqüência. E depois, se o que vos estou dizendo aí não vos satisfaz, abri o prefácio de Jean-Baptiste Rousseau[130] e lá encontrareis a minha apologia. Quem é aquele dentre vós que ousará censurar Voltaire por ter com-

124. Caio Valério Catulo (84-54 a.C.), poeta lírico latino, cuja paixão por Lésbia plasmou muitos de seus versos.

125. Marcos Valério Marcial (43-c.104), poeta satírico latino, compôs os famosos epigramas, em que se sobressaem por vezes a licenciosidade em meio a um retrato crítico dos costumes da sociedade romana.

126. Décimo Júnio Juvenal (c.60-c.140), poeta latino; suas sátiras investem com vigor e indignação contra os vícios da vida romana, no tempo do Império.

127. Caio Petrônio (século I d.C.), autor do *Satiricon*, uma das descrições mais contundentes dos hábitos e dos padrões morais de Roma, no período de Nero, de quem era um dos favoritos e que o obrigou a abrir as veias por ter tramado contra ele, na conspiração de Pisão.

128. Jean de La Fontaine (1621-1695), poeta francês, autor de baladas, madrigais e contos em versos que lhe trouxeram notoriedade, mas foram as suas *Fábulas* que o inscreveram, ao lado de Esopo e Fedro, entre os mais insignes cultores do gênero fabulístico.

129. Lúcio Annaeu Sêneca (c.1 a.C.-65 d.C.), filósofo, moralista e poeta trágico; exprimiu o seu estoicismo em tratados de filosofia moral nas *Cartas a Lucílio* e em tragédias que exerceram forte influência no pensamento e nas letras do Ocidente, sobretudo a partir da Renascença. Preceptor de Nero, acabou caindo em desgraça e, ao que parece, numa tentativa de destituir o imperador, viu-se forçado por ele ao suicídio.

130. Jean-Baptiste Rousseau (1671-1741), poeta lírico, muito considerado no século XVIII, sendo por isso cognominado o Grande Rousseau; autor de odes, cantatas e salmos que apresentam momentos inspirados, mas também versos obscenos e caluniosos que provocaram forte reação e o obrigaram a exilar-se na Suíça, em Viena e em Bruxelas.

posto *La Pucelle*?[131] Ninguém. Tendes, pois, duas balanças para as ações dos homens? Mas, dizeis vós, *La Pucelle* de Voltaire é uma obra-prima. – Tanto pior, pois será lida ainda mais. – E vosso *Jacques* não passa de uma insípida rapsódia de fatos, uns reais, outros imaginados, escritos sem graça e distribuídos sem ordem. – Tanto melhor, meu *Jacques* será por isso menos lido. Para qualquer lado que vos volteis, estareis errado. Se minha obra é boa, ela vos dará prazer; se é má, não vos fará nenhum mal. Não há livro mais inocente do que um mau livro. Diverto-me em escrever sob nomes emprestados as tolices que cometeis; vossas tolices me fazem rir, meu escrito vos causa mau humor. Leitor, para vos falar francamente, acho que, de nós dois, não sou eu o mais maldoso. Como eu ficaria satisfeito se me fosse tão fácil garantir-me contra vossas perfídias, quanto o é para vós garantir-vos contra o tédio ou o perigo de minha obra! Vilões hipócritas, deixai-me sossegado. F...[132] como asnos desalbardados, mas permiti que eu diga f...; desculpo-vos a ação; desculpai-me a palavra. Pronunciais ousadamente matar, roubar, trair, e esta outra não vos atreveis a pronunciá-la senão entre dentes! Será que quanto menos exalais essas pretensas impurezas em palavras, mais elas remanescem em vosso pensamento? E que mal vos fez a ação genital, tão natural, tão necessária e tão justa, para excluir seu signo de vossas conversas, e para imaginar que vossa boca, vossos olhos e vossos ouvidos, seriam por ela maculados? É bom que as expressões menos usadas, as menos escritas, as mais bem caladas sejam as mais bem sabidas e as mais geralmente conhecidas; de fato é assim. Por isso, a palavra *futuo* não

---

131. *La Pucelle*, de Voltaire, editada em 1762, na verdade, *La Pucelle d'Orléans*, epopéia satírica de seis mil versos que provocou vivos protestos tanto de católicos como de protestantes. Diderot, no texto mais adiante, a qualifica de obra-prima, mas a crítica moderna não a vê com os mesmos olhos...

132. No original, *foutre,* quem em francês tem amplo emprego coloquial e que o autor utiliza aqui na sua acepção mais direta e chula, a de "foder", como se constata pela argumentação do texto e pela invocação direta da raiz latina do termo.

é menos familiar do que a palavra pão; nenhuma idade a ignora, nenhum idioma priva-se dela, há mil sinônimos em todas as línguas, ela se imprime em cada uma sem ser exprimida, sem voz, sem figura, e o sexo que mais o faz, tem o hábito de mais silenciá-la. Eu vos ouço ainda, vós bradais: «Fora, o cínico! Fora, o impudente! Fora, o sofista!». Coragem, insultai bem um autor estimável que tendes incessantemente entre as mãos, e do qual não sou aqui senão o tradutor. A licença de seu estilo me é quase uma garantia da pureza de seus costumes: é Montaigne[133]. *Lasciva est nobis pagina, vita proba*[134].

Jacques e seu amo passaram o resto do dia sem descerrar os dentes. Jacques tossia e seu amo dizia: «Eis uma tosse cruel!», olhava que horas eram no seu relógio sem saber, abria a tabaqueira sem dar por isso, e tomava a sua pitada de rapé sem o sentir. O que me prova é que ele fazia essas coisas três ou quatro vezes em seguida e na mesma ordem. Um momento depois, Jacques tossia de novo e seu amo dizia: «Que diabo de tosse! Mas também tu emborcaste o vinho da hospedeira até o nó da goela; ontem à noite, com o secretário, tampouco te poupaste; quanto tornaste a subir, cambaleavas, não sabias o que dizias, e hoje fizeste dez paradas, e aposto que não resta uma gota de vinho no teu garrafão». Depois, ele resmungava entre os dentes, olhava o relógio e regalava as narinas.

Esqueci de dizer-vos, leitor, que Jacques não viajava jamais sem um garrafão cheio do melhor vinho; ficava suspenso ao arção da sela. Cada vez que o amo lhe interrompia o

---

133. Michel Eyquem de Montaigne (1533-1592), moralista francês; seu pensamento e sua obra *Ensaios* são uma das expressões maiores do humanismo renascentista na França, em sua vertente individual e existencial; entretecendo elementos do estoicismo e do epicurismo antigos, busca um ideal de apaziguamento das paixões e um padrão de conduta pautado em um prudente *savoir vivre*, em atendimento aos reclamos mais íntimos do eu e da condição humana. Diderot cita quase literalmente uma passagem dos *Ensaios* (III, 5).

134. A tradução da sentença é "Página licenciosa, vida pura", de Marcial, nos *Epigramas* I, 4, 8.

relato por alguma pergunta um pouco longa, ele desprendia seu garrafão, bebia um gole à regalada, e não o repunha no seu lugar, senão quando o amo cessava de falar. Eu havia esquecido ainda de vos dizer que, nos casos que demandavam reflexão, seu primeiro movimento era interrogar seu garrafão. Era preciso resolver uma questão de moral, discutir um fato, preferir um caminho a outro, encetar, prosseguir ou abandonar um negócio, pesar as vantagens e desvantagens de uma operação de política, de uma especulação de comércio ou de finanças, a sabedoria ou a loucura de uma lei, a sorte de uma guerra, a escolha de um albergue, em um albergue a escolha de um quarto, num quarto a escolha de uma cama, sua primeira palavra era: «Perguntemos ao garrafão», e sua última palavra era: «É a opinião do garrafão e a minha». Quando o destino ficava mudo em sua cabeça, ele se explicava por seu garrafão; era uma espécie de Pítia[135] portátil, silenciosa tão logo estivesse vazia. Em Delfos, a Pítia com seus saiotes arregaçados, sentada com a bunda nua sobre o trípode, recebia sua inspiração de baixo para cima; Jacques sobre o seu cavalo, a cabeça voltada para o céu, o garrafão desarrolhado e o gargalo inclinado para sua boca, recebia sua inspiração de cima para baixo. Quando a Pítia e Jacques pronunciavam seus oráculos, estavam todos os dois bêbados. Ele pretendia que o Espírito Santo descera sobre os apóstolos dentro de um garrafão; chamava a festa de Pentecostes[136] de festa dos garrafões. Deixou um pequeno tratado de toda sorte de adivinhações, tratado profundo no qual dá preferência à adivinhação por Bacbuc[137], ou pelo garrafão. Ele alega em falso, apesar de toda a veneração que

---

135. Pítia, sacerdotisa de Apolo, no templo de Delfos, a quem incumbiu proferir os oráculos.
136. Pentecostes, a esta festa, muitas vezes, foi associada uma outra, a do vinho.
137. Bacbuc, palavra de origem hebraica, que significa garrafa; todo esse trecho, desde "Deixou um pequeno tratado..." até "pança", parafraseia

lhe dedicava, contra o cura de Meudon que interrogava a diva Bacbuc pelo choque da pança. «Amo Rabelais[138], diz ele, porém amo mais ainda a verdade do que a Rabelais». Ele o denomina herético *Engastrimuthe*[139], e prova, por cem razões, umas melhores do que as outras, que os verdadeiros oráculos de Bacbuc ou do garrafão só se faziam ouvir pelo gargalo. Ele inclui na ordem dos sectários eminentes de Bacbuc, verdadeiros inspirados pelo garrafão nesses últimos séculos, Rabelais, La Fare[140], Chapelle[141], Chaulieu[142], La Fontaine, Molière, Panard[143], Gallet[144], Vadé[145]. Platão[146] e

ou cita *Gargantua*, de Rabelais, nos livros III, IV e, sobretudo, V (atualmente considerado apócrifo), que invocam a diva Bacbuc e o seu oráculo.

138. François Rabelais (1494-1553), médico, humanista e um dos nomes mais marcantes do Renascimento literário francês. *A Vida Inestimável de Gargantua* e *Os Feitos e Ditos Heróicos do Grande Pantagruel* são as duas obras de sua lavra que incorporam a extraordinária expressividade, inventividade e verve de sua linguagem, a força crítica de sua sátira e, acima de tudo, o espírito de seu humanismo filosófico, em que o legado da antiguidade greco-romana e a celebração epicurista da moral e da natureza se fundem na energia de uma nova época.

139. *Engastrimuthe*, forma arcaica de um termo de origem grega que significa ventríloquo.

140. Charles-Auguste, marquês de La Fare (1644-1712), oficial e versejador galante.

141. Claude-Emmanuel Luillier, dito Chapelle (1626-1686), poeta, erudito e libertino, amigo de Boileau, La Fontaine, Molière e Gassendi.

142. Guillaume Anfrye Chaulieu (1639-1720), cognominado o Anacreonte do Templo, poeta mundano e libertino.

143. Charles-François Panard (1689-1765), autor de canções satíricas e de óperas cômicas. Um dos fundadores do *Caveau*, confraria báquica e literária que surgiu em 1726.

144. Gallet (1700-1757), especieiro e *chansonnier*, foi também um dos fundadores do *Caveau*; morreu no Templo, insolvente e alcoólatra.

145. Jean-Joseph Vadé (1720-1757), autor de canções e óperas cômicas; criador do gênero chulo, famoso por sua vida desregrada e pelo fato de Voltaire ter-se valido de seu nome como pseudônimo.

146. Platão (429-347 a.C.), pensador grego, discípulo de Sócrates e mestre de Aristóteles, autor de diálogos em que formulou, com a teoria das idéias e com o método dialético, alguns dos temas inaugurais e centrais da investigação filosófica.

Jean-Jacques Rousseau que gabaram o bom vinho sem bebê-lo são a seu ver dois falsos irmãos do garrafão. Outrora, o garrafão teve alguns santuários célebres, a Pomme-de-Pin[147], o Templo e a Guinguette[148], santuários cuja história ele escreve separadamente. Ele faz a mais magnífica pintura do entusiasmo, do calor, do fogo de que os Bacbucianos ou Perigourdianos[149] estiveram e estão ainda tomados até os nossos dias. Quando, ao final do repasto, cotovelos apoiados sobre a mesa, a diva Bacbuc ou a garrafona sagrada lhes aparecia e era depositada no meio deles, ela assobiava, jogava sua coifa para longe de si e cobria seus adoradores com sua espuma profética. Seu manuscrito está ilustrado com dois retratos embaixo dos quais se lê: *Anacreonte*[150] *e Rabelais, um entre os antigos e outro entre os modernos, soberanos pontífices da garrafona.*

E Jacques serviu-se do termo *Engastrimuthe*?... Por que não, leitor? O capitão de Jacques era Bacbuciano, ele podia conhecer esta expressão, e Jacques, que recolhia tudo o que ele dizia, lembrava-se dela; mas a verdade é que o termo *Engastrimuthe* é meu, e que no texto original se lê *Ventríloquo*.

Tudo isso é muito bonito, acrescentais vós, mas os amores de Jacques? – Os amores de Jacques, não há ninguém, exceto Jacques que os conheça, e ei-lo atormentado por uma dor de garganta que reduz seu amo a seu relógio e à sua tabaqueira,

---

147. Pomme-de-Pin, cabaré próximo da Notre-Dame, o mais antigo de Paris, entre cujos freqüentadores, ao longo da história, figuravam Villon, Rabelais, Racine, Boileau, La Fontaine, Molière, Lulli e muitos outros.

148. Guinguette, pequeno cabaré, nos arredores de Paris, em que vinham beber artesãos e poetas.

149. Perigourdianos, jogo de palavras com que Diderot alude àqueles que celebram a garrafa (*gourde*), mas que designa também os habitantes da província de Périgord, famosa por sua culinária.

150. Anacreonte (c.560-c.478 a.C.), poeta lírico grego, de cuja obra restam apenas fragmentos. As *Odes Anacreônticas*, que parecem ser aqui objetos da referência, eram-lhe atribuídas, mas, na verdade, procedem de um período bem posterior.

indigência que o aflige tanto quanto a vós. – O que há de ser de nós então? – Por minha fé, não sei de nada. Seria bem o caso aqui de interrogar a diva Bacbuc ou a garrafona sagrada; mas seu culto declina, seus templos estão desertos. Assim como ao nascimento de nosso divino Salvador, os oráculos do paganismo cessaram à morte de Gallet, os oráculos de Bacbuc ficaram mudos; por isso, nada de grandes poemas, nada daqueles trechos de uma eloqüência sublime, nada daquelas produções marcadas pelo cunho da ebriedade e do gênio; tudo é lógico, compassado, acadêmico e chato. Ó diva Bacbuc! Ó garrafona sagrada! Ó divindade de Jacques! Retornai ao nosso meio!... Sinto vontade, leitor, de vos entreter com o nascimento da diva Bacbuc, com os prodígios que a acompanharam e a seguiram, com as maravilhas de seu reinado e com os desastres de sua retirada; e se a dor de garganta de nosso amigo Jacques perdurar, se o seu amo obstinar-se em guardar silêncio, será preciso que vos contenteis com esse episódio que me esforçarei por estender até que Jacques se cure e retome a história de seus amores.

Há aqui uma lacuna verdadeiramente deplorável na conversa de Jacques e seu amo. Algum dia um descendente de Nodot[151], do presidente de Brosses[152], de Freinshémius[153], ou do padre Brottier[154], a preencherá talvez, e os descendentes de Jacques ou de seu amo, proprietários do manuscrito, rirão muito com isso.

---

151. François Nodot morreu no começo do século XVIII, comissário dos víveres e filólogo, descobriu fragmentos de Petrônio e os imprimiu.

152. Charles de Brosses (1709-1777), primeiro presidente do Parlamento de Dijon e da Academia das Inscrições. Escreveu obras de história da república romana, de filologia, de arqueologia e um epistolário sobre sua viagem à Itália.

153. Jean Freinshémius (1608-1660), filólogo alemão, professor em Upsala, autor dos *Suplementos* a Tito Lívio e a Quinto Cúrcio.

154. Gabriel Brottier (1723-1789), jesuíta e latinista, comentador de Tácito e Plínio, o Velho, autor de um tratado de numismática romana, grega e hebraica.

Parece que Jacques, reduzido ao silêncio por sua dor de garganta, suspendeu a história de seus amores e que seu amo começou a história dos seus. Isto não é aqui senão uma conjectura que apresento pelo que ela vale. Após algumas linhas pontuadas que anunciam a lacuna, lê-se: «Nada é mais triste neste mundo do que ser tolo». É Jacques que profere esse apotegma? É seu amo? Isto seria o tema de uma longa e espinhosa dissertação. Se Jacques era bastante insolente para endereçar essas palavras a seu amo, este era bastante franco para endereçá-las a si mesmo. Seja como for, é evidente, é assaz evidente que é o amo que continua.

O Amo: – «Foi na véspera de sua festa de aniversário, e eu não tinha nenhum dinheiro. O cavaleiro de Saint-Ouin, meu amigo íntimo, não ficava jamais embaraçado por nada. "Não tens nenhum dinheiro, disse-me ele?

«– Não.

«– Pois bem! O único jeito é fabricá-lo.

«– E tu sabes como se faz isso?

«– Sem dúvida". Ele se vestiu, nós saímos, e ele me conduziu através de várias ruas afastadas para uma pequena casa escura, onde subimos por uma escadinha suja, a um terceiro andar onde eu entro num apartamento bem espaçoso e singularmente mobiliado. Tinha, entre outras coisas, três cômodas de frente, todas as três de formas diferentes, atrás da do meio, um grande espelho de capitel demasiado alto para o teto, de sorte que um bom meio-pé desse espelho estava escondido pela cômoda; sobre essas cômodas, mercadorias de toda espécie, dois triquetraques; em redor do aposento, cadeiras muito bonitas, mas não havia uma que tivesse sua igual; ao pé de um leito sem cortinado uma soberba duquesa; contra uma das janelas um viveiro sem pássaros, mas inteiramente novo; na outra janela um lustre suspenso por um cabo de vassoura, e o cabo apoiado pelas duas pontas nos encostos de duas cadeiras de palha em mau estado; e depois, à direita e à esquerda, quadros, uns pregados às paredes, outros empilhados.

JACQUES: – Isso cheira a negócio de especulador há uma légua de distância.

O AMO: – Adivinhaste. E eis o cavaleiro e o Sr. Le Brun – é o nome de nosso adeleiro e corretor de agiotagem – que se precipitam nos braços um do outro. "E sois vós, senhor cavaleiro?

«– Sim, sou eu, meu caro Le Brun.

«– Mas que fim levastes? Há bem uma eternidade que não sois visto. Os tempos são muito tristes; não é verdade?

«– Muito tristes, meu caro Le Brun. Mas não se trata disso; escutai-me, preciso falar-vos".

«Sento-me. O cavaleiro e Le Brun retiram-se para um canto e confabulam. Não posso te transmitir do que conversaram senão algumas palavras que surpreendi no ar.

«– É bom?

«– Excelente.

«– Maior?

«– Mais do que maior.

«– É o filho?

«– O filho.

«– Sabeis que os nossos dois últimos negócios?...

«– Falai mais baixo.

«– O pai?

«– Rico.

«– Velho?

«– E caduco".

«Le Brun, em voz alta: "Ouvi, senhor cavaleiro, não quero mais me meter em nada, isso sempre teve conseqüências desagradáveis. É vosso amigo, tanto melhor; ele tem realmente o ar de um homem de bem; mas...

«– Meu caro Le Brun!

«– Não tenho dinheiro algum.

«– Mas tendes conhecimentos.

«– São todos uns mendigos, rematados biltres. Senhor cavaleiro, não estais cansado de passar por essas mãos?

«– A necessidade não tem lei.

«– A necessidade que vos pressiona é uma necessidade agradável: um jogo de cartas, uma partida de bela[155], uma rapariga qualquer.

«– Caro amigo!...

«– É sempre eu, sou fraco como uma criança; e além disso vós, eu não sei a quem não levaríeis a quebrar um juramento. Vamos, tocai pois a campainha, a fim de que eu saiba se Fourgeot está em casa... Não, não tocai, Fourgeot vos levará à casa de Merval.

«– Por que não vós mesmo?

«– Eu! Jurei que esse abominável Merval nunca mais trabalharia nem para mim nem para meus amigos. Será preciso que vós respondais por esse senhor, que talvez, que sem dúvida é um homem de bem; que eu responda por vós perante Fourgeot, e que Fourgeot responda por mim perante Merval".

«Entrementes, a criada havia entrado, dizendo: "É na casa do Sr. Fourgeot?".

«Le Brun para a sua criada: "Não, não é na casa de ninguém... Senhor cavaleiro, eu não poderia absolutamente, eu não poderia".

«O cavaleiro o abraça, o acaricia: "Meu caro Le Brun. Meu caro amigo!...". Eu me aproximo, junto minhas instâncias às do cavaleiro: "Senhor Le Brun! Meu caro senhor!...".

«Le Brun deixa-se persuadir.

«A criada, que sorria diante dessa patacoada, desaparece, e num abrir e fechar de olhos, reaparece com um homenzinho coxo, trajado de preto, bengala na mão, gago, o rosto seco e enrugado, o olho vivo. O cavaleiro volta-se para o seu lado e lhe diz: "Vamos, Sr. Mathieu de Fourgeot, não temos um momento a perder, conduzi-nos depressa".

---

155. Jogo com 152 cartas e do qual participavam grande número de parceiros.

«Fourgeot, sem ter o ar de escutá-lo, desatava uma pequena bolsa de camurça.

«O cavaleiro a Fourgeot: "Não falais sério; isso nos diz respeito". Aproximo-me, tiro uma pequena moeda de um escudo que escorrego ao cavaleiro que o dá à criada passando-lhe a mão sob o queixo. Enquanto isso, Le Brun dizia a Fourgeot: "Proíbo-vos, não levai lá esses senhores.

«Fourgeot: – Senhor Le Brun, por que não?

«Le Brun: – É um velhaco, é um tratante.

«Fourgeot: – Bem sei que o Sr. de Merval..., mas para todo pecado há mercê; além disso, não conheço senão ele que tenha dinheiro no momento.

«Le Brun: – Senhor Fourgeot, fazei como vos aprouver; senhores, lavo minhas mãos.

«Fourgeot (*para Le Brun*): – Senhor Le Brun, vós não vindes conosco?

«Le Brun: – Eu! Deus me livre. É um infame que não pretendo rever jamais em minha vida.

«Fourgeot: – Mas sem vós, não chegaremos a nada.

«O Cavaleiro: – É verdade. Vamos, meu caro Le Brun, trata-se de servir-me, trata-se de fazer um favor a um homem de bem que está em apuros, vós não me recusareis isso, vireis comigo.

«Le Brun: – Ir à casa de um Merval! Eu! Eu!

«O Cavaleiro: – Sim!, vós, vós vireis por mim".

«À força de solicitações, Le Brun deixa-se arrastar, e eis-nos a caminho, ele, Le Brun, o cavaleiro, Mathieu de Fourgeot, o cavaleiro a bater amigavelmente na mão de Le Brun e me dizendo: "É o melhor homem, o homem mais prestativo, o melhor dos meus conhecidos.

«Le Brun: – Creio que o senhor cavaleiro me levaria a fabricar até moedas falsas".

«Eis-nos em casa de Merval.

Jacques: –Mathieu de Fourgeot...

O Amo: – Pois bem! O que queres dizer?

Jacques: – Mathieu de Fourgeot... Quero dizer que o Sr. cavaleiro de Saint-Ouin conhece essa gente aí pelo nome e sobrenome, e que é um tratante, de combinação com todos esses canalhas aí.

O Amo: – Pode ser muito bem que tenhas razão... É impossível conhecer um homem mais afável, mais educado, mais honesto, mais polido, mais humano, mais compassivo, mais desinteressado do que o Sr. de Merval. Uma vez bem confirmadas minha maioridade e minha solvabilidade, o Sr. de Merval tomou um ar todo afetuoso e triste, e nos disse em tom de compunção que estava desesperado; que naquela mesma manhã havia sido obrigado a socorrer um de seus amigos premido por necessidades das mais urgentes, e que estava inteiramente liso, sem um tostão. Depois, dirigindo-se a mim, acrescentou: "Senhor, não ficai pesaroso por não ter vindo mais cedo, seria doloroso para mim recusar-vos algo, mas tê-lo-ia feito: a amizade está antes de tudo...".

«Eis-nos, todos nós, realmente pasmos; eis o cavaleiro, Le Brun mesmo e Fourgeot aos pés de Merval, e o Sr. de Merval a dizer-lhes: "Senhores, vós me conheceis bem, gosto de prestar favores e procuro não estragar os serviços que presto fazendo com que sejam solicitados, mas, palavra de homem de honra, não há quatro luíses em casa...".

«Quanto a mim, eu parecia no meio daquela gente lá um paciente que ouviu a sua sentença. Eu dizia ao cavaleiro: "Cavaleiro, vamos embora, pois estes senhores nada podem fazer...". E o cavaleiro, puxando-me para falar à parte: "Nem penses nisso, é véspera do aniversário dela. Eu a preveni, te avisei disso, e ela espera uma galantaria de tua parte. Tu a conheces, não é que ela seja interesseira, mas é como todas as outras que não gostam de ser enganadas em sua expectativa. Talvez, já tenha até se vangloriado ao pai, à mãe, a suas tias, a suas amigas, e depois disso não ter nada para lhes mostrar, é mortificante". E, em seguida, ei-lo de volta a Merval e a pressioná-lo ainda mais vivamente. Merval, depois de muito se fazer de rogado, diz: "Tenho a alma mais tola do mundo, não posso ver ninguém sofrendo. Penso, e me vem uma idéia.

«O Cavaleiro: – Que idéia?

«Merval: – Por que não pegaríeis mercadorias?

«O Cavaleiro: – Tendes mercadorias?

«Merval: – Não, mas conheço uma mulher que vos fornecerá, uma boa mulher, uma mulher honesta.

«Le Brun: – Sim, mas que nos fornecerá trapos que ela nos venderá a peso de ouro, e dos quais nada tiraremos.

«Merval: – De maneira alguma, serão belíssimos tecidos, jóias de ouro e prata, sedas de toda espécie, pérolas, algumas pedrarias; haverá muito pouco a perder com essas coisas. É uma boa criatura que se contenta com pouco, contanto que tenha suas garantias; são artigos de uso pessoal que lhe chegam a um preço muito baixo. De resto, podeis olhá-las, ver não vos custará nada".

«Deixei claro a Merval e ao cavaleiro que minha condição não era a de vender, e que, conquanto esse arranjo não me repugnasse, minha posição não me deixaria tempo para dele tirar vantagem. Os prestativos Le Brun e Mathieu de Fourgeot disseram todos ao mesmo tempo: "Não seja por isso, venderemos por vós, é um transtorno de meio-dia". E a sessão foi transferida para a tarde em casa do Sr. de Merval, que, batendo-me levemente no ombro, me dizia num tom untuoso e compenetrado: "Senhor, estou encantado de vos servir, mas, crede-me, deveis fazer raramente semelhantes empréstimos, eles acabam sempre por levar à ruína. Seria um milagre aqui neste país, que vós tivésseis ainda de tratar uma vez mais com pessoas tão honestas quanto os Srs. Le Brun e Mathieu de Fourgeot".

«Le Brun e Fourgeot de Mathieu, ou Mathieu de Fourgeot agradeceram-lhe inclinando-se e disseram-lhe que era muita bondade dele, que haviam tentado até aquele momento praticar seu pequeno comércio de modo conscencioso e que não havia do que louvá-los.

«MERVAL: — "Vós vos enganais, senhores, pois quem possui consciência nos dias de hoje? Perguntai ao senhor cavaleiro de Saint-Ouin, que deve saber alguma coisa sobre isso".

«Eis que saímos da casa de Merval, que nos pergunta, do alto da escada, se pode contar conosco e mandar prevenir a vendedora. Respondemos-lhe que sim, e fomos os quatro jantar numa estalagem vizinha, esperando a hora do encontro.

«Foi Mathieu de Fourgeot que encomendou o jantar e o encomendou bem. À sobremesa, duas saboianas aproximaram-se de nossa mesa com suas sanfonas, Le Brun fê-las sentar. Fizemo-las beber, fizemo-las tagarelar, fizemo-las tocar. Enquanto meus três convidados se divertiam tomando liberdades com uma delas, sua companheira, que estava ao meu lado, disse-me baixinho: "Senhor, estais aí em bem má companhia: não há um só desses indivíduos aí que não tenho seu nome no livro vermelho"[156].

«Deixamos o albergue à hora indicada e dirigimo-nos à casa de Merval. Eu esquecia de dizer-te que esse jantar esvaziou a bolsa do cavaleiro e a minha, e que, no caminho, Le Brun disse ao cavaleiro que por sua vez disse a mim, que Mathieu de Fourgeot exigia seis luíses de comissão, que era o mínimo que se lhe podia dar; que, se ficasse satisfeito conosco, teríamos as mercadorias por melhor preço, e que facilmente reaveríamos esta soma com a venda.

«Eis-nos em casa de Merval, onde sua vendedora nos havia precedido com as mercadorias. A Srta. Bridoie, este é seu nome, nos cumulou de gentilezas e de reverências, e nos exibiu tecidos, panos de linho, rendas, anéis, diamantes, caixas de ouro. Pegamos de tudo. Foram Le Brun, Mathieu de Fourgeot e o cavaleiro que puseram o preço nas coisas, e foi Merval, com sua pena, que os anotava. O montante perfez dezenove mil setecentos e setenta e cinco libras sobre cujo total

---

156. Registro de polícia contendo os nomes dos suspeitos; ou, nas escolas, livro para anotar as faltas dos alunos.

eu ia fazer minha promissória, quando a Srta. Bridoie me diz, efetuando uma reverência, pois ela jamais se dirigia a alguém sem reverenciá-lo: "Senhor, vossa intenção é pagar vossas promissórias no vencimento delas?

«– Certamente, respondi-lhe.

«– Neste caso, replicou-me, é indiferente para vós me dar promissórias ou letras de câmbio".

«A palavra letra de câmbio me fez empalidecer; o cavaleiro se apercebeu disso e disse à Srta. Bridoie: "Letras de câmbio, senhorita! Mas essas letras de câmbio correrão, e não se sabe em que mãos poderiam parar.

«– Estais zombando, senhor cavaleiro, a gente tem um pouco de noção sobre as considerações devidas às pessoas de vossa categoria...". E depois com uma reverência... "A gente mantém esses papéis em carteira, e só as apresenta no devido tempo. Olhai, vede...". E depois com uma reverência... Ela tira a carteira do bolso, lê uma multidão de nomes de todas as categorias e de todas as condições. O cavaleiro tinha se aproximado de mim, e me dizia: "Letras de câmbio! Isto é terrivelmente sério! Veja o que queres fazer. Essa mulher me parece honesta; e depois, antes do vencimento terás com o que pagá-las, ou eu terei".

JACQUES: – E vós assinastes as letras de câmbio?

O AMO: – É verdade.

JACQUES: – É costume dos pais, quando seus filhos partem para a capital, pregar-lhes um pequeno sermão. Não freqüentai de modo algum as más companhias; tornai-vos agradáveis a vossos superiores pela exatidão no cumprimento de vossos deveres; conservai vossa religião; fugi das raparigas de má vida, dos cavaleiros de indústria e, sobretudo, jamais assinai letras de câmbio.

O AMO: – O que queres, fiz como os outros, a primeira coisa que esqueci foi a lição de meu pai. Eis-me provido de mercadorias para vender, mas era de dinheiro que precisávamos. Havia alguns pares de punhos de renda belíssimos, o cavaleiro ficou com eles pelo preço de custo, dizendo-me: "Eis aí já uma parte de tuas compras sobre a qual nada perderás". Mathieu de Fourgeot pegou um relógio e duas caixas de ouro, declarando que ia pagar-me imediatamente o seu valor; Le Brun ficou com o resto em depósito na sua casa. Pus no bolso uma soberba guarnição com os punhos, era uma das flores do buquê de flores que eu precisava dar. Mathieu de Fourgeot retornou num piscar de olhos com sessenta luíses. Dos sessenta luíses, reteve dez para si e eu recebi os outros cinqüenta. Ele me disse que não vendera nem o relógio nem as duas caixas de ouro, mas que os pusera em penhor.

Jacques: – Em penhor?

O Amo: – Sim.

Jacques: – Já sei onde.

O Amo: – Onde?

Jacques: – Em casa da senhorinha das reverências, a Bridoie.

O Amo: – É verdade. Com o par de punhos e sua guarnição, peguei ainda um bonito anel, com uma caixa de moscas, folheada a ouro. Eu tinha cinqüenta luíses em minha bolsa, e ficamos, o cavaleiro e eu, na mais franca alegria.

Jacques: – Tudo está muito bem. Só uma coisa que me intriga em tudo isso, é o desinteresse do sire Le Brun; será que ele não teve nenhuma participação na esfola?

O Amo: – Vamos Jacques, estás zombando; não conheces o Sr. Le Brun. Propus-lhe recompensar seus bons ofícios, ele se zangou, respondeu-me que eu o tomava aparentemente por um Mathieu de Fourgeot, que jamais havia estendido a mão. "Eis o meu caro Le Brun, exclamou o cavaleiro, é sempre ele próprio, mas nós enrubesceríamos se ele fosse mais honesto que nós". E no mesmo instante apanhou entre nossas mercadorias duas dúzias de lenços e uma peça de musselina, que ele o fez aceitar para a mulher e a filha. Le Brun se pôs a considerar os lenços, que lhe pareceram tão belos, a musselina que achou tão fina, tudo isso lhe foi oferecido com tão boa vontade e ele teve uma ocasião tão imediata de tirar sua desforra contra nós pela venda dos artigos que ficaram em suas mãos, que se deixou vencer. E eis que depois disso partimos e nos encaminhamos a toda pressa, de fiacre, para a casa daquela a quem eu amava, e a quem eram destinados a guarnição, os punhos e o anel. O presente fez grande sucesso. Ela foi encantadora. Experimentou no mesmo instante a guarnição e os punhos, o anel parecia feito para o seu dedo. Ceamos, e alegremente, como bem podes imaginar.

Jacques: – E vós dormistes lá?

O Amo: – Não.

Jacques: – Foi então o cavaleiro?

O Amo: – Acredito que sim.

Jacques: – Do jeito que fostes levado, vossos cinqüenta luíses não duraram muito tempo.

O Amo: – Não. Ao cabo de oito dias fomos à casa de Le Brun para ver o que o resto de nossos artigos tinha produzido.

Jacques: – Nada ou pouca coisa. Le Brun ficou triste, enfureceu-se contra o Merval e a senhorinha das reverências, chamou-os de vagabundos, infames, velhacos, jurou de novo não ter jamais nenhum negócio com eles, e vos entregou setecentos a oitocentos francos.

O Amo: – Mais ou menos; oitocentos e setenta libras.

Jacques: – Assim, se eu sei calcular um pouco, oitocentos e setenta libras de Le Brun, cinqüenta luíses de Merval ou de Fourgeot, a guarnição, os punhos e o anel, digamos, cinqüenta luíses ainda, e eis o que vos retornou de vossas dezenove mil setecentas setenta e três libras, em mercadorias. Diabo! Isso é que honestidade! Merval tinha razão, não é todo dia que é dado tratar com pessoas tão dignas.

O Amo: – Esqueces aqueles punhos levados a preço de custo pelo cavaleiro.

Jacques: – É que o cavaleiro nunca mais vos falou deles.

O Amo: – Concordo. E das duas caixas de ouro com o relógio penhorado por Mathieu, tu não dizes nada.

Jacques: – É que não sei o que dizer disso.

O Amo: – Entremente, o vencimento das letras de câmbio chegou.

Jacques: – E nem os vossos fundos nem os do cavaleiro chegaram.

O Amo: – Fui obrigado a esconder-me. Informaram a meus pais; um de meus tios veio a Paris. Ele apresentou uma queixa à polícia contra todos aqueles patifes. O memorando foi encaminhado a um dos escriturários. Esse escriturário era um protetor assoldado por Merval. Responderam que, sendo o negócio da competência da justiça regular, a polícia nada podia fazer. O prestamista da casa de penhor a quem Mathieu confiara as duas caixas mandou citar Mathieu. Intervim nesse processo. As custas foram tão grandes que após a venda do relógio e das caixas, faltavam ainda quinhentos a seiscentos francos, de modo que ele não teve como pagar tudo».

Não acreditareis nisso, leitor. E se eu vos dissesse que um limonadeiro, falecido há algum tempo na minha vizinhança, deixou dois pobres órfãos de pouca idade. O comissário foi à casa do defunto, apuseram um selo na porta. Depois tiraram o selo, fizeram um inventário, uma venda; a venda produziu oitocentos a novecentos francos. Desses novecentos francos, descontadas as custas judiciais, restaram dois soldos para cada órfão, meteram os dois soldos na mão de cada um e os conduziram ao asilo.

O Amo: – «Isso causa horror.

Jacques: – E isso perdura.

O Amo: – Meu pai morreu nesse ínterim. Resgatei as letras de câmbio e saí de meu refúgio onde, honra seja feita ao cavaleiro e à minha amiga, confessarei que eles me fizeram fiel companhia.

Jacques: – E eis-vos tomado de um sentimento tão caloroso quanto antes pelo cavaleiro e por vossa beldade, vossa beldade fazendo-vos pagar um preço mais alto do que nunca.

O Amo: – E por que isso, Jacques?

JACQUES: – Por quê? É que dono de vossa pessoa e possuidor de uma fortuna honesta, cumpria fazer de vós um tolo completo, um marido.

O AMO: – Por minha fé, creio que este era o projeto deles, mas não deu certo.

JACQUES: – Vós sois muito afortunado, ou eles foram muito ineptos.

O AMO: – Mas quer me parecer que tua voz está menos rouca e que falas mais livremente.

JACQUES: – Isso vos parece, mas não é.

O AMO: – Não poderias então retomar a história de teus amores?

JACQUES: – Não.

O AMO: – E tua opinião é que eu continue a história dos meus?

JACQUES: – É minha opinião que se faça uma pausa e se erga o garrafão.

O AMO: – Como! Com tua dor de garganta mandaste encher o teu garrafão?

JACQUES: – Sim; mas, com todos os diabos, é de tisana; por isso não tenho idéias, estou abestalhado, e enquanto não houver no garrafão outra coisa senão tisana, continuarei abestalhado.

O AMO: – O que fazes?

JACQUES: – Derramo a tisana no chão; receio que ela nos traga azar.

O AMO: – Tu estás louco.

JACQUES: – Sábio ou louco, não restará no garrafão o valor de uma lágrima».

Enquanto Jacques esvazia o garrafão na terra, seu amo olha para o relógio, abre a tabaqueira e dispõe-se a continuar a história de seus amores. E eu, leitor, sinto-me tentado a fechar-lhe a boca, mostrando-lhe de longe ou um velho militar em cima de seu cavalo, o dorso encurvado, e adiantando-se a largos passos; ou uma jovem camponesa com um pequeno chapéu de palha, em saiotes vermelhos, trilhando o seu caminho a pé ou sobre um asno. E por que o velho militar não seria ou o capitão de Jacques ou o companheiro de seu capitão? – Mas ele está morto. – Vós acreditais nisso? Por que a jovem camponesa não seria ou a dama Suzon, ou a dama Marguerite, ou a hospedeira do *Grand-Cerf*, ou a mãe Jeanne, ou mesmo Denise, sua filha? Um fazedor de romances não perderia a ocasião, mas eu não gosto dos romances, a menos que sejam os de Richardson[157]. Eu faço uma história, se essa história interessará ou não interessará é o menor de meus cuidados. O meu projeto é ser verdadeiro, e eu o cumpri. Assim, não farei de modo algum o irmão Jean voltar de Lisboa. Aquele gordo prior que vem ao nosso encontro num cabriolé, ao lado de uma jovem e linda mulher, não será em absoluto o abade Hudson. – Mas o abade Hudson está morto. – Vós acreditais nisso? Assististes a suas exéquias? – Não. – Não o vistes ser enterrado? – Não. – Ele está, portanto, morto ou vivo, como me aprouver. Não dependeria senão de mim, deter esse cabriolé e fazer sair dele, com o prior e sua companheira de viagem, uma sucessão de acontecimentos em conseqüência dos quais não saberíeis nem dos amores de Jacques nem de seu amo; mas desdenho todos esses recursos, vejo somente que com um pouco de imaginação e de estilo, nada mais fácil do que fiar um romance. Permaneçamos no verdadeiro e, enquanto esperamos que a dor de garganta de Jacques passe, deixemos seu amo falar.

O AMO: – «Certa manhã, o cavaleiro me apareceu muito triste; na véspera, havíamos passado o dia no campo, o cava-

---

157. Samuel Richardson (1689-1761), romancista inglês cuja obra moralista, de forte acento sentimental no choque entre a virtude e a vilania, mesclando o heróico e o cômico, em um plano médio de drama doméstico burguês, constitui um dos principais pontos de partida do romance moderno. Autor de *Clarisse Harlowe* e *Pamela Grandson*, exerceu forte impacto sobre as concepções literárias de Diderot, que lhe dedicou, em necrológio, o famoso "Elogio a Richardson".

leiro, sua amiga, ou a minha ou de ambos talvez, o pai, a mãe, as tias, as primas e eu. Perguntou-me se eu não havia cometido alguma indiscrição que houvesse esclarecido os pais sobre a minha paixão. Informou-me que o pai e a mãe, alarmados com minhas assiduidades, tinham feito perguntas à filha; que se eu tinha intenções honestas, nada era mais simples do que confessá-las, que seria uma honra para eles receber-me em tais condições; mas que se dentro de uma quinzena eu não me explicasse claramente, pedir-me-iam o favor de cessar as visitas, que já se faziam notar, a cujo respeito se teciam comentários e que prejudicavam sua filha, afastando dela partidos vantajosos que podiam apresentar-se sem o temor de uma recusa.

JACQUES: – Pois bem!, meu amo, Jacques tem faro?

O AMO: – O cavaleiro acrescentou: "Dentro de uma quinzena! O prazo é muito curto. Vós amais, sois amado; o que fareis em quinze dias?". Respondi claramente ao cavaleiro que eu me retiraria.

«"Vós vos retirais! Então não amais?

«– Amo e muito, mas tenho pais, um nome, uma posição, pretensões, e jamais me decidirei a enterrar todas essas vantagens na loja de uma pequena burguesa.

«– E devo declarar-lhes isso?

«– Se quiserdes. Mas, cavaleiro, a súbita e escrupulosa delicadeza dessa gente me espanta. Eles permitiram que a filha aceitasse meus presentes, vinte vezes me deixaram a sós com ela; a moça freqüenta os bailes, as reuniões, os espetáculos, os passeios aos campos e pela cidade com o primeiro que lhe oferecer uma boa carruagem; eles dormem profundamente enquanto em sua casa se faz música ou se conversa; podes freqüentar a casa tanto quanto te aprouver e, cá entre nós, cavaleiro, quando um é admitido numa casa, outro também pode ser aí admitido. A filha é notada! Eu não acreditaria, nem negaria tudo o que se diz a respeito dela, mas hás de convir que esses pais poderiam muito bem lembrar-se mais cedo de zelar pela honra de sua filha. Queres que eu te fale a verdade? Tomaram-me por uma espécie de palerma que contavam levar pelo nariz aos pés do cura da paróquia. Enganaram-se. Acho encantadora a Srta. Agathe, ela virou minha cabeça e isso transparece logo, creio eu, nos gastos espantosos que tenho feito por ela. Não me recuso a continuar, mas é preciso ainda que seja com a certeza de que ela se mostre um pouco menos severa no futuro. Meu projeto não é o de perder eternamente a seus pés um tempo, uma fortuna e suspiros que eu poderia empregar de maneira mais útil alhures. Tu dirás essas últimas palavras à Srta. Agathe e, tudo quanto as precedeu, a seus pais. É preciso que nossa ligação termine ou que eu seja recebido em nova condição, e que a Srta. Agathe faça de mim algo melhor do que o fez até agora. Quando me introduzistes em casa dessa moça, convinde, cavaleiro, me fizestes esperar facilidades que não encontrei. Cavaleiro, vós me enganastes um pouco.

«O CAVALEIRO: – Por minha fé, enganei-me primeiro a mim mesmo. Que diabo teria jamais imaginado que, com aquele ar lesto[158], o tom livre e alegre dessa jovem maluca, tratar-se-ia de um pequeno dragão de virtude?"

JACQUES: – Como, diabo! Senhor, isto é muito forte. Quer dizer que, pelo menos uma vez na vida, fostes bravo?

O AMO: – Há dias assim. Pesava-me ainda no coração a aventura dos usurários, a retirada para Saint-Jean-de-Latran[159], diante da senhorinha Bridoie e, mais do que tudo, os rigores da Srta. Agathe. Eu estava um pouco cansado de ser embromado.

JACQUES: – E segundo esse corajoso discurso endereçado a vosso caro amigo, o cavaleiro de Saint-Ouin, o que fizestes?

O AMO: – Mantive palavra, cessei minhas visitas.

JACQUES: – *Bravo! Bravo!, mio caro maestro!*

---

158. No original *leste*, vocábulo que esteve em grande voga em meados do século XVIII, com o nexo não só de pessoa elegante e destra, como hábil e com falta de modos.

159. Abrigar-se na igreja, hospital e asilo de Saint-Jean-de-Latran, situados defronte ao Collège de France, era subtrair-se à lei, pois o estabelecimento gozou desta franquia até a Revolução Francesa, quando desapareceu.

O Amo: – Passou-se uma quinzena sem que eu ouvisse falar de nada, a não ser pelo cavaleiro que me informava fielmente sobre os efeitos de minha ausência na família, e que me encorajava a manter-me firme. Ele me dizia: "Começam a espantar-se, olham-se, falam-se, interrogam-se sobre os motivos de descontentamento que tenham podido dar-te. A mocinha faz panca de dignidade, ela diz com uma indiferença afetada através da qual se vê facilmente que está despeitada: 'Não se vê mais por aqui aquele senhor, é que, aparentemente, ele não quer mais que o vejam; em boa hora, é problema dele'. E depois, ela faz uma pirueta, põe-se a cantarolar; vai até a janela, volta, mas com os olhos vermelhos, todo mundo percebe que ela chorou.

«– Que ela chorou!

«– Em seguida, senta-se, pega o trabalho de agulha, quer trabalhar, mas não trabalha. As pessoas conversam, ela se cala; procuram distraí-la, ela se irrita; propõem-lhe um jogo, um passeio, um espetáculo, ela aceita, e quando tudo está pronto, é outra coisa que lhe apraz e que lhe desapraz no momento seguinte... Oh! Não é que tu te perturbas! Não direi mais nada.

«– Mas, cavaleiro, vós acreditais, pois, que, se eu reaparecesse...

«– Creio que tu serias um tolo. É preciso manter-se firme, é preciso ter coragem. Se voltas sem ser chamado, estás perdido. É preciso ensinar àquele povinho lá a viver.

«– Se não me chamarem de volta?

«– Chamarão.

«– E se demorarem muito para me chamar?

«– Vão te chamar logo. Peste! Um homem como tu não se substitui facilmente. Se retornas por ti mesmo, farão pouco de ti, vão te cobrar caro por teu destempero, impor-te-ão leis que quiserem, terás de submeter-te, serás obrigado a dobrar o joelho. Queres ser o senhor ou o escravo, e o escravo dos mais maltratados? Escolhe. Para falar a verdade, teu procedimento foi um pouco atrevido, tudo se pode esperar de um homem apaixonado, mas o que está feito está feito, e se for possível tirar disso bom partido, não se deve deixar de fazê-lo.

«– Ela chorou!

«– E daí? Ela chorou. É preferível ela do que tu.

«– Mas se não me chamarem?

«– Chamar-te-ão, digo eu. Quando chego, não falo mais de ti como se não existisses. Examinam-me, eu me deixo examinar; por fim perguntam-me se eu te vi; respondo indiferentemente ora sim, ora não; depois falam de outra coisa, mas não tardam a voltar a teu eclipse. A primeira palavra vem ou do pai, ou da mãe, ou da tia, ou de Agathe, e dizem: 'Após todas as atenções que tivemos com ele! – O interesse que todos nós dedicamos ao seu último caso! – Os favores que minha sobrinha lhe prestou! – as gentilezas com que eu o cumulei! – E quantos protestos de afeição que dele recebemos! – E depois, fiai-vos nos homens! – Após tudo isso, abri vossa casa a quem se apresente! – Acreditai nos amigos!'.

«– E Agathe?

«– É a consternação em pessoa, sou eu que te asseguro isso.

«– E Agathe?

«– Agathe me puxa para um canto e me diz: 'Cavaleiro, entendeis algo de vosso amigo? Vós me garantistes tantas vezes que eu era amada por ele; vós acreditáveis nisso sem dúvida, e por que não haveríeis de acreditar? Também eu acreditava, eu'. Depois ela se interrompe, sua voz se altera, seus olhos se molham... Pois bem! Não é que fazes isso também? Não te direi mais nada, está decidido. Vejo o que desejas, mas não conseguirás nada, absolutamente nada. Uma vez que fizeste a tolice de sumir sem rima nem razão, não quero que a dupliques, indo atirar-te aos pés deles. Cumpre tirar partido desse incidente a fim de fazer avançar seu caso com a Srta. Agathe; é preciso que ela veja que não é tão senhora de ti que não possa perder-te, a menos que arrume um jeito melhor para te conservar. Depois de tudo que fizeste, ter ainda que lhe beijar a mão! Mas aí, cavaleiro, a mão na consciência, somos amigos, e tu podes sem indiscrição abrir-te comigo; verdade, nunca conseguiste nada?

«– Nada.

«– Mentes, te fazes de delicado.

«– É o que eu faria talvez se tivesse algum motivo; mas eu te juro que não tenho a felicidade de mentir.

«– Isso é inconcebível, pois afinal tu não és desajeitado. Como! Não houve sequer o menor momento de fraqueza?

«– Não.

«– É que ele veio e tu não o percebeste, tu o deixaste passar. Receio que tenhas sido um pouco palerma; as pessoas honestas, delicadas e ternas como tu estão sujeitas a isso.

«– Mas vós, cavaleiro, digo-lhe, o que estivestes fazendo lá?

«– Nada.

«– Nunca tivestes pretensões?

«– Perdoai-me, se vos apraz, elas até duraram muito tempo, mas tu vieste, viste e venceste. Percebi que te olhavam muito e que quase não me olhavam mais, considerei que tudo estava dito. Continuamos bons amigos; confiam-me seus pequenos segredos, seguem às vezes meus pequenos conselhos, e à falta de algo melhor, aceitei o papel subalterno a que me reduziste".

JACQUES: – Senhor, duas coisas: uma é que nunca pude prosseguir em minha história sem que um diabo ou um outro me interrompesse, e que a vossa vá adiante sem parar. Assim é a marcha da vida, um corre através dos espinheiros sem se picar, o outro em vão olha onde vai meter o pé, encontra espinhos no mais belo caminho, e chega à casa esfolado em carne viva.

O AMO: – Será que esqueceste o teu refrão, o grande rolo e a escritura lá em cima?

JACQUES: – A outra coisa, é que persisto na idéia de que vosso cavaleiro de Saint-Ouin é um grande patife, e que após haver dividido vosso dinheiro com os usurários Le Brun, Merval, Mathieu de Fourgeot ou Fourgeot de Mathieu e a

Bridoie, está procurando vos impingir sua amante, honestamente e com toda honra, entende-se, perante o notário e o cura, a fim de partilhar convosco ainda a vossa mulher... Ai! A garganta!...

O Amo: — Sabes o que fizeste? Uma coisa muito comum e muito impertinente.

Jacques: — Sou bem capaz disso.

O Amo: — Tu te queixas de ter sido interrompido, e me interrompes.

Jacques: — É o efeito do mau exemplo que vós me destes. A mãe quer ser galante e quer que sua filha seja sensata; o pai quer ser dissipador e quer que seu filho seja econômico; o amo quer...

O Amo: — Interromper seu criado, interrompê-lo tanto quanto lhe aprouver e não ser por ele interrompido».

Leitor, não temeis ver renovar-se aqui a cena da hospedaria, em que um gritava: «Descerás», o outro: «Não descerei?». A que se deve que eu não vos faça ouvir: «Interromperei. — Não interromperás?». É certo que, por pouco que eu provoque Jacques ou o seu amo, eis a briga iniciada, e uma vez iniciada, quem sabe como acabará? Mas a verdade é que Jacques respondeu modestamente a seu amo: «Senhor, eu não vos interrompo, porém converso convosco como vós me destes a permissão.

O Amo: — Vá lá, mas isso não é tudo.

Jacques: — Que outra incongruência posso ter cometido?

O Amo: — Vais te antecipando ao narrador, e lhe tiras o prazer que ele esperava fruir de tua surpresa, de sorte que, tendo, por uma ostentação de sagacidade muito deslocada, adivinhado que o que ele tinha a te dizer, não lhe restava mais do que calar-se, e eu me calo.

Jacques: — Ah! Meu amo!

O Amo: — Malditas sejam as pessoas de espírito!

Jacques: — De acordo; mas não tereis a crueldade...

O Amo: — Admite pelo menos que tu a merecerias.

JACQUES: — De acordo, mas com tudo isso vós olhareis no vosso relógio que horas são, tomareis vossa pitada de rapé, vosso mau humor cessará, e continuareis vossa história.

O AMO: — Esse maroto faz de mim o que quiser... Alguns dias depois dessa conversa com o cavaleiro, ele retornou à minha casa, tinha um ar triunfante. "Então, amigo!, disse-me ele, de outra vez acreditareis nos meus prognósticos? Eu bem que vos disse, nós somos os mais fortes, e eis uma carta da mocinha; sim, uma carta dela...". Era uma carta muito doce, cheia de censuras, queixas *et caetera*; e lá estou eu reinstalado na casa».

Leitor, suspendei aqui vossa leitura; o que há? Ah! Creio compreender-vos, estais querendo ver essa carta. A Senhora Riccoboni[160] não teria deixado de vos mostrá-la. E aquela que a Senhora de La Pommeraye ditou às duas devotas, estou seguro que vós a teríeis lastimado. Conquanto tenha sido muito mais difícil escrevê-la do que a de Agathe, e embora eu não presuma que meu talento seja infinito, creio que eu me sairia bem disso, mas a carta não seria original; isso teria sido como aquelas sublimes arengas de Tito Lívio[161] em sua *História de Roma*, ou do cardeal Bentivoglio[162] em suas *Guerras de Flandres*. Elas são lidas com prazer, mas destroem a ilusão; um historiador, que atribui a seus personagens discursos que não pronunciaram, pode também atribuir-lhes ações que não tenham praticado. Suplico-vos,

---

160. Marie-Jeanne de Heurles de Laboras de Mézières, Senhora Riccoboni (1713-1792), esposa do ator Antoine Riccoboni, foi atriz pouco dotada, segundo Diderot, mas escritora delicada, cujos romances epistolares estiveram em grande moda na época.

161. Tito Lívio (59 a. C.-17 d. C.), historiador latino, protegido de Augusto e preceptor de Cláudio. Escreveu uma *História de Roma* em 142 livros, dos quais subsistem apenas 35, em que exalta o passado romano, despido de espírito crítico.

162. Guido Bentivoglio (1579-1654), cardeal italiano, núncio apostólico e chefe da Inquisição, escreveu uma história das *Guerras de Flandres*.

pois, dignar-se a dispensar essas duas cartas e a continuar vossa leitura.

O Amo: – «Perguntaram-me a razão de meu eclipse. Eu disse o que quis, contentaram-se com o que eu disse, e tudo retomou o ritmo costumeiro.

Jacques: – Quer dizer que continuastes a fazer despesas, e que vossos negócios amorosos nem por isso avançavam mais.

O Amo: – O cavaleiro pedia-me notícias a respeito e parecia impacientar-se.

Jacques: – E ele se impacientava talvez realmente.

O Amo: – E por que isso?

Jacques: – Por quê? Porque ele...

O Amo: – Termina então.

Jacques: – Isso eu não faria, de maneira alguma; deve-se deixar ao narrador...

O Amo: – Minhas lições serviram-te, regozijo-me com isso... Um dia o cavaleiro me propôs que fizéssemos um passeio, só nós dois. Fomos passar o dia no campo. Partimos bem cedo. Jantamos na estalagem, ceamos lá; o vinho era excelente, bebemos muito, conversando sobre governo, religião e galantaria. Jamais o cavaleiro me dera mostras de tanta confiança, de tanta amizade; contou-me todas as aventuras de sua vida, com a mais incrível franqueza, não me ocultando nem o bem nem o mal. Ele bebia, ele me abraçava, ele chorava de ternura; eu bebia, eu o abraçava, eu chorava, a meu turno. Não havia em toda a sua conduta passada senão uma única ação da qual se censurava, carregaria o remorso por ela até o túmulo. "Cavaleiro, confessai-vos a vosso amigo, isto vos aliviará. Pois bem! Do que se trata? De algum pecadilho cuja importância vossa delicadeza exagera?

«– Não, não, bradou o cavaleiro inclinando a cabeça sobre as duas mãos e cobrindo o rosto de vergonha, é uma torpeza, uma torpeza imperdoável. Acreditaríeis nisso? Eu, o cavaleiro de Saint-Ouin, uma vez enganei, sim, enganei meu amigo!

«– E como se deu isso?

«– Ai de mim! Freqüentávamos um e outro a mesma casa, como vós e eu. Havia aí uma jovem como a Srta. Agathe, ele se apaixonou por ela, e eu era amado por ela; ele se arruinava em despesas, e eu é quem gozava dos favores dela. Nunca tive coragem de confessar-lhe a verdade, mas se nos reencontrarmos de novo, dir-lhe-ei tudo. Esse segredo medonho que trago no fundo de meu coração o oprime, é um fardo de que é preciso absolutamente que eu me livre.

«– Cavaleiro, faríeis bem.

«– É o vosso conselho?

«– Certamente, é o conselho que vos dou.

«– E como julgais que meu amigo receberá a coisa?

«– Se ele é vosso amigo, se ele é justo, encontrará em si próprio vossa escusa, ele será tocado por vossa franqueza e por vosso arrependimento, estreitar-vos-á em seus braços, fará o que eu faria em seu lugar.

«– Credes mesmo nisso?

«– Creio.

«– E é assim que vós procederíeis?

«– Não duvido".

«No mesmo instante o cavaleiro levanta-se, lança-se em minha direção, com as lágrimas nos olhos, os dois braços abertos, e me diz: "Meu amigo, abraçai-me então.

«– Como!, cavaleiro, disse-lhe eu, trata-se de vós? De mim? De Agathe, aquela debochada?

«– Sim, meu amigo; eu vos devolvo ainda a vossa palavra, é de vossa escolha agir comigo como vos aprouver. Se pensais como eu que minha ofensa não tem desculpa, não me desculpai de modo algum, levantai-vos, deixai-me, não me olhai nunca a não ser com desprezo, e abandonai-me à minha dor e à minha vergonha. Ah!, meu amigo, se vós soubésseis todo o domínio que aquela pequena celerada havia adquirido sobre o meu coração! Nasci honesto, julgai quanto eu devo ter sofrido com o indigno papel a que me rebaixei, quantas vezes desviei os meus olhos dela para fixá-los em vós gemendo por sabê-lo traído por ela e por mim. É espantoso que nunca vos tenhais se apercebido disso".

«Enquanto ele falava, eu permanecia imóvel como um Termo[163] petrificado, a custo eu ouvia o discurso do cavaleiro. Exclamei: "Ah! Indigna! Ah! Cavaleiro! Vós, vós, meu amigo?

«– Sim, eu o era e ainda o sou, pois que disponho, para vos tirar dos laços dessa criatura, de um segredo que é mais dela do que meu. O que me desespera, é que não tenhais obtido nada que vos compense de tudo quanto fizestes por ela"».
(*Neste ponto Jacques se pôs a rir e a assobiar*).

Mas é *A Verdade no Vinho* de Collé[164]. – Leitor não sabeis o que dizeis: à força de quererdes mostrar espírito, não sois mais do que um parvo. É tão pouca a verdade existente no vinho que, pelo contrário, é a falsidade que existe nele. Eu vos disse uma grosseria, estou desgostoso com isso, e eu vos peço perdão.

O Amo: – «Minha cólera aplacou-se pouco a pouco. Abracei o cavaleiro, que voltou a sentar-se na sua cadeira, com os cotovelos apoiados sobre a mesa, os punhos cerrados sobre seus olhos, não ousava fitar-me.

Jacques: – Ele estava tão aflito, e vós tivestes a bondade de consolá-lo. (*E Jacques assobiou de novo.*)

O Amo: – A opção que me pareceu a melhor foi a de converter a coisa em brincadeira. A cada palavra jocosa, o cavaleiro, confundido, me dizia: "Não há homem algum como vós, sois único, valeis cem vezes mais do que eu. Duvido que eu teria tido a generosidade ou a força de vos perdoar semelhante injúria, e vós gracejais. Não há exemplo disso. Meu amigo, o

---

163. *Termo*, no sentido de limite, marco, deriva do nome do deus da mitologia romana que garantia os limites das propriedades.
164. Charles Collet (1709-1783), leitor e secretário do duque de Orléans, autor de canções picantes e comédias, *chansonnier* do *Caveau*. A citação transcreve parte do título de uma de suas peças: *La verité dans le vin ou le désagréments de la galanterie.*

que poderei eu jamais fazer que possa repará-la?... Ah!, não, não, isso não se repara. Jamais, jamais me esquecerei nem de meu crime nem de vossa indulgência, são dois traços profundamente gravados em mim... Lembrar-me-ei de um para me detestar e de outro para vos admirar, para redobrar minha afeição por vós.

«– Vamos, cavaleiro, não penseis mais nisso, exagerais vossa ação e a minha. Bebamos. À vossa saúde. Cavaleiro, à minha então já que não quereis que seja à vossa...". O cavaleiro pouco a pouco retomou coragem. Contou-me todos os pormenores de sua traição, cumulando-se ele próprio dos mais duros epítetos; fez em pedaços, tanto a filha, quanto a mãe, o pai, as tias, e toda a família a quem apresentou como uma corja de canalhas indignos de mim, mas mui dignos dele. São suas próprias palavras.

JACQUES: – E eis por que aconselho as mulheres a nunca se deitarem com pessoas que se embriagam. Não desprezo menos vosso cavaleiro por sua indiscrição no amor do que por sua perfídia na amizade. Que diabo! Bastava que... fosse um homem honesto e vos falasse primeiro... Mas vede, senhor, persisto, trata-se de um miserável, de um chapado miserável. Não sei mais como isso terminará, temo que ele vos engane ainda enquanto vos desengana. Livrai-me, livrai-vos bem depressa vós mesmo desse albergue e da companhia desse homem».

Nesta altura, Jacques retomou seu garrafão, esquecendo-se de que nele não havia nem tisana nem vinho. O amo pôs-se a rir. Jacques tossiu cerca de meio quarto de hora sem parar. O amo puxou o relógio e a tabaqueira, e continuou sua história, que eu interromperei, se vos convier, ainda que fosse para irritar Jacques, provando-lhe que não estava escrito lá em cima, como acreditava, que seria sempre interrompido e que seu amo jamais o seria.

O AMO, *ao cavaleiro*: – «"Segundo o que me estais dizendo aí, espero que não mais tornareis a vê-los.

«– Eu, revê-los! O que me desespera é ir embora sem vingar-me. Traíram, enganaram, achincalharam, espoliaram um homem de bem, abusaram da paixão e da fraqueza de um outro homem de bem, porque ainda ouso encarar-me como tal, para comprometê-lo numa série de horrores; expõem dois amigos a odiar-se e talvez a degolar-se um ao outro, pois, afinal, meu caro, admiti que se tivésseis descoberto meus indignos manejos, bravo como sois, seríeis talvez tomado de tamanho ressentimento...

«– Não, não teria chegado a isso. E por que motivo? E por quem? Por uma falta que ninguém poderia garantir não cometer? É ela minha mulher? E se o fosse? É ela minha filha? Não, é uma pobre rameira; e julgais que por uma pobre rameira... Vamos, meu amigo, deixemos isso de lado e bebamos. Agathe é jovem, viva, branca, gorda, rechonchuda, são as carnes mais rijas, não é? E a pele, a mais doce? Fruí-las deve ser delicioso, e imagino que vós vos sentíeis em seus braços bastante feliz para quase não pensar em vossos amigos.

«– É certo que se os encantos da pessoa e o prazer pudessem atenuar a falta, ninguém sob o céu seria menos culpado do que eu.

«– Ah isso, cavaleiro, volto atrás, retiro minha indulgência, e vou pôr uma condição para o esquecimento de vossa traição.

«– Falai, meu amigo,ordenai, dizei; devo jogar-me pela janela, enforcar-me, afogar-me, enfiar essa faca no peito?".

«E, no mesmo instante, o cavaleiro apanha uma faca que estava sobre a mesa, desaperta o colarinho, abre a camisa e, com os olhos esgazeados, coloca a ponta da faca com a mão direita na covinha da clavícula esquerda, e parece esperar apenas minha ordem para despachar-se à antiga.

«Não se trata disso, cavaleiro, largai essa maldita faca.

«– Não vou largá-la, é o que mereço; dai o sinal.

«– Largai essa maldita faca, eu vos digo, não ponho vossa expiação em tão alto preço". Entrementes, a ponta da faca continuava suspensa sobre a covinha da clavícula esquerda;

agarrei-lhe a mão, arranquei-lhe a faca que atirei longe de mim, depois, aproximando de seu copo a garrafa, e enchendo-o até a borda, disse-lhe: "Bebamos primeiro, e sabereis em seguida a que terrível condição eu vinculo vosso perdão. Agathe é então bem suculenta, bem voluptuosa?

«– Ah!, meu amigo, pudésseis vós sabê-lo como eu!

«– Mas espera, é preciso que nos tragam uma garrafa de champanhe, e depois tu me contarás a história de uma de tuas noites. Charmoso traidor, tua absolvição está no fim dessa história. Vamos, começa, será que tu não me ouves?

«– Ouço.

«– Minha sentença te parece demasiado dura?

«– Não.

«– Tu sonhas?

«– Sonho.

«– O que foi que te pedi?

«– O relato de uma de minhas noites com Agathe.

«– É isso".

«Nesse ínterim, o cavaleiro me media da cabeça aos pés, e dizia para si próprio: "É o mesmo corpo, quase a mesma idade, e ainda que existisse alguma diferença, não havendo luz, a imaginação estando prevenida de que sou eu, ela não suspeitará de nada...".

«"Mas, cavaleiro, em que pensas? Teu copo continua cheio, e ainda não começaste.

«– Eu penso, meu amigo, eu penso nisso, tudo está dito; abraçai-me, nós seremos vingados, sim, seremos. É uma malvadeza de minha parte; se ela é indigna de mim, não o é daquela pequena debochada. Vós me pedistes a história de uma de minhas noites?

«– Sim, é exigir demais?

«– Não, mas se, em lugar da história, eu vos conseguisse a noite?

«– Isso seria um pouco melhor" (*Jacques se põe a assobiar*). Imediatamente o cavaleiro tira duas chaves do bolso, uma pequena e outra grande. "A pequena, disse-me ele, é a chave mestra da rua, a grande é da antecâmara de Agathe; ei-las, ambas estão a vosso serviço. Eis o meu roteiro de todos os dias, há cerca de seis meses, vós adequareis aí o vosso. Suas janelas dão para a frente, como sabeis. Fico passeando pela rua enquanto as vejo iluminadas. Um pote de basilisco colocado do lado de fora é o sinal convencionado; aproximo-me, então, da porta de entrada, abro-a, entro, torno a fechá-la, subo o mais devagar que posso. Dobro o pequeno corredor que está à direita; a primeira porta à esquerda nesse corredor é a dela, como sabeis. Abro essa porta com esta chave grande, passo para o pequeno quarto de vestir que fica à direita, lá encontro um pequeno candeeiro, à luz da qual me dispo à vontade. Agathe deixa a porta de seu aposento entreaberta, entro e vou encontrá-la na cama. Compreendeis?

«– Muito bem.

«– Como estamos cercados, calamo-nos.

«– Além disso, creio que tendes coisa melhor a fazer do que tagarelar.

«– Em caso de acidente, posso saltar de seu leito e me encerrar no quarto de vestir; isso no entanto jamais aconteceu. Nosso costume é nos separar por volta das quatro horas da manhã. Quando o prazer ou o repouso não nos leva mais longe, saímos da cama juntos; ela desce, eu permaneço no quarto de vestir, visto-me, leio, descanso, espero até que seja a hora de aparecer. Desço, cumprimento, como se acabasse apenas de chegar.

«– E esta noite, sois esperado?

«– Sou esperado todas as noites.

«– E me cedereis vosso lugar?

«– De todo coração. Que vós prefirais a noite ao relato, não me traz dificuldade; mas o que eu desejaria é que...

«– Terminai; há pouca coisa que eu não me sinta com coragem de empreender para vos satisfazer.

«– É que permanecêsseis entre seus braços até o amanhecer, eu chegaria, eu vos surpreenderia.

«– Oh!, não, cavaleiro, seria muita maldade.

«– Muita maldade? Eu não seria tão maldoso quanto pensais. Antes disso, eu iria despir-me no quarto de vestir.

«– Vamos, cavaleiro, estais com o diabo no corpo. Além do mais, isso não é possível; se me derdes as chaves, não as tereis mais.

«– Ah!, meu amigo, como és tolo!

«– Mas não demais, me parece.

«– E por que não entraríamos os dois juntos? Vós ireis ter com Agathe e eu ficarei no quarto de vestir até que me fizésseis o sinal que combinaremos.

«– Por minha fé, isso é tão divertido, tão louco, que falta pouco para eu aceitar. Mas, cavaleiro, considerando tudo muito bem, eu preferiria reservar essa facécia para alguma das noites seguintes.

«– Ah!, entendo, vosso projeto é de vingar-nos mais de uma vez.

«– Se concordardes com isso.

«– Inteiramente".

JACQUES: – Vosso cavaleiro transtorna todas as minhas idéias. Eu imaginava...

O AMO: – Tu imaginavas?

JACQUES: – Não, senhor, podeis continuar.

O AMO: – Bebemos, dissemos cem doidices, quer sobre a noite que se aproximava, quer sobre as noites seguintes, ou sobre aquelas em que Agathe se encontrasse entre o cavaleiro e eu. O cavaleiro voltara a ser de uma alegria encantadora, e o teor de nossa conversação não era triste. Ele me prescrevia preceitos de conduta noturna que não eram todos igualmente fáceis de seguir, mas após uma longa série de noites bem empregadas, eu podia sustentar a honra do cavaleiro na minha estréia, por mais maravilhoso que ele se julgasse; e aí vieram os detalhes que não acabavam mais sobre os talentos, perfeições, vantagens de Agathe. O cavaleiro acrescentava com uma arte incrível a embriaguez da paixão à do vinho. O momento da aventura ou da vingança parecia chegar lentamente; entrementes deixamos a mesa. O cavaleiro pagou, foi a primeira vez que isso lhe acontecia. Subimos em nossa viatura, estávamos bêbados; nosso cocheiro e nossos criados estavam ainda mais do que nós».

Leitor, quem me impediria, a esta altura, de jogar o cocheiro, os cavalos, a viatura, os amos e os criados num atoleiro? Se o atoleiro vos causa medo, quem me impediria de conduzi-los sãos e salvos à cidade, onde abalroaria a viatura deles a uma outra na qual eu tivesse colocado no seu interior pessoas jovens também ébrias? Haveria palavras ofensivas, ditos, uma briga, espadas desembainhadas, seria uma confusão em regra. Quem iria impedir-me, se vós não gostais de confusões, de substituir esses jovens pela Srta. Agathe com uma de suas tias? Mas não houve nada disso. O cavaleiro e o amo de Jacques chegaram a Paris. Este pegou as roupas do cavaleiro. É meia-noite, eles se encontram sob as janelas de Agathe; a luz se extingue, o pote de basilisco se acha em seu lugar. Os dois dão ainda um giro de uma ponta a outra da rua, o cavaleiro recordando ao amigo a lição. Aproximam-se da porta, o cavaleiro abre-a, introduz o amo de Jacques, guarda a chave mestra da rua, dá-lhe a do corredor, fecha de novo a porta de entrada, afasta-se; e depois desse pequeno pormenor apresentado com laconismo, o amo de Jacques retomou a palavra e disse:

«O local me era conhecido. Subo na ponta dos pés, abro a porta do corredor, torno a fechá-la, entro no quarto de vestir onde se encontra o pequeno candeeiro, dispo-me; a porta do quarto estava entreaberta, eu entro, dirijo-me à alcova onde Agathe não estava dormindo. Abro o cortinado e no mesmo instante sinto dois braços nus lançando-se ao redor de mim e puxando-me; deixo-me levar, deito-me, sou cumulado de carícias, eu as retribuo. E eis que sou o mais feliz dos mortais que há no mundo; eu ainda o sou quando...».

Quando o amo de Jacques percebeu que Jacques dormia ou fingia dormir: «Tu dormes, disse-lhe ele, dormes, patife, no momento mais interessante de minha história!...». E é a este momento mesmo que Jacques esperava que seu amo chegasse: «Vais acordar?

– Não creio.

– E por quê?

– É que se acordo, minha dor de garganta poderia de fato acordar também, e que penso ser preferível que ambos repousemos...».

E Jacques deixa cair a cabeça para frente.

«Vais quebrar o pescoço.

– Seguramente, se isto estiver escrito lá em cima. Não estais entre os braços da Srta. Agathe?

– Sim.

– E não estais bem aí?

– Muito bem.

– Permanecei aí.

– Que eu permaneça aí, é o que te apraz dizer.

– Ao menos até que eu saiba da história do emplastro de Desglands.

O Amo: – Tu te vingas, traidor.

Jacques: – E ainda que assim fosse, meu amo, após haver cortado a história de meus amores por mil perguntas, por outras tantas fantasias, sem o menor murmúrio de minha parte, não poderia eu vos suplicar a interromper a vossa para me relatar a história do emplastro desse bom Desglands a quem devo tantas obrigações, que me tirou da casa do cirurgião no momento em que, estando sem dinheiro, eu não sabia o que seria de mim, e em casa de quem travei conhecimento com Denise, Denise sem a qual eu não lhe teria dito uma palavra de toda a viagem? Meu amo, meu caro amo, contai a história do emplastro de Desglands; sereis tão breve quanto vos aprouver, e enquanto isso a modorra que me domina e sobre a qual não sou senhor, se dissipará, e podereis contar com toda a minha atenção.

O Amo (*diz, alçando os ombros*): – Nas vizinhanças da casa de Desglands havia uma viúva encantadora, que tinha várias qualidades comuns com uma célebre cortesã[165] do século passado, sensata pela razão, libertina por temperamento, desolando-se no dia seguinte pela tolice da véspera. Passou toda sua vida indo do prazer ao remorso e do remorso ao prazer, sem que o hábito do prazer tenha sufocado o remorso, sem que o hábito do remorso tenha sufocado o gosto pelo prazer. Eu a conheci em seus derradeiros instantes, ela dizia que enfim escapava de dois grandes inimigos. Seu marido, indulgente para com o único defeito que teve a lhe censurar, lastimou-a enquanto ela viveu e a pranteou por muito tempo após a sua morte[166]. Pretendia que teria sido tão ridículo de sua parte impedir sua mulher de amar quanto impedi-la de beber. Perdoava-lhe a multidão de suas conquistas por consideração à escolha delicada em que ela porfiava. Ela não aceitava nunca a homenagem de um tolo ou de um malvado, seus favores foram sempre a recompensa ou do talento ou da probidade. Dizer de um homem que ele era ou que havia sido seu amante, era assegurar que se tratava de um homem de mérito. Como conhecia a sua própria leviandade, não se comprometia de modo algum a ser fiel. "Não fiz, dizia ela, senão um só falso juramento em minha vida, foi o primeiro". Quer o outro perdesse o sentimento de que fora tomado por ela, quer fosse ela quem perdesse o que ele lhe havia inspirado, continuava seu amigo. Jamais houve exemplo mais frisante da diferença entre probidade e bons costumes. Não se podia dizer que ela tivesse bons costumes e, no entanto, cumpria confessar que era difícil encontrar uma criatura mais honesta. O cura de sua paróquia raramente a via ao pé dos altares, mas o tempo todo encontrava sua bolsa aberta para os pobres. Ela dizia divertidamente da religião e das leis que eram um par de muletas que não se

165. A referência é a Ninon de Lanclos (1626-1705), mulher famosa por seu espírito e beleza, cujo salão era freqüentado pelos livres-pensadores.
166. Diderot parece ter esquecido que, pouco antes, caracterizara a personagem como sendo viúva, surpreendendo o leitor, algumas linhas abaixo, quando lhe refaz a condição matrimonial, para gáudio de seus críticos.

devia tirar daqueles que tinham as pernas fracas. As mulheres que temiam sua sociedade em relação aos maridos, desejavam-na para os filhos.

JACQUES (*depois de ter dito entre dentes: Tu me pagarás por esse maldito retrato, acrescentou*): Ficastes louco por essa mulher?

O AMO: – Com certeza eu teria ficado, se Desglands não tivesse ganhado de mim em velocidade. Desglands apaixonou-se por ela...

JACQUES: – Senhor, será que a história de seu emplastro e a de seus amores estão ligadas tão bem uma à outra que não se poderia separá-las?

O AMO: – Pode-se separá-las; o emplastro é um incidente e a história é o relato de tudo o que se passou enquanto eles se amavam.

JACQUES: – E passaram-se muitas coisas?

O AMO: – Muitas.

JACQUES: – Neste caso, se derdes a cada uma a mesma extensão do que ao retrato da heroína, não sairemos daqui até Pentecostes, e era uma vez os vossos amores e os meus.

O AMO: – Além do mais, Jacques, por que me atrapalhaste?... Não viste em casa de Desglands um garotinho?

JACQUES: – Mau, teimoso, insolente e enfermiço? Sim, vi.

O AMO: – É um filho natural de Desglands e da bela viúva.

JACQUES: – Esse garoto lhe dará muitos desgostos. É filho único, boa razão para não ser mais do que um vadio; sabe que será rico, outra boa razão para não ser mais do que um vadio.

O AMO: – E por ser enfermiço, não lhe ensinam nada, não o incomodam, não o contrariam em nada, terceira boa razão para não ser mais do que um vadio.

JACQUES: – Uma noite o pequeno maluco pôs-se a lançar gritos inumanos. A casa inteira ficou alarmada, todo mundo acorreu. Ele quer que o papai se levante.

«"Vosso papai está dormindo.

«– Não importa, eu quero que ele se levante, eu quero, eu quero.

«– Ele está doente.

«– Não importa, é preciso que ele se levante, eu quero, eu quero.

«Acordaram Desglands, este joga o chambre sobre os ombros e vai ter ao quarto do filho.

«Pois bem! Meu menino, aqui estou, o que queres?

«– Quero que os façam vir.

«– Quem?

«– Todos os que estão no castelo".

«Foram todos chamados, amos, criados, forasteiros, comensais, Jeanne, Denise, eu com meu joelho doente, todos, exceto uma velha porteira impotente à qual haviam dado asilo numa choupana situada a quase um quarto de légua do castelo. Ele quer que se vá procurá-la.

«"Mas, meu filho, é meia-noite.

«– Eu quero, eu quero.

«– Você sabe que ela mora muito longe.

«– Eu quero, eu quero.

«– Que ela é velha e não pode andar.

«– Eu quero, eu quero".

«Foi preciso que a pobre porteira viesse; trouxeram-na, pois se a deixassem vir por si teria vindo às carreiras. Quando estávamos todos reunidos, o menino quer que o levantem e o vistam. Ei-lo de pé e vestido. Ele quer que todos nós passemos para o grande salão e que o coloquem no meio, na grande poltrona do pai. Isto foi feito. Ele quer que fiquemos de mãos dadas. Ele quer que todos dancemos em roda, e todos nós nos pusemos a dançar em roda. Mas é o resto que é inacreditável.

O AMO: – Espero que me dispensarás do resto.

JACQUES: – Não, não, senhor, ouvireis o resto. (Ele crê que me fez impunemente o retrato da mãe, longo a não mais poder).

O AMO: – Jacques, estou te estragando.

JACQUES: – Tanto pior para vós.

O Amo: – Aborreceu-te o longo e fastidioso retrato da viúva, mas tu me devolveste bem, creio eu, esse fastio com a longa e enfadonha história do capricho do filho.

Jacques: – Se é vosso parecer, retomai a história do pai, mas nada de retratos, meu amo; odeio mortalmente os retratos.

O Amo: – E por que odeias os retratos?

Jacques: – É que se assemelham tão pouco que se por acaso chegamos a encontrar os originais, não os reconhecemos. Contai-me os fatos, relatai-me fielmente as conversas, e saberei logo com que tipo de homem estou tratando. Uma palavra, um gesto muitas vezes me ensinaram mais do que o falatório de toda uma cidade.

O Amo: – Um dia Desglands...

Jacques: – Quando estais ausente, entro às vezes em vossa biblioteca, pego um livro e é comumente um livro de história.

O Amo: – Um dia Desglands...

Jacques: – Leio por alto todos os retratos.

O Amo: – Um dia Desglands...

Jacques: – Perdão, meu amo, a máquina estava montada, e era preciso que ela fosse até o fim.

O Amo: – E foi?

Jacques: – Foi.

O Amo: – Um dia Desglands convidou para jantar a bela viúva com alguns gentis-homens da circunvizinhança. O reinado de Desglands estava em seu declínio, e entre os seus convivas havia um para o qual a inconstância da viúva começava a inclená-la. Estavam à mesa, Desglands e seu rival sentados um ao lado do outro e em frente da bela viúva. Desglands empregava todo o seu espírito a fim de animar a conversação, dirigia à viúva as palavras mais galantes, ela, porém, distraída, nada ouvia e mantinha os olhos pregados no rival. Desglands tinha na mão um ovo fresco; um movimento convulsivo ocasionado pelo ciúme dominou-o, ele cerra os punhos, e eis que o ovo é expulso da casca e espalhado no rosto do vizinho. Este faz um gesto com a mão,

Desglands prende-lhe o pulso, o detém e lhe diz ao ouvido: "Senhor, considero-o recebido". Faz-se um silêncio profundo, a bela viúva sente-se mal. O repasto foi triste e curto. Ao sair da mesa, ela chama Desglands e o rival para um aposento separado; tudo o que uma mulher podia fazer decentemente para reconciliá-los, ela o fez, suplicou, chorou, desmaiou, mas tudo em vão; ela apertava as mãos de Desglands, volvia para o outro os olhos inundados de lágrimas. Dizia a este: "E vós me amais!..."; àquele: "E vós me haveis amado!...". E aos dois: "E quereis perder-me, e quereis tornar-me objeto de chacota, do ódio e do desprezo de toda a província! Qualquer dos dois que tire a vida de seu inimigo, jamais tornarei a revê-lo, não poderá ser nem meu amigo nem meu amante, dedicar-lhe-ei um ódio que só findará com a minha vida". Depois, recaía em desfalecimento. E desfalecendo dizia: "Cruéis! Tirai vossas espadas e cravai-as em meu seio; se ao expirar, eu vos vir abraçados, expirarei sem pesar". Desglands e seu rival permaneciam imóveis ou a socorriam, e algumas lágrimas escapavam-lhes dos olhos. Entretanto, precisaram separar-se. Levaram a bela viúva para casa mais morta do que viva.

Jacques: – Pois bem!, senhor, que necessidade tinha eu do retrato que me fizestes dessa mulher? Não saberia eu agora tudo aquilo que me disseste a respeito?

O Amo: – No dia seguinte, Desglands foi visitar sua infiel encantadora e lá encontrou o rival. Quem foi que se espantou muito? Foi um e outro ao verem Desglands com a face direita coberta por uma grande rodela de tafetá preto. "Que é isso?, disse-lhe a viúva.

«Desglands: – Não é nada.

«O Rival: – Uma ligeira fluxão?

«Desglands: – Isso vai passar".

«Após um instante de conversa, Desglands saiu, e ao sair fez ao rival um sinal que foi muito bem compreendido. Este desceu; eles seguiram, um por um lado da rua, o outro pelo lado oposto, encontraram-se atrás dos jardins da bela viúva, bateram-se, e o rival de Desglands ficou estendido no chão, gravemente, mas não mortalmente ferido. Enquanto o levam para a casa dele, Desglands volta à casa da viúva, senta-se, continuam a conversar sobre o acidente da véspera. Ela lhe pergunta o que significa aquela enorme e ridícula mosca que lhe cobre a face. Ele se levanta, olha-se ao espelho. "Com efeito, diz ele, acho-a um tanto grande". Pega a tesoura da dama, desprende do rosto a rodela de tafetá, estreita-a em toda sua volta de uma ou duas ourelas, recoloca-a no lugar e pergunta à viúva: "Como me achais agora?

«– De uma ou duas ourelas menos ridículo do que antes.

«– É sempre alguma coisa".

«O rival de Desglands sarou. Segundo duelo em que a vitória coube a Desglands e assim cinco ou seis vezes em seguida, e a cada combate Desglands estreitando sua rodela de tafetá de uma pequena ourela e recolocando o restante sobre sua face.

JACQUES: – E qual foi o fim dessa aventura? Quando me levaram ao castelo de Desglands, pareceu-me que ele não estava mais com sua rodela preta.

O AMO: – Não. O fim dessa aventura foi o fim da vida da bela viúva. O longo pesar de que foi tomada acabou por arruinar sua fraca e cambaleante saúde.

JACQUES: – E Desglands?

O AMO: – Um dia em que passeávamos juntos, ele recebe um bilhete, abre-o e diz: "Era um homem muito valente, mas não eu poderia afligir-me por sua morte". E no mesmo instante arranca da face o resto de sua rodela preta, quase reduzida, por seus freqüentes aparos, ao tamanho de uma mosca comum. Eis a história de Desglands. Jacques está satisfeito, e posso esperar agora que ele vá escutar a história de meus amores, ou que retomará a dos seus?

JACQUES: – Nem uma coisa, nem outra.

O AMO: – E a razão?

Jacques: — É que faz calor, que estou cansado, que este lugar é encantador, que ficaremos à sombra debaixo dessas árvores, e que tomando a fresca à beira desse riacho, repousaremos.

O Amo: — Consinto; mas o teu resfriado...

Jacques: — É do calor, e os médicos dizem que os contrários se curam pelos contrários.

O Amo: — O que é verdade tanto para o moral quanto para o físico. Notei uma coisa bastante singular, é que não há quase máximas de moral das quais não se faça um aforismo de medicina e, reciprocamente, há poucos aforismos de medicina dos quais não se faça uma máxima de moral.

Jacques: — Deve ser assim».

Eles descem do cavalo, estendem-se sobre a relva. Jacques diz ao Amo: «Velais? Dormis? Se velais, eu durmo; se dormis, eu velo».

Seu amo lhe diz: «Dorme, dorme.

— Posso, pois, confiar que velareis? É que desta vez poderemos perder com isso dois cavalos».

O amo tirou o relógio e a tabaqueira. Jacques preparou-se para dormir, mas a cada instante despertava em sobressalto e batia as duas mãos no ar, uma contra a outra. Disse-lhe o Amo: «Que diabo há contigo?

Jacques: — Moscas e mosquitos me irritam. Gostaria realmente que me dissessem para que servem esses bichos incômodos?

O Amo: — E porque tu os ignoras, acreditas que eles não servem para nada? A natureza nada fez de inútil ou de supérfluo.

Jacques: — Acredito, pois se uma coisa existe, é preciso que ela exista.

O Amo: — Quando estás com sangue demais ou mau sangue, o que fazes? Chamas um cirurgião que o tira com duas ou três sangrias. Pois bem! Esses mosquitos de que te queixas são uma nuvem de pequenos cirurgiões alados que vêm com suas pequenas lancetas te picar e tirar de ti o sangue gota a gota.

JACQUES: – Sim, mas a torto e a direito, sem saber se tenho sangue demais ou de menos. Mandai buscar um tísico, e vereis se os pequenos cirurgiões alados não irão picá-lo. Eles pensam em si próprios, e tudo na natureza pensa em si e não pensa senão em si mesmo. Que isso cause mal aos outros, que importa, desde que a gente se sinta bem?».

Em seguida, batia novamente no ar com as duas mãos, e dizia: «Ao diabo os pequenos cirurgiões alados!

O AMO: – Jacques, conheces a fábula de Garo?[167].

JACQUES: – Sim.

O AMO: – O que achas?

JACQUES: – É má.

O AMO: – Isso é fácil de dizer.

JACQUES: – E é fácil de provar. Se em vez de bolotas, o carvalho tivesse dado abóboras, será que esse palerma do Garo teria adormecido debaixo de um carvalho? E se não houvesse adormecido debaixo de um carvalho, que importava à salvação de seu nariz que dele caíssem abóboras ou bolotas? Fazei vossos filhos lerem isso.

O AMO: – Um filósofo com o teu nome não o quer.

JACQUES: – É que cada um tem sua própria opinião e Jean-Jacques[168] não é Jacques.

O AMO: – Tanto pior para Jacques.

JACQUES: – Quem sabe disso antes de ter chegado à última palavra da última linha da página que cada um preenche no grande rolo?

O AMO: – Em que estás pensando?

JACQUES: – Estou pensando que, enquanto vós me faláveis e eu vos respondia, vós me faláveis sem querer, e eu vos respondia sem querer.

O AMO: – E depois?

---

167. Garo, personagem da fábula "A Bolota e a Abóbora", de La Fontaine, em *Fables*, XI, 4.

168. Trata-se da passagem em *Émile*, livro II, na qual Jean-Jacques Rousseau critica as fábulas de La Fontaine.

Jacques: – Depois? E que éramos duas verdadeiras máquinas vivas e pensantes.

O Amo: – Mas o que queres agora?

Jacques: – Por minha fé, tudo é ainda assim mesmo. Há apenas uma mola a mais em jogo nas duas máquinas.

O Amo: – E essa mola aí?

Jacques: – Quero que o diabo me carregue se concebo que ela possa funcionar sem causa. Meu capitão dizia: "Ponde uma causa, segue-se um efeito; de uma causa fraca, um efeito fraco; de uma causa intermitente, um efeito intermitente; de uma causa cessante, um efeito nulo".

O Amo: – Mas me parece que eu sinto dentro de mim mesmo que sou livre, como sinto que penso.

Jacques: – Meu capitão dizia: "Sim, no momento presente quando não quereis nada; mas quereis vos precipitar de vosso cavalo?".

O Amo: – Pois bem! Precipitar-me-ei!

Jacques: – Alegremente, sem repugnância, sem esforço, como quando vos apraz descer dele à porta de um albergue?

O Amo: – Não inteiramente, mas que importa, desde que eu me precipite e que eu prove que sou livre?

Jacques: – Meu capitão dizia: "Como! Vós não vedes que sem minha contradição jamais vos teria vindo à cabeça a idéia de quebrar o pescoço? Sou eu, portanto, que vos prendo pelo pé e vos atiro fora da sela. Se vossa queda prova alguma coisa, não é, pois, que vós sois livre, mas que sois louco". Meu capitão dizia ainda que o gozo de uma liberdade que poderia ser exercida sem motivo seria o verdadeiro caráter de um maníaco.

O Amo: – Isso é muito forte para mim, mas, apesar de teu capitão e de ti, continuarei a crer que quero quando quero.

Jacques: – Mas se vós sois e se sempre fostes senhor de vossos querer, por que não quereis no presente momento amar uma macaca, e por que não cessastes de amar Agathe todas as vezes que o quisestes? Meu amo, passamos três quartas partes da vida a querer sem fazer.

O AMO: – É verdade.
JACQUES: – E a fazer sem querer.
O AMO: – E tu me demonstrarás isso?
JACQUES: – Se consentirdes.
O AMO: – Consinto.
JACQUES: – Será feito, e falemos de outra coisa».

Depois dessas banalidades e de outros ditos da mesma importância, calaram-se, e Jacques, alteando seu enorme chapéu, guarda-chuva no mau tempo, guarda-sol nos dias de calor, um tampa-cabeça em todos os tempos, o tenebroso santuário sob o qual um dos melhores cérebros que jamais tenham existido consultava o destino nas grandes ocasiões; as abas desse chapéu, levantadas, colocavam-lhe o rosto quase no meio do corpo, abaixadas, mal podia enxergar dez passos adiante, o que lhe havia dado o hábito de andar com o nariz ao vento, e era então que se podia dizer de seu chapéu:

*Os illi sublime dedit, coelumque tueri*
*Jussit, et erectos ad sidera tollere vultus*[169]

Jacques alteando, pois, seu enorme chapéu e passeando os olhares ao longe, percebeu um lavrador que moía inutilmente de pancadas um dos dois cavalos que havia atrelado à charrua. Esse cavalo, jovem e vigoroso, deitara-se sobre o sulco do arado, e o lavrador por mais que o sacudisse pela brida, lhe rogasse, o acariciasse, o ameaçasse, o amaldiçoasse e espancasse, o animal permanecia imóvel e recusava teimosamente a erguer-se.

Jacques, após haver cismado algum tempo diante dessa cena, disse ao amo, o qual também fixara nela sua atenção: «Sabeis, senhor, o que se passa ali?

---

169. "Ele lhe deu (ao homem) um rosto voltado para o alto, e lhe ordenou olhar o céu e manter a cabeça erguida para os astros", *As Metamorfoses*, I, vv. 85-86, de Ovídio (43 a.C.-c.18 d.C), poeta latino.

O Amo: – E que outra coisa queres tu que se passe, além disso que vejo?

Jacques: – E não adivinhais nada?

O Amo: – Não. E tu, o que adivinhas?

Jacques: – Eu adivinho que aquele animal, estúpido, altivo, mandrião é um habitante da cidade que, orgulhoso de seu primeiro estado de cavalo de sela, despreza a charrua, e para tudo vos dizer, em uma só palavra, aquele é o vosso cavalo, o símbolo de Jacques e de tantos outros desprezíveis patifes como ele, que abandonaram o campo para vir envergar a libré na capital, e que prefeririam mendigar o pão nas ruas ou morrer de fome, a voltar à agricultura, o mais útil e o mais honroso dos misteres».

O amo pôs-se a rir, e Jacques, dirigindo-se ao lavrador que não o escutava, dizia: «Pobre diabo, bate, bate tanto quanto queiras, ele tomou o hábito, e terás de usar mais de uma ponta de teu chicote antes de inspirar a esse biltre um pouco de verdadeira dignidade e algum amor ao trabalho». O amo continuava a rir. Jacques, meio por impaciência, meio por piedade, levanta-se, encaminha-se em direção ao lavrador e antes de perfazer duzentos passos, voltando-se para o amo, começa a gritar: «Senhor, vinde, vinde, é o vosso cavalo, é o vosso cavalo».

Com efeito, era ele. Apenas o animal reconheceu Jacques e seu amo, ergueu-se por si mesmo, sacudiu a crina, relinchou, empinou-se e aproximou ternamente o focinho do focinho de seu companheiro. Entrementes, Jacques indignado, dizia entre dentes: «Tratante, velhaco, preguiçoso, não sei ao que se deve que eu não te dê uns vinte pontapés?». O amo, ao contrário, beijava-o, passava-lhe uma das mãos pelo flanco, batia-lhe com a outra suavemente na garupa, e quase chorando de alegria, exclamava: «Meu cavalo, meu pobre cavalo, afinal te encontrei!».

O lavrador não estava entendendo nada. «Vejo, senhores, disse-lhes, que esse cavalo vos pertenceu, mas não o possuo menos legitimamente, comprei-o na última feira. Se quiserdes retomá-lo por dois terços do que me custou, vós me rendereis um grande serviço, pois não posso fazer nada com ele. Quando é preciso fazê-lo sair da estrebaria, é o diabo, quando é preciso atrelá-lo, é pior ainda. Quando ele chega ao campo, deita-se, e prefere morrer de pancada a dar alguma arrancada ou a suportar um saco no lombo. Senhores, tereis vós a caridade de me livrar desse maldito animal? É belo, mas não é bom para nada, exceto para patear sob um cavaleiro, e isso não é comigo». Propuseram-lhe uma troca por um dos dois outros, aquele que melhor lhe conviesse: ele concordou, e nossos dois viajantes retornaram a passo ao lugar onde haviam repousado, e de onde viram, com satisfação, o cavalo que tinham cedido ao lavrador prestar-se sem repugnância a sua nova condição.

JACQUES: – «E então!, senhor?

O AMO: – E então!, nada é mais certo que tu és um inspirado: inspirado de Deus ou do diabo? Não sei, Jacques, meu amigo, receio que tenhas o diabo no corpo.

JACQUES: – E por que o diabo?

O AMO: – É que fazes prodígios e que tua doutrina é muito suspeita.

JACQUES: – E o que há de comum entre a doutrina que se professa e os prodígios que se operam?

O AMO: – Vejo que não leste Dom La Taste[170].

JACQUES: – E esse Dom La Taste que não li, o que diz ele?

O AMO: – Ele diz que Deus e o diabo fazem ambos igualmente milagres.

JACQUES: – E como se distinguem os milagres de Deus dos milagres do diabo?

---

170. Dom Louis-Bernard de La Taste (1692-1757), monge beneditino, depois bispo de Belém e superior dos carmelitas. Escreveu as *Lettres théologiques aux écrivains défenseurs des convulsions et autres prétendues miracles du temps,* em que empreende uma crítica acerba contra os jansenistas e considera que as visões miraculosas podem ser tanto de Deus como do diabo.

O Amo: – Pela doutrina. Se a doutrina é boa, os milagres são de Deus; se é má, os milagres são do diabo».

Aqui, Jacques se pôs a assobiar e depois acrescentou: «E quem é que me ensinará a mim, pobre ignorante, se a doutrina do fazedor de milagres é boa ou má? Vamos, senhor, tornemos a montar os nossos animais. Que vos importa que vosso cavalo tenha sido reencontrado por Deus ou por Belzebu? Ele passaria menos bem?

O Amo: – Não. Entretanto, Jacques, se tu estivesses possuído...

Jacques: – Que remédio haveria para isso?

O Amo: – O remédio seria, esperando o exorcismo... seria o de tomares só água benta como bebida.

Jacques: – Eu, senhor, só à água! Jacques à água benta! Eu preferiria que mil legiões de diabos permanecessem no meu corpo a beber uma gota de água, benta ou não benta. Será que não vos apercebestes ainda que sempre fui hidrófobo?».

– Ah!, *hidrófobo*? Jacques disse *hidrófobo*? – Não, leitor, não; confesso que a palavra não é dele; mas, com tal severidade de crítica, eu vos desafio a ler uma cena de comédia ou de tragédia, um único diálogo, por mais bem feito que seja, sem surpreender a palavra do autor na boca de seu personagem. Jacques disse: «Senhor, será que não vos apercebestes ainda que à vista de água, a raiva me toma?...». Pois bem: falando de outro modo que o dele, fui menos verdadeiro, porém, mais breve.

Montaram de novo nos seus cavalos, e Jacques disse a seu amo: «Vós estáveis na história de vossos amores no momento em que, após ter sido feliz duas vezes, vós vos dispusestes talvez a sê-lo uma terceira.

O Amo: – Quando de repente a porta do corredor se abre. Eis o quarto repleto de uma multidão de pessoas andando tumultuosamente, percebo luzes, ouço vozes de homens e mulheres que falavam todos ao mesmo tempo. O cortinado é violentamente aberto, e vejo o pai, a mãe, as tias, os primos, as primas e um comissário que lhes dizia gravemente: "Meus senhores, minhas senhoras, nada de barulho; o delito é flagrante, este senhor é um homem de bem, não há senão um meio de reparar o mal, e este senhor preferirá por si mesmo prestar-se a ele do que ser constrangido pelas leis". A cada palavra, ele era interrompido pelo pai e pela mãe que me cumulavam de censuras, pelas tias e pelas primas que dirigiam os menos contidos epítetos contra Agathe, que envolvera a cabeça com as cobertas. Eu estava estupefato, e não sabia o que dizer. O comissário, dirigindo-se a mim, disse-me ironicamente: "Senhor, estais muito bem aí, é preciso, entretanto, que tenhais a bondade de levantar-vos e de vestir-vos"; foi o que fiz, mas com os meus trajes que haviam sido substituídos aos do cavaleiro. Aproximaram uma mesa, o comissário pôs-se a autuar. Enquanto isso, a mãe fazia com que a contivessem a custo para não desancar a filha, e o pai lhe dizia: "Devagar, minha mulher, devagar; ainda que mates de pancadas a tua filha, isso nada vai mudar, nem para mais nem para menos. Tudo se arranjará da melhor maneira". Os outros personagens estavam dispersos, sentados nas cadeiras, nas diferentes atitudes da dor, da indignação e da cólera. O pai, repreendendo a mulher de quando em quando, dizia-lhe: "Eis no que dá não velar pela conduta da filha". A mãe lhe respondia: "Com esse ar tão bom e tão honesto, quem iria acreditar que este senhor seria capaz disso?". Os outros guardavam silêncio. Instruído o auto, leram-no para mim, e como não continha senão a verdade, eu o assinei e desci com o comissário que me pediu mui obsequiosamente para entrar numa viatura que estava à porta, de onde me conduziram, com um cortejo assaz numeroso, diretamente ao For-l'Évêque[171].

JACQUES: – Ao For-l'Évêque! Para a prisão!

O AMO: – Para a prisão. E eis aí um processo abominável. Não se tratava nada menos do que esposar a Srta. Agathe; os

---

171. For-l'Évêque, tribunal do bispo, antiga sede da jurisdição episcopal da diocese de Paris que se transformou, no século XVIII, em prisão destinada a detentos por dívida, gente de teatro e soldados.

pais não queriam ouvir falar de nenhum acomodamento. Logo pela manhã, o cavaleiro apareceu-me em minha cela. Sabia de tudo. Agathe estava desolada, seus pais estavam furiosos; ele havia sofrido os mais cruéis reproches com respeito à pérfida pessoa que ele lhes fizera conhecer, era ele a primeira causa da desgraça deles e da desonra de sua filha; aquela pobre gente dava pena. Pedira permissão para falar com Agathe em particular, só a obtivera a custo. Agathe pensara em arrancar-lhe os olhos e o chamara dos nomes mais odiosos. Esperava por isso, deixara que os furores da moça baixassem, depois do que tentara levá-la a algo de razoável, mas essa moça dizia uma coisa contra a qual, acrescentou o cavaleiro, não conheço réplica alguma: "Meu pai e minha mãe surpreenderam-me com vosso amigo, devo confessar-lhes que, ao deitar-me com ele, eu acreditava estar deitando-me convosco?". Ele lhe respondeu: "Mas, com franqueza, credes que meu amigo possa desposar-vos? – Não, disse ela, sois vós, indigno, sois vós, infame, que deveríeis ser condenado a isso".

«"Mas, disse eu ao cavaleiro, dependeria apenas de vós tirar-me deste caso.

« – Como assim?

« – Como? Contando a coisa como ela é.

« – Ameacei-a de fazê-lo, mas por certo não farei nada disso. É incerto que esse meio nos sirva utilmente, e é certíssimo que nos cobriria de infâmia. E é vossa culpa.

« – Minha culpa?

« – Sim, vossa culpa. Se tivésseis aprovado a armação que vos propus, Agathe teria sido surpreendida entre dois homens, e tudo isso teria acabado por uma derrisão; mas isso não aconteceu, e trata-se agora de safar-se desse mau passo.

« – Mas, cavaleiro, poderíeis vós explicar-me um pequeno incidente? É o de meu traje ter sido retirado e o vosso reposto no quarto de vestir; por minha fé, por mais que eu pense, é um mistério que me confunde. Isso tornou Agathe, para mim, um pouco suspeita; veio-me à cabeça de que ela descobrira o embuste e de que havia entre ela e os pais não sei que conivência.

«– Talvez tenham vos visto subir; o que há de certo é que tão logo vos despistes, trouxeram-me de volta a minha roupa e pediram-me as vossas.

«– Isso ficará esclarecido com o tempo".

«Enquanto estávamos, o cavaleiro e eu, a nos afligir, a nos consolar, a nos acusar, a nos injuriar e a nos pedir perdão um ao outro, o comissário entrou; o cavaleiro empalideceu e saiu bruscamente. Esse comissário era um homem de bem como há alguns poucos, que relêem em casa o auto que lavram, e lembrou-se que outrora fizera seus estudos com um jovem que portava um sobrenome igual ao meu; veio-lhe ao pensamento que eu poderia muito bem ser parente ou mesmo filho de seu antigo colega de colégio, e o fato era verdadeiro. Sua primeira questão foi a de me perguntar quem era o homem que se evadira quando ele entrara.

«Ele não se evadiu de modo algum, disse-lhe eu, apenas saiu; é meu amigo íntimo, o cavaleiro de Saint-Ouin.

«– Vosso amigo! Tendes aí um amigo engraçado! Sabeis, senhor, que foi ele quem veio me advertir? Estava acompanhado do pai e de um outro parente.

«– Ele!

«– Ele mesmo.

«– Estais bem seguro do que dizeis?

«– Seguríssimo; mas como dizeis que ele se chama?

«– Cavaleiro de Saint-Ouin.

«– Oh! Cavaleiro de Saint-Ouin, vejam só! E sabeis porventura quem é este vosso amigo íntimo, o cavaleiro de Saint-Ouin? Um escroque, um homem conhecido por centenas de trapaças. A polícia só concede liberdade de locomoção a essa espécie de homens, por causa dos serviços que consegue tirar deles às vezes. São gatunos e delatores de gatunos, e são considerados aparentemente mais úteis pelo mal que previnem ou que revelam, do que nocivos pelo mal que praticam".

«Relatei ao comissário minha triste aventura, tal como ela se passara. Ele não a viu nem por isso com um olhar muito mais favorável, pois tudo que podia me absolver não poderia ser alegado nem demonstrado perante o tribunal das leis. No entanto, encarregou-se de convocar o pai e a mãe, de arrancar a confissão da filha, de esclarecer o magistrado, e de nada negligenciar do que serviria para a minha justificação, prevenindo-me, todavia, que, se aquela gente estivesse bem orientada, a autoridade poderia obter aí pouquíssima coisa.

«"O quê! Senhor comissário, serei forçado a me casar?

«– Casar! Isso seria muito duro, também não quero assustá-lo; mas haverá indenizações, e, nesse caso, elas são consideráveis". Mas, Jacques, creio que tens algo a me dizer.

JACQUES: – Sim, queria dizer-lhe que fostes de fato mais infeliz do que eu, que paguei e não dormi. De resto, eu teria entendido, creio, vossa história sem dificuldade, se Agathe estivesse grávida.

O AMO: – Não desistas ainda de tua conjectura; é que o comissário me informou algum tempo após a minha detenção que ela viera procurá-lo para fazer sua declaração de gravidez.

JACQUES: – E eis-vos pai de uma criança...

O AMO: – À qual não prejudiquei.

JACQUES: – Mas que não fizestes.

O AMO: – Nem a proteção do magistrado, nem todas as diligências do comissário puderam impedir que o caso seguisse seu curso legal, mas como a rapariga e seus pais eram mal afamados, eu não a desposei para sair das grades[172]. Condenaram-me a uma multa considerável, a pagar as despesas do parto e a prover a subsistência e a educação de uma criança proveniente dos feitos e dos gestos de meu amigo, o cavaleiro de Saint-Ouin, de quem ela era um retrato em miniatura. Era um robusto garoto que a Srta. Agathe em boa hora deu à luz entre o

---

172. Em francês, entre *les deux guichets*, isto é, entre o encarceramento e um acordo de soltura mediante casamento.

sétimo e o oitavo mês, e ao qual deram uma boa ama de leite, cujos salários paguei todos os meses até hoje.

JACQUES: – Que idade pode ter o senhor vosso filho?

O AMO: – Logo ele terá dez anos. Deixei-o todo esse tempo no campo, onde o mestre-escola lhe ensinou a ler, a escrever e a contar. Não é longe do lugar para onde estamos indo, e aproveitarei a circunstância para pagar àquela gente o que lhes devo, retirá-lo e dar-lhe uma ocupação».

Jacques e seu amo dormiram mais uma vez no caminho. Estavam demasiado próximos do fim de sua viagem para que Jacques retomasse a história de seus amores; aliás, faltava muito para que sua dor de garganta tivesse passado. No dia seguinte, eles chegaram... – Onde? – Palavra, que não sei. – E o que tinham a fazer lá onde foram? – Tudo o que vos aprouver. Será que o amo de Jacques falava de seus negócios com todo mundo? Como quer que seja, eles exigiam mais do que um quinzena de estada. Terminaram bem? Terminaram mal? É o que ainda ignoro. A dor de garganta de Jacques se dissipou, graças a dois remédios que lhe eram antipáticos, a dieta e o repouso.

Certa manhã disse o amo a seu criado: «Jacques, enfreia e sela os cavalos e enche o teu garrafão, precisamos ir onde já sabes». O que foi dito foi logo feito. Ei-los, pois, encaminhando-se ao lugar onde estava sendo criado há dez anos, às expensas do amo de Jacques, o filho do cavaleiro de Saint-Ouin. A alguma distância do albergue que acabavam de deixar, o amo dirigiu-se a Jacques com as seguintes palavras: «Jacques, o que dizes de meus amores?

JACQUES: – Que há estranhas coisas escritas lá em cima. Eis uma criança de fato, Deus sabe como. Quem sabe qual o papel que esse pequeno bastardo desempenhará no mundo? Quem sabe se não nasceu para a felicidade ou para o descalabro de um império?

O AMO: – Eu te respondo que não. Farei dele um bom torneiro ou um bom relojoeiro. Casar-se-á, terá filhos, que tornearão perpetuamente uma boa vida neste mundo.

JACQUES: – Sim, se isto estiver escrito lá em cima. Mas por que não sairia um Cromwell[173] da oficina de um torneiro? Aquele que mandou cortar a cabeça de seu rei não saiu da tenda um cervejeiro? E não dizem hoje...

O AMO: – Deixemos isso de lado. Estás passando bem, conheces os meus amores; em sã consciência, tu não podes te eximir de retomar a história dos teus.

JACQUES: – Tudo se opõe a isso. Primeiramente, o pouco de caminho que nos resta a palmilhar; em segundo lugar, o esquecimento da passagem em que eu estava; em terceiro, um diabo de pressentimento que tenho aí que essa história não deve acabar, que esse relato nos trará desgraça, e que mal eu a retome, ela será interrompida por uma catástrofe feliz ou infeliz.

O AMO: – Se ela for feliz, tanto melhor.

JACQUES: – De acordo; mas tenho comigo que será infeliz.

O AMO: – Infeliz, seja; mas quer prefiras falar ou calar, ela deixará de ocorrer?

JACQUES: – Quem sabe disso?

O AMO: – Tu nasceste com atraso de dois ou três séculos.

JACQUES: – Não, senhor, nasci a tempo como todo mundo.

O AMO: – Tu terias sido um grande áugure.

JACQUES: – Não sei bem precisamente o que é um áugure, nem me preocupo em sabê-lo.

O AMO: – É um dos capítulos importantes de teu tratado da adivinhação.

JACQUES: – É verdade; mas foi escrito há tanto tempo que não me recordo de uma só palavra dele. Senhor, vede, quem sabe mais que todos os áugures, gansos fatídicos e frangos sagrados da república, é o garrafão. Interroguemos o garrafão».

173. Oliver Cromwell (1599-1658), estadista inglês que enfeixou em suas mãos, com poderes ditatoriais, após a execução de Carlos I, o governo do país, convertido em república, sob o título de Protetor da República da Inglaterra.

Jacques pegou seu garrafão e o consultou longamente. Seu amo tirou o relógio e a tabaqueira, viu que horas eram, tomou sua pitada de rapé, e Jacques disse: «Parece-me que vejo agora o destino menos negro. Dizei-me onde é que eu estava.

O Amo: – No castelo de Desglands, teu joelho um pouco recuperado, e Denise encarregada pela mãe para cuidar de ti.

Jacques: – Denise mostrou-se obediente. A ferida de meu joelho estava quase fechada, pude mesmo dançar em roda na noite da criança, entretanto, eu padecia de vez em quando de dores inauditas. Veio à cabeça do cirurgião do castelo que sabia um pouco mais que seu confrade, que essas dores, cujo retorno era tão insistente, não poderiam ter como causa senão a presença de um corpo estranho que remanescera na carne após a extração da bala. Em conseqüência, ele entrou em meu quarto de manhã bem cedo, mandou aproximar uma mesa de minha cama, e quando o meu cortinado foi corrido, vi essa mesa coberta de instrumentos cortantes, Denise sentada à minha cabeceira, e chorando lágrimas quentes, sua mãe de pé, os braços cruzados, e bastante triste, o cirurgião sem o seu casaco, as mangas de sua jaqueta arregaçadas, e a mão direita armada de um bisturi.

O Amo: – Tu me assustas.

Jacques: – Também fiquei assustado. "Amigo, disse-me o cirurgião, estás cansado de sofrer?

«– Muito cansado.

«– Queres que isso acabe e conservar a perna?

«– Certamente.

«– Ponha, pois, a perna fora da cama e deixe-me trabalhar à vontade".

«Estendo-lhe minha perna. O cirurgião mete o cabo do bisturi entre os dentes, passa minha perna sob o seu braço esquerdo, fixa-a aí fortemente, retoma o bisturi, introduz sua ponta na abertura de minha ferida, e faz-me uma incisão larga e profunda. Não pestanejei, mas Jeanne desviou a cabeça, e Denise lançou um grito agudo, e sentiu-se mal».

Aqui, Jacques fez uma pausa em seu relato e empreendeu um novo ataque a seu garrafão. Os ataques eram tanto mais freqüentes quanto mais curtas as distâncias ou, como dizem os geômetras, na razão inversa das distâncias. Ele era tão preciso em suas medidas, que, cheio na partida, o garrafão estava sempre rigorosamente vazio na chegada. Os senhores do departamento de *Ponts et chaussées*[174] teriam feito dele um excelente hodômetro[175], e cada ataque tinha de hábito sua razão suficiente[176]. Esta, a de agora, era para fazer Denise voltar a si de seu desmaio e para ele se repor da dor da incisão que o cirurgião fizera no seu joelho. Denise refeita e ele reconfortado, Jacques continuou.

JACQUES: – «Essa enorme incisão pôs a descoberto o fundo do ferimento, de onde o cirurgião tirou com suas pinças um retalho muito pequeno do pano de minhas calças que lá ficara e cuja estada ali causava minhas dores e impedia a inteira cicatrização de meu mal. Depois dessa operação, meu estado tornou-se cada vez melhor, graças aos cuidados de Denise; nada de dores, nada de febre; mais apetite, sono e forças; Denise fazia os curativos com exatidão e com uma delicadeza infinita. Era preciso ver a circunspecção e a leveza de mão com que ela retirava minhas bandagens; o receio que mostrava de me provocar a menor dor, a maneira como ela lavava minha chaga. Eu permanecia sentado à beira de minha cama, ela punha um joelho no chão, minha perna repousava sobre sua coxa que eu por vezes apertava um pouco, uma de minhas mãos ficava sobre o ombro dela e eu a olhava trabalhar com uma ternura que, creio, ela compartilhava. Quando o curativo estava terminado, eu lhe tomava as duas mãos, agradecia-lhe, não sabia o que lhe dizer, não sabia como

---

174. Departamento de Pontes, Estradas e Canais.
175. Na época, o hodômetro era um aparelho em forma de relógio que media o número de passos dados por um pedestre durante um tempo determinado.
176. Razão suficiente, conceito leibnitziano que significa causa precisa e que foi alvo de zombaria no *Candide* de Voltaire.

lhe testemunharia o meu reconhecimento; ela ficava de pé, com olhos baixos, ouvia-me sem proferir palavra. Não passava pelo castelo um só mascate que eu não lhe comprasse alguma coisa; uma vez era um fichu, outra vez algumas varas de chita da Índia ou de musselina, uma cruz de ouro, meias de algodão, um anel, um colar de granada. Quando minha pequena compra estava feita, meu embaraço consistia em oferecer-lhe o mimo, e o dela em aceitá-lo. Primeiro, eu lhe mostrava a coisa; se ela gostava do presente, eu lhe dizia: "Denise, é para você que eu comprei isso". Se ela o aceitava, minha mão tremia ao entregá-lo, e a sua ao recebê-lo. Um dia, não sabendo mais o que lhe dar, comprei ligas; eram de seda recamada de branco, vermelho e azul, com uma divisa. Pela manhã, antes que ela chegasse, as coloquei sobre o encosto da cadeira que se encontrava ao lado de minha cama. Tão logo Denise as avistou, disse: "Oh! Que bonitas ligas!

«– São para a minha namorada, respondi-lhe.

«– Então vós tendes uma namorada, senhor Jacques?

«– Com certeza; será que eu não lhe havia dito ainda?

«– Não. Ela é bem amável sem dúvida?

«– Muito amável.

«– E vós a amais muito?

«– De todo coração.

«– E ela vos ama igualmente?

«– Não sei. Estas ligas são para ela, e ela me prometeu um favor que me enlouquecerá, creio eu, se mo conceder.

«– E qual é esse favor?

«– É que dessas duas ligas, eu lhe prenderia uma com minhas mãos".

«Denise enrubesce, equivocou-se com minhas palavras, julgou que as ligas fossem para uma outra, ficou triste, fez desazo sobre desazo, procurava tudo o que era necessário para o meu curativo, tinha tudo debaixo dos olhos e não encontrava nada, entornou o vinho que havia esquentado, aproximou-se da cama para me enfaixar, segurou minha perna com a mão trêmula, desatou canhestramente minhas ataduras, e quando foi preciso lavar a ferida, esqueceu de tudo o que era necessário; foi procurá-lo, enfaixou-me, e enquanto enfaixava vi que chorava.

«Denise, creio que você está chorando; o que é que você tem?

«– Não tenho nada.

«– Alguém a fez sofrer?

«– Sim.

«– E quem é o malvado que a fez sofrer?

«– Sois vós.

«– Eu?

«– Sim.

«– E como foi que me aconteceu isso?".

«Em vez de me responder, volveu os olhos para as ligas.

«O que!, disse-lhe eu. Foi isso que a fez chorar?

«– Sim.

«– Eh!, Denise, não chore mais, foi para você que eu as comprei.

«– Senhor Jacques, dizeis realmente a verdade?

"– A pura verdade; é tão verdade que ei-las aí"; ao mesmo tempo, estendi-lhe as duas ligas, mas retive uma. No mesmo instante, escapou-lhe um sorriso entre suas lágrimas. Tomei-a pelo braço, aproximei-a de minha cama, peguei um de seus pés e o coloquei na beira, levantei suas anáguas até o joelho, lá onde ela as mantinha presas com as duas mãos; beijei-lhe a perna, nela enfiei a liga que eu retivera, e mal eu acabara de fazê-lo, quando Jeanne sua mãe entrou.

O Amo: – Eis uma visita importuna.

Jacques: – Talvez sim, talvez não. Em vez de se aperceber de nossa perturbação, viu apenas a liga que a filha tinha entre as mãos. "Que bela liga, disse ela, mas onde está a outra?

«– Na minha perna, respondeu-lhe Denise. Ele me disse que as comprara para a sua namorada, e eu jurava que era para mim. Não é verdade, mamãe, já que eu pus uma delas, é preciso que eu fique com a outra?

«– Ah!, senhor Jacques, Denise tem razão, uma liga não vai sem a outra, e vós não pretenderíeis retomar a que está com ela.

«– Por que não?

«– É que Denise não gostaria, nem eu tampouco.

«– Mas então façamos um acordo, eu lhe colocarei a outra em sua presença.

«– Não, não, isso não pode ser.

«– Então que me devolva as duas.

«– Isso tampouco pode ser"».

Mas Jacques e seu amo já se encontravam à entrada da aldeia onde iam visitar o filho e os responsáveis pela criação do filho do cavaleiro de Saint-Ouin. Jacques se calou. Seu amo lhe disse: «Desçamos, e façamos aqui uma parada.

– Por quê?

– Porque, segundo tudo indica, estás atingindo a conclusão de teus amores.

– De modo algum.

– Quando se chega ao joelho, há pouco caminho a percorrer.

– Meu amo, Denise, tinha a coxa mais comprida do que a de qualquer outra.

– Apeemo-nos ainda assim».

Eles descem do cavalo, Jacques primeiro e vai postar-se com celeridade junto à bota de seu amo, que mal havia colocado o pé no estribo quando as correias se soltaram e nosso cavaleiro, tombando para trás, iria estender-se rudemente por terra, se o seu criado não o recebesse entre os braços.

O AMO: – «Pois bem!, Jacques, eis como cuidas de mim! O que faltou para que eu me arrebentasse uma costela, quebrasse o braço, rachasse a cabeça e talvez até morresse?

JACQUES: – Grande desgraça!

O AMO: – Que dizes, tratante? Espera, espera que vou te ensinar como se fala».

E o amo, depois de ter feito o cordel do chicote dar duas voltas em torno do punho, pôs-se a correr atrás de Jacques, e Jacques a correr em redor do cavalo estourando de rir, e seu amo a praguejar, a blasfemar, a espumar de raiva, e a correr também em torno do cavalo vomitando contra Jacques uma torrente de invectivas, e essa corrida a durar até que os dois, banhados de suor e extenuados de fadiga, se detiveram, um de um lado do cavalo e o outro, do outro, Jacques ofegando e continuando a rir, seu amo ofegando e lançando-lhe olhares de furor. Eles começavam a recobrar alento, quando Jacques disse ao Amo: «O senhor meu amo concordará agora comigo?

O Amo: – E com o que queres que eu concorde, cachorro, velhaco, infame, senão que tu és o mais malvado dos criados e que eu sou o mais desventurado de todos os amos?

Jacques: – Não está evidentemente demonstrado que a maior arte do tempo agimos sem querer? Vamos, ponde a mão na consciência: de tudo o que dissestes ou fizestes de meia hora para cá, nada foi por vosso querer? Não fostes minha marionete, e não teríeis continuado a ser o meu polichinelo durante um mês, se eu me houvesse proposto a isso?

O Amo: – O que! Era um jogo?

Jacques: – Um jogo.

O Amo: – E tu estavas esperando a ruptura das correias?

Jacques: – Eu as tinha preparado.

O Amo: – E tua resposta impertinente era premeditada?

Jacques: – Premeditada.

O Amo: – E este era o fio de arame que prendias em cima de minha cabeça para agitar-me a teu capricho?

Jacques: – Às mil maravilhas.

O Amo: – Tu és um perigoso velhaco.

Jacques: – Dizei antes, graças ao meu capitão que se entregou um dia a semelhante passatempo às minhas custas, que sou um sutil argumentador.

O Amo: – Se, no entanto, eu me tivesse ferido?

Jacques: – Estava escrito lá em cima e em minha previsão que tal não ocorreria.

O Amo: – Vamos, sentemo-nos, temos necessidade de repouso». "Sentaram-se, Jacques dizendo: «Maldito seja o palerma!

O Amo: – É de ti que falas, provavelmente?

Jacques: – Sim, de mim, que não reservei um gole a mais no garrafão.

O Amo: – Não lamentes nada, eu o teria bebido, pois morro de sede.

Jacques: – Maldito seja ainda o palerma por não ter reservado dois goles!».

O amo suplicando-lhe, a fim de enganar o cansaço e a sede deles, para continuar o relato, Jacques recusando-se a fazê-lo, o amo agastando-se, Jacques deixando-o agastar-se; enfim Jacques, após haver protestado contra a desventura que daí adviria, retomando a história de seus amores, disse:

«Num dia de festa em que o senhor do castelo estava caçando...». Depois dessas palavras deteve-se sem mais e disse: «Não posso, me é impossível ir adiante, parece-me que tenho de novo a mão do destino na garganta e que a sinto cerrar-se; por Deus, senhor, permiti que eu me cale.

– Está bem!, cala-te, e vai perguntar na primeira choça onde fica a casa do marido da ama de leite...».

Era na porta mais abaixo, eles vão para lá, cada um deles segurando seu cavalo pela brida. No mesmo instante abre-se a porta da casa do marido da ama e aparece um homem; o amo de Jacques lança um grito e leva a mão à espada, o homem em questão faz outro tanto. Os cavalos se assustam com o tinido das armas, o de Jacques rompe as rédeas e escapa, e no mesmo instante o cavaleiro contra o qual o amo de Jacques se bate, cai morto no lugar. Os camponeses da aldeia acorrem. O amo de Jacques volta a montar com presteza e afasta-se a toda pressa. Agarram Jacques, atam-lhe as mãos às costas e o conduzem ao juiz do lugar, que o manda para a prisão. O homem morto era o cavaleiro de Saint-Ouin, que o acaso conduzira precisamente naquele dia, com Agathe, à casa da ama da criança. Agathe arranca-se os cabelos sobre o cadáver do amante. O amo de Jacques já se encontrava tão longe que o perderam de vista. Jacques, indo da casa do juiz para a prisão, dizia: «Era preciso que assim fosse, isto estava escrito lá em cima».

E eu, eu me detenho, porque vos disse desses dois personagens tudo o que sei. – E os amores de Jacques? – Jacques disse cem vezes estar escrito lá em cima que ele não iria terminar a história, e vejo que Jacques tinha razão. Vejo, leitor, que isso vos contraria. Pois bem!, retomai seu relato onde ele o interrompeu e continuai a história à vossa fantasia, ou então fazei uma visita à Srta. Agathe, indagai o nome da aldeia onde Jacques está preso, procurai Jacques, interrogai-o, ele não irá se fazer de rogado para vos satisfazer, isso o desenfadará. Segundo umas memórias das quais tenho boas razões para considerá-las suspeitas, eu poderia talvez suprir o que falta aqui, mas para quê? A gente só pode interessar-se por aquilo que julga verdadeiro. Entretanto, como haveria temeridade em pronunciar-se sem um exame maduro das conversas de Jacques o Fatalista, e seu amo, obra das mais importantes que apareceu desde *Pantagruel* do mestre François Rabelais e da vida e das aventuras do *Compère Mathieu*[177], relerei essas memórias com toda contenção de espírito e toda a imparcialidade de que sou capaz, e em oito dias vos darei a respeito o meu julgamento definitivo, sob a ressalva de poder me retratar se alguém mais inteligente do que eu me demonstrar que estou enganado.

O editor acrescenta: Passaram-se os oito dias. Li as memórias em questão. Dos três parágrafos que encontro nelas a mais do que no manuscrito de que sou possuidor, o primeiro e o último me parecem originais, e o do meio evidentemente interpolado. Eis o primeiro que suponho ser uma segunda lacuna na conversa de Jacques e seu amo.

---

177. Henry-Joseph Laurens, dito Du Laurens (1719-1797), escritor que compôs com muita desenvoltura o romance licencioso *Le Compère Mathieu ou les Bigarrures de l'esprit humain* (O Compadre Mateus ou as Confusões do Espírito Humano), entre 1766 e 1773.

Num dia de festa em que o senhor do castelo estava caçando e o resto de seus comensais tinha ido à missa da paróquia, que distava um bom quarto de légua, Jacques estava de pé, Denise sentada a seu lado. Eles guardavam silêncio, tinham o ar de estarem zangados um com outro, e o estavam de fato. Jacques havia lançado mão de todos os recursos para resolver Denise a torná-lo feliz, e Denise mantivera-se firme. Após esse longo silêncio, Jacques, a debulhar-se em lágrimas quentes, disse-lhe em tom duro e amargo: «É que você não me ama». Denise, despeitada, levanta-se, toma-o pelo braço, leva-o bruscamente para a beira da cama, senta-se aí, e lhe diz: «Pois bem, senhor Jacques, então eu não vos amo? Pois bem, senhor Jacques fazei da infeliz Denise o que vos aprouver». E proferindo essas palavras, ei-la desfazendo-se em lágrimas e sufocada pelos soluços.

Dizei-me, leitor, o que teríeis feito no lugar de Jacques? – Nada. – Pois bem!, foi o que ele fez. Reconduziu Denise à cadeira, jogou-se a seus pés, enxugou as lágrimas que lhe corriam dos olhos, beijou-lhe as mãos, consolou-a, tranqüilizou-a, acreditou que era ternamente amado por ela, e entregou-se à sua ternura no momento em que gostaria de recompensar a dela. Esse procedimento tocou sensivelmente Denise.

Objetar-se-á talvez que Jacques, aos pés de Denise, não podia enxugar-lhe os olhos... a menos que a cadeira fosse muito baixa; o manuscrito não o diz, mas é de se supor.

Eis o segundo parágrafo, copiado da vida de *Tristram Shandy*[178], a menos que a conversa de Jacques o Fatalista, com seu amo seja anterior a esta obra e que o ministro Sterne seja

---

178. Personagem desenhada com acentuado cunho humorístico e parodístico, o relato de suas peripécias militares e civis enoveladas pelo pastor inglês Laurence Sterne (1713-1768) constituiu-se numa escritura romanesca paradigmática seja para Diderot, que conheceu pessoalmente o autor quando da estada deste em Paris, seja nos séculos seguintes para escritores que o admiraram à distância, em tempos posteriores e em outros lugares, como Machado de Assis, no Brasil, e tantos outros no mundo moderno.

o plagiário, no que não creio, mas por uma estima toda particular para com o Sr. Sterne, que distingo da maior parte dos literatos de sua nação, cujo costume bastante freqüente é o de nos roubar e nos dizer injúrias.

Uma outra vez, era pela manhã. Denise viera cuidar de Jacques. Tudo dormia ainda no castelo. Denise aproximou-se tremendo; chegando à porta de Jacques, deteve-se, incerta se entrava ou não; entrou tremendo, permaneceu bastante tempo junto ao leito de Jacques sem ousar abrir o cortinado. Entreabriu-o vagarosamente, informou-se de como passara a noite e de sua saúde, tremendo. Jacques lhe disse que não pregara o olho, que sofrera e que sofria ainda de uma cruel comichão no joelho. Denise ofereceu-se para aliviá-lo, ela pegou um pequeno pedaço de flanela, Jacques pôs a perna para fora da cama, e Denise começou a esfregar a flanela abaixo da ferida, a princípio com um dedo, depois com dois, com três, com quatro, com toda a mão. Jacques a observava em ação e inebriava-se de amor. Depois, Denise se pôs a esfregar com a flanela a própria ferida, cuja cicatriz ainda estava vermelha, a princípio com um dedo, depois com dois, com três, com quatro, com toda a mão. Mas não bastou haver mitigado a comichão abaixo do joelho e sobre o joelho, era preciso ainda mitigá-la na parte de cima em que ela se fazia sentir mais do que vivamente. Denise colocou a flanela acima do joelho e se pôs a esfregar aí firmemente, a princípio com um dedo, com dois, com três, com quatro, com toda a mão. A paixão de Jacques, que não cessara de mirá-la, cresceu a tal ponto, que, não mais podendo resistir, ele precipitou-se sobre a mão de Denise... e a beijou[179].

Mas o que não deixa nenhuma dúvida sobre o plágio, é o que se segue. O plagiário acrescenta: «Se não estais satisfeito com o que vos revelo dos amores de Jacques, leitor, fazei

---

179. A crítica aponta neste trecho uma imitação efetiva do romance de Sterne.

melhor, eu consinto. Qualquer que seja a solução que escolherdes, estou seguro que acabareis como eu. – Tu te enganas, insigne caluniador, não acabarei como tu. Denise foi ajuizada. – E quem é que vos diz o contrário? – Jacques se precipitou sobre sua mão e a beijou, a mão. Sois vós que tendes o espírito corrompido e que ouvis o que não vos dizem. – Pois bem!, então ele só beijou sua mão? – Certamente. Jacques tinha demasiado senso para abusar daquela que ele queria tornar sua mulher, e preparar uma desconfiança que poderia envenenar o resto de sua vida. – Mas é dito no parágrafo precedente, que Jacques pusera em ação todos os recursos para levar Denise a torná-lo feliz. – É que aparentemente, ele não queria ainda fazer dela sua esposa».

O terceiro parágrafo nos mostra Jacques, nosso pobre fatalista, com ferros nos pés e nas mãos, estendido sobre a palha no fundo de uma masmorra escura, lembrando-se de tudo o que retivera dos princípios da filosofia de seu capitão, e não estando longe de crer que um dia talvez teria saudade desse cubículo úmido, infecto, tenebroso onde era alimentado a pão preto e água, e onde precisava defender os pés e as mãos dos ataques dos ratos e das ratazanas. Somos informados que, em meio de suas meditações, as portas de sua prisão e de sua enxovia foram arrombadas, que foi posto em liberdade com uma dúzia de salteadores, e que acabou alistado no bando de Mandrin[180]. Entrementes, a cavalaria de polícia que seguia na pista de seu amo, alcançara-o, prendera-o e o metera noutra prisão. Ele conseguira sair graças aos bons ofícios do comissário que o havia servido tão bem em sua primeira aventura, e vivia retirado há dois ou três meses no castelo de Desglands, quando o acaso lhe devolveu um servidor quase tão essencial à sua felicidade como seu relógio e a sua tabaqueira. Ele não aspirava uma pitada de rapé, não olhava uma só vez que horas eram,

---

180. Louis Mandrin (1725-1755), assaltante de estrada e contrabandista, cuja carreira terminou no suplício da roda.

sem que dissesse suspirando: «O que foi feito de meu pobre Jacques?». Certa noite, o castelo de Desglands foi atacado pelos Mandrins. Jacques reconhece a morada de seu benfeitor e de sua amante; intercede por ele e salva o castelo da pilhagem. Lê-se em seguida o pormenor patético do inopinado encontro de Jacques, de seu amo, de Desglands, de Denise e de Jeanne.

«És tu, meu amigo?
– Sois vós, meu caro amo?
– Como foste parar no meio dessa gente aí?
– E vós, como foi que viestes ter aqui? É você, Denise?
– Sois vós, senhor Jacques? Como me fizestes chorar!...».

Enquanto isso, Desglands gritava: «Tragam copos e vinho, rápido, rápido. Foi ele quem salvou a vida de todos nós...».

Alguns dias depois, o velho porteiro do castelo faleceu. Jacques obteve o lugar e desposou Denise, com quem se ocupa em suscitar discípulos de Zenão[181] e de Spinoza, amado por Desglands, querido de seu amo e adorado pela mulher, pois era assim que estava escrito lá em cima.

Quiseram persuadir-me de que seu amo e Desglands ficaram apaixonados pela mulher dele. Não sei o que há, mas estou certo que à noite ele se dizia a si mesmo: «Se estiver escrito lá em cima que serás corno, Jacques, por mais que faças, tu o serás; se estiver escrito ao contrário que tu não o serás, por mais que façam, tu não o serás; dorme, pois, meu amigo», e ele adormeceu.

181. Zenão de Cítio (c.335 a.C.-c.264 a.C.), fundador da escola estóica em Atenas, de cuja doutrina restam apenas fragmentos e os títulos das obras preservados nas compilações de Diógenes Laércio.

Cena de *Jacques, o Fatalista*. Gravura anônima, 1796.

As figuras das páginas anteriores foram construídas a partir de cenas e ilustrações de diferentes épocas.

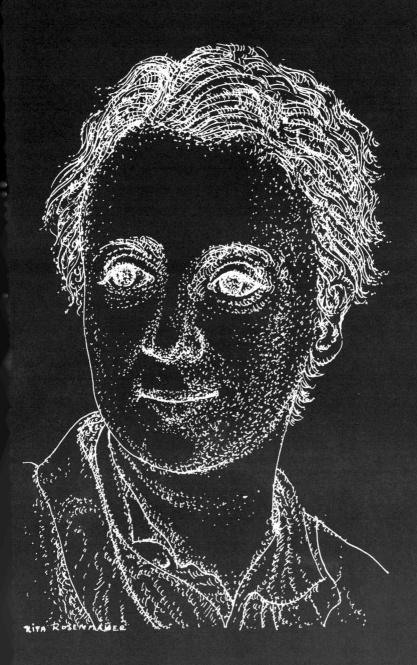

Impressão e acabamento: Gráfica VIDA & CONSCIÊNCIA